Diogenes Taschenbuch 24024

Lukas Hartmann
Bis ans Ende der Meere

*Die Reise des
Malers John Webber
mit Captain Cook
Roman*

Diogenes

Die Erstausgabe
erschien 2009 im Diogenes Verlag
Umschlagillustration:
John Webber,
›Poetua, the Daughter of Orio, born ca. 1758‹,
1777 (Ausschnitt)
Copyright © National Maritime Museum,
Greenwich, London

Übersichtsplan mit den drei Routen
von Cooks Seefahrten auf S. 474/475

Für meinen Bruder Jürg

Veröffentlicht als Diogenes Taschenbuch, 2010
Alle Rechte vorbehalten
Copyright © 2009
Diogenes Verlag AG Zürich
www.diogenes.ch
200/10/52/1
ISBN 978 3 257 24024 5

Down dropt the breeze, the sails dropt down,
'Twas sad as sad could be;
And we did speak only to break
The silence of the sea!

All in a hot and copper sky,
The bloody Sun, at noon,
Right up above the mast did stand,
No bigger than the Moon.

Day after day, day after day,
We stuck, nor breath nor motion;
As idle as a painted ship
Upon a painted ocean.

> *Samuel Taylor Coleridge,*
> *The Rime of the Ancient Mariner*

Sieh nicht ungnädig auf einen Reisenden, der deine Schwelle überschreitet. Du musst ihn bitten einzutreten. Dein Schwein werde getötet. Deine Schüssel sei fettig von der Speise, die du ihm anbietest ...

Maximen von Marau Taaroa, der letzten Königin von Tahiti, weitergegeben an ihre Tochter Arii Taimai, 1901

Zu Waimea auf Kauai kam Lono (Cook) das erste Mal an. Er kam im Monat Januar, im Jahre des Herrn 1778. Kaneoneo und Keawe waren die Häuptlinge von Kauai zu jener Zeit. Er kam in der Nacht in Waimea an, und als das Tageslicht kam, nahmen die Einwohner am Ufer das wunderbare Ding wahr, das angekommen war, und sie drückten ihr Erstaunen mit großem Geschrei aus. Einer sagte zum anderen: Was ist das große Ding mit den Zweigen? Andere sagten: Es ist ein Wald, der ins Wasser niedergeglitten ist. Und das Geschwätz und der Lärm waren groß ...

David Malo, erster hawaiianischer Historiker und getaufter Christ, 1838

I

London, Februar 1781

»Das ist nicht mein Mann!« Mrs Cook, ganz in Schwarz, schaute ungläubig aufs Bild, das John Webber, der Maler, eben enthüllt und vor sie hingestellt hatte.

Trotz der Glut, die im Kamin lag, schien es im Salon schlagartig kälter zu werden.

Webber unterdrückte das Zittern der Hand, mit der er den Rahmen festhielt. »Madam, Sie meinen …?«

Mrs Cook strich ihrem kleinen Sohn, der wie ein Wächter neben dem Sessel stand, durchs Haar; aber sie wandte ihren Blick nicht vom Bild ab. »Es tut mir leid, Mr Webber. Ich erkenne meinen Mann nicht. Ich sehe einen ganz anderen Menschen vor mir. Er wirkt so ernst, so verkniffen. Die Nase ist, mit Verlaub, zu lang, der Hals zu gedrungen. Und wer, um Gottes willen, hat Sie auf die Idee gebracht, ihn mit grauem oder bläulichem Haar zu malen?«

»Es war, Madam«, sagte Webber mit Mühe, »der Wunsch des Kapitäns, mit der gepuderten Perücke, die er bei Empfängen trug, dargestellt zu werden.«

Mrs Cook gab einen abwehrenden Laut von sich. »Aber doch nicht so.« Sie musterte Webber, als versuche sie, seinen wahren Wert abzuschätzen. »Stellen Sie das Bild an die Wand.

Vielleicht gewöhnen wir uns daran, nicht wahr, Hugh?« Wieder strich sie dem Sohn mechanisch durchs Haar.

Der Junge lehnte den Kopf an ihre Schulter und sagte, aufs Bild deutend: »Er hat eine rote Nase, siehst du?«

Mrs Cook lachte kurz und freudlos auf. »Nun ja, die hatte er wirklich. Die gibt es, wenn man bei Wind und Wetter auf Deck ist, das gerbt die Haut. Aber du hast ihn ja gar nicht richtig gekannt. Du warst gerade zwei Monate alt, als er wegfuhr.«

»Doch, ich habe ihn gekannt!«, widersprach der Junge und kletterte auf den Schoß der Mutter, von wo aus er den Besucher trotzig fixierte, als sei er es, der ihm nicht glaube.

Webber räusperte sich. »Möglicherweise haben wir hier drin nicht das allerbeste Licht ... Wir können das Bild näher ans Fenster rücken ...«

Mrs Cook schüttelte den Kopf. »Bleiben Sie, wo Sie sind, das Licht reicht aus.«

»Ich habe ihn mehrmals skizziert. Drinnen, in der Great Cabin. Ich musste mich beeilen, die Sitzungen dauerten nie lange, er wurde immer wieder weggerufen ... Er verlangte aber, dass das ausgeführte Porträt ihn im Freien zeige, mit Klippen und Meer, unter einem weiten Himmel ...«

»Der Himmel ist sehr blau«, sagte Mrs Cook, und Webber schien, darin liege ein Anflug von Ironie.

»Es ist der tropische Himmel, Madam, und Sie sehen an den Schatten, dass es gegen Abend geht, da nimmt der Himmel in der Tat ein unvergleichliches Blau an, dem ich mit meinen bescheidenen Mitteln nahezukommen versuchte, abgestuft natürlich zum kräftigeren Marineblau der Uniform ...«

Während er weiterredete und merkte, dass er sich in überflüssigen Rechtfertigungen verlor, war plötzlich das Hausmädchen, das ihn eingelassen hatte, mit dem Teetablett beim kleinen Tisch zwischen den Sesseln und schenkte, unter störendem Geklirre, Tee ein. Sie schien selbst auch mit schrägem Blick das Bild zu begutachten, warf Webber aber zwischendurch ein Lächeln zu. Er könne nur beifügen, sagte er, dem Stottern nahe, dass er für den König von Tonga ein sehr ähnliches Porträt angefertigt habe, das nicht nur durch die Ähnlichkeit, die jedermann bezeugt habe, sondern auch durch die Komposition Mr Cooks Beifall gefunden habe.

Das Mädchen hatte sich zurückgezogen, Mrs Cook rührte mit dem Löffelchen in ihrer Tasse. Sie hatte dem Jungen ein Stück Kuchen zugesteckt, das er bedachtsam aß. Nach jedem Bissen wischte er mit dem Handrücken die Krümel von den Lippen.

Mrs Cook schwieg, sie trank Tee und musterte abwechselnd den Maler und das Porträt. Ein Netz feiner Falten durchzog ihr Gesicht um die Augen herum; die schwarze Haube, die sie trug, ließ es noch blasser erscheinen, als es ohnehin war.

Webber wusste nicht, was er tun sollte. Die Herren der Admiralität hatten ihm vorausgesagt, die Witwe des Kapitäns werde ihn kühl, ja abweisend empfangen, sie habe sich abgekapselt in ihrem Schmerz, dulde nur wenige Besuche. Trotzdem hatte er darauf bestanden, ihr das Porträt, das ihn so viel Mühe gekostet hatte, persönlich zu überbringen. Jetzt lehnte das Bild mit der Rückseite gegen seinen Oberschenkel, aber er sah es innerlich genau vor sich. Er sah das Fernrohr in der Hand des Kapitäns, den ledernen Handschuh, der die Narbe der rechten Hand verbarg, den angewinkelten Arm. Er sah den Ausdruck von Kühnheit und leiser Melancholie, den er endlich, bei der vierten oder fünften Übermalung, für Cooks Gesicht gefunden hatte. Warum wollte seine eigene Frau ihn so nicht erkennen?

Das Schweigen wurde unerträglich. »Madam«, sagte Webber stockend, »ich bedaure sehr, dass Ihnen das Bild missfällt.« Er räusperte sich und versuchte zu lächeln. »Sie haben bestimmt anderes zu tun. Ich möchte Sie nicht länger mit meiner Anwesenheit behelligen. Bitte erlauben Sie mir, mich von Ihnen zu verabschieden.«

»Seien Sie nicht beleidigt«, erwiderte sie überraschend sanft. »Ich bin in meinem Zustand ein wenig unberechenbar. Das Bild ist gut gemalt. Meine Kritik trifft nicht Ihre Kunst, sie misst sich an meiner Erinnerung. Bitte, setzen Sie sich!« Sie wies mit einer einladenden Geste auf den Sessel hinter ihm.

Webber stellte das Bild an die Wand, an der hoch oben ein düsteres Seestück hing. Er zögerte; dann setzte er sich und trank vom Tee, der, bereits mit Milch vermischt, die Hautfarbe der pazifischen Inselbewohner hatte, genau die Farbe, deren warmer Schimmer so schwer zu treffen war. »Ihr Mann«, setzte er an und hatte nun große Mühe, gegen seine Rührung anzukämpfen, »Ihr Mann, das sollen Sie wissen, war in vielen Dingen wie ein Vater zu mir.«

Mrs Cook nickte. »Danke, Mr Webber. Ich bin froh, dass dies für Sie gilt. Mein Mann lebte allerdings länger auf See als zu Hause. Seine leiblichen Söhne haben ihren Vater oft vermisst.«

»Aber gewiss ist er für sie ein leuchtendes Vorbild«, sagte

Webber und fügte, trotz der sich sträubenden Zunge, hinzu: »So wie für die ganze Nation. Es werden schon Denkmäler für ihn errichtet.«

Sie verzog abschätzig den Mund. »Denkmäler, Mr Webber? Sehr ehrenhaft. Nur lassen sie sich bekanntlich nicht zum Leben erwecken.«

Der Junge hatte sich vor dem Bild niedergekauert; doch er schaute nicht auf das Gesicht des Vaters, sondern auf die Stelle in der unteren Hälfte, links vom Uniformrock, wo das türkisblaue, von Wellen gerippte Meer sichtbar war. »Das sind hohe Wellen. So hoch wie Häuser sind sie. Darin kann man ertrinken.«

»Du darfst das Bild nicht berühren!« Mrs Cooks Stimme hatte plötzlich einen schärferen Klang. »Hörst du, komm zu mir!«

Der Junge gehorchte, und nun hob ihn die Mutter wieder auf die Knie. Sie begann ihn sachte zu schaukeln, und er schloss die Augen wie eine zufriedene Katze.

»Hugh ist mein Jüngster«, sagte sie, immer noch in ungewöhnlich heftigem Ton, was in merkwürdigem Widerspruch stand zum Wiegen des Kindes. »Ich versichere Ihnen: Er wird nicht zur See fahren! Ich habe in meinem Leben genügend Ängste um Seefahrer ausgestanden. Ich habe genug davon, verstehen Sie, ich habe endgültig genug!«

»Wer würde das, angesichts Ihres Leids, nicht verstehen, Madam?« Webber rieb sich verlegen mit zwei Fingern das Kinn. Er wusste ja, dass Mrs Cook nicht nur ihren Mann, sondern unlängst auch den zweitältesten Sohn verloren hatte. In einem Sturm vor der Küste Jamaikas war Nathaniel, Fähnrich und künftiger Offizier, mit der ganzen Schiffsbesatzung ertrunken. Die Nachricht hatte die Witwe vor zwei Monaten erreicht. Über Cooks Tod dagegen wusste sie seit mehr als einem Jahr Bescheid; es hatte in einem Brief gestanden, der London auf dem Landweg über Sibirien, lange vor der Rückkehr der Schiffe, erreicht hatte. Zu beiden Todesfällen hatte Webber der Witwe schon bei der Begrüßung sein Beileid ausgedrückt, und ihre versteinerte Miene hatte ihm bedeutet, dass sie darauf nicht einzugehen wünsche.

»Es ist«, zwang er sich dennoch zu sagen, »ein furchtbares Unglück, in so kurzer Zeit so große Verluste hinnehmen zu müssen.«

»Das weiß ich«, sagte sie. »Sie können sich die Mühe sparen, mein Unglück beschreiben zu wollen.« Der Junge wippte auf ihren Knien immer schneller auf und ab. Sie hielt ihn an beiden Händen fest. Ihr Blick bekam plötzlich wieder einen insistierenden Ausdruck. »Sagen Sie mir eins: Haben Sie seinen Tod mit eigenen Augen gesehen? Waren Sie an Land?«

Webber stand ruckartig auf, als befolge er einen Befehl. »Madam, seien Sie versichert: Captain Cook starb als Held. Was die näheren Umstände betrifft, so wird alles genau untersucht, die Zeugenaussagen werden gegeneinander abgewogen, es wird einen offiziellen Bericht geben.«

»Waren Sie dabei? Hat man ihn wirklich bestattet, wie es sich gehört?« Sie schlang nun beide Arme um den Sohn. »Wissen Sie, Gerüchte gelangen auch zu mir.«

»Hören Sie nicht auf das Gerede!« Webber bemühte sich, im Stehen seinen Rücken durchzudrücken; es war eine Haltung, die Cook von allen auf Deck, auch von Webber, verlangt hatte. »Ich kann Ihnen nur sagen: Es war ein schlimmes Durcheinander, bei dem niemand mehr wusste, was eigentlich geschah.«

Sie atmete mit scharfem Geräusch ein und aus. »Hat die Admiralität Sie zum Schweigen verknurrt? Auch mir gegenüber? Das ist doch lächerlich! Ich habe ein Recht auf die Wahrheit.«

Webber wurde es heiß und kalt zugleich. Er deutete eine Verbeugung an. »Die Admiralität schenkt Ihnen dieses Bild, Madam. Sie hofft – und ich hoffe es ebenso –, dass Sie dies auch als Würdigung Ihrer Verdienste verstehen.«

Mrs Cook stellte den Jungen auf den Boden und erhob sich ebenfalls. »Ich will die Wahrheit wissen, Mr Webber, nur dies. Die Wahrheit.«

Jetzt war es Webber, der schwieg. Der Junge hielt sich am Bändel fest, der das Trauerkleid der Mutter umschloss.

Die Wahrheit. Nicht einmal Wolken vermochte ein Maler wie er wahrhaft darzustellen, geschweige denn das Meer, dessen Bewegtheit, dessen unendlichen Stimmungs- und Farbenreichtum er mit jedem Pinselstrich verfehlte. Noch schlimmer die Unmöglichkeit, den Ausdruck eines Menschen in einem bestimmten Moment einzufangen. Jedes Porträt ein Verrat. Wem hätte er dies gestehen können? Und nun gar die Wahrheit über den Tod eines Menschen, den er verehrt und gehasst hatte wie keinen anderen. Die Wahrheit über Kampf, Untergang, Verzweiflung. Kam es darauf an, ob er mitten im Tumult gewesen war oder ein Zeuge am Rand des Geschehens? Sie hatten Cook verloren, das allein zählte.

Er schreckte auf. Mrs Cooks Stimme drang an sein Ohr: »Sie können jetzt gehen. Ich danke Ihnen für Ihre Mühe, Mr Webber. Ich behalte das Bild, weil es äußerst unhöflich wäre, es zurückzuweisen. Aber ich bitte um Verständnis dafür, dass ich es nicht aufhängen werde.«

Webber nickte. Sie reichte ihm die Hand, er führte sie zum Mund, ohne sie zu berühren, und ließ sie, erschrocken über ihre Kälte, fast im selben Moment wieder los. Dann sagte er etwas Floskelhaftes und ging zur Tür. Er sah die hellen Rhomben, welche die Sonne, die nun durch die hohen Fenster schien, aufs Parkett zeichnete, er sah noch einmal den langen, von Büchern bedeckten Tisch, das braungoldene Leder der Foliobände. Einer war bei einem Stich aufgeschlagen, der die Umrisse einer Insel zeigte; ob es Otaheite war, konnte er nicht erkennen.

»Hugh«, hörte er Mrs Cook sagen, »bring dem Herrn das Tuch, es gehört ihm.«

Der Junge gehorchte. Er holte Webber draußen im Flur ein und hielt ihm das zusammengeknüllte Baumwolltuch hin, mit dem das Bild verhüllt gewesen war. Er nahm es an sich und spürte die Weichheit des Stoffs. »Ich habe ein Schiff«, flüsterte der Junge, nur für Webbers Ohren bestimmt. »Die *Endeavour*. Mein Patenonkel hat sie mir geschenkt.«

»Ein Modell?«

»So groß«, entgegnete der Junge und breitete die Arme aus. »Mit ihr ist mein Vater um die Welt gefahren.«

»Hugh«, rief die Mutter aus dem Salon, »lass den Herrn gehen.«

Der Junge sprach schnell und überstürzt. »Ich zeige dir das Schiff, wenn du wiederkommst. Ich kann dir zeigen, wo mein Vater schlief.«

»Das ist schön«, sagte Webber und versuchte, die Stiche im Brustkorb wegzuatmen.

Der Junge entfernte sich mit hängenden Armen.

Da war schon das Mädchen und half Webber in den Mantel. »Jetzt wird sie sich wieder ins Bett legen und ins Kissen weinen«, sagte sie. »Der arme Junge. Er weiß ja manchmal nicht mehr ein noch aus.« Sie kam ihm nahe, ein warmer Hauch aus ihrem Mund strich über seinen Hals.

Er stand wieder draußen im Vorgarten, wo noch ein wenig nasser Schnee lag. Es nieselte leicht, auf der Straße wartete die Kutsche. Der Wintertag wollte sich zu nichts entscheiden, die Wolken waren fasrig, stellenweise fast schwarzgrau. Sie erinnerten ihn an den teergetränkten Werg, dessen Geruch er, vier Monate nach der Rückkehr von der großen Reise, immer noch in der Nase hatte. Erst jetzt merkte er, wie sehr er fror. Und er hatte doch einmal, im arktischen Treibeis, als die Kälte unerträglich wurde, gemeint, diese Erfahrung werde ihn künftig vor jeglichem Frieren bewahren.

Zurück zur Oxford Street, zu Henry, dem Bruder. Die Kutsche holperte voran. An den halbblinden Fenstern vorbei zogen mit verwischten Konturen Häuserreihen, Hecken, kahle Robinien. Der Kutscher trieb die Pferde mit Zurufen an. Ihre Huftritte ergaben einen komplizierten Rhythmus, den Webber mit zwei Fingern auf der Lehne nachzuklopfen versuchte. Der Junge ging ihm nicht aus dem Kopf. Eine Ernsthaftigkeit war in ihm, die einem das Herz abdrückte. War er nicht selbst auch so gewesen? Mit sechs Jahren hatte man ihn von zu Hause weggeschickt, in die Fremde, zu einer Tante, die er gar nicht kannte. Der Vater, ein Bildhauer, bekam zu wenig Aufträge und verdiente fast nichts, die Kinder klagten dauernd über Hunger. Man war froh, für den ältesten Sohn, der am meisten aß, einen Pflegeplatz in Bern, der alten Heimat des Vaters, gefunden zu haben. Webber versuchte, sich gegen die aufsteigenden Erinnerungen zu wehren. Es ging nicht. Auf der langen Reise hatten sie ihn bisweilen geritzt wie von innen ein scharfkantiger Stein, und die kleinen Schnitte waren, ohne zu bluten, gleich wieder zugewachsen. Aber nach der Rückkehr, als er beim Bruder eingezogen war, suchte ihn das halb Vergessene Nacht für Nacht heim. Sogar tagsüber, wenn er sich mit seinen Reisebildern beschäftigte, bedrängte es ihn und schob sich auf störende Weise vor Palmen und Vulkanlandschaften. Manchmal kam es ihm vor, als sei er auf dem Schiff, das zu den pazifischen Inseln segelte, in Wirklichkeit immer noch der kleine Junge gewesen, der bloß den Ärmelkanal überquerte. Das Schaukeln im Coupé mahnte ihn an die wechselhafte Bewegung des Schiffs. Dieses dauernde Schwanken, Wiegen, Stampfen hatte ihn anfangs gequält und gedemütigt, beinahe bis zur Selbstaufgabe. Dann hatte er gelernt, sich der Bewegung anzupassen und sie sich zu eigen zu machen, in jeder Lage, tagsüber und nachts. Wie hätte er sich, nach den ersten schrecklichen Wochen, vorstellen können, dass er die unberechenbare Lebendigkeit des Schiffs, ja sogar seine winzige Koje, in der er sich anfangs fühlte wie ein Gefangener, eines Tages vermissen würde? Aber die erste große Reise hatte nicht vier Jahre gedauert, bloß anderthalb Wochen, und doch schien sie in der Erinnerung viel länger zu sein.

2

London und Bern, 1757

Wie soll der kleine Junge begreifen, was mit ihm geschieht? »Es wird dir gutgehen«, sagt die Mutter mit versteinertem Gesicht, »die Tante Rosina ist reich.« Henry, der Bruder, hängt sich an ihn und will ihn nicht loslassen. John spürt die Aufregung ringsum; die kleinen Schwestern weinen und wissen nicht warum.

»Wir werden uns lange nicht mehr sehen«, sagt der Vater, der einen staubigen Hut trägt. Er hebt John hoch und schüttelt ihn ein wenig auf spaßige Weise. »Das geht vorbei, mein Junge, sei tapfer.«

Er hätte es nicht sagen sollen, denn nun muss auch John weinen. Der Vater riecht nach Werkstatt, und was soll John denn tun, wenn er nicht mehr in der Werkstatt mithelfen kann? All die Steinfiguren, die sich glatt oder rauh anfühlen. Die Meißel, die Hämmer, die zu groß sind für seine kleinen Hände und die er trotzdem zu gebrauchen versucht. Er hat ja ein Übungsstück, aus dem er ein kleines Brunnenbecken machen will, schon sieht man die Mulde im Stein. Der Reisesack ist klein und trotzdem schwer, es sind wenige Kleider darin, dafür eine kleine Marmorfigur als Geschenk für die Tante. John hat sie selbst poliert, Stunde um Stunde, und der Vater schärft ihm ein, er müsse sie der Tante als Erstes überreichen, mit dem Dank der ganzen Familie.

Sie bringen ihn zur Poststation bei heftigem Wind, überall die tanzenden Blätter. Sie hängen ihm ein Schild um den Hals, darauf sind Wörter geschrieben, die er nicht lesen kann; *Berne, Switzerland* sei darauf gestanden, wird ihm viel später die Tante erzählen, dazu ihr Name, ihre Adresse und die Bitte, man möge sich des Jungen, dessen Reisekosten bezahlt seien, freundlich annehmen. Die Tante hat schon im Voraus den nötigen Betrag über ein Bankhaus überwiesen, so dass der Vater die Reisepapiere besorgen konnte.

Die Postkutsche ist voller Leute, er klettert über Beine, wird lachend weitergereicht. In einer Ecke macht man ein wenig Platz für ihn. Eine Frau beugt sich zu ihm, sie riecht nach Puder und Schweiß, ihre Zähne sind dunkelgelb im Halbdunkel. Er brauche keine Angst zu haben, sagt sie zu John, sie werde sich auch auf dem Fährschiff um ihn kümmern. »Wo ist mein Sack?«, fragt er. Er sei auf dem Dach festgebunden, sagt die Frau, zusammen mit dem anderen Gepäck. Noch einmal strecken sich ihm durchs Fenster Hände entgegen. »John! John!«, ruft der Bruder, und dazu hört er draußen die Mutter schluchzen. Es wird siebzehn Jahre dauern, bis er sie wieder sieht, so gealtert, dass er sie kaum noch erkennt.

Das Rumpeln im Kutschenbauch drin, das Schneuzen, Husten und Spucken der Reisenden. Weich und tröstlich ist die Brust der Frau, an die er sich lehnt. Sie muss ihn beruhigen, wenn der Postillon flucht, die Kutsche beim Ausweichen schwankt und beinahe umstürzt. Er mag auch das Schnauben und Wiehern der Pferde nicht, alles ist ihm zu laut, und laut ist auch der Regen, der aufs Dach prasselt. »Mein Sack wird nass«, sagt er. »Das trocknet alles wieder«, sagt die Frau, auf deren Kinn Haare wachsen, und drückt ihn an sich.

Irgendwann stakst er durch Pfützen und Morast. Ein Mann, in dessen Mund eine Pfeife hängt, trägt ihn ein paar Schritte. Schwarz ist die Suppe im finsteren Wirtshaus, dick wie Brei, er isst nichts davon, trinkt nur ein paar Schlucke verdünntes Ale. Das durfte er zu Hause nie, und nun wird er so schläfrig davon, dass er erst wieder in einem Bett erwacht, neben sich jemand, von dem er glaubt, es sei die Mutter. Dann ist ihm plötzlich alles fremd, die Decke schwer und drückend. Er jammert vor sich hin. Mit Mühe erkennt er die Frau aus der Kutsche wieder und stößt sie von sich weg, als sie ihn streicheln will.

Sie sind auf dem Fährschiff. Die Segel knattern im Wind, die Taue singen und surren. Gelächter ringsum. Er sitzt auf seinem Reisesack, der feucht ist, aber nicht nass, er schaut zu, wie Männer die Strickleitern hochklettern. Das Auf und Ab des Schiffes macht ihm zu schaffen, es zieht den Boden unter ihm weg. Er beginnt zu würgen, jemand hält ihn über die Reling, damit er alles von sich geben kann, was noch in ihm ist. Die Frau wischt ihm den Mund mit einem Schnupftuch. Wasser sprüht ihm von der Seite ins Gesicht, und er schreit das dumme Meer an, es solle das Schiff in Ruhe lassen. Der Frau wird auch schlecht. Sie stöhnt und erbricht sich in einen Eimer, sie betet um Hilfe, weil die Wellen noch höher gehen. Mit vielen sitzen sie in einem Schiffszimmer, in dem es warm und stickig ist und nur eine einzige Lampe brennt. Es riecht nach Erbrochenem, die Wellen schlagen an die Wände, und trotzdem lacht einer noch, in langgezogenen Tönen. Man kann sitzen und so tun, als merke man gar nicht mehr, dass der Magen sich dreht und hüpft, man kann sitzen und sich wünschen, bald wieder zu Hause zu sein, auch wenn die Frau, die zwischendurch aufstöhnt, seine kleine Hand in ihrer großen verschwinden lässt. Mit der andern umklammert er das Schild, das um seinen Hals hängt und das er nur nachts abnehmen darf. Wie angenehm wäre es jetzt in der Werkstatt des Vaters mit dem staubigen Boden, auf dem sich Johns Füße abzeichnen. Kreuz und quer gehen die Spuren durch die Werkstatt, von Figur zu Figur. Sie sind hübsch, sie würden für Brunnen oder für Gräber passen, und doch will keiner sie kaufen.

Noch auf der Weiterfahrt mit der Postkutsche glaubt er, das Meer lasse ihn nicht frei, hebe ihn hoch und lasse ihn fallen. Die große Stadt, in der sie die dritte Nacht verbringen, heißt Paris, diesen Namen hat er schon vom Vater gelernt. Es ist ein Gewimmel und Geschrei. Von den vielen Rossäpfeln steigt Dampf auf. Neben einer Marktbude liegt Fischabfall, dessen Gestank ihm den Atem verschlägt. Die offenen Mäuler, die blinden Augen der abgetrennten Köpfe. Auch in diesem Land gebe es einen König, sagt die Frau, dort, wohin er fahre, gebe es keinen. Sie bleibt in Paris. Ein letztes Mal drückt sie ihn an sich, netzt mit Tränen seine Wangen, etwas von ihrem salzigen Geschmack gerät auf seine Zunge. »Du solltest mein Kind sein«, sagt sie, »du bist so still.« Er bekommt von ihr zum Abschied ein grüngefärbtes Zuckerstück, an dem er lange lutscht. Es geht nun immer weiter, und die Passagiere, die sich eine Strecke lang um ihn kümmern, kann er gar nicht mehr auseinanderhalten. Ob jünger oder älter, ob gütig oder streng, sie sagen ihm, wann er aussteigen und wieder einsteigen muss, sie bestellen das Essen für ihn, sie zeigen ihm, wo der Abort ist, und wollen nicht glauben, dass er sich vor dunklen Latrinenlöchern fürchtet.

Als er schon denkt, es werde noch lange so weitergehen, fährt die Kutsche durch ein Tor und dann in eine neue Stadt hinein, und ein Mann sagt ihm, hier werde er jetzt bleiben, die Stadt heiße Bern. Es ist Abend, ein kalter Wind weht, über den Himmel schwimmen Fährschiffe, sie brächten ihn zurück nach London, aber niemand kann sie besteigen. Da ist ein gepflasterter Platz, eine Kirche daneben. Die Tante, die er nicht kennt, wartet auf ihn. »Johann, mein kleiner Johann«, spricht sie ihn an. So hat manchmal der Vater gesprochen. Aber sie gleicht ihm nicht, auch wenn sie sagt, sie sei seine Schwester. Sie ist mager und hat einen dünnen Mund, der immerzu lächelt. »*My name ist John*«, sagt er, und sie nickt ihm zu, tätschelt seinen Kopf, was er gar nicht mag. Seinen Reisesack will er selber tragen, auf der linken Schulter, so hat er's vom Vater gelernt. Die Häuser sind alle aus Stein und aneinandergebaut. Die Tante, die ihn an der Hand genommen hat, wird gegrüßt von entgegenkommenden Leuten, Männer ziehen den Hut, bleiben einen Augenblick stehen. »Mein Neffe«, sagt sie, »er lebt jetzt bei mir.« Die Haut ihrer Hand ist weniger rauh als die der Mutter, das spürt er schon bei den ersten Schritten. John versteht nur halb, was sie sagt, aber den Sinn kann er erraten. Wenn man ihn fragt, wie er heißt, antwortet er: »*My name is John.*« Er hört die Brunnen rauschen, an denen sie vorbeigehen, Brunnen mit farbig bemalten Figuren, größere, als der Vater sie macht, eine ist ein Menschenfresser, und aus dem Rauschen hört er alle Namen der Geschwister, als wären sie in der Brunnenstube unter dem Trog eingeschlossen, und er weiß nicht, ob er sie befreien oder sich da unten, wie ein Fisch im Wasser, bei ihnen verstecken soll.

Ganz anders sind die Zimmer bei der Tante als jene zu Hause in London. Dunkle Balken stützen die Decke, die so hoch oben ist, dass sich unter ihr kein Erwachsener zu bücken braucht. Im Parkettboden kann man sich spiegeln, er muss aufpassen, ihn nicht zu zerkratzen. Der Kachelofen in der Ecke ist so grün wie das Zuckerstück, das die Frau ihm in der Kutsche gab, und der Rauchfang in der Küche so weit aufgerissen wie das Maul des Menschenfressers auf dem Brunnensockel. Er schläft in der kleinen Kammer zum Hinterhof, in der es nie warm wird, er weint sich in den Schlaf, und die Tante sitzt neben ihm, singt ihm Lieder vor und flüstert Verse, die er nicht versteht. Das Brot zum Frühstück ist hart und dunkel, auch an Milch ist er nicht gewöhnt. Er weint stumm, man soll nichts hören von ihm, und tagelang schüttelt er nur den Kopf oder nickt, wenn die Tante oder sonst jemand ihn fragt, ob er dies oder etwas anderes möchte. Nur wer sich nach seinem Namen erkundigt, bekommt eine Antwort: »*My name ist John.*« Der Satz ist wie ein Schild, mit dem er jede Annäherung abwehrt. Er sagt ihn auch, als die Tante ihn ihrem Dienstherrn vorstellt, dem Meister Funk. Das ist ihr Schwager, dessen Frau gestorben ist; ihm führt sie den Haushalt. Er hat eine andere Wohnung im Haus, eine viel größere, und eine große Werkstatt im Parterre, denn er ist Tischler, *a cabinetmaker*, er fertigt, mit drei Gesellen, Kommoden an, Schreibpulte, Gehäuse für Uhren, alle aus schönem Holz, das rötlich oder golden schimmert. Seinen fünfzehnjährigen Sohn, Daniel, hat er frisch in die Lehre genommen, so viel versteht John nach einigem Hin und Her. Daniel ist freundlich zu ihm, behandelt den Kleinen aber von oben herab. Onkel soll er zum Hausherrn sagen, Onkel Matthäus. Er hat helle Augen und ein kräftiges Lachen, und schon am ersten Tag führt er John in der Werkstatt herum. Sägemehl statt Steinstaub liegt hier überall, es riecht scharf und betäubend nach Leim und Lack, an den Wänden stehen halbfertige Möbel, Bretter mit verschlungenen Maserungen, Marmorplatten. Der Onkel zeigt auf Werkzeuge und nennt ihre Namen, die John gleich wieder vergisst, denn es sind, außer dem Hammer, nicht die Werkzeuge, die ein Bildhauer braucht. Daniel will hinterher die Namen mit ihm repetieren, sagt sie ihm überdeutlich, mit wachsender Ungeduld vor; doch Johns Mund scheint versiegelt zu sein, außer *Yes* und *No* und den eigenen Namen lässt er nichts entweichen, bis er irgendwann seinen zweiten Satz sagt: »*My father is a sculptor.*« Daniel stutzt, lächelt dann aber und sagt: »Der Bruder meines Vaters ist auch einer oder wenigstens ein halber«, und er sagt es, begleitet von erklärenden Gebärden, so oft, bis John es verstanden hat. Er zeigt ihm, wie man den kleinen Hobel über ein Brett zieht und die Späne sich zu Locken ringeln. Aber John will die Späne nicht behalten, lieber möchte er den Meißel von daheim und mit ihm den Stein aushöhlen, den weichen Stein, den der Vater für ihn ausgewählt hat.

Frühstück, *ds Zmorge,* wie die Tante sagt, isst er mit ihr allein am kleinen Küchentisch. Dem Meister und den Gesellen hat sie's schon vorher in die Werkstatt gebracht, unter anderem eine große Kanne mit Milchkaffee, von dem auch John nun trinkt. Das Hin- und Herschwappen der Flüssigkeit, wenn er die Tasse neigt, kleine Wellen, die sich harmlos an der Glasur brechen. Von den großen Wellen, die das Fährschiff hoben und senkten, träumt er manchmal, es wird ihm übel davon.

In der Küche steht der Tante eine Köchin zur Seite, Bertha, eine alte Frau mit schiefer Schulter, die Zwiebeln so rasch schneidet und hackt, dass es aussieht wie Zauberei. Die Tante und die Magd streiten sich miteinander wegen der richtigen Menge Salz, sie scheuchen den Dampf zu John hin, der Mohrrüben schälen soll und nicht weiß, wie. Am Mittagstisch sitzen alle zusammen, der Onkel zuoberst. Ein Gebet wird nach dem Schöpfen gemurmelt, ins Amen muss John mit einstimmen, sonst bekommt er einen Tadel von der Tante. Man isst mit Löffeln, dabei hat er in London schon gelernt, mit der Gabel umzugehen. Daniel, der schon fast erwachsen ist, macht sich immer ein wenig lustig über John. Er ahmt seine verschlossene Miene nach, schiebt die Unterlippe vor, als wolle er gleich zu weinen beginnen. Wenig isst John, ganz wenig, *wi nes Vögeli*, schimpft die Magd Bertha und spitzt die Lippen zum Pfeifen, um ihm begreiflich zu machen, was sie meint, und er versteht: *like a bird.* Aber er bringt nach den ersten Versuchen keinen Bissen mehr hinunter, der Gaumen ist wie zugesperrt, und der Onkel sagt wohl, das werde sich bald ändern, denn alle nicken und schauen John an; und statt zu pfeifen, miaut Daniel jetzt ganz leise in sein Ohr. Hinterher, beim Geschirrspülen, setzt ihm Bertha, ohne dass die Tante es sieht, ein Schüsselchen mit Haferbrei vor, Haferbrei mit ein bisschen darübergestreutem Zimtzucker, den kennt er von zu Hause. Er isst ihn bis zum letzten Rest und muss dabei, zu seinem Ärger, wieder weinen.

Allmählich fügt er sich ins neue Leben. Das Heimweh, das ihn umschließt wie eine zweite, von entzündeten Stellen bedeckte Haut, schrumpft und fällt von ihm ab. Er freundet sich mit dem Onkel Matthäus und seinen Gesellen an. Auch Daniel treibt nicht mehr dauernd seine Späße mit ihm. Stundenlang sitzt er in der Tischlerwerkstatt auf einem kleinen Stuhl, den ein Geselle, der freundlichste der drei, für ihn aus Abfallholz zusammengefügt hat, und rührt sich kaum von der Stelle. Er schaut all den Verrichtungen zu, dem Sägen, Hobeln, Nageln, dem Leimen der Furniere, dem Verschrauben der Beschläge, dem Vergolden mit dem Dachshaarpinsel. »Dass du so lange still sein magst«, sagt der Onkel kopfschüttelnd. Er bringt ihm bei, den Hobel richtig zu führen, ein dünnes Brett in eine vorgezeichnete Form zu sägen. Das schafft er, doch er braucht Zeit dafür; er ist lieber der stumme Zuschauer.

Manchmal darf er auf einem misslungenen Plan weiterzeichnen, und dann entstehen wie von selbst andere Formen daraus. Plötzlich hat er ein Gesicht gezeichnet oder eine ganze Figur, eine zum Beispiel, die dem freundlichen Gesellen gleicht, und der Onkel besieht sie sich mit zusammengekniffenen Augen und sagt, ein wenig verwundert: »Der Junge hat ein gutes Auge, wer hätte das gedacht!« Dieses Lob missfällt Daniel; das liest John an seiner verkrampften Haltung ab und auch, dass er sich nach etwas sehnt, das er nicht bekommt. Darum rühmt John, so oft es geht, Daniels Entwürfe für die Uhrengehäuse oder die Intarsien. Er selbst darf nun auch mit dem Anreißstift auf unbrauchbare Holztafeln kritzeln, immer werden daraus Menschen. Sein Blick geht hin und her von den Gesellen zur Zeichnungsfläche, er möchte die Bewegung festhalten, doch das geht nicht. Manchmal zeichnet er aus dem Gedächtnis die Buchstaben nach, die ihm die Tante abends in einem Buch gezeigt hat. Das breite W mag er besonders, denn damit fängt sein Familienname an, und wenn er es auf den Kopf stellt, entsteht das M von Matthäus. Schon bald kann er alle Buchstaben daran hängen, die draußen, vor der Werkstatt, auf der Tafel stehen: MENUISIER-EBENISTE. Aber aussprechen kann er diese Wörter schlecht, man muss dazu die Lippen spitzen, und das will er nicht. Es ist ein Durcheinander mit den Sprachen. Französisch oder den Dialekt der Tante, der beim Onkel ganz anders gefärbt ist, sprechen die Kunden. Der freundliche Geselle wiederum, ein Schwede, spricht Deutsch nur gebrochen, er singt aber John schwedische Lieder vor. Auf Englisch unterhält sich ohnehin niemand mit ihm. Da zieht er sich lieber in sein Schweigen zurück, auch wenn er mit der Zeit fast alles versteht, und zwar in jeder Sprache, man kann ja auch die Sprache der Augen und der Hände deuten. Bisweilen fragen Kunden, ob das zeichnende Kind in der Werkstatt stumm sei. Dann soll er sagen, wie er heißt, und er antwortet: »*My name is John.*«

Eines Tages nimmt der Onkel ihn mit in die Marmorsägerei unten am Fluss, die von seinem Bruder betrieben wird. Dort wählt er glattgeschliffene Platten für die Waschkommoden aus. Der Lärm draußen ist entsetzlich. Die Sägen, von Wasserrädern angetrieben, fressen sich kreischend durch den Stein, an einer anderen Stelle wird er geschliffen. Es klingt, als wehre der Marmor sich mit aller Kraft gegen ein Unrecht, und die Luft ist voller Staub, der feindselig in die Nase dringt, ganz anders als der puderige Werkstattstaub damals beim Vater. Drinnen, im Bretterverschlag, wo die Platten aufeinandergestapelt sind oder nebeneinanderstehen, ist es ein wenig ruhiger. John kauert sich hin und betrachtet die Muster auf dem polierten Stein. Flaumfederchen in allen Abstufungen zwischen Blau und Grün, Fäden, die sich ringeln und verknäueln, Schattenzonen, rosa Wolken, aus denen blinde Augen blicken, hier und dort flammt es auf wie Feuer. Der Onkel kommt, nimmt ihn bei der Hand und führt ihn in ein anderes Gebäude, wo Bildhauer an der Arbeit sind. »*Sculptors*, siehst du?«, sagt er und spricht das Wort falsch aus. Aber John mag ihnen nicht zuschauen. Er reißt sich vom Onkel los und rennt hinaus ins Freie. Erst am Ufer, einen Fuß schon im Wasser, bleibt er stehen, mitten im angeschwemmten Geröll, er wirft Steine irgendwohin, vielleicht will er die Erlen am andern Ufer treffen, vielleicht etwas anderes, und bei jedem Wurf stößt er, wie ein aufgebrachter Vogel, einen Schrei aus. So findet ihn der Onkel.

»Es ist gut, Johann«, sagt er. »Komm jetzt.«

John schüttelt den Kopf und schaut auf den braungrünen Fluss, der vorwärtsdrängt mit kleinen, eiligen Wellen, in Strudeln und Wirbeln, immerzu vorwärts, dem Meer entgegen, wie er von der Tante weiß.

»*The waves*«, sagt er, »*they are so small.*«

»Du solltest endlich Deutsch reden«, erwidert der Onkel. »Die Aare zieht einen mit, wenn man nicht aufpasst.«

»*Waves*«, sagt John, »*small waves.*« Und mit der Hand macht er eine wellenförmige Bewegung, die den Onkel zum Lächeln bringt.

Der kleine Stuhl in der Werkstatt ist der Ort, zu dem John nach einer Weile immer wieder zurückkehrt. Dort ist er lieber als draußen auf der Gasse, wo Jungen in seinem Alter spielen. Sie stoßen einander ja bloß herum. Und natürlich lachen sie John aus, weil er, wie sie sagen, durch die Nase redet. Ja, mit Gleichaltrigen ist er nur ungern zusammen, dann doch lieber mit Daniel, der ihm von ersten Verliebtheiten erzählt. Trotzdem schickt ihn die Tante an die Postgasse zum Schulmeister Brüggemann, der einen guten Ruf hat und nicht so viel kostet. Die Buchstaben und Zahlen kennt John schon alle, die hundertfach wiederholten Sätze des Katechismus kann er bald im Schlaf herunterleiern. Was soll er noch lernen? Im stickigen Schulzimmer, wo sich Körper an Körper drängt, wird ihm rasch schlecht, die Flüche und Knüffe der anderen schüchtern ihn ein, und er hat Angst vor der Rute, die auf Schwätzer und Faulpelze niedersaust. Er werde krank, wenn er weiterhin zur Schule gehen müsse, sagt er zur Tante; und bleich ist er schon, zu zart und zu mager für sein Alter. Da muss er nur noch jeden zweiten oder dritten Tag hin, damit er sich, wie die Tante meint, das Gehorchen nicht abgewöhne. An den freien Vormittagen ist er bei Bertha in der Küche und rührt in den Töpfen, oder er legt mit der Tante Leintücher zusammen, er fädelt Nähnadeln für sie ein, schaufelt sorgsam Glut ins Bügeleisen. Bei vielem kann er sich nützlich machen und zwischendurch doch immer wieder ein wenig zeichnen. Die Nachmittage verbringt er in der Werkstatt, daran gibt es nichts zu rütteln, und nun hat ihm der Onkel sogar richtige Zeichenblätter besorgt, denn dass aus dem Jungen kein Kunsttischler wird, hat er eingesehen. Vielleicht aber ein Maler? Sein Malerfreund

Aberli, der ihn gelegentlich in der Werkstatt besucht, bescheinigt dem Jungen Talent. Er könne sich vorstellen, hat er gesagt, den Jungen in ein paar Jahren als Lehrling aufzunehmen.

3

London, Februar 1781

Bisweilen schien es ihm unfassbar, dass er jetzt, nachdem er die Welt umsegelt hatte, hierher zurückgekehrt war. Die Stadt hatte sich während seiner Abwesenheit verändert, sie war größer, bunter, lärmiger geworden. Oder war er es, der sich so verändert hatte, dass er manche Häuser und Plätze gar nicht mehr wiedererkannte? Er beugte sich vor, um besser nach draußen zu sehen. Sie hatten eben das neuerbaute Royal Hospital passiert. Nun wurde der Verkehr dichter, die Kutschen reihten sich auf beiden Straßenseiten zu Kolonnen. Ein Chor von Huftritten, überlagert vom Räderrollen, dazwischen die Rufe der Kutscher, Peitschenknallen, von irgendwo das anfeuernde Geschrei der Menge, die eine Gauklertruppe umlagerte. Viele Mauern waren überklebt mit Theaterplakaten. Es schwindelte einen, wenn man die Schlagzeilen zu lesen versuchte. Ein Bettlerjunge lief neben der Kutsche her, klopfte mit dem Knöchel an die Scheibe, er war auf einem Auge blind, die Nase von Ausschlag zerfressen. Webber erwog, ihm eine Münze zuzustecken. War er nicht wohlhabend jetzt, nachdem die Admiralität ihm zweihundertfünfzig Pfund jährlich bewilligt hatte? Doch der Kutscher hatte den Jungen bemerkt und ließ das Ende der

Peitschenschnur über seine Wange zucken. Der Junge schrie auf, geriet ins Stolpern, blieb zurück.

Die Kutsche rollte am Gefängnis von Newgate vorbei, dessen langgestreckte und abweisende Fassade noch Spuren des Brandes vom letzten Jahr aufwies. Seit seiner Rückkehr dachte Webber jedes Mal, wenn er das schmutzige Fassadenrot sah, an Charles Clerke, der hier eingesperrt gewesen war, Clerke, der Kapitän der *Discovery*, des Schwesterschiffs von Cooks *Resolution*. Clerke hatte leichtsinnigerweise für seinen Bruder gebürgt und dessen Schulden nicht zahlen können. Man hatte ihn verhaftet und ein paar Wochen unter widrigen Bedingungen festgehalten. Deswegen hatte sich die Abreise der *Discovery* verzögert. Erst in Kapstadt hatte er, schon damals kränkelnd, Cook eingeholt. Er war offensichtlich von anderen Sträflingen mit der Schwindsucht angesteckt worden und hatte, wie auch der Schiffsarzt Anderson, während der Reise immer stärker darunter gelitten, bis zu ihrem Ende.

Nicht nur der Verkehr, auch die Marktbuden und die Läden mit ihren Schaufensterauslagen nahmen nun zu. Seidenstoffe, Wachsblumen, Chinavasen, dann Kisten mit Kartoffeln, Kohl und Äpfeln, sogar Orangen hier und dort. Beim Geruch nach Sauerkraut zog sich Webbers Magen zusammen. Cook hatte, unter Androhung schwerster Strafen, die widerspenstige Besatzung gezwungen, davon zu essen, denn die Erfahrung hatte gezeigt, dass Sauerkraut, wie auch frisches Grünzeug und Fleisch, gegen Skorbut half. Cook selbst war mit gutem Beispiel vorangegangen, er aß alles, wenn es sein musste, das tranige Fleisch der Walrosse, Fische und Vögel jeglicher Art. Er hätte wohl auch, so sagten die Matrosen ihm nach, das Leder seiner eigenen Schuhe verdaut. Und nun war er tot, zerstückelt und halb wieder zusammengefügt, hinabgesenkt ins Meer zu den Salven der Bordgeschütze. Tot war er wie Anderson, wie Clerke, wie der alte Watman, den sie auf einem heiligen Platz begraben hatten. Tot wie der Vater, tot wie die Mutter. Diese Gedanken waren seit seiner Rückkehr eigentlich dauernd vorhanden; sie glichen der ersten Grundierung auf der Leinwand: Auch wenn sie fast durchsichtig ist, gibt sie allen sie überlagernden Farben eine besondere Tönung. Vielleicht war sie schon in den ersten Berner Jahren da, als Ahnung des endgültigen Verlusts.

Auf der anderen Straßenseite tauchte die Kuppel von St. Paul auf. Doch stärker gefesselt wurde Webber an der Ecke, wo der Blick auf den Hanover Square ging, vom kleinen Laden, in dem Dutzende von Puppen ausgestellt waren, dicht gedrängt in Reihen neben- und übereinander, leblos und steif in ihren Kostümen und doch von erstaunlicher Wirkung, fast als könnten sie, so klein sie waren, aus dem Schaufenster ausbrechen und zu ihm hinfliegen. Gut nur, dass die Gesichter hell waren, wachsbleich sogar, und nicht dunkel oder goldfarben oder blutüberströmt wie die Gesichter der anderen Toten, der vielen, die sie nicht mehr gezählt und deren Namen sie nicht gewusst hatten. Kaum gesehen und schon vorbei, zum Glück. Er hatte als Junge nie eine Puppe besessen. Es gab eine Zeit, da hätte es ihn getröstet, eine neben sich im Bett zu haben, heimlich bloß, er hätte es vor allen verleugnet.

Wie sinnlose Treppenstufen reihten sich die unterschiedlich hohen Dächer der Oxford Street aneinander. Endlich waren sie bei der Nummer 312 angekommen. Webber stieg aus und entlöhnte den Kutscher. Es war nun schon beinahe Abend. An der Stelle, wo die Sonne sich verbarg, sickerte ins Wolkengrau ein zartes Rosa hinein, der Farbton verblühter Rosen. Hatte einer der Vögel auf Otaheite ein solches Gefieder gehabt? Immer wieder strichen vage Erinnerungsbilder, die ungemalten, durch sein Gedächtnis, als hüte er sich selbst davor, sie eine feste Form annehmen zu lassen.

Er fand Henry im Atelier, das die Brüder sich teilten. Es war ein großer, weißgetünchter Raum, dessen ebenerdige Fenster auf den Hinterhof gingen. Ein Kohlebecken verbreitete ein wenig Wärme. Auf der einen Seite Henrys Skulpturen, unbearbeitete Steinblöcke, Wachs- und Lehmköpfe, Gipsabgüsse, ein Tisch mit den Werkzeugen und den Medaillons, die er neuestens entwarf, auf der anderen Johns Staffelei, die Leinwände, das Gestell mit den Pigmenten, die Flaschen mit Leinöl und Terpentin, all die buntfleckigen Lappen, dazu die Truhe, in der er die Dinge aufbewahrte, die er auf der Reise gesammelt hatte. Ein rotgelber Federmantel hing an der Wand.

Bereits hatte Henry ein paar Kerzen angezündet; der Schatten seiner Hand glitt über den Midas, an dessen Rumpf er arbeitete. Er ließ den Meißel sinken, als der Bruder eintrat.

»So spät?«, sagte er. »Du bist lange geblieben.«

Webber setzte sich auf einen Hocker, von dem er erst ein hingeworfenes Hemd wegzog. Er blies auf seine Hände und rieb sie aneinander. »Sie will das Bild nicht aufhängen, es gefällt ihr nicht.«

»Warum nicht?« Henry wischte mit der bloßen Hand Staub von der Statue. »Das Bild ist gut. Hast du es nicht wieder mitgenommen?«

»Sie behält es trotzdem. Wenn es ihr nicht gefällt, soll es wohl niemand anderem gefallen. Es ist ja ein Geschenk der Admiralität. Das kann sie nicht ohne weiteres zurückweisen.«

»Du hättest es in der Royal Academy ausstellen können, sie hätten dir eine silberne oder goldene Medaille dafür verliehen.«

Webbers Gesicht verfinsterte sich. »Es geht mir nicht wie dir. Ich war zu lange weg.«

»Ach was! Wenn die Stiche erst erschienen sind, wird jedermann Cooks Maler kennen. Schon jetzt spricht man doch von dir. Und welcher Maler hatte schon eine Audienz beim König?«

»Er wollte sich bloß die Skizzen nach der Natur ansehen. Und ich musste seinen Töchtern dazu Geschichten von wilden Tieren und Menschen erzählen. Was ich noch daraus mache, interessiert den König nicht, außer dass es zu Cooks und seinem Ansehen beiträgt.«

»Andere wird es brennend interessieren. Was zählt, verglichen damit, meine eigene Arbeit?«

Die Brüder vermieden es, einander anzusehen. Von draußen schallten dumpfe Rufe und Wiehern durch die Wände. Webber dachte an seine Ankunft vor vier Monaten. Als er den Vater aufsuchen wollte, erfuhr er von seiner Schwester, dass Abraham Wäber tot und begraben war, gestorben an Auszehrung im Sommer zuvor. Man hatte ihn auf den Bunhill Fields neben die Mutter gelegt, die schon seit sechs Jahren dort lag. Er, der Sohn, war auf seiner Reise endgültig zur Waise geworden; Henry, der ihm später über die Umstände des Hinschieds berichtete, schien bereits darüber hinweggekommen zu sein. Henry wusste aber auch nicht viel. Er war, beflügelt von ersten Erfolgen, an die Oxford Street gezogen und hatte den Vater, der von Sarah betreut wurde, in seinen letzten Monaten nur unregelmäßig besucht. Den Aufstieg der Söhne hatte der alte Wäber gar nicht mehr wahrgenommen, sein Geist war allmählich erloschen. Nach Johns Abreise habe er nicht einmal mehr den Hammer zu heben vermocht und Henry nur noch mit Mühe erkannt, ihm dann aber doch das Versprechen abgenommen, den Grabstein für die Mutter, der unvollendet geblieben war, fertig zu behauen. Er, Henry, habe einen für beide daraus gemacht, mit den Namen und einem schlichten Engelrelief. Für das, was dem Vater nicht mehr gelungen sei, habe er bloß ein paar Tage gebraucht, sagte er, und John hätte ihn dafür am liebsten an den Schultern gepackt und geschüttelt.

Henry hatte wieder nach dem kleinen Meißel gegriffen. Der Klang der Hammerschläge erfüllte den Raum beinahe melodiös, wie das Pizzicato eines Saiteninstruments. Doch plötzlich hielt er inne und schaute zum Bruder, der reglos neben der Staffelei stand.

»Gefällt sie dir?«, fragte er mit maliziösem Unterton.

»Wer?«

»Mrs Cook. Sie soll recht hübsch sein, sagt man. Und sie ist nun mit der Pension, die ihr für den Rest ihres Lebens zusteht, eine lukrative Partie, findest du nicht?« Er wies auf die Leinwand, die der Bruder mit seinem Schatten verdunkelte. »Das wäre jedenfalls realistischer, als sich mit der da abzugeben.«

Webber spürte, dass er errötete. »Mrs Cook ist wesentlich älter als ich. Sie erstickt beinahe an ihrer Trauer. Um die Witwe eines nationalen Helden wird sich keiner zu bewer-

ben wagen, sie wird dem großen Mann treu bleiben müssen.«
Sein wachsender Unwille vertrieb die Verlegenheit. »Wenn es ums Heiraten geht, dann schau erst mal für dich, Bruderherz. Auch für dich wäre es Zeit.«

»Ich bin immerhin drei Jahre jünger als du«, sagte Henry, bereits wieder in der Defensive. So war es oft zwischen ihnen, zumindest seit sie zusammenwohnten. Henry zündelte und spottete, nicht lieblos, aber doch an der Grenze zur Kränkung. Dann bellte John zurück, so kam es ihm selber vor, und mit seiner Gereiztheit brachte er den Bruder dazu, sehr rasch die weiße Fahne zu hissen.

»Lassen wir's gut sein«, sagte er nun selbst. »Wir können noch eine Weile arbeiten, bis es ganz dunkel ist.«

Er wandte sich dem unfertigen Gemälde auf der Staffelei zu. Es war die erste Kopie des Porträts von Poetua, der Prinzessin von der Insel Ulietea. An die Wand gelehnt, stand das Original, das Lord Sandwich für sich bestellt hatte. Die Kopie – sie war für Webber persönlich bestimmt – sollte das Original übertreffen. Dieser fragende Blick, das Lächeln, irisierend zwischen Melancholie und Verführung. Das pechschwarze Haar, das in krausen Locken auf die Schultern fällt. Die Nacktheit ganz selbstverständlich. Man hatte ihn zur *Discovery* hinübergerudert, wo Poetua, auf Cooks Befehl, in der Great Cabin festgehalten wurde, zusammen mit ihrem Bruder und ihrem Mann, der jedoch bloß ergeben und stumm in einer Ecke kauerte. Zwei Matrosen waren von der *Discovery* desertiert. Sie zogen – wer hätte sie nicht verstanden! – ein Leben in tropischem Überfluss, unter gefälligen Frauen, der strapaziösen Enge auf dem Schiff vor. Doch Cook wollte sie zurückhaben, um jeden Preis, er fürchtete, sonst noch weitere Männer zu verlieren. So hatte er, als äußerstes Mittel, die Geiselhaft angeordnet, sie sollte den König, Poetuas Vater, dazu bewegen, die Deserteure einzufangen und zurückzuschaffen. Die Haft bot Webber die Gelegenheit, Poetua lebensecht – mit allen Tätowierungen, so war ihm aufgetragen – zu porträtieren. Er hatte sie ins Freie versetzt, sie stand vor einem gewittrigen Himmel, dessen Düsterkeit ihren nackten Oberkörper umso stärker zum Leuchten brachte. Aus dem Lendentuch hatte er ein griechisches Gewand gemacht, das oberhalb des Nabels endete, die Tätowierungen auf den Oberarmen bloß zart angedeutet. Manchmal sprach er mit ihr. Er sagte, was er damals verschwiegen hatte, versuchte ihr zu erklären, wer er, der Fremde, war, woher er kam, wovon er träumte, und er wusste, dass sie keine Antwort geben würde.

Webber steckte den Daumen durch die Palette, gab mit dem Pinsel ein wenig Öl zu den halb eingetrockneten Klecksen von Indischgelb, Sienabraun, Karminrot, er weichte die Farben auf, probierte neue Mischungen aus. Den Goldton der Haut, ihren matten Glanz wollte er beim zweiten Versuch noch besser wiedergeben. Aber es war unmöglich: Der Pinsel log, Abbild blieb Abbild. Sein Leben lang, das wusste er nun, würde er der Wirklichkeit nachtrauern und sie wiederzubeleben versuchen. Wie viel leichter war es doch für die Kupferstecher, seine ausgewählten Zeichnungen, die überarbeiteten Aquarelle in Platten zu ritzen! Wie viel leichter, wenn man nicht dabei gewesen war!

Henry stand plötzlich dicht hinter ihm. »Schön ist sie«, sagte er leise. »Aber du hast eine andalusische Zigeunerin aus ihr gemacht.«

Webber schwieg.

Henry kam ihm noch näher, der Hauch seines Atems kitzelte sein Ohr. »Jetzt verrat es doch endlich. Hast du mit ihr... hast du sie...?«

Abrupt drehte Webber sich um, den Pinsel wie eine Waffe erhoben. »Lass mich«, sagte er scharf. »Lass sie!«

Mit einem erschrockenen Lachen wich Henry zurück. »Schon gut. Komm, Bruder, es wird zu dunkel, wir gehen essen.«

Webber beruhigte seinen Atem. »Gehen wir, du hast recht, ich bin hungrig.«

Er lag wieder wach im Bett, mit einem bitteren Geschmack im Mund und eiskalten Füßen. Zu viel Ale getrunken und mit dem Bruder eine halbe Flasche Gin geteilt. Dazu hatte ihn der Tabakrauch in der Schenke ganz benommen gemacht. Er war zuerst in einen bleiernen Schlaf gesunken, dann aber, gegen zwei oder drei Uhr morgens, hatte sich sein Geist aus dem Nebel hochgekämpft und an unliebsamen Erinnerungen festgekrallt, mit denen er, in ständigem Auf und Ab, durch Wellen trieb. Er fasste – es war nicht das erste Mal – den Vorsatz, sich künftig mit einem Becher zu begnügen und Henrys Trinksprüchen nicht mehr zu erliegen. Er war auch auf dem Schiff nicht trinkfest geworden. Die Gelage an den Feiertagen mit ihren anschließenden Prügeleien hatte er verabscheut und nie verstanden, weshalb Cook solche Ausschweifungen duldete. Nebenan atmete Henry in tiefen Zügen. Er beneidete ihn um die Sicherheit seines Schlafs, er beneidete ihn um seine Unbeschwertheit, die das Laster mit einschloss, als bedeute es nichts. An diesem Abend hatte Henry noch zu den Mädchen in der Drury Lane gewollt und von einer Neuen im berühmten Etablissement der Mutter Georgia geschwärmt, einer aus Wales, und als Webber sich weigerte, ihn zu begleiten, hatte er ihm freundschaftlich auf die Schulter geklopft und auf den Bordellgang verzichtet. Warum fiel ihm der Umgang mit den Sinnenfreuden so viel schwerer als dem Bruder? Die Inseln hatten ihn von seiner Zurückhaltung nicht geheilt. Ja, er hatte sich verführen lassen und dafür mit schlechten Skizzen bezahlt; es war schön gewesen, aber auch ernüchternd. Man fühlte sich hinterher, wenn das Mädchen verschwand, von der eigenen Lust verraten. Mit Poetua, der Unerreichbaren, wäre es anders gewesen. Sie wartete unten im Atelier auf ihn, als Abbild, als blutleeres, aber seinem Pinsel gefügiges Abbild.

Er wälzte sich an den Bettrand, fuhr mit der Hand unter die Matratze und ertastete den Schreibkalender, der dort versteckt war: handtellergroß, sein geheimes Logbuch von Captain Cooks dritter Reise. Es war den Seeleuten verboten gewesen, ein persönliches Tagebuch zu führen. Die Admiralität wollte verhindern, dass der offizielle Reisebericht durch frühere Veröffentlichungen konkurrenziert würde, und sie wollte die Kontrolle über die Darstellung der Reise bewahren. Ein paar Männer hatten sich trotzdem Notizen gemacht, sie hatten auf die Seitenränder von Bibeln, auf Ärmelaufschläge, ja, sogar an verborgenen Stellen auf die Haut geschrieben. Wer als Erster, auch unter dem Schutz der Anonymität, mit einem Reisebericht herauskäme, durfte damit rechnen, reich zu werden, denn die Neugier und die Kauflust des gebildeten Publikums waren, was die Entdeckungen im Pazifik betraf, unersättlich. Das war aber nicht der

Hauptgrund für Webbers Notizen gewesen; es hatte vielmehr damit zu tun, dass seine Sätze ihm persönlicher erschienen als der wachsende Stapel der Zeichnungen, der das, was gewesen war, unter sich begrub. In winziger Schrift hatte er seine Einträge geschrieben, bisweilen bei ungenügender Beleuchtung, so dass die Zeilen über- und ineinandergeraten waren wie Pfade, die sich kreuzen oder ineinander münden. Webber hatte auf dem Schiff nie Verdacht erregt, er galt als zuverlässig und harmlos, und so hatte er das Büchlein stets rechtzeitig in irgendeiner Tasche verstauen können. Mit der Zeit hatte er es gewagt, sogar in der Great Cabin ein paar Sätze zu kritzeln, um bestimmte Ereignisse nicht zu vergessen. Er schrieb stichwortartig, in Abkürzungen, und wenn er Schritte hörte, schob er den Kalender unter die Zeichnungen, die er gerade in Arbeit hatte. Auf Kamtschatka hatte John Gore, Stellvertreter des todkranken Clerke, die Mannschaften der *Resolution* und der *Discovery* aufgefordert, allfällige Notizen, die trotz des Verbots entstanden seien, abzuliefern. Sie würden versiegelt und auf dem Landweg, quer durch Sibirien, zusammen mit der Nachricht von Cooks Tod, nach England geschickt, dann könne die Admiralität sämtliche Aufzeichnungen nach ihrem Belieben vernichten oder für eigene Zwecke verwenden. Die Schreiber, die solcherart ihre Pflicht erfüllten, blieben unbestraft, den anderen, bei denen später, vor der Ausmusterung, schriftliches Material gefunden werde, drohe die Auspeitschung und Schlimmeres. Webber fürchtete sich vor der Bestrafung. Dennoch versteckte er weiterhin den Kalender. Er war, als einer von wenigen, bei der Landung in London nicht durchsucht worden. Der Quartiermeister hatte ihn lediglich gefragt, ob er in seinen Kisten und Mappen auch Schriftliches aufbewahre, er hatte verneint und war ohne weiteres zum Fallreep vorgelassen worden. Den Kalender hatte er vorsichtshalber auf der bloßen Haut getragen, seitlich an der Hüfte, unter die Unterhose geschoben. Er musste ihn nun auch vor Henry verstecken; wer weiß, was der Bruder damit angestellt hätte. Nur wenige Male hatte Webber seit der Rückkehr darin geblättert, mühevoll die eigene, teils verwischte Schrift entziffert. Was er über Cook geschrieben hatte, musste geheim bleiben, so viel stand fest, und fürs Büchlein brauchte er ein besseres Versteck. Es konnte, wenn es in falsche Hände geriet, seinen Ruf und seine Karriere ruinieren. Wieso verbrennst du es nicht?, fragte er sich. Nein, es war ein Pfand, das er nicht preisgeben wollte. Aber ein Pfand wofür? Das wusste er selbst nicht.

Webber zog die Beine an und begann, seine Füße zu massieren, sie schienen ihm kälter als in all den Wochen, in denen das Schiff von knisterndem und krachendem Eis eingeschlossen war, von Eisbergen, deren Schattenseite bei Sonnenuntergang blau leuchtete. Erneut erschien Poetua vor ihm, obwohl sie gar nicht zum Eis gehörte; ihre Züge verschwammen, und er fragte sie, warum von einem Mann erwartet werde, dass er heirate, Kinder zeuge, seine Familie ernähre. Was war falsch daran, für sich allein zu sorgen, wenn man die Einzige, die man hätte haben wollen, nicht bekam? Was war falsch daran, wenn er doch niemandem Unrecht tat, niemanden verstieß? Webber dachte an seinen Vater, der den sechsjährigen Sohn weggegeben hatte, er dachte an die bittere Armut der ersten Jahre. Er würde, wenn überhaupt, erst heiraten, wenn er seine Zukunft gesichert hatte. Der Vertrag mit der

Admiralität, der die Herausgabe der Kupferstiche betraf, war bloß auf vier Jahre befristet. Wer aber seine künftige Frau, die Mutter seiner Kinder sein könnte, wusste er nicht. Poetua war von Anfang an eine Illusion gewesen; lächerlich geradezu, ihretwegen mit dem Gedanken an Desertion zu spielen. Und Dorothy? Sie kam nicht mehr in Frage. Vielleicht hatte es ihn ja ihretwegen in die Ferne gezogen, vielleicht hatte es ihn einfach weggetrieben von einem Mädchen, das so tat, als wolle es nichts von ihm wissen. Hätte ihn damals nicht Dr. Solander angesprochen, wäre aus ihm ein anderer geworden. So war es immer: Das Leben verzweigte sich unzählige Male, jeden Tag von neuem. Man musste wählen. Er hatte gewählt, als Dr. Solander ihn aufgesucht hatte; aber seit der Rückkehr fielen ihm alle Entscheidungen, auch die einfachsten, schwer. Und eigentlich war ja Henry der Grund für Solanders Einladung gewesen. Henry, der nie fortgeschickt worden war, Henry, der, unberührt von Johns Sorgen, weiterschlief, leise schnarchend nun, mit dem dunkel vibrierenden Ton einer Bambusflöte.

4

London, Juni 1776

Das Publikum drängte sich im Ausstellungssaal der Royal Academy. Es war heiß, viel zu viele Leute begehrten Einlass. Die Ladys fächelten sich Luft zu, man trat sich unter geheuchelten Entschuldigungen auf die Zehen. Von John Webber waren drei Bilder angenommen worden, zwei Landschaften aus der Umgebung von Paris und ein Porträt. Er war erst seit einem Jahr wieder in London. Nach der dreijährigen Lehrzeit bei Aberli hatte er fünf Jahre bei dessen altem Bekannten, Jean-Georges Wille, in Paris studiert. Doch dann erhoffte er sich bessere Erfolgschancen in London, er fand Henry wieder, der ihn überschwenglich empfing, er betrauerte die Mutter, die gestorben war, er schrieb sich als Student an der Royal Academy ein und verdiente sich seinen Lebensunterhalt mit Dekorationsmalerei in neureichen Haushaltungen. Mythologische Szenen für den Salon malte er nach französischer Manier auf Tapeten und auf kahle Wände. Ein Seidenhändler bestellte den Raub der Sabinerinnen, ein Schlachtermeister das Urteil des Paris. Webber stellte dar, was man verlangte, auch das, wofür ihm die eigene Erfahrung fehlte. Doch er strebte nach Höherem, er suchte die Anerkennung der Lords und des Hofes. Auf die ausgestellten Landschaften hatte er viel Mühe verwendet, sie entsprachen in Aufbau und Farbgebung flämischen Vorbildern, von denen auszugehen sein Lehrer Wille empfohlen hatte. Der Himmel auf ihnen war wolkenverhangen, das Laub der Bäume im Detail ausgearbeitet, ein gedämpftes Grün, Veroneser Grün, herrschte vor. Mit der Darstellung des Lichts war Webber indessen nicht zufrieden; Licht sollte, als Medium, selbst bei gewittriger Stimmung alles durchströmen. Das musste er noch lernen. Trotzdem hielt er die zwei Landschaften, mit Figuren im Vordergrund, für das Beste, was er bisher gemalt hatte. Stärkeres Aufsehen indessen erregte sein Porträt eines jungen Mannes. Henry war ihm dafür Modell gestanden, widerwillig erst, dann mit zunehmender Lust am Posieren. Der Bruder war Kunststudent wie er; eigentlich hatte es Webber nicht verwundert, dass er in die Fußstapfen des Vaters treten wollte, mit der uneingestandenen Absicht, ihn zu übertreffen. So stellte er ihn als Bildhauer dar, flüchtig abgelenkt, wie es schien, von der Marmorbüste eines Mädchens, an der er eben noch gearbeitet hatte. Das warme, seitlich einfallende Licht konzentrierte sich auf Henrys Gesicht und die Hand, die den Meißel führte, sein Ausdruck hielt die Waage zwischen Nachdenklichkeit und eben noch gebändigter Spottlust. Über den Gehrock aus olivgrünem Taft, von einem Bekannten für die Sitzungen ausgeliehen, und das kunstgerecht drapierte Spitzenjabot hatte sich Henry in der Tat lustig gemacht und war doch stolz gewesen auf die vornehm-lässige Haltung, die ihm der Bruder gab; sie beförderte ihn, dem Aussehen nach, in einen höheren Stand. Die Sitzungen hatten ihm immer zu lange gedauert, zwischendurch musste er sich strecken und dehnen oder wie ein Kind im Atelier herumhüpfen. Aber Webber war unnachgiebig gewesen, nach kurzen Pausen hatte er den Bruder wieder zum Stillsitzen genötigt. Es hatte sich gelohnt, wie sich nun zeigte. Vor dem *Portrait of a Sculptor* standen stets mehrere Betrachter. Sie rühmten die Lebendigkeit des jungen Porträtierten, seine gelassene Würde. Das Bild erinnerte sie an die Kunst eines Reynolds, der doch als der Größte der Zeitgenossen galt. Der junge Maler, der sich in schicklichem Abstand hielt, blieb unerkannt, er horchte jedoch genau hin und verstand, trotz des Stimmengewirrs, bruchstückweise, was über ihn gesagt wurde. Zum Glück war Henry nicht zugegen, er hätte, ganz unbefangen, die Lobreden auf seine Person bezogen. Ein Betrachter fiel Webber besonders auf. Er war ein schon älterer, leicht korpulenter Mann mit willensstarkem Kinn, der das Porträt, besonders die Augenpartie, von nahem inspizierte, dann wieder einen Schritt zurücktrat, um die Komposition als Ganzes zu erfassen. Der Mann wurde in seiner Konzentration allerdings ständig gestört von anderen Besuchern, die ihn begrüßten und denen er kurz die Hand schüttelte, bevor er sich wieder dem Porträt zuwandte. Webber ging nun doch weiter, um selbst, soweit das Gedränge es zuließ, ein paar Bilder zu betrachten. Eines zog ihn, schon nach einem flüchtigen Blick, machtvoll an. Es war eine exotische Landschaft, eine Insel wohl, sie zeigte im Vordergrund das ruhige, größtenteils dunkle Meer im Abendlicht, dahinter schroff geformte, hintereinandergestaffelte Bergketten mit ein paar wenigen Palmen. Die Komposition wurde aber dominiert von einem mächtigen Himmel, der ganz anders war als der Himmel der Flamen und Holländer: von intensivem, zugleich abendlich durchstrahltem Blau war er, einem Blau zwischen Indigo und Lapislazuli. Die Wolken über den Bergen hingegen, halb Rauch, halb Nebel, schienen mit kontrastierenden Elfenbein- und Goldtönen die Leuchtkraft des Blaus noch übertreffen zu wollen. Der Maler hieß William Hodges, wie das Täfelchen unter dem Bild besagte. Ihm war gelungen, wonach Webber vergeblich gestrebt hatte: das Licht gleichsam körperlich zu malen. Es war Bewunderung, die Webber verspürte, aber auch Neid. Den Namen Hodges hatte er in letzter Zeit mehrfach gehört. Hodges war der Maler auf Captain Cooks zweiter Weltumsegelung gewesen; nun wertete er offensichtlich die Studien aus, die auf dieser Reise entstanden waren. Von Cook sprach die ganze Londoner Gesellschaft, sein Ruhm nahm ständig noch zu. Er galt als großer Navigator, als Entdecker, der den wilden Stämmen im Pazifik die Errungenschaften der Zivilisation brachte, als Kartograph, der die weißen Flächen der Erdkugel vermaß und sie dem Schutz der englischen Krone unterstellte. Das Gerücht ging um, der große Cook plane eine dritte Reise, die Admiralität werde ihn beauftragen, zum Südpol oder Nordpol vorzustoßen. Eine vage Sehnsucht ergriff Webber angesichts der Südseelandschaft. Nicht weit von ihr hing aber ein zweites Bild von Hodges: eines mit zerklüfteten Eisbergen, die auf dem bewegten Meer trieben und die beiden Schiffe, die winzig schienen, zu zermalmen drohten. Die Farbskala war auf kaltes Blau, Bleiweiß und ein wenig Anthrazit beschränkt. Ein stärkerer Gegensatz zur tropischen Insel ließ sich kaum denken. Es schauderte einen beim bloßen Gedanken, in solch unwirtlicher Umgebung zu reisen. Als Webber das Bild aus der Nähe musterte, wurde er angesprochen, und zwar, wie er augenblicklich feststellte, vom Betrachter seines Porträts, dem Mann mit dem auffälligen Kinn.

»Sie scheinen von Hodges gefesselt zu sein«, sagte er, lächelte dann gewinnend, als Webber ihn fragend anblickte, und stellte sich mit einer knappen Verbeugung vor: »Doktor Solander, Naturforscher, vor allem Botaniker, wie Sie vielleicht wissen.«

Auch dieser Name kam Webber bekannt vor, doch er konnte ihn nicht einordnen. Der Mann sprach das Englische fließend, wenn auch mit schwerem Akzent.

»Ich war selber dort«, sagte Solander und deutete auf Hodges' Inselbild. »Auf Otaheite, es gibt keinen schöneren Ort auf Erden.«

»Sie waren dort?«, fragte Webber verblüfft und glaubte zuerst, der Mann erlaube sich einen Scherz.

»Zusammen mit Sir Joseph Banks, auf der ersten Reise, die Captain Cook, damals noch Leutnant, kommandierte. Wir haben Hunderte von bisher unbekannten Pflanzen- und Tierarten entdeckt.«

Ja, von Joseph Banks hatte Webber sogar in Bern, im letzten Lehrjahr bei Aberli, gehört. Der Meister hatte ihm aus der Gazette einen langen Artikel über Banks vorgelesen, und sie hatten über die Beschreibung des von ihm entdeckten Tiers gelacht, das sich in langen Sprüngen bewegte und seine Jungen in einem Beutel trug.

Solander zeigte dorthin, wo er vorher so lange gestanden hatte. »Man hat mir gesagt, Mr Webber, Sie hätten das hübsche Porträt dort drüben gemalt.«

Webber nickte und überlegte sich, welchen Preis er verlangen sollte, wenn Dr. Solander es zu kaufen wünschte.

Aber eigentlich war es unverkäuflich; den gemalten Bruder, gerade weil er ihn idealisiert hatte, mochte er nicht weggeben.

Doch Solander überraschte ihn erneut: »Ich überfalle Sie jetzt. Wir suchen einen Maler für Cooks nächste Reise. Er hat den Auftrag, Omai, von dem Sie gewiss gehört haben, in die Südsee zurückzubringen. Danach soll er in der nördlichen Hemisphäre eine Passage zwischen dem Pazifischen und dem Atlantischen Ozean suchen, die den Handel enorm erleichtern würde. Ich denke, Sie könnten als Maler durchaus in Frage kommen.«

»Ich?« Webber zog die Silbe ungläubig in die Länge, er musste den Mann falsch verstanden haben. »Sie meinen…?«

Solander berührte ihn beschwichtigend am Oberarm. »Nehmen Sie sich Zeit zum Überlegen. Ich besuche Sie übermorgen in Ihrem Atelier, Down Street 4, Piccadilly, nicht wahr?«

Wiederum nickte Webber, benommen von Solanders Kenntnissen und seinem Tempo. »Ich hätte nie im Leben damit gerechnet…«, setzte er an und bewegte wohl nur seine Lippen, denn Solander hielt die Hand ans Ohr, um ihn besser zu verstehen. »Das Leben auf See ist mir völlig fremd … und eine so lange Reise…«

»Man gewöhnt sich daran«, unterbrach ihn Solander auf seine freundlich-bestimmte Weise. »Ich war eine Landratte wie Sie und habe anfänglich gelitten. Das ist unvermeidlich. Aber ich bereue keinen Moment, dass ich mitgereist bin.«

Webber zwang seine Zunge zum Gehorsam. »Haben Sie denn niemand anderen, den Sie fragen können… jemand Erfahreneren?«

Solander lächelte beinahe verschmitzt. »Ich folge meinem Instinkt. Das können Sie, gerade nach unserer kurzen Begegnung, als aufrichtiges Kompliment verstehen. Ich habe mir auch Ihre Landschaften genau angeschaut. Als Maler und Mensch sind Sie reif für Ihr Alter, ein genauer Beobachter. Und Sie wirken gesund. Das sind allerbeste Voraussetzungen.«

»Für wann ist denn die Abreise geplant?«, fragte Webber.

»Für Anfang oder höchstens Mitte Juli. Sie müssten nach Plymouth fahren. Dort werden die beiden Schiffe, die *Resolution* und die *Discovery*, im Moment noch einmal überholt und dann beladen. Es sind ehemalige Kohlenfrachter. Sie haben wenig Tiefgang, damit sie auch in seichten Buchten ankern können, und vor allem einen weit größeren Laderaum als die Schiffe der Navy.«

Webber hörte gar nicht mehr zu, er hatte nur das Datum verstanden: Anfang oder Mitte Juli, das war in zwei oder drei Wochen. Ihm schwindelte, er lehnte sich an die Wand. Solander schien es zu bemerken, denn er nahm Webber am Ellbogen und führte ihn zwischen all den Leuten hinaus an die frische Luft, auf die Old Bond Street, wo die Kutschen standen, so nahe beieinander, dass es beinahe aussah, als wären sie ineinander verkeilt.

»Denken Sie nach, Mr Webber«, sagte Solander unvermindert freundlich. »Solche Gelegenheiten kommen immer unerwartet. Und dann geht es darum, ob man sie packen will oder nicht. Sie werden entscheiden. Und es ist klar: Sie entscheiden über Ihr künftiges Leben.«

»Ich danke Ihnen«, sagte Webber kaum hörbar. Solanders Worte hatten sich in ihm festgehakt, sie rissen ihn in die

Ferne, als wäre er eine zappelnde Beute. Der Abschied war förmlicher als das vorausgegangene Gespräch. Webber beschloss, zu Fuß nach Hause zu gehen. Nach Hause: Das war zu hoch gegriffen für die billige Unterkunft, die ihm als Wohnung und Atelier zugleich diente, ein einziger Raum war es im zweiten Stock eines heruntergewirtschafteten Hauses aus der Tudor-Zeit. Henry hielt dies für unwürdig; aber er selbst, immer noch beim Vater untergebracht, lebte keineswegs in komfortableren Verhältnissen. Mit Henry muss ich reden, dachte Webber, als er die Schuhe ausgezogen und sich aufs Bett gelegt hatte, mit ihm zuallererst. Oder lieber doch nicht?

Am Morgen des Tages, an dem ihn Solander besuchen wollte, wartete er am Shepherd Market auf Dorothy, die Tochter des reichen Schlachtermeisters, dessen Salon er ausgemalt hatte. Er wusste, dass sie am frühen Morgen einkaufen ging. Er wartete lange, achtete kaum auf die Passanten, die dicht an ihm vorübergingen. Er erinnerte sich an ihre ersten sorglosen Begegnungen. Sie hatte ihm beim Malen zugeschaut, ihm kecke Fragen gestellt und sich auch von den Nymphen, die unter seinem Pinsel entstanden, nicht in Verlegenheit bringen lassen. Es war ja bloß schlecht entlöhnte Malerei, und Webber war züchtig genug, die Unterleiber mit Tüchern oder Zweigen zu bedecken. Ihre Gespräche wurden vertrauter, er hatte den Eindruck, dass sie mit ihm bewusst kokettierte. So lud er sie zu einem Imbiss in einem anständigen Lokal ein. Sie lachten viel, unter dem Tisch berührten sich ihre Füße. Von dieser Einladung, die er nicht gebilligt hätte, erfuhr der Vater hinterher, und er untersagte der

Tochter, den mittellosen Maler weiterhin zu treffen. Von da an ging ihm Dorothy aus dem Weg. Als sie ihm einmal zufällig auf der Treppe begegnete, fragte er sie geradeheraus, ob sie sich eine gemeinsame Zukunft mit ihm nicht vorstellen könne. Sie lachte ihm unfroh ins Gesicht. Er solle sich an ihren Vater wenden, sagte sie, der werde ihn aus dem Haus werfen, bevor er seine Fresken beendet habe. Das war erst ein paar Wochen her. Es ging ihm sonderbar mit Dorothy. Wirklich verliebt war er nicht in sie (war er denn schon richtig verliebt gewesen?), sie zu begehren, schien ihm unangemessen, ja frevelhaft, und doch ging sie ihm nicht aus dem Kopf. Vielleicht wünschte er sich bloß, endlich die Bahn zu betreten, die für einen Mann seines Alters vorgesehen war.

Als sie jetzt, mit dem leeren Korb am Arm, aus dem Haus kam, trat er auf sie zu. Jedes Mal, wenn er sie sah, staunte er über ihre Schmalheit, die der weite, allerdings stark taillierte Rock nicht verdecken konnte. Sie hatte etwas Knabenhaftes an sich, das von ihren langen, unter der Haube hervordrängenden Locken vorteilhaft kontrastiert wurde.

»Dorothy«, sagte er, »ich möchte dich ein paar Schritte begleiten.«

Sie hob den Korb höher, bis vor ihre Brust. »Warum? Es ist doch alles klar. Mein Vater wird niemals ein geregeltes Verhältnis zwischen uns erlauben.«

»Ich muss wissen, ob deine Absage endgültig ist oder ob du mir, sollte ich in meiner Arbeit erfolgreich sein, noch einen Funken Hoffnung lässt.«

Sie gingen nebeneinander her, sie warf ihm einen schrägen Blick zu, der Erstaunen und Befremden ausdrückte. »Muss ich mich wiederholen? Mir bleibt doch nichts anderes übrig, als dem Vater zu gehorchen. Er hat ganz andere Pläne mit mir, lohnendere, wie es scheint.« Wieder ihr helles, aber unfrohes Lachen. »Oder willst du, dass ich mit dir durchbrenne?«

»Es kann sein«, sagte er, »dass ich auf eine große Reise gehe.«

Sie beschleunigte ihre Schritte. »Gut so. Dann wirst du mich schneller vergessen.«

»Ich werde«, fuhr er fort, »drei oder vier Jahre weg sein. Weit weg. Und ob ich zurückkomme, weiß niemand im Voraus.«

Das erschreckte sie nun doch ein wenig. Sie blieb stehen, und das ständige Lächeln, das ihm maskenhaft erschien, verschwand von ihrem Gesicht. »So lange? Wohin willst du denn? Nach Amerika?«

»Nach Amerika und noch weiter. Ich darf darüber nicht reden. Aber wenn ich zurückkomme, werde ich vielleicht berühmt und reich.« Das hatte er sich in Wachträumen so ausgedacht, für Hodges traf es ja ein Stück weit zu: Man sprach von ihm, man kaufte seine Südseebilder zu guten Preisen.

Dorothy blickte ihn skeptisch, ja fast feindselig an, doch in ihren Augen war plötzlich eine wache Neugier. »Das erfindest du bloß, um mir zu imponieren.«

Er schüttelte den Kopf. »Nein, es ist wahr. Und darum frage ich dich jetzt: Kannst du drei Jahre auf mich warten? Kannst du warten, bis ich vermögender bin?«

Ihr Kopfschütteln war wie ein Echo auf seines, schneller indessen, entschiedener. »Das geht nicht, John. Eine Weile kann ich mich dem Vater vielleicht widersetzen. Aber nie so lange. Und worauf sollte ich denn warten? Auf ein Luftschloss, wie mir scheint!«

Er griff nach ihrer Hand, bekam aber nur den Korb zu fassen, den sie rasch zwischen sich und ihn schob. »Es ist kein Luftschloss, Dorothy, es ist eine ernsthafte Aussicht.«

In ihren Augen standen plötzlich Tränen. »Lass es gut sein. Es ist so schon schwer genug. Leb wohl.« Damit wandte sie sich von ihm ab und ging davon. Sie trat fester auf, als nötig gewesen wäre, und schaute sich nicht mehr um.

Webber dagegen blieb wie angewurzelt stehen. Noch eine Weile drang ihm, durch alle Straßengeräusche hindurch, das Hämmern ihrer Schritte ins Ohr. Er war niedergeschlagen, gewiss, aber doch auch merkwürdig erleichtert. Was hielt ihn jetzt noch zurück? Henry? Die Schwester mit ihrem Kleinen? Nein, auch sie nicht. Es trieb ihn fort von allem. Etwas Starkes und Unbegreifliches in ihm wollte, dass er Solanders Vorschlag annahm.

Solander kam pünktlich zur angegebenen Stunde. Er war in Begleitung eines Sekretärs der Admiralität, der Peckover hieß und sich als Sachverständiger in Kunstdingen ausgab. Webber hatte seine armselige Bleibe aufgeräumt, den Riemenboden gewischt, und die paar Bilder, die ihm vorzeigenswert schienen, nahe beim Fenster an die Wand gestellt. Er hatte sich zudem vorbereitet mit der flüchtigen Lektüre von Hawkesworths Bericht über die erste Cook'sche Reise, die man ihm in der Bibliothek der Royal Academy widerwillig ausgehändigt hatte. Er hatte die beiden Folianten durchblättert und sich vor allem die Kupferstiche angeschaut, Umrisse von Inseln, eine Hütte mit halbnackten Eingeborenen, seltsame Waffen, großblättrige Pflanzen. Zu einem genaueren Studium hatte die Zeit nicht gereicht. Es war genug gewesen, Webber in seinem Entschluss zu bestärken. Über Hodges' malerisches Geschick verfügte er nicht; aber mit dem, was die Zeichner auf der ersten Reise geleistet hatten, konnte sich seine eigene Kunst durchaus messen.

Solander begrüßte Webber wie einen alten Bekannten, er ließ seine Blicke herumwandern, kauerte vor den Bildern nieder, während sich Peckover ununterbrochen Notizen machte.

»Es ist noch nicht alles fertig ausgearbeitet«, sagte Webber nervös.

»Was ich sehe, genügt vollauf, um meinen positiven Eindruck zu bestätigen«, entgegnete Solander, indem er sich, die Hand ins Kreuz gestemmt, aufrichtete. »Aber jetzt will ich ohne Umschweife wissen, wie die Dinge stehen.«

»Sie stehen gut«, sagte Webber und sah, dass Solanders Lächeln breiter wurde; aber einiges, fuhr er fort, müsse noch geklärt werden. Dann stellte er die Fragen, die zu stellen er sich vorgenommen hatte. Er wollte Auskunft über die vorgesehene Besoldung, über seine Stellung auf dem Schiff, über den Zuschuss an die Malutensilien, die er mitnehmen würde, über seine Beteiligung an der späteren Auswertung der Reise. Er spielte, das war er sich schuldig, den tüchtigen Geschäftsmann und hätte doch auch in schlechtere Bedingungen eingewilligt, als ihm zugestanden wurden. Es war im Übrigen Peckover, der die meisten Antworten gab, in beiläufigem Ton, aber doch unmissverständlich und präzise. Hundertfünfzig Pfund pro Jahr sollte Cooks Zeichner bekommen, im Voraus jeweils auf ein Bankhaus seiner Wahl transferiert.

Das war mehr, als Webber erwartet hatte. »Auf dem Schiff selbst werden Sie wenig brauchen«, fügte Peckover hinzu, »der Zahlmeister wird Ihnen nach Bedarf ein Taschengeld aushändigen und am Ende mit der Gesamtbesoldung verrechnen. Sie bekommen eine eigene Kabine, die Mahlzeiten werden Sie, zusammen mit den Offizieren, am Tisch des Kapitäns einnehmen.« Peckover runzelte leicht die Stirn. »Vermutlich ist Ihnen schon bekannt, dass Sie, solange die Reise dauert, alle Vorschriften und Anordnungen Ihrer Vorgesetzten bedingungslos zu befolgen haben.«

»Schlagen Sie ein?«, fragte Solander. »Mr Peckover ist ermächtigt, Ihnen, sobald Sie unterschrieben habe, die Musterungspapiere sowie eine Liste mit den erlaubten Ausrüstungsgegenständen auszuhändigen. Captain Cook befindet sich schon in Plymouth. Er hat brieflich versichert, dass er den Maler und Zeichner, den wir ihm schicken, mit Wohlwollen empfangen werde. Auch der Erste Lord der Admiralität setzt volles Vertrauen in unseren Vorschlag. – Nun?«

Webber zögerte ein letztes Mal, dann reichte er Solander die Hand. Er unterschrieb die Dokumente, die Peckover vor ihm ausbreitete, und er wunderte sich, dass der Schriftzug klar und kraftvoll war, obwohl er vor Aufregung zu zittern glaubte.

Webber sei nun offizieller Expeditionsmaler, sagte Peckover, er solle schon in nächster Zeit zu packen beginnen, über alle weiteren Schritte werde er durch Boten unterrichtet. Es gehe jetzt rasch voran, im Galopp sozusagen. Dabei schaute ihm der Sekretär, der weniger grämlich schien als am Anfang, zum ersten Mal voll ins Gesicht und verstieg sich sogar zu einem kleinen Lächeln.

»Ich wünsche Ihnen viel Glück«, sagte Solander, ernster als zuvor. »Die Gefahren, die auf Sie warten, sind immens, die Möglichkeiten, sich zu bewähren, sind es auch.«

Webber hielt seinem Blick stand. »Ich kann mich in London ebenso gut mit Fleckfieber anstecken wie auf dem Schiff.«

»Dann haben Sie wohl gehört, woran Mr Parkinson, der Maler der ersten Reise, gestorben ist?«

»Es starben auch andere. Mr Hodges hingegen, der die Strapazen der zweiten Reise überstand, erfreut sich bester Gesundheit, wie man hört. Ich lege mein Schicksal in die Hände der Vorsehung.«

Solander zeigte wieder sein breites Lächeln, bei dem er – wie ein Nagetier, dachte Webber – die oberen Schneidezähne entblößte. »Sie haben recht. Was bleibt uns anderes übrig?«

Nachdem sie gegangen waren, blieb Webber lange regungslos an der Tür stehen, als hoffe er, Solander und der Sekretär würden zurückkommen und alles wieder rückgängig machen. Aber sie kamen nicht, das zweite Exemplar des Anstellungsvertrags lag unterschrieben auf dem Tisch. So würde er also reisen, es gab kein Zurück mehr. Mit einem heiseren, gleich wieder abbrechenden Schrei, über den er selbst erschrak, machte er sich Luft. Lag Freude darin? Bangigkeit? Oder bloß die Erleichterung, dass sein Leben nun eine Richtung hatte? Er wusste nur eines: Die Veränderung, die auf ihn wartete, würde ebenso einschneidend sein wie damals, vor beinahe zwanzig Jahren, als die Eltern ihn weggeschickt hatten. Doch dieses Mal – es gab keinen Anlass, daran zu zweifeln – hatte er die Entscheidung selbst getroffen.

5

Teneriffa, 1. August 1776. Bin erst jetzt, drei Wochen nach unserer Abfahrt, dazu fähig, erste Sätze in den Kalender einzutragen. Ich war krank. Dieses ständige, von höhnischen Mächten gelenkte Auf und Ab, das Knattern, Ächzen, Sausen, Rauschen draußen und drinnen, das peinigende Gebrüll der Tiere! Ja, es sind Kühe auf dem Schiff, sogar ein Stier, dazu Schafe, Schweine, Hühner. Dies auf Anordnung unseres Königs, der den Häuptlingen auf den Inseln Geschenke machen will. Was für ein Gestank! Ob ich mich an ihn gewöhnen kann, weiß ich nicht. In meinem Elend hatte ich Zeit genug, seine hauptsächlichen Bestandteile zu erschnuppern: Männerschweiß, Urin, Mist, Brackwasser, Teer, nasses Tuch. Wie sich der Magen umdreht, dumm herumrutscht in einem drin, so dass es nur noch den Drang gibt, sich zu entleeren, alles von sich zu geben, was flüssig oder fest ist, zu spucken, zu würgen, zu scheißen! Wie dankbar war ich für den Nachttopf und dankbarer noch für Goulding, den Steward der Offiziere, der ihn regelmäßig leerte. Die Mannschaft benutzt, wie man mir sagte, den Donnerbalken vorne am Bug, hoch über dem Wasser, fünf Löcher nebeneinander, ich brächte es nicht über mich, dorthin zu gehen. Nach den Brechanfällen eine schreckliche Schwäche, als bestünden die Glieder nur aus Stoff und Schnur, wie bei sorglos zusammengenähten Puppe. Dabei sei es noch kein richtiger Sturm, hat Mr Gore, erster Leutnant und ein überaus korrekter Mensch, mir bei einem kurzen Besuch gesagt, rauhe See sei es, mehr nicht. Ich lag fast die ganze Zeit auf meiner Pritsche, in der Kabine, die sechs auf sieben Fuß misst, darin werde ich auch arbeiten müssen. Für größere Formate, so viel hat Captain Cook mir zugebilligt, wird mir gelegentlich die Great Cabin zur Verfügung gestellt. Alles, was mehr Luft verspricht, wird zum Trost in dieser erstickenden Enge. Tee in kleinen Schlucken, Zwieback, der schon jetzt steinhart ist, heute ein wenig Porridge, den mir Goulding brachte. Den Grog, den er mir einflößen wollte, lehnte ich ab. Ich bin magerer geworden, gleiche nun wohl stärker meinem Vater.

Mein armer Vater! Er lag im Bett, die Augen tief in den Höhlen, als ich von ihm Abschied nahm, stand dann aber auf, um mir ein paar armselige Werkstücke zu zeigen. Er roch nach Gin, nach billigstem Fusel, den ihm gewiss meine Schwester besorgt. Unter dem Bett, es war nicht zu übersehen, standen etliche leere Flaschen. Ich musste den Vater stützen, damit er nicht schwankte, und er strich mir übers Haar, als wäre ich noch der kleine Junge, den er fortgab. Wofür sollte ich ihn hassen? Weswegen tadeln? Ich rühmte, wider bessere Einsicht, seine Kunst, da brach aus ihm ein erbittertes Lachen hervor, das eher ein Husten war. Er wisse wohl, dass seine Kunst nichts wert sei, sagte er, die beiden Söhne seien seine ganze Hoffnung, sie sollten es besser machen. Aber mein großes Vorhaben, das ich ankündigte, schien er nicht wirklich zu verstehen. Nur dass ich lange weg sein würde, begriff er, weg von England und auf dem Meer. Er glaubte erst, ich wolle nach Bern zurückkehren, um dort mein Glück zu machen; in Bern, der Stadt seiner Väter, sagte er, würde er gerne sterben, den grünen Fluss möchte er noch einmal sehen, die Aare. Das redete ich ihm aus und erklärte ihm erneut, wie ein günstiges Schicksal mich jetzt um die Erdkugel herumführen werde, doch von Cook und seinen großen Fahrten hatte er noch nie gehört. Fast ließ er mich nicht gehen, tätschelte ein ums andere Mal meine Hände, seine waren die eines Steinhauers: Schwielen, gesprungene Haut, ein blauer Daumennagel. Ich habe es versäumt, ihn zu skizzieren, er hat einen Charakterkopf, den ich vielleicht aus dem Gedächtnis wiedergeben kann. Dieses Mal weinte nicht ich, als ich wegging, dafür schwammen seine Augen in Tränen, auch meine Schwester Sarah, die sich an mich hängte, schluchzte erbärmlich. So kann sich im Lauf der Zeit alles verändern und ins Gegenteil verkehren.

Und der Bruder? Lange hatte ich gezögert, Henry in meine bevorstehende Abreise einzuweihen. Wir saßen, als ich es ihm endlich zu sagen getraute, abends in einem Wirtshaus, unter lichten Robinien, in der Gesellschaft laut schwatzender Bürstenbinder und Perückenmacher. Henry verstand mich erst nicht, dann wollte er's nicht glauben und war so verstört, dass ich am liebsten alles zurückgenommen hätte. Er habe gedacht, sagte er kläglich und mit Tränen in den Augen, wir würden uns jetzt geschäftlich zusammentun, zu zweit Herrenhäuser ausstatten und lukrative Aufträge ergattern. Und jetzt lasse ich ihn im Stich, und das bedeute nichts anderes, als dass er den Bruder ein zweites Mal verliere. Ich widersprach ihm, tröstete ihn damit, dass wir nach meiner Rückkehr Zeit genug für gemeinsame Projekte hätten. Doch er machte mir weitere Vorwürfe, so lange, bis ich ihm meinerseits vorhielt, dass er mir zumindest zu meiner Berufung gratulieren und Glück wünschen könnte. Da verwandelte sich auf einen Schlag sein ganzes Benehmen, er schlug mir lachend auf die Schultern, bestellte Grog für die ganze Runde, damit ich mich an dieses Seemannsgetränk beizeiten gewöhne, er stieg auf eine Bank und hielt eine rühmende Rede auf mich. »Mein Bruder wird eine große Reise machen!«, rief er so laut und schallend, dass alle ringsum verstummten. »Eine große Reise mit dem großen Captain Cook. Bis wohin? Bis ans Ende der Welt! Bis ans Ende der Meere! Er ist mutig, mein Bruder, tollkühn. Wer hätte ihm das zugetraut? Er lebe hoch, mein Bruder, er lebe hoch!« Die anderen Gäste stimmten mit ein, während Henry halb betrunken weiterredete, und beglückwünschten mich auf rauhe Weise. Ich war verlegen und wusste nicht, wie ich Henry zur Besinnung bringen konnte, ohne einen Streit vom Zaun zu brechen. So lachte ich, nickte und trank meinen Nebenleuten zu, die mich lautstark aufforderten, Ehre für England einzulegen und mich von den Wilden nicht fressen zu lassen. Ich glaube sogar, dass ich alles Mögliche mitzubringen versprach, Safran dem einen, Perlen dem andern, ein schönes Mädchen dem Dritten, was den stürmischsten Beifall hervorrief. Danach gingen Henry und ich untergehakt nach Hause. Die verschwommene Erinnerung sagt mir, dass wir beide weinten und zwischendurch sangen. Zu den Mädchen in der Drury Lane allerdings, wohin es Henry zog, wollte ich nicht. Oder waren wir doch dort?

Nur zwei oder drei Mal bin ich, seit der Hafen von Plymouth unter dem Horizont versank, an Deck gewesen. Das Schiff ist eine fremde Welt für mich, das war zu erwarten. Allein die unzähligen Taue und Segel, die sie alle mit eigenen Begriffen benennen, die Anordnungen, die mit überlauter Stimme gegeben werden, die schrillen Pfiffe des Bootsmanns, das unübersichtliche Gewimmel von Männern in der Takelage (auch Rigg genannt)! Ich werde vieles lernen müssen, Gore hat mir Falconers Wörterbuch der Marine ausgeliehen, dessen Studium er mir angelegentlich empfahl. Laufendes Gut müsse ich von stehendem unterscheiden lernen, Mars- von Bramsegeln, ein Eselshaupt von einem Fußpferd (dies sagte er mit einem gutmütigen Lachen). Gore ist ein angenehmer Mann. Mit seiner schleppenden Sprechweise, das habe ich rasch gemerkt, tarnt er seine rasche Auffassungsgabe.

Aber wenn Captain Cook auftaucht, ist ER, selbst wenn er schweigt und bloß ein paar Schritte hin und her geht, sogleich das Zentrum, auf das hin sich alles ausrichtet, ähnlich einem Magneten, zu dem hin sich die Eisenspäne orientieren. Er hat mich, als ich an Bord kam, knapp begrüßt, mir gutes Gelingen meiner Arbeit gewünscht. Ein strenger Mann von großer Selbstbeherrschung, höflich und klar in allen Anweisungen; die Mannschaft benimmt sich scheu ihm gegenüber, man lacht und flucht weniger, wenn er in der Nähe ist.

Was ich in meinem geschwächten Zustand auf Deck (dem Achterdeck!) sah: den weiten Himmel, über den die Wolken flogen, die Wasserwüste ringsum, die Segel – viele sind es –, hinter- und übereinandergestaffelt, gespannt, nein, gebläht vom Wind, ihre Schatten und die der Masten und Rahen, der Stage und Wanten in sich ständig verändernden Formen und Farben, draußen die hundert Nuancen von Blau und Grün und Grau, tausendfach durchkreuzt von den weißen Linien der Gischtkronen, alles kaum in Worte zu fassen. Ob ich's aufs Papier oder die Leinwand bringen kann, wird sich zeigen.

Was für eine Erleichterung, dass wir jetzt für ein paar Tage in der Bucht bei Santa Cruz vor Anker liegen. Die Lebenskräfte kehren zurück, sogar der Appetit meldet sich wieder. Nur noch sanfte Bewegung unter den Füßen, eine kleine Unsicherheit wie bei beginnender Trunkenheit.

Teneriffa, 2. August 1776. Vom Schiff aus die Küstenlinie auf Leinwand skizziert, das Ganze grundiert, bei schwachem Wind Stuhl und Malzeug für mich aufs Oberdeck gebracht. Goulding ist geschickt dabei, ich selbst drohe mir an allen Kanten den Kopf zu stoßen, kaum irgendwo kann man unter Deck aufrecht gehen. Captain Cook will ein Ölbild, das den Hafen mit größter Genauigkeit zeigt. Er stand eine Weile schweigend neben mir. Mir kommt es vor, als fordere er eine Bewährungsprobe von mir, und ich bin, wie noch nie, froh darum, dass mein Lehrer Aberli bei der Wiedergabe von Landschaften so streng mit mir verfuhr. Weit hinten, von Wolken halb verhüllt, erkannte man den Pico del Teide, den höchsten Berg der Insel, der bei guter Sicht, so erklärte Captain Cook mir kurz angebunden, den Schiffen den Weg zeige. Ich solle auch, wies er mich an, nebst den Umrissen der Klippen, die eine oder andere holländische oder französische Fregatte, die hier geankert hatten, mit ins Bild bringen. Plötzlich – wohl weil ihn ein Untergebener ansprach – wandte er sich von mir ab. Es mag auch sein, dass ihn mein umständliches Hantieren mit dem Zeichenstift langweilte.

Ich maß und zeichnete mit großer Sorgfalt, während ringsum geschäftiges Treiben herrschte. Ständig brachten kleinere Boote Vorräte zum Schiff: Wasser- und Weinfässer, Heuballen, Kornsäcke, dies alles wurde hochgehievt oder durch Seitenpforten geschoben und unter ständigem Fluchen und Schreien in den Laderäumen, die doch schon vollgepfercht genug sind, verstaut. Er zeichne auch, sagte mir Mr King, der zweite Leutnant, allerdings nicht Bilder von künstlerischem Wert, sondern Karten, dabei seien er und Mr Bligh, der Master, die engsten Gehilfen des Kapitäns, dessen große Leidenschaft, wie ich wohl wisse, das Kartographieren sei. Jede Ecke, jeden Vorsprung der Küsten, an denen wir entlangsegelten, werde er erfassen und im richtigen Maßstab aufzeichnen wollen, zum Gebrauch für spätere Besucher und künftige Generationen. Mr Cooks Ideal wäre es wohl, sagte Mr King, alle weißen Stellen auf dem Globus zu vermessen und zu benennen. Er müsse gestehen, der Wissensdurst und der Drang nach äußerster Exaktheit, den der Kommodore an den Tag lege, sei ihm zuweilen fast unheimlich. So launig plauderte Mr King mit mir, dazu aber beobachtete er mich und das, was ich tat, sehr aufmerksam und wies mich sogar darauf hin, dass die Masten einer Fregatte im Vordergrund, die ich schon mit wenigen Strichen entworfen hatte, im Vergleich zum Rumpf viel zu hoch seien. Ein solches Schiff, sagte er mit gutmütigem Spott, würde unter vollen Segeln beim ersten Windstoß kentern. Ich errötete, denn ich hatte das Schiff absichtlich ein wenig verschönert, wie mir schien, und korrigierte nun beschämt den Fehler.

Ein anderer schaute mir ebenfalls eine Weile über die Schulter, ein Müßiggänger auf dem Schiff, Omai, der Südseeinsulaner. Er ist auf Cooks vorheriger Reise mit nach England gekommen. Nachdem die Londoner ihn zur Genüge bestaunt haben, soll er nun in seine Heimat zurückgebracht werden. Sein Englisch ist schlechter, als ich gedacht habe, die Stimme aber von samtenem Klang, das Haar glänzend schwarz, und seine Haut schimmert im Licht der Kanaren, als wäre Goldflitter darüber gestreut. Als schön nach unseren Maßstäben kann er, mit groben Gesichtszügen und wulstigen Lippen, nicht gelten, aber gewiss als eindrückliche Erscheinung, und es wundert mich nicht, dass er von fürstlicher Abkunft sein soll. Er ist mir gegenüber äußerst zutraulich. Auf der Hinfahrt, erzählte er mir, sei auch er sehr lange krank gewesen, habe geglaubt, er müsse sterben, und darum sogar zum Christengott gebetet. Sobald ich Zeit dafür finde, werde ich Omai porträtieren. Von Reynolds Bild, das ihn in langer weißer Robe zeigt, haben alle bewundernd gesprochen. Ich werde mich auf den Kopf beschränken, dabei aber die größtmögliche Ähnlichkeit zu erreichen versuchen.

Erstmals in der Achtermesse gegessen. Ein fensterloser, von blakenden Lampen notdürftig erhellter Raum, gegen dessen schlechte Luft ich ankämpfen muss. Ich habe meinen Platz am unteren Ende des langen Tischs, Captain Cook sitzt zuoberst, wie es sich gehört (manchmal ziehe er's vor, allein oder in kleinstem Kreis in seiner Kajüte zu speisen). Gedämpfte Gespräche, begleitet von Muhen und Blöken, das, wie der Mistgestank, vom Zwischendeck weiter vorn durch

alle Planken dringt. Es gab Kaninchenra[g]
nicht allzu zähen Fisch. Ich aß nur wenig
genüber Mr Anderson, der Schiffsarzt, nu
ich und doch mit zerfurchtem Gesicht. Er
hilfe, schon auf der vorherigen Reise dabei
allem die Bouillon auszulöffeln. Er vertrau
noch lieber Naturforscher als Arzt wäre, darum werde er auch, wo immer möglich und durchaus im Sinn des Kapitäns, die Aufgabe des Botanikers übernehmen. Schon heute habe er an Land mindestens drei ihm bisher unbekannte Pflanzen entdeckt, die er, nach Linnés System klassifiziert, in sein Herbarium aufnehmen werde. Ob ich Erfahrung im wissenschaftlichen Pflanzenzeichnen habe? Ich verneinte. Das mache nichts, erwiderte er, bei Gelegenheit werde er mich trotzdem darum bitten, ein Fundstück für seine Sammlung zu zeichnen. Gerade Pflanzen in voller Blüte verlören ihre Schönheit durch das Trocknen und Pressen.

Warum denn Mr Cook nicht wieder einen Naturforscher wie Dr. Solander oder Mr Banks mitgenommen habe, erlaubte ich mir zu fragen.

Mr Anderson verzog das Gesicht zu einem halben Lächeln. Seit der letzten Reise, auf der ihn der pedantische Deutsche, Mr Forster – der Vater, nicht der Sohn –, unablässig drangsaliert habe, sei Mr Cook nicht mehr gut auf diese Spezies Mensch zu sprechen, und von einem aufgeblasenen Kerl wie Joseph Banks, der nun die Royal Society präsidiere, wolle er schon gar nichts wissen. Der habe ihn ja auch auf der zweiten Reise begleiten wollen, aber darauf bestanden, die *Resolution* mit einem überdimensionierten Kajütenaufbau manövrierunfähig zu machen. Nach der ersten

...rt habe Captain Cook alles abreißen lassen, und ...s sei so beleidigt gewesen, dass er es vorgezogen habe, ... Hause zu bleiben. Es schüttelte Mr Anderson vor lautlosem Lachen. Ich wusste nicht, ob es höflich oder unhöflich war mitzulachen. Mit ihm werde ich mich gut verstehen, weniger gut vermutlich mit Mr Bligh, dem kleingewachsenen, schneidigen Master, der, wie mir Goulding verriet, als aufbrausend gilt, ebenso wie Mr Williamson, der dritte Leutnant, der auch ohne Grund sehr finster blickt, einen aber mit plötzlichen Lachsalven erschreckt. Die Herren Gore und King – zurückhaltend und abwägend der eine, beinahe anmutig der andere – kenne ich nun schon etwas besser. Aufgewartet wird uns vom schweigsamen Goulding, der dabei zu schleichen scheint, und einem halben Riesen, Collett, der dauernd gebückt gehen muss und sich ausschließlich dem Kapitän widmet. Omai isst im Übrigen für sich allein oder beim Koch Morris in der Kombüse. Dieser sei, hat man mir gesagt, aus grobem Holz geschnitzt, ein Spottvogel, der mit seinen Scherzen empfindlichere Gemüter gerne einschüchtere.

Man sprach am oberen Tischende von der *Discovery*, dem zweiten Expeditionsschiff, das uns spätestens in Kapstadt einholen müsse. Mr Clerke, ihr Kapitän, ist, wie ich schon seit Plymouth weiß, einer Bürgschaftsangelegenheit wegen in Haft gesetzt worden und sollte schon lange wieder in Freiheit sein. Es ist dies ein Umstand, der Captain Cook zu ärgern scheint. Das Gespräch, von ihm gelenkt, streifte ferner unsere jetzige Position und ihre exakte Bestimmung, ein Thema, das mir so fremd ist wie die unzähligen Knotenarten, die man auf See offenbar beherrschen muss. An Männergesellschaften bin ich gewöhnt, aber nicht an eine von solcher Ausschließlichkeit. Mehr als hundert Männer sind es auf der *Resolution,* der Jüngste vierzehn, der Älteste vermutlich gegen sechzig Jahre alt. Man sehnt sich nach weiblichen Zügen, findet sie höchstens andeutungsweise in den noch unfertigen und bartlosen Gesichtern des einen oder anderen Fähnrichs. Im Mannschaftsraum liegen die einfachen Seemänner eng nebeneinander, Leib an Leib, sie schlafen und schnarchen in Hängematten, die sie jeden Morgen zusammenrollen, jeden Abend ausspannen und aufhängen. Die Tische, an denen sie essen, werden an Seilen von der niedrigen Decke heruntergelassen. Ich war dort unten, bevor wir die Anker lichteten, der Quartiermeister hat mich herumgeführt. An die Brotkammer erinnere ich mich, an die Segelkammer, ans Pulvermagazin, an den großen Laderaum mit Hunderten von Fässern, Kisten, Säcken. Ein schwimmendes Gefängnis, so hat Henry vor der Abreise das Schiff genannt, spöttisch und doch neidvoll. Wie hier zu allem Überfluss noch so viele Tiere eingesperrt sein können, ist mir ein Rätsel, und wie ich das alles aushalten werde, weiß Gott allein. Mein Trost ist, dass viele dieser Männer zum zweiten oder dritten Mal mit Captain Cook um die Welt reisen. Das Schiff ist ihr Zuhause, wie es scheint, so soll es auch meines werden.

Himmel, Berge, Meer. Webber stand am sandigen Ufer, ein paar Schritte von der Jolle entfernt, die ein einzelner Marinesoldat im roten Waffenrock bewachte. Er hatte die Staffelei vor sich und blickte hinüber zur anderen Seite der Bucht. Den ersten Versuch hatte er übermalt, der zweite musste gelingen. Bei Aberli hatte er gelernt, die Konturen mit klaren Strichen zu umreißen. Doch wie sollte er das Meer erfassen? Große Flächen waren dem Meister suspekt, den Himmel wollte er bewölkt, im Vordergrund brauchte er Häuser und vor allem Bäume, deren Laubwerk unter seinem Pinsel, Blatt für Blatt, dem Betrachter entgegenzuwachsen schien. Wie oft hatte er dem Meister in fünf Lehrjahren das Malerköfferchen nachgetragen, für ihn die Staffelei, den Feldstuhl geschultert! Und wie stolz war er gewesen, dass der berühmte Maler ihn, den hergelaufenen englischen Jungen, als Lehrling aufgenommen hatte! Er dachte an ihre Fußreisen, die Wanderungen durch Gebirgstäler und die Seeufer entlang, das Suchen nach dem richtigen Blickwinkel. »Was siehst du?«, hatte Aberli den Lehrling unzählige Male gefragt. »Sag mir, was du siehst!« Und bei seinen Antworten musste sich Webber auf den gewählten Ausschnitt beschränken, sogar mit beiden Händen vor den Augen ein Rechteck formen, in dem die Landschaft bereits wie in einem Rahmen gefasst erschien. Er sah am Anfang oft das Falsche, das Bedeutungslose. Es ging immer auch darum, die richtigen Einzelheiten hervorzuheben, ihre Fülle zu reduzieren. Am liebsten waren Aberli zerklüftete Fels- und Gletscherlandschaften, sie sollten den Betrachter mit Staunen und Schaudern erfüllen. Fels und Eis ließen sich mit klaren Linien wiedergeben, mit abgegrenzten Schattenpartien, nur Bäche und Wasserfälle belebten die solchermaßen erstarrte Welt. Waren sie unterwegs, ging ihm der Meister stets in knirschenden Stiefeln voran. Auch ohne Last geriet er bergauf in starkes Keuchen. Er hatte nichts Väterliches an sich, er lobte wenig, und darum gelang es Webber nicht, ihn zu lieben. Weder seine gemessene Strenge noch seine Geschäftstüchtigkeit liebte er, weder die Kälte seiner Augen noch seinen Ostschweizer Dialekt, den er ebenso wenig abzulegen vermochte wie Webber seinen englischen Akzent. Aber er respektierte ihn als Lehrer, und es bedeutete ihm viel, dass Aberli auch den Schüler allmählich zu schätzen schien. Er lernte von ihm, was es zu lernen gab, danach verließ er Bern mit der Absicht, Großstadtluft zu atmen. Bei Wille in Paris fühlte er sich zunächst erlöst, fast als hätte er den engen Rahmen, den ihm der Meister gesetzt hatte, ein für allemal durchbrochen. Wenn sie in Gruppen loszogen, um dem Lauf der Seine zu folgen, glaubte er, für sich die große Freiheit erobert zu haben. Aber auch die weitgespannte Hügellandschaft musste sich, wenn er Maler sein wollte, ins gewählte Format einfügen.

Nun also das Meer, die Berge, der Himmel am späten Nachmittag. Beinahe wolkenlos war die lichtblaue Fläche über der Küste, nur leicht bewegt das Wasser, man ahnte gegen das Ufer hin den dunkleren Grund. Webber malte, setzte Akzente hier und dort, die er gleich wieder verwischte oder mit dem feuchten Lappen aufsaugte. Das Bild würde er auf dem Schiff, in seiner Kabine ausarbeiten und sich nicht entmutigen lassen vom eigenen Ungenügen. Aschfarbene Vögel mit gelben Schnäbeln flogen über ihn hinweg, Blütendüfte erreichten ihn, die er nicht kannte, die sommerliche Temperatur schmeichelte seiner Haut. Auf der *Resolution* – sie lag knapp außerhalb des Bildes – wurden Fugen und Nähte frisch kalfatert. Die Offiziere hatten nach gründlicher Inspektion festgestellt, dass das Schiff zu viel Wasser aufnahm. Ein Leck war nicht zu eruieren, es musste an der Summe vieler undichter Stellen liegen. Noch über weite Entfernung war das Hämmern zu hören, mit dem die Kalfaterer den Werg in die Fugen trieben.

Ab und zu gingen schwatzende, in weite Gewänder gehüllte Frauen, mit Wasserkrügen auf dem Kopf, an Webber vorbei. Sie waren braunhäutig, kleingewachsen, sie lachten lauter in seiner Nähe und schielten auffällig zu ihm hin. Dann kehrte auch Captain Cook mit seiner engsten Entourage – alle in Galauniform – von einem Besuch beim Gouverneur zurück. Er musterte kurz, was Webber geschaffen hatte. Das könne etwas werden, sagte er; der mittlere Bergrücken sei allerdings noch nicht exakt genug wiedergegeben. Webber stimmte ihm sogleich zu, ließ aber den Pinsel, wie gelähmt, über der Leinwand schweben. Keiner half ihm, seine Sachen zum Boot zu tragen, das man schon ins Meer geschoben hatte. Seine Schuhe wurden nass, als er durchs Wasser watete, doch nasse Schuhe schienen außer ihn niemanden zu stören.

Am 4. August stachen sie wieder in See. Am übernächsten Tag hatte Webber sein erstes Bild, die Ansicht von Santa Cruz, vollendet, und ihm schwindelte vor Stolz, als Cook ihn dafür mit ein paar Worten lobte und durchblicken ließ, dass die Darstellung nun auch die Einzelheiten enthalte, die den Nachrichtendienst der Marine besonders interessieren würden. Sein Stolz, er wusste es genau, war nur halb berechtigt. Er würde sich von Bild zu Bild verbessern müssen und vieles auch erst nach der Rückkehr ausarbeiten, so wie es William Hodges vorgemacht hatte.

Ein paar heißen Tagen folgte, zwischen dem zwölften und siebten Breitengrad, eine Phase mit düsterem Himmel und heftigen Regengüssen. Es zeigte sich, dass das Schiff noch stärker leckte, als die ersten Inspektionen gezeigt hatten. Vor allem war es auch undicht oberhalb der Wasserlinie. Das Regenwasser rann und sickerte ins Kajüten- und ins Zwischendeck, es durchnässte das ganze Mannschaftsquartier. Zeitweise blieb kaum noch eine Planke oder eine Faser trocken, und sobald der Himmel für ein paar Stunden aufriss, befahl Cook, die nassen Kleider an der Sonne zu trocknen und zugleich die Unterkünfte auszuräuchern, um damit, wie ihm der Schiffsarzt nahelegte, schädliche Keime und Insekten zu vernichten. Webber litt unter der dauernden Nässe. Wenn es ihm in der ersten Zeit Tag und Nacht übel gewesen war, so hatte er jetzt starke Glieder- und Gelenkschmerzen. Den Seemannsgang, der darin besteht, einen Fuß aufzusetzen und mit dem anderen das Schwanken auszugleichen, hatte er sich inzwischen angewöhnt, aber die steilen und glitschigen Niedergänge bereiteten ihm unerwartete Schwierigkeiten. Es kam vor, dass er sich, bei plötzlich einschießenden Rücken- oder Knieschmerzen, am Führungsseil mit beiden Händen festhielt und einen Sturz in die Tiefe befürchtete. Zudem hatte er Angst, die Leinwandrollen und das teure Zeichenpapier würden verderben. In seiner Kabine sammelten sich immer wieder Pfützen am Boden, Wasser tropfte die Wände herab, es roch zunehmend nach Schimmel.

Der ungünstigen Winde wegen beschrieb die *Resolution* einen weiten Bogen bis nahe an die brasilianische Küste, dann erlaubte der Wind endlich einen südöstlichen Kurs, der das Schiff nach Afrika brachte. Mittags stand die Sonne senkrecht über dem Horizont und brannte auf Webber nieder, wenn er mit dem Skizzenblock an der Reling saß. Häufig beschäftigte er sich mit Form und Verlauf der Wellen und übte sich darin, auf dem Papier ihrer Bewegung zu folgen. Der Fähnrich Trevenen, mit dem er ein wenig vertraut geworden war, versuchte ihn bisweilen, halb scherzhaft, in die Bramsaling, sechzig Fuß über dem Deck, hinaufzulocken; von dort aus, rief er ihm zu, habe man den besten Überblick. Doch Webber getraute sich nicht, die Wanten hochzuklettern oder aufzuentern, wie es richtig hieß. Trevenens Spott ließ er sich gefallen; er war noch ein halbes Kind, mager und sehnig, er hatte ein helles, aufrichtiges Lachen, seine sonnengebleichten blonden Haare konnten so hell wirken, dass es schien, auf seinem Kopf glänze ein silberner Helm.

Am ersten September überquerte die *Resolution* den Äquator. Die Positionsbestimmung war ein tägliches Ritual, das Webber inzwischen halbwegs begriff, es setzte ihn aber doch stets von neuem durch seine Feierlichkeit in Erstaunen. Die Offiziere, angeführt von Cook oder Gore, standen genau zur Mittagsstunde beim Besanmast zusammen, sie hantierten mit Sextanten, maßen und notierten Winkelabstände. King zückte den stoßfesten Chronometer, der die Greenwich-Zeit zeigte und gehütet wurde wie ein Schatz. Mit seiner Hilfe, das hatte Webber von King gelernt, konnte der Längengrad berechnet werden, und zwar aus der Differenz zwischen der Greenwich-Zeit, die dem Null-Meridian entsprach, und der Ortszeit am Mittag. Eine Stunde Unterschied ergab einen Vierundzwanzigstel von 360 Grad, also 15 Grad. So einfach war das und so präzise das Ergebnis, aber Jahrzehnte hatte es gedauert, bis der Tischler Harrison einen tauglichen Chronometer konstruiert hatte, der auch stärksten Erschütterungen standhielt. Lange noch waren die königlichen Astronomen der Ansicht, ihre komplizierten Methoden seien die besseren. Von einem einfachen Tischler wollten sie sich nicht widerlegen lassen, und die königliche Längengrad-Kommission, die für die beste Bestimmungsmethode einen hohen Preis ausgesetzt hatte, verwehrte Harrison bis fast ans Lebensende die verdiente Belohnung. Cook indessen hatte schon auf der zweiten Südseereise anhand einer Kopie von Harrisons Meisterstück bewiesen, dass der Chronometer an Genauigkeit die astronomischen Berechnungen bei weitem übertraf.

Ein paar Köpfe beugten sich jeweils über die Uhr, die beinahe so groß und so schwer war wie der Kopf eines Säuglings. Man gab erste Schätzungen bekannt, nickte einander bestätigend zu. Dann zogen sich die Offiziere in die Great Cabin zurück, wo sie die Resultate miteinander verglichen, schließlich Breiten- und Längengrad bestimmten und auf der Karte einzeichneten. So exakt wie Captain Cook, sagte King, habe in der Geschichte der Seefahrt noch nie ein Schiff seine eigene Route verfolgt. Es komme vor, dass der Captain, misstrauisch wie er sei, zwanzig-, dreißigmal die Position bestimmen lasse und dann den Durchschnitt als gültig erkläre, weil so die Abweichungen am geringsten seien. Auf diese Weise würden auch die Karten der neuentdeckten Gebiete genauer als alles, was es vorher gegeben habe. Das leuchte ihm ein, sagte Webber. Zugleich dachte er, dass Wellen und Gezeiten in ihrer ständigen Bewegung sich solchen Messungen entzögen und nur die Umrisse des Großen und Ganzen festzuhalten seien und vielleicht nicht einmal sie. Galt dies nicht auch für Menschen? Er verwarf den Vergleich beinahe im selben Moment.

6

Atlantik, 3. September 1776. Auffrischender Wind, ein Himmel heute wie polierter Marmor, von mattem Glanz, leicht durchwölkt. Kein Regen mehr, zum Glück.

Habe, mit einigen Blessuren, die Äquatortaufe überstanden. Warum Captain Cook solche Rohheiten erlaubt, ist mir ein Rätsel, und ein noch größeres, warum sich Seemänner, die mir sonst nicht unfreundlich begegnen, dazu hinreißen lassen, ihresgleichen – es traf ja nicht nur mich – dermaßen zu quälen. Man sprach vorne bei der Mannschaft seit Tagen von der Taufe, und wenn ich mich unter die Männer mischte, um ein wenig zu plaudern, machte man augenzwinkernd allerlei Andeutungen, die mit der Strenge des Taufmeisters Neptun zusammenhingen. Davon und auch von der seltsamen Stimmung, die ich wohl spürte, ließ ich mich jedoch nicht einschüchtern und ging auch nicht auf das Angebot des Schiffszimmermanns ein, mich mit einigen Flaschen Rum von der Taufe freizukaufen. Frühmorgens holten sie mich, unter gewaltigem Lärm, aus meiner Kabine. Sie waren stümperhaft als Narren verkleidet, einer schlug ununterbrochen die Trommel und marterte mein Gehör. Sie schmierten allerlei stinkenden Unrat in mein Haar und über mein Gesicht, sie stießen und zogen mich hinunter in die Segelkammer, wohin sie schon die anderen Täuflinge gesperrt hatten (elf waren es, die kein Taufzeugnis vorweisen konnten), und dort ließen sie uns zusammengedrängt ein paar Stunden in tiefer Dunkelheit schmoren. Dabei wurde die Luft immer schlechter, und es war so heiß, dass mir der Schweiß von der Stirn tropfte. Ich war einer Ohnmacht nahe, zudem wimmerte der jüngste Fähnrich vor sich hin wie ein kleines Kind, was uns alle beelendete. Dann wurden wir endlich hinausgerufen und grob aufs Oberdeck bugsiert. Ins Licht blinzelnd, sah ich, dass vor dem Großmast eine Art Thron stand, darauf saß, umgeben von seinem Gefolge, der Meeresgott Neptun, mit Bart, Krone und Dreizack in der Hand; es war, wie ich nachträglich erfuhr, der alte William Watman, der diese Rolle übernommen hatte, ausgerechnet er, der sonst auf gutmütige Weise zu schweigen pflegt oder gerne Spukgeschichten erzählt. Man stieß mich von hinten ins Kreuz und befahl mir, mich hinzuknien und Neptun meine Reverenz zu erweisen, ja seine nackten und verdreckten Füße zu küssen. Dann musste ich mich mehrfach vor der grotesk gewandeten, dick ausgepolsterten Person neben ihm, seiner Gemahlin Thetis, verneigen. Neptun forderte mich auf, meine Untaten zu beichten, und als mir in meiner Verwirrung nichts einfiel, wurde ich zur Strafe von zwei Negern gepackt und unter den anfeuernden Rufen der Zuschauer mit einigen Peitschenhieben bestraft, die nicht sonderlich heftig waren, mich aber trotzdem aufstöhnen ließen. Danach las Neptun von einer Liste, was meine Verbrechen seien: dass ich mich vom gewöhnlichen Volk absondere, dass ich dem Grog zu wenig zuspreche, dass ich vor dem Aufentern zurückschrecke, dass meine Bilder die Takelung fehlerhaft darstellten, weil ich eine Landratte sei und bleibe usw. Jeder dieser Punkte erntete starken und grölenden Beifall der Menge, die ich nur wie hinter einem Nebel wahrnahm. Mit meiner Taufe, verkündete Neptun, müssten sowohl der Schmutz der nördlichen Halbkugel wie auch meine Untaten weggespült werden. Ich ahnte, was kommen würde, denn ich hatte das große Wasserbecken neben mir – ein mit einer Persenning ausgeschlagenes Holzgerüst – trotz meines halbblinden Zustandes längst bemerkt. Doch zunächst schor mir ein Barbier, nachdem er mich mit ranzigem Öl und warmem Teer gesalbt hatte, den Schädel, und er tat es so ungeschickt, dass er mich mehrfach schnitt und ich mit blutigem Kopf zur nächsten Station geführt wurde, wo man mich dazu zwang, den Mund weit aufzusperren, und mir durch einen Trichter eine halbflüssige Mischung aus faulenden Küchenabfällen, Essig, Pfeffer usw. einflößte. Ich erbrach mich in den Eimer, den mir einer hinhielt, und beschmutzte mich dabei selbst noch mehr. Dann band man mir die Füße zusammen, hob mich hoch übers Taufbecken und ließ mich ins Salzwasser plumpsen, das von meinen Vorgängern schon reichlich verdreckt war. Ich wollte schwimmen und hielt mich mit fuchtelnden Armen an der Oberfläche, doch ein Ruck am Seil, mit dem meine Füße gefesselt waren, genügte, um meinen Kopf untertauchen zu lassen. Ich weiß nicht, wie oft meine Peiniger das Spiel wiederholten, wie oft sie mich, während ich nach Luft schnappte, aus dem Wasser zogen und erneut untertauchten. Dazu wurde ich von mehreren Seiten mit harten Bürsten geschrubbt. Durch Gurgeln und Rauschen hindurch das Gelächter der Menge, meine Schreie, mein Flehen, schwallweise geschlucktes Wasser, Schwärze vor den Augen. Ich kam wieder zu mir, als man mich mit sauberem

Wasser übergoss, dann setzte man mich auf eine Bank, auf der schon, mit nacktem Oberkörper, andere Getaufte saßen. Mit Mühe hielt ich mich aufrecht, neben mir der kleine Trevenen, der sich entkräftet an mich lehnte, ich mich wiederum an einen anderen. Unter Applaus bekam ich jetzt von einem der Neger (es war der geschminkte Zimmermann Cleveley) meinen Taufschein mit dem Namen Stichling, auch die anderen waren nach Fischen benannt. Alles, was weiter geschah, verschwimmt in meiner Erinnerung. Die Glieder und der Schädel taten mir weh, die Lungen brannten, ich fühle mich gedemütigt bis ins Mark. Beim anschließenden Gelage musste ich mithalten, ich wäre sonst zum Saufen gezwungen worden. Den Rum gab es pur und nicht verdünnt wie sonst. Wie die zechenden Männer das Schiff in Fahrt hielten, weiß ich nicht. Man sang, die Trommel dröhnte, ein Dudelsack quäkte. Jeder wollte mit der unförmigen Thetis tanzen und betatschte ihre künstlichen Brüste. Enormes Geschrei und Getümmel, ganz zu schweigen vom grässlichen Muhen und Blöken der Tiere. Mag sein, dass auch ich, betäubt und verwirrt, die Beine zum Tanz schwang. Ich trank, weil ich musste, schüttete heimlich so viel Rum, wie ich konnte, auf den Boden oder ins frische Hemd, das mir Goulding geholt hatte. Das wenige, das ich schluckte, reichte trotzdem, mich zu benebeln. Es war wohl Trevenen, der mich, zusammen mit einem anderen, in meine Kammer brachte. Später kümmerte sich Goulding um mich. Ich solle die Sache möglichst rasch vergessen, redete er mir gut zu. Ihm selbst habe man seinerzeit bei der Äquatortaufe einen Finger gebrochen, und er habe darüber hinwegkommen müssen. Dieses Bekenntnis war schon beinahe geschwätzig für seine Verhältnisse. Auch er wollte mich trösten, das merkte ich wohl. Aber noch jetzt bin ich voller Groll. CC hatte sich während der ganzen Zeremonie nicht sehen lassen und tat am nächsten Tag, als wäre nichts geschehen, so wie sich auch die einfachen Seemänner, die beteiligt gewesen waren, höchst unschuldig gaben und mich unbefangen grüßten. Omai hatte man, auf Geheiß »von oben«, geschont; bei mir hielt man dies offenbar nicht für nötig.

Mr Gore versicherte mir später, man habe die Taufe vom Achterdeck aus im Auge behalten, damit sie nicht aus dem Ruder laufe. Man dürfe den Seeleuten ein althergebrachtes Vergnügen nicht nehmen; bis zum Jahreswechsel seien sie nun erfahrungsgemäß besser am Zügel zu führen. Ich schätze Gore, über dessen Gesicht stets eine leise Melancholie zu liegen scheint, als verlässlich ein, er mahnt mich bisweilen an einen Braunbären, trotz seiner schlanken Musikerhände, die zum untersetzten Körperbau nicht passen wollen.

Kapstadt, den 11. November 1776
Liebste Dorothy,
ich kann dich nicht vergessen, und darum schreibe ich dir von Kapstadt aus, wo wir seit drei Wochen vor Anker liegen. Diesen Brief wirst du erst im neuen Jahr bekommen, wozu ich dir das Allerbeste wünsche, nicht aber, dass du dein Glück bei einem andern Mann findest. Zu dieser Zeit wird unser Schiff schon wieder viel weiter sein. Nach diesem einen Brief werde ich dir kaum noch einen weiteren schreiben, denn in der gewaltigen Wasserwüste, in die wir uns wagen müssen, gibt es keine Gelegenheit mehr, ihn abzuschicken.

Seit du von mir weggelaufen bist, habe ich, liebe Dorothy, vieles durchgestanden, weit mehr, als ich mir anfangs vorstellen konnte. Das Leben auf See ist hart und voller Entbehrungen, die einfachen Seeleute sind ungebildet und rauh. Das wusste ich im Voraus und wusste es doch nur halb. Das Meer kommt mir noch launischer vor, als du es warst. Manchmal liegt es spiegelglatt da, es lächelt geradezu und wächst in der Dämmerung mit dem Himmel zu einem einzigen blaudunklen, von Glutfäden durchwobenen Raum zusammen, und was ich aufs Papier oder die Leinwand banne, ist nichts anderes als eine weitere Spiegelung, hinter der ich immer wieder dich – nicht dein Gesicht, aber dein wahres Wesen – zu ahnen glaube. Dann wieder verwandelt sich das Meer in eine tobende, brausende Macht, der ich mich ausgeliefert fühle wie deinen Zornausbrüchen. Ja, ich glaubte in den schlimmsten Phasen, als eine Sturzwelle nach der anderen aufs Deck schlug, meine letzte Stunde sei gekommen; ich war, als das Wasser überall ins Schiff eindrang, überzeugt, ertrinken zu müssen. Aber auch da flogen, hoch über alle Wellen hinweg, meine Gedanken zu dir, und sie wollten dir zuflüstern, dass du mich nicht vergessen darfst und mich beweinen sollst, wenn ich auf dem Meeresgrund für ewig ruhe.

In Kapstadt hat eben der Sommer angefangen, alles blüht. Rosen – einen großen Strauß würde ich dir schenken! – gibt es hier in einer Üppigkeit, die einem den Atem verschlägt. Die Niederländische Ostindien-Kompanie dominiert – zum Verdruss unserer Offiziere – das ganze geschäftige Leben hier an Land und in der Bucht, der Table Bay, wo stets vierzig, fünfzig Schiffe liegen. Die Häuser sind größtenteils aus Stein und ganz hübsch, die Lagerhäuser ebenso groß wie in

London. Auf den Straßen treiben sich Soldaten und Matrosen herum, aber auch viele Neger, die hier Khoikhoi und Kaffer heißen und von ausgewanderten Holländern, den Vryburgern, als Sklaven gehalten werden. Ich war einige Male an Land, um zu skizzieren. Ungewöhnlich ist der Blick auf den Tafelberg, den Mr Cook nächste Woche mit einer Gruppe besteigen will, ungewöhnlich deshalb, weil der Bergzug tatsächlich einer Tafel gleicht, die sich, dreitausend Fuß über der Stadt, flach dahinzieht. Wie ein buckliges Ungeheuer kriecht manchmal eine Wolkendecke darüber hin. Bedrückend aber ist der Sklavenmarkt auf dem großen staubigen Marktplatz. Ich bin dort gewesen und habe das Elend der angeketteten Neger gesehen, die hauptsächlich aus den portugiesischen Kolonien und Madagaskar stammen; auch Inder sind darunter, deren Haut etwas heller, deren Körper zierlicher und deren Gesichtszüge feiner gebildet sind. Sie blicken stumpf, lassen es, ohne zu murren, über sich ergehen, dass die herumschlendernden Käufer sie abtasten und ihre Zähne prüfen. Es finden auch Auktionen statt, bei denen die lauthals angepriesenen Sklaven auf Geheiß hin ihre Muskeln spielen lassen müssen. Eine junge Mutter habe ich gesehen, sie kauerte am Boden, ihre Hand- und Fußgelenke waren von den Fesseln aufgescheuert, ihr Rücken von Striemen gezeichnet, ein kleines Kind hing an ihrer Brust und schrie jämmerlich, weil es keine Milch bekam. Diese Szene habe ich gezeichnet und abends Mr Cook vorgelegt. Er schaute sie flüchtig an, dann sagte er: »Lieber Mr Webber, das ist gut gezeichnet, aber es schadet dem Ruf des Kaps. Die Holländer könnten sich angeschwärzt fühlen von einer solchen Darstellung, und wir dürfen das halb freundschaftliche Verhältnis, das sich mit ihnen ergeben hat, nicht aufs Spiel setzen.«

Es gebe aber doch die Wirklichkeit wieder, sagte ich erstaunt. Und ob ich nicht dazu verpflichtet sei, genau diese vorgefundene Wirklichkeit wiederzugeben?

»Was wir dem Publikum in Europa zumuten, darüber entscheide ich«, sagte Mr Cook und zerriss meine Zeichnung. Dann verließ er mit unbewegter Miene die Great Cabin, wohin er mich bestellt hatte. Man sah mir meine Verwirrung an, und Mr King, einer der Offiziere, setzte mir geduldig auseinander, dass man gegen die Sklaverei nichts ausrichten könne, auch wenn das christliche Herz dagegen aufbegehre. Ohne die Arbeit der Sklaven würde die Wirtschaft in den Kolonien zum Erliegen kommen, und für Schwarze und Mischlinge würden seit jeher andere Gesetze gelten als für die Weißen, das sei aus deren Natur heraus zu verstehen. Auf solche Weise belehrt, begrub ich meine Gegengründe, zum Beispiel den, dass auch Sklaven Menschen seien und keine Tiere. Warum ich dir dies berichte, weiß ich nicht, vielleicht hoffe ich, dass ein weibliches Gemüt mein Mitleid in diesem Fall besser nachempfinden kann.

Du hast mich gescholten, ein Einzelgänger zu sein, einer, der fröhliche Gesellschaften eher meidet als aufsucht; und ausgerechnet so einer fristet nun sein Leben mit 111 Männern auf einem Schiff von 100 Fuß Länge und 30 Fuß Breite. Miss es auf einem Platz aus und setze in Gedanken die Mannschaft dort hinein, dann weißt du, dass der vermeintliche Einzelgänger keiner mehr ist. Nun wirst du dich auch nicht mehr wundern, wenn du erfährst, dass ich zwei Freunde auf dem Schiff gefunden habe. Der eine ist Fähnrich, Trevenen mit Namen, ein Pfarrerssohn aus Cornwall; er war in Portsmouth, auf der Naval Academy, und natürlich trachtet er wie alle seines Alters und Standes danach, sich durch eigene Tüchtigkeit möglichst rasch zum Leutnant und später zum Kapitän emporzudienen. Er ist zart und zäh in einem, erduldet stoisch – und immer sein Ziel vor Augen – die Mühsal und die Gefahren, die ihm, hoch oben an der Rah, bei heulendem Wind zugemutet werden. Er lernt so viel und so schnell, wie er kann, er studiert Bücher und übt sich im Gebrauch der nautischen Instrumente. Er ist darin viel geschickter als ich (all die Begriffe, mit denen die einzelnen Segel und Taue, ja beinahe jede Planke bezeichnet werden, kann ich mir beim besten Willen nicht merken – ich erfasse sie bloß übers Auge, und das soll ich ja auch). Außerhalb seiner Wache setzen wir uns manchmal auf dem Vorderdeck zusammen und erzählen uns hübsche und weniger hübsche Anekdoten aus unserer Kindheit. Er durchsetzt sein Englisch mit so vielen Dialektwendungen aus Cornwall, dass er mich immer wieder zum Lachen bringt. Manchmal zieht er aus der Tasche seine kleine blecherne Flöte und spielt ein Lied darauf, nie laut und schrill wie die anderen, es ist dann nur für uns beide bestimmt, beinahe wie das Schlaflied, das meine Tante in der Fremde abends für mich sang. Man könnte uns, hat einer schon gesagt, für Brüder halten, denn beide sind wir mager und blond; und doch ist James – er heißt gleich wie der Kapitän – ein ganz anderer Typus als mein leiblicher Bruder Henry. Er ist übrigens James III., James I. ist selbstverständlich Mr Cook und James II. einer seiner Offiziere, Mr King.

Der andere, den ich zum Freund gewonnen habe, ist der berühmte Omai, der Mann aus Otaheite, den wir auf seine Insel zurückbringen sollen, und darum ist diese Freundschaft ohne Zweifel befristet. Aber er wird sich ungern von uns trennen, er wäre lieber in England geblieben und ist doch von Sehnsucht ergriffen, wenn er von seiner Insel spricht, die, glaubt man den Berichten, ein wahres Paradies sein muss. Omai ist von prinzlichem Geblüt, so sagt man, und gibt sich doch ohne Überheblichkeit mit mir ab. Gerne schaut er mir bei meiner Arbeit zu und macht mit seinem lückenhaften Wortschatz Bemerkungen, deren Klugheit mich erstaunt. Bei ihm zu Hause, hat er mir gesagt, würden Männer gerne tanzen, und er führte mir Tanzschritte vor, die ganz anders sind als die ewig gleiche Stampferei der Matrosen zum Fiedelgequietsche. Auf seinem Gesicht, das nichts verbergen kann, wechseln die Stimmungen noch schneller als deine; meist aber neigen sie zum Freundlichen und Vertrauten. Ich habe ihn in Öl skizziert, und ich glaube beinahe, ich habe ihn ebenso lebensecht getroffen wie Mr Reynolds. Er muss nun seine Kabine, eine der größten, verlassen und anderswo unterkommen, denn Mr Cook hat weitere Tiere bei Händlern in Kapstadt gekauft, um sie, im Auftrag des Königs, den Südseeinsulanern zu schenken. Das heißt, dass Omais Kabine als Pferdestall dienen muss. Die Tiere an Bord – Kühe, Schafe, Ziegen, Schweine, Enten, Hühner – machen das Schiff zu einer halben Arche Noah; sie leben aber noch weit beengter als die Menschen und geben ihrem Unmut Tag und Nacht lautstarken Ausdruck. Zuerst zeigte sich Omai äußerst erzürnt über seine Verbannung, er schrie und gestikulierte und benahm sich plötzlich doch als Wilder, für den die Zivilisation nur ein dünner Firnis ist. Mr Cook versprach ihm, dass eines der Pferde ihm selbst gehören werde, und da verwandelte sich sein Zorn sogleich in Entzücken. Er hat in England ein wenig reiten gelernt, und dass er diese Kunst nun seinen

Landsleuten wird zeigen können, erfüllt ihn mit größter Vorfreude.

Gestern, das muss ich dir auch erzählen, lief endlich die Discovery *in die Tafelbucht ein, das zweite Schiff der Cook'schen Expedition, das erst mit großer Verspätung den Hafen von Plymouth verlassen hatte. Heute war Mr Clerke, der Kapitän der* Discovery, *zu Gast in unserer Messe, wo die Kost momentan zum Glück weit besser ist, als sie es auf der Überfahrt war (gewässertes und aufgewärmtes Trockenfleisch, dazu harter Zwieback und Sauerkraut verleiden einem rasch). Mr Clerke ist ein angenehmer Mann, von kleinerer Statur als Mr Cook, humorvoll, wie mir scheint. Er machte Witze über seinen Gefängnisaufenthalt, der ihm indessen, nach allgemeinem Urteil, gar nicht gut bekommen ist, denn er sieht kränklich aus und hustet von Zeit zu Zeit in sein Taschentuch. Wie auch immer: Die zwei Schiffe sind jetzt wieder zusammen, bald werden wir gemeinsam in See stechen und schätzungsweise im Februar Neuseeland erreichen. Mir graut vor stürmischen Tagen, aber ich werde an dich denken und so alles Schlimme leichter überstehen.*

Es ist nun doch ein langer Brief geworden, und vieles von dem, was mir aus der Feder geflossen ist, wird dich kaum interessieren. Oder doch?

Du bist so stark, dass du dich gegen deinen Vater wirst durchsetzen können, wenn du es wirklich willst. Sollte ich jemals heiraten, dann eine Frau wie dich, eine, die mir eine wirkliche Gefährtin ist. Erinnerst du dich, wie ich dich vor dem Fresko, das du bespöttelt hast, unversehens umarmte und wie du in meinen Armen ganz weich wurdest und mir sogar für einen Augenblick deine Lippen überließest? Das war schön, und daran denke ich oft, wenn ringsum vom Anprall der Wellen alles zu zerbersten droht.

*In Liebe
John*

Kapstadt, 29. November 1776

Lieber Bruder,

diese Nachricht ist das Letzte, was du für lange Zeit von mir vernimmst. Übermorgen brechen wir bei günstigem Wind wieder auf, in unbekannte Kälte und Hitze, zu Menschenfressern vielleicht. Du hast mich vor dieser Reise gewarnt, und du hast recht: Ich hätte über Bord gespült werden, ich hätte von einer herabstürzenden Rahe erschlagen, ich hätte an meinem Erbrochenen ersticken können. Nach der Äquatortaufe, die unsäglich grob verlief, spielte ich mit dem Gedanken, mich hier, in Kapstadt, aus dem Staub zu machen und heimzukehren. Ich blieb aber, ich hätte mich selbst verachtet, wenn ich solchen weibischen Einflüsterungen nachgegeben hätte. Ob ich dich wiedersehen werde, weiß Gott allein.

Hier sitze ich vor einem der Holländerzelte, die wir am Ufer aufgeschlagen haben. Die Nächte an Land sind angenehmer als auf dem ewig schaukelnden Schiff. Im Nachbarzelt haust Mr Baily von der Discovery, *unser Astronom, einer der Schweigsamsten unter der Besatzung, der nachts durch sein Teleskop die Sterne beobachtet und deren Konstellationen in Tabellen einträgt. Viele dunkle Gesichter ringsum, es könnte einem unheimlich werden. Nachts hört man bisweilen Getrommel von weitem, ein Dröhnen, das mir den Schlaf rau-*

ben will. Auch einiges Vieh aus unserer Arche ist über die lange Ladebrücke unter lautem menschlichen und tierischen Geschrei an Land getrieben worden und grast auf einer Weide nahebei. Letzte Nacht allerdings sind Hunde in den Pferch eingedrungen und haben ein paar Schafe gerissen, dazu wurden Hühner gestohlen. Das erboste Captain Cook sehr. Aber die Übeltäter wurden nicht gefunden, man kann den kleinen burischen Geschäftemachern so wenig trauen wie ihren schwarzen Sklaven. Dafür aber wurde einer aus der Mannschaft, ein tolpatschiger Waliser, des Diebstahls überführt; er hatte auf dem Markt ein paar Münzen mitlaufen lassen. Zum ersten Mal erlebte ich eine Auspeitschung: Der Dieb wurde am aufgestellten Gräting beim Fockmast festgebunden, die ganze Mannschaft hatte anzutreten und zuzuschauen, wie der Geschützmeister ihm mit der neunschwänzigen Katze vierundzwanzig Hiebe verabreichte. Hätten ihn nicht Fesseln gehalten, wäre er zusammengebrochen. Sein Rücken war blutüberströmt, aber schlimmer waren seine Schreie. Man band ihn los, der Schiffsarzt untersuchte ihn, goss Gin über die Striemen, was den Mann dazu brachte, sich aufzubäumen und sich sogar gegen den Verband zu wehren, der ihm mit Sorgfalt angelegt wurde. Mr Cook selbst stand dabei, in seinem Gesicht regte sich nichts. Als alles vorbei war, verkündete er, der Delinquent werde nun ausgemustert und kehre mit dem nächsten Schiff nach England zurück, er sei der Weiterreise nicht würdig. Diese Verbannung war das Allerschlimmste; niemand mehr wird in nächster Zeit gegen die Schiffsgesetze verstoßen, oder er wird alles tun, um sich nicht erwischen zu lassen.

Mr Cook hat mir untersagt, Bestrafungen zu zeichnen.

Darüber schreiben darf ich jedoch, denn davon weiß er nichts. Mr Cook ist ein großer Mann, groß in allem, groß in seinem seemännischem Können, groß in seinen Ideen, groß in seinem Zorn. Es ist gewiss unmöglich, ihn nicht zu verehren. Ich soll ihn nun porträtieren, doch das ist schwierig. Die Sitzungen mit ihm dauern nie länger als eine halbe Stunde, und auch da werden wir von Untergebenen, die etwas Dringendes zu besprechen haben, dauernd gestört. Dann wendet er sich ihnen zu, spricht, befiehlt, verändert zehnmal seine Position. Seine Züge drohen mir ganz zu entgleiten, ich starre dieses Gesicht an und weiß nicht, wer und was sich dahinter verbirgt – es ist zum Verzweifeln!

Vor drei Tagen immerhin blieben wir in der Great Cabin, die für die Sitzungen vorgesehen ist, eine gute Weile zu zweit, bei schwachem Schaukeln, das zu überlisten meinen Fingern inzwischen schon recht gut gelingt. Wir hatten ein längeres Gespräch miteinander, das erste überhaupt. Ich bat ihn, nur den Mund zu bewegen und sonst möglichst nichts. Er nickte und fragte, woher ich eigentlich komme und wo ich mein Handwerk gelernt habe; ich erwähnte meine Lehrzeit in Bern und Paris. Er sei, bis zu seinem achtzehnten Altersjahr, ebenfalls eine Landratte gewesen, sagte er, ein Krämergeselle (das konnte ich kaum glauben), dann habe ihn die See gerufen und nicht mehr losgelassen. Die See lasse sich nicht bändigen, das übersteige die menschliche Kraft. Man müsse lernen, sie zu verstehen und sich ihren Launen anzupassen, ja sie für die eigenen Zwecke zu nutzen. Auf einem Schiff wie diesem hier habe er Kohlen transportiert. Buchstäblich seine schwärzeste Zeit sei dies gewesen, und doch habe er in diesen Jahren, bevor er zur Navy ging, am meisten gelernt. Dies sagte er mit einem Lächeln. Hatte ich ihn schon vorher einmal lächeln gesehen?

Wie er denn, wagte ich zu fragen, zu seinem jetzigen Rang aufgestiegen sei?

Durch Willenskraft, entgegnete er. Durch ständige Anstrengung, durch unermüdliches Lernen, anders hätte er es nie geschafft, sich die Grundlagen der Nautik und der Kartographie zu eigen zu machen. Ja, Willenskraft, Anstrengung, Lernen: das sei das leuchtende Dreigestirn unserer Zivilisation, fuhr er fort, und dies müssten wir den Völkern zeigen, die noch im Dämmerschlaf der reinen Kindlichkeit verharrten, wobei wir ihnen unsere Denk- und Lebensart keinesfalls mit Gewalt aufzwingen dürften, wir müssten sie lediglich dazu bringen, unserem Vorbild nachzueifern. So redete er, teils zu mir, teils zu sich, und dabei weichten sich seine Züge zusehends auf und wurden liebenswert wie vorher nie, was wiederum mein Konzept durcheinanderbrachte.

Ich getraute mich in dieser Stimmung erstmals, meine malerischen Schwierigkeiten anzudeuten. Das Porträt eines bedeutenden Menschen, sagte ich, verfehle doch immerzu die Vielschichtigkeit seines Charakters, und das bereite mir großen Kummer.

»Tun Sie Ihr Möglichstes«, sagte Mr Cook, indem er mir sein Gesicht voll zuwandte, »aber tun Sie es! Ich verlange es von mir selbst, und mehr kann niemand von Ihnen verlangen.« Er schürzte zu meiner Verwunderung leicht die Lippen, als wolle er gleich zu pfeifen beginnen, und nach einer Pause fügte er, beinahe listig, hinzu: »Aber das Mögliche, mein lieber Webber, ist oft jenseits der Grenze, die Sie voreilig gezogen haben.«

Darauf schwiegen wir beide. Meine Ölskizze erschien mir im neusten Zustand noch schlechter als im vorherigen. Die Schiffsglocke, die im ganzen Schiff zu hören ist, schlug sieben Glasen (halb vier Uhr, wie ich inzwischen weiß), die Nachmittagwache war bald zu Ende. Captain Cook stand auf, als sei dies ein dringendes Signal. »Man braucht mich anderswo«, sagte er. »Solche Sitzungen führen zu einem steifen Hals. Das hat man von der eigenen Eitelkeit.« Er warf beim Hinausgehen einen Blick auf das halbfertige Bild; ein Urteil gab er nicht ab, sagte aber, bevor er hinausging: »Lernen Sie, Mr Webber, lernen Sie immer wieder dazu!«

Das tue ich, lieber Henry. Ich versuche mich Tag für Tag zu verbessern und bin dabei auf mich allein gestellt, obwohl Mr Bligh, der Master, und Mr Anderson, der Schiffsarzt, mir gute, aber höchst unnütze Ratschläge geben, was die Behandlung des Lichts und der Perspektive betrifft. Ich ringe darum, bei Menschen und bei Landschaften zu erreichen, was ich für wesentlich halte: den richtigen Ausdruck, der nicht nur das Äußere wiedergibt, sondern das Innerste erahnen lässt. Aber, ach, Henry, es ist alles nur Stückwerk, was ich erschaffe. Du bist der Talentiertere von uns beiden, mach dein Möglichstes daraus.

Und noch eins: Kümmere dich gut um unseren alten Vater, und sage ihm, ich sei am Leben und bei guter Gesundheit. Das schlechte Gewissen plagt mich, wenn ich an ihn denke; sei mein Stellvertreter bei ihm, ich bitte dich. Und grüße die brave Sarah und ihren Kleinen von mir.

Ich habe auch Dorothy geschrieben, aus einer traurigen Laune heraus. Ich fürchte, ich habe ihr zu viel versprochen. Ich werde verwandelt zurückkommen, auch sie wird eine andere geworden sein. Richte ihr aus, sie solle sich mir gegenüber frei fühlen, ich denke, das tut sie ohnehin. So viel gäbe es noch zu erzählen, aber ich kann nicht mehr, ich lege mich jetzt schlafen und wünsche dir, wo du auch seist, gute Nacht.

John

Webber tupft mit dem kleinen Pinsel über die markante Nase, modelliert die Wangenpartie. Nein, nicht zärtlich, nur sorgsam. Ein Mann wie Cook braucht keine Zärtlichkeit, auch nicht von seinem Maler. Gedämpftes Licht von den Heckfenstern her. Ein wenig Bleiweiß, um das gelbliche Rosa aufzuhellen. Nun wieder der Glanz in den Augen, genau an der richtigen Stelle. Der Glanzpunkt, so hat er's von Wille gelernt, ist das Wichtigste im Gesicht; es macht seine Lebendigkeit aus. Aber zu stark darf er nicht sein, sonst wirkt der Blick stechend. Die Hand zittert leicht, der Pinsel ist ausgerutscht. Aber man kann, zum Glück, korrigieren, verwischen, darübermalen.

»Mr Webber, Sie werden als Hintergrund Himmel und Meer zeigen, nicht wahr?«

»Gewiss, Sir. Das entspricht Ihnen mehr als die Holzwand hier drinnen.«

»Genau so meine ich es.«

Täfelung und Balken in dunklem Rotbraun. Der lackierte Mahagoni-Tisch mit seinen tanzenden Reflexen, die Tasse, die bisweilen im Unterteller klirrt. Die Stühle, die man bei starkem Wellengang festbinden muss, die Lederpolster. Auf der Schreibkommode, neben der Tür zu Cooks Schlafkammer: die Karten, das Journal, nautische Bücher, der Sextant. Auch dies würde zur Komposition gehören, wie auf einem Bild des jüngeren Holbein. Aber der Kapitän will sich im Freien sehen. Als Schiffsmaler hat man sich zu fügen.

»Sind Sie verheiratet oder verlobt, Mr Webber?«

»Ich hatte bisher nicht das Glück, die Richtige zu treffen.«

»Das wird noch kommen. Nicht auf dieser Reise natürlich. Wie auch immer: Ich rate Ihnen zur Vorsicht mit den Mädchen.«

Was sagt er da? Webber glaubt, vor Verlegenheit zu schrumpfen.

»Man liest so rasch eine Krankheit auf, Mr Webber, und gibt sie unter Umständen unbesorgt weiter. Wir dürfen die Menschen, die wir antreffen werden, keinesfalls damit anstecken. Das ist mein fester Vorsatz, und ich hoffe, Sie stimmen mir zu.«

Warum macht der Kapitän ihn zu seinem Vertrauten? Das will Webber gar nicht, er zögert. »Ganz gewiss, Sir, wir tragen als Christen eine Verantwortung, die wir nicht von uns weisen können.«

Ein forschender Blick, eher kalt als Anteil nehmend, wie schon andere Male. »Sind Sie Protestant, Mr Webber?«

»Ja, Sir.«

»Und praktizieren Sie?«

»Ich bin kein eifriger Kirchgänger, wenn Sie das meinen, Sir.«

Ein halbes hervorgepresstes Lachen; das passt nicht zu Cook. »Ich auch nicht, obwohl ich mich durchaus als Christ verstehe. Ist Ihnen schon aufgefallen, dass wir keinen Kaplan an Bord haben?«

Webber nickt. Trevenen sagt über Cook, er bete nicht und fluche nicht, dabei sei er von Quäkern in die Seefahrt eingeführt worden. Möglicherweise sei er frommer, als man denke, doch davon zeige er nichts. Sein Herz halte er unter Verschluss, daran müssten sich alle gewöhnen.

Es klopft. Von Cooks Steward vorgelassen, erscheinen Gore und King mit einer auseinandergefalteten Karte. Nun muss Webber seinen Arbeitsplatz räumen: Die Herren brauchen Platz, um sich der morgigen Route zu widmen.

7

Kerguelens Land (Island of Desolation), 30. Dezember 1776, zwischen dem 48. und 49. Breitengrad. Weit, sehr weit sind wir schon gesegelt. Schlimmes Wetter fast den ganzen Dezember über. Der Pazifik ist nicht besser als der Atlantik. Es ist kalt und wird immer kälter, ich trage drei, vier Kleiderschichten übereinander. Neue Anfälle der Seekrankheit, nur kurze allerdings. Tagelang dichter Nebel, geisterhaft glitten wir dahin, erblindet in undurchdringlichem Grau, das Schatten von Vergangenem zu zeigen schien, vielleicht auch Künftiges, Tiergestalten, monströse Menschen, nein, es war kein Gleiten, es war ein Vorwärtsstolpern, ein Sich-Ducken am Wind. Feuchtigkeit und Nässe allenthalben, man glaubt, die Ärmel auswringen zu können. Auf dem Achterdeck besorgte Mienen, weil die *Resolution* nach wie vor leckt, obwohl sie in Kapstadt vom Bug bis zum Heck neu kalfatert wurde.

Vor einer Stunde stand ich oben auf Deck im Leeren. Die *Discovery* nicht mehr zu sehen. Nur manchmal wehte der Wind Gesprächsfetzen herbei, es schien, Clerke und die Seinen seien ganz nahe. Man feuerte Kanonenschüsse ab, um den Kontakt nicht zu verlieren, ewig lange schien der dumpfe Knall durchs Ungewisse zu hallen, und bei jedem Schuss brüllten die Tiere an Bord auf, am lautesten die

Kühe. Dazwischen die Signale der Bootsmannpfeife, manchmal schmerzhaft schrill und nah, dann wieder gedämpfter. Was soll, was kann ich da zeichnen? Das Nichts, den Nebel, meine graue Angst?

Captain Cook wollte die Landspitze finden, die vom Franzosen Kerguelen entdeckt und beschrieben worden ist, er hat sie gefunden und ihre genaue Position bestimmt. Den Weihnachtsabend verbrachten wir in einer trostlos kahlen Bucht. Kein Baum, kein Busch, immerhin Frischwasser in der Nähe und Unmengen von kreischenden Seevögeln, dazu Pinguine, deren Watschelgang uns so drollig menschlich erscheint, und Robben, die sich mit Keulen leicht erschlagen lassen. So setzte uns Morris als Weihnachtsmahl gesottenes Robbenfleisch mit Sauerkraut vor. CC behauptete, es schmecke ihm, und gab eine Extraportion Rum aus, damit die Männer sich betrinken konnten. Omai hält sich versteckt, ihm graut vor der Kälte. Trevenen, der als Fähnrich das Achterdeck betreten darf und die Grobheiten nicht mehr aushielt, flüchtete sich zu uns, genauer: zu King und mir.

In der Messe längere Diskussion über die Entdeckungen der Franzosen. Sie hätten fälschlicherweise angenommen, das Kap, hinter dem unsere Weihnachtsbucht liegt, sei die Nordspitze des großen Südkontinents, an dessen Existenz – vor allem: an dessen Reichtümer – die europäischen Mächte so lange geglaubt hatten. Captain Cook zeigte sich überzeugt davon, dass es sich bloß um eine zerklüftete Insel handle. Er hinterließ eine Botschaft in einer versiegelten Flasche: *Naves Resolution et Discovery de Rege Magnae Britanniae Decembris 1776.* Auf den Steinhaufen, unter dem die Flasche liegt, wurde der Union Jack gepflanzt. In einer kleinen Gruppe, mit Cook und Clerke an der Spitze, bestiegen wir anschließend eine Anhöhe über der Bucht. Wir sahen wenig, verirrten uns beinahe, rutschten auf nassem Gestein aus, ich skizzierte: Felsen, Meer, die schwere Wolkendecke, Falten werfend, wie in Blei gegossen, dann wieder alles strähnig verhüllt. Anderson sammelte Moose und die mickrigen kleinblütigen Pflänzchen, die hier gediehen. Er hielt sich während des Auf- und Abstiegs meist in meiner Nähe, spottete halblaut – und meinte es doch eigentlich ernst – über den Drang der Entdecker, mit der Flagge ein Gebiet, das man gar nicht kenne, symbolisch in Besitz zu nehmen. Wenn die Insel hier – angenommen, es sei eine – zunächst den Franzosen gehört habe, dann jetzt also der englischen Krone. Oder wem wohl? Daraus entständen Kriege, sagte Anderson grimmig, und ob es sich überhaupt lohne, dieses unfruchtbare Land, nur um des Besitzens willen, besitzen zu wollen? Später aber, als er feststellte, dass es hier unterschiedliche Arten von Pinguinen gab, geriet er selbst in Entdeckungseifer. Zu Dutzenden hatten die Männer sie, teils nur zum Vergnügen, totgeschlagen und sie reihenweise hingelegt; so konnte man sie in aller Ruhe betrachten. Ich zeichnete die ganze Szenerie, das verbot mir CC nicht.

Silvester und Neujahr werden wir auf offener See verbringen. Trevenen befürchtet erneute Ausschweifungen, er leidet in diesen Tagen an Heimweh, spielt oft, ganz für sich, auf seiner Flöte. Trotz meines Vorsatzes, mich innerlich von Dorothy zurückzuziehen, träume ich davon, sie in meiner schwankenden Koje zu umarmen und ihre Brüste mit Küssen zu bedecken. Im Traum hat sie mich gebissen, ich habe gelacht und sie hochgehoben, so dass sie mit nackten Armen und Beinen flatterte wie ein Schmetterling.

Nach den Nebeltagen mit ihren Ungewissheiten hatten sie wieder freie Sicht. Die Kräuselungen bei ruhiger See wurden für Webber zu weißen Ornamenten ohne Zahl, zu einer Schrift, die in gewundenen Zeilen über die Wasserfläche lief, zu einer Geschichte ohne Anfang und Ende, wenn auch die Gezeiten von Ufer zu Ufer wandern. Er sah flammende Sonnenuntergänge, bei denen der ganze Westen brannte und die Wolkenbänke in allen Stadien von Purpur und Gold erglühten; diesen Farbenrausch festhalten zu wollen, gab er schon nach den ersten Versuchen auf. Ein Unwetter, das in der Nacht überraschend hereinbrach, knickte den oberen Teil des Fockmasts und spülte ihn über Bord, auch der Großmast wurde beschädigt, blieb aber im Gewirr der Takelung hängen. Webber glaubte das Schiff in größter Gefahr, er wurde von Gore und King beruhigt, von Bligh bespöttelt.

Am 26. Januar meldete der Ausguck Land in Sicht, es war Van-Diemens-Land, von dem Cook annahm, es gehöre zur großen Landmasse Neuhollands. Beim ersten Landgang – alle drei Beiboote der *Resolution* wurden ins Wasser gelassen – war Webber nicht dabei. Die ausgeschickten Männer hatten den Auftrag, Holz für Ersatzmasten zu schlagen, möglichst viel Gras fürs Vieh, das überlebt hatte, zu schneiden und Trinkwasser zu finden. Auch Clerke sandte ein Dutzend Männer ans Ufer. Marinesoldaten begleiteten sie mit scharfgeladenem Gewehr, hatten aber den Befehl, nur im äußersten Notfall scharf zu schießen.

Webber stand mit dem Zeichenbrett an der Reling und sah aus dem dichten Wald, der die Bucht umschloss, Rauch aufsteigen. Sein Herz schlug schneller, er wusste nun, dass hier Wilde siedelten. Sie kamen erst aus dem Wald, als die Matrosen die Boote beluden. Gore lieh Webber sein Fernglas, und im Gesichtsfeld sah er verschwommen dunkle Gestalten, die sich langsam, mit wiegendem Gang den Besuchern näherten und nach einiger Zeit ein leeres Wasserfass herumzurollen begannen, als wollten sie mit ihm spielen. Ein paar in die Luft gefeuerte Musketenschüsse scheuchten sie weg. Anderson, der mitgegangen war, erzählte, wieder an Bord, es seien lauter Männer gewesen, nackt und großgewachsen, das Gesicht ockerfarben bemalt, die Wangen von Narben gezeichnet. Cook tadelte hart die frühzeitige Schießerei, beruhigte sich aber, als der Marineleutnant Philipps ihm sagte, die Eingeborenen hätten zwar keine Waffen getragen, aber aus der Art der Annäherung sei nicht klargeworden, was sie im Schilde führten.

Am nächsten Tag fuhr Webber mit an Land. Er saß, mit Cook und Omai, der den Dolmetscher spielen sollte, im Heck der Pinasse, schützte mit einem Wachstuch seine Zeichenmaterialien und gestand sich ein, dass er Angst hatte, eine Angst, die lähmend in die Glieder kroch. Er watete, das Wachstuchbündel auf dem Kopf, an Land und wurde von Anderson gestützt, der glaubte, ihm sei nicht wohl. Gegen Mittag erschienen die Eingeborenen in einer Art Prozession. Dieses Mal waren auch Frauen und Kinder dabei. Sie sagten nichts, eine beklemmende Lautlosigkeit umgab sie. Dass sie nackt waren, schien selbstverständlich und war doch verstörend, so dass Webber den Blick eine Weile gar nicht zu heben wagte. Allerdings verminderte die dunkle Haut ein wenig das Schamgefühl, sie glich, wenn man so wollte, einem enganliegenden Kleid. Einige Männer hatten zudem die Köpfe geschoren und ziegelrot gefärbt, die Mütter ein Tierfell um die Schultern geschlungen, in dem sie ihr Kind trugen. Das Schamhaar bei beiden Geschlechtern war so buschig, wie Webber es sich nie vorgestellt hatte.

Weiße und Dunkelhäutige standen im halbhohen Gras einander gegenüber, die Marinesoldaten mit schussbereiten Gewehren. Cook trat ein paar Schritte vor und zeigte seine leeren Hände; dann sagte er, dass sie in friedlicher Absicht kämen, ausgesandt von einem König, in dessen Namen er Geschenke überbringe. Omai, den Cook zu sich gewinkt hatte, übersetzte diese Sätze in die Sprache der Inseln. Darauf legte Goulding, der auch mit an Land gekommen war, einige Zwei-Zoll-Nägel vor sich ins Gras, daneben eine Axt, und Cook verdeutlichte mit Gebärden, dass die Fremden diese Dinge an sich nehmen könnten. Doch sie rührten sich nicht von der Stelle, sie hatten offenbar weder Omai noch die Bedeutung der Geschenke verstanden. Nur ein alter buckliger Mann mit knorpeliger Nase und feuerrotem Haar sagte plötzlich ein paar Wörter, die für niemanden einen Sinn ergaben, dazu warf er die Arme in die Luft. Einige Männer stießen tiefe grollende Laute aus, vielleicht war es ein Lachen. Cook gab zu verstehen, dass von den Wilden kein Angriff drohe; dafür habe der Captain, so flüsterte Anderson Webber zu, einen sechsten Sinn. Die Situation entspannte sich allmählich, die Wilden hockten sich nieder, befühlten die Schneide der Axt, begutachteten die Nägel, reichten sie von Hand zu Hand und legten sie wieder zurück zum kleinen Haufen. Zwei von ihnen, die kurze Zeit verschwunden waren, kamen mit einem Korb zurück, in dem lebendige Krebse lagen. Das war, wie es schien, ihr Gegengeschenk, für das sich Cook höflich bedankte. Einige Briten indessen waren näher zu den Frauen gerückt, die nun eine eigene Gruppe bildeten. Webber beobachtete, wie sie die Jüngeren mit gierigen Blicken maßen, ihnen auf der offenen Hand Glasperlen oder kleinere Nägel hinhielten und damit ihr Interesse zu wecken versuchten. Doch die Frauen schauten durch die Fremden hindurch, sie lächelten nicht einmal. Es war, als säßen sie da und träumten, sogar die kleinen Kinder blieben stumm. Webber setzte sich hin und begann zu skizzieren. Auch darauf achtete zu seinem Erstaunen niemand.

In zeitraubender Gebärdensprache überzeugte Anderson zwei junge Männer davon, ihn zu ihrer Behausung zu führen. Webber ging mit, King folgte ihnen als Abgesandter der Offiziere. Auch einer von der *Discovery* war dabei. Er hieß Zimmermann, er sprach Deutsch und kam aus der Pfalz, Gürtler war er gewesen, Vergolder in Lyon, Zuckersieder in London. Gleich wollte er Webber, dem dies unangenehm war, sein ganzes Leben erzählen. Der Weg führte auf einem Waldpfad zu einer Lichtung, wo ein paar armselige, aus Ästen und Rindenstücken errichtete Hütten standen. Im Halbdunkel sahen sie Feuerstellen, geflochtene Matten, dazwischen überall die Schalen von Krustentieren. Ein Kranker lag irgendwo, leise stöhnend. Anderson beugte sich über ihn und befand, ihm sei nicht zu helfen. Er machte sich Notizen, schlug zwischendurch nach Moskitos. Webber skizzierte, hinter ihm stand die Angst wie ein bedrohliches Tier.

»Eine primitive Gesellschaft«, sagte Anderson und kratzte

sich am Unterarm. »Sie wohnen am Meer und verfügen über keine Kanus. Scheinen sich von Krebsen zu ernähren. Oder sehen Sie irgendwo Fischgräten, getrocknete Fische oder Ähnliches?«

Von den Männern, die sie geführt hatten, ging ein starker Geruch aus, der indessen keinen Ekel erregte; sie hatten angenehme, ganz und gar nicht grobe Gesichtszüge. Anderson brachte sie dazu, sich vor Webber eine Weile hinzukauern. Als er ihnen seine Skizzen zeigte, schienen sie nicht zu erkennen, was auf dem Papier war. Webber nahm an, dass sie wohl bloß ein Geflecht von schwarzen Linien sähen.

Sie kehrten zum Ufer zurück. Cook war mit einigen Offizieren schon weg, ein Boot wurde noch mit Gras beladen. Webber hatte gleich den Eindruck, die Stimmung sei feindselig geworden. Die Matrosen gingen zwar geschäftig hin und her und taten so, als sei nichts geschehen, aber die einheimischen Männer hatten sich grimmig vor ihre Frauen gestellt. Nun ja, erklärte Samwell, Andersons Gehilfe, der als besonderer Frauenliebhaber galt, man habe versucht, zu den hübscheren Weibern, die übrigens unbedingt gewaschen werden müssten, etwas engeren Kontakt zu finden. Doch kaum hätten sie eine berührt, habe es Aufruhr gegeben, die Männer seien schreiend herumgehüpft, als wollten sie eine Vergewaltigung verhindern. Zum Glück sei man klug genug gewesen und habe vom zärtlichen Vorhaben abgelassen. Das alles werde, fuhr Samwell leichthin fort, auf Otaheite ganz anders sein, da seien die Weiber schöner, sauberer und gastfreundlicher, dazu auf Geschenke erpicht und zu jeder Gunst bereit.

Die Nägel und die Axt ließen sie zurück. Anderson meinte,

die Wilden würden bald herausfinden, wozu sie zu gebrauchen seien, wer Feuer mache, der könne auch eine Axt handhaben.

Am nächsten Tag blieb der Stamm verschwunden. Cook ließ im Wald einen Eber und eine Sau aussetzen. Die Tiere sollten sich vermehren und auf ihre Weise das Land in Besitz nehmen. Ein neuer Mastteil war inzwischen zurechtgehauen, die Schiffe hatten genug Heu und Wasser für die nächsten Wochen geladen. Clerke kam zum Essen an Bord der *Resolution*. Sein Husten war nicht besser geworden; an einem Dauerhusten litt auch Anderson, der sich darüber – mit ernsten Augen – lustig machte. Die wärmeren Zonen, in die sie bald kämen, würden solche Leiden heilen, behauptete er, und dann zählte er auf, wie viele Pflanzen er nun schon gesammelt und getrocknet hatte.

Messegespräch (aus der Erinnerung aufgezeichnet von J. W.). Ob die Wilden, fragte King die Tischgesellschaft, wirklich von Natur aus gut seien, wie einige Philosophen behaupten würden? Und ob wir sie in diesem Fall durch unsere Annäherung nicht eher verderben als fördern würden?

Bligh, der sich sonst keineswegs fromm gibt, fauchte gleich los: Dies sei eine Vorstellung von gefährlicher Naivität. Es gelte, das Böse im Menschen zu bezähmen, und nur das Christentum könne ihm mit der strikten Einhaltung der Zehn Gebote dazu verhelfen. Die Heiden in ihrem Naturzustand neigten von sich aus zum Bösen, es sei unsere Pflicht, ihnen aufzuzeigen, welcher Weg zu ihrem Heil führe.

Es brauche zudem, fügte Gore in seiner trockenen Art hinzu, ein christliches Staatswesen, das unter den Menschen Ordnung schaffe und das Eigentum schütze. Unter den Wilden sei dies alles ungeregelt und vermischt, wie man beobachten könne.

Und doch, widersprach ihm King, sei den Wilden das Teilen, also die Nächstenliebe nicht fremd.

Ebenso gut, erwiderte Bligh heftig, könne er den Tieren, die ihre Jungen aufzögen, Nächstenliebe zubilligen. Ob er dies wirklich wolle? Das eine beruhe auf Instinkt, das andere auf bewusster sittlicher Entscheidung.

Was uns als ungeregelt erscheine, gab Anderson zu bedenken, beruhe vielleicht gerade auf strikten Regeln, die uns unvertraut seien und die wir deshalb nicht durchschauen könnten; da rate er zu vorsichtigem Urteilen.

Kings ursprüngliche Frage, schnitt Bligh ihm das Wort ab, sei doch gewesen, ob die Wilden von Natur aus gut seien. Ob der Mensch es ganz allgemein sei, hänge, er wiederhole sich, von seinen moralischen und religiösen Grundsätzen ab. Ihnen nachzuleben gebe ihm die Berechtigung, sich gegenüber jenen, die dazu nicht in der Lage seien, überlegen zu fühlen und ihnen das Gute mit Nachdruck beizubringen.

Dies sei ein alter Streit, befand Captain Cook, nachdem er lange geschwiegen und beinahe amüsiert die Debatte verfolgt hatte. Er müsse sagen: Das Grundsätzliche und Allgemeine interessiere ihn weniger als die konkrete Begegnung mit den Wilden von Fall zu Fall, wobei natürlich auch er die christlichen Werte weit obenan stelle. Wir müssten uns aber nach den jeweiligen Gegebenheiten richten und dürften uns von vorgegebenen moralischen Urteilen nicht blenden lassen. Also gehe es darum, unser Handeln auf das Handeln des Gegenübers abzustimmen und dies in möglichst friedlichem Geiste zu tun.

Was uns ja, fügte Anderson halblaut an, keineswegs daran hindere, unserem Handeln einen nutzbringenden Zweck zu unterlegen.

Samwell, der zwei Stühle weiter weg von ihm saß, begann – grundlos, wie mir schien – zu lachen, und das Gespräch, das bis knapp zum offenen Streit geführt hatte, lief plötzlich in eine andere Richtung.

Mit Samwell verstehe ich mich nicht. Er gibt, so jung er ist, von sich das Bild eines abgebrühten Lebemanns, eines Zynikers bisweilen, und kann handkehrum von entwaffnender und beinahe kindlicher Herzlichkeit sein.

Unterwegs nach Neuseeland. Sturmvögel und Albatrosse folgen hartnäckig den Schiffen. Bewundernswert ihr Flug, ein Bild von größter Eleganz. Während drei Tagen Sturm, der mir schon fast nichts mehr ausmachte. Das fortgesetzte Gebrüll der Tiere und ihr alles durchdringender Gestank jedoch eine Qual; auch CC wird froh sein, sie loszuwerden. Omai oft ganz in sich versunken, ab und zu Anfälle von Lustigkeit, da packt er mich und schwingt mich herum. Man muss ihn behandeln wie ein Kind, und doch hat er staunenswerte Ansichten über die Unterschiede zwischen unserer und seiner Welt. Was er am schlechtesten begreift: dass wir unsere Verstorbenen nicht stärker ehren. Habe ihn nun porträtiert. Selbst wollte er auch zeichnen, aber er hat gar keinen Sinn für Proportionen. Ich muss mir verbitten, dass er allzu oft meinen Unterarm mit dem blonden Flaum berührt, daran sollte er jetzt doch gewöhnt sein.

10. Februar 1777, Landung im Königin-Charlotte-Sund, Neuseeland. Auf Captain Cooks voriger Reise geschah hier Schreckliches, zehn oder elf Männer vom zweiten Schiff, der *Adventure* unter Kapitän Furneaux, wurden, als sie in der östlichen Bucht an Land gingen, von den Eingeborenen erschlagen. Captain Cook, der dies viel später erfuhr, will nun wissen, was genau geschehen ist, um sich künftig gegen solche Massaker zu wappnen, er hat aber, laut King, keine Absicht, die Tat zu rächen. Wohl aus schlechtem Gewissen zeigten sich bei unserem ersten Landgang nur wenige Neuseeländer, sie trugen zottelige Umhänge und schnitten uns von weitem wütende Grimassen, was sie aber, Fremden gegenüber, immer tun.

Einige Zelte aufgestellt, zwecks Gestirnsbeobachtung. Bewaffnete Wachen. Wie groß der Gegensatz der Natur zur begangenen Grausamkeit! Gutes Gras und Trinkwasser in Hülle und Fülle, leicht zu fangender Fisch, Selleriekraut und anderes Gemüse, das vor drei Jahren ausgesät worden war, ein Vogelgesang, wie ich ihn noch nie gehört: am frühen Morgen schwillt er an zu einem symphonischen Konzert.

Omai, der die hiesige Sprache tatsächlich versteht, ging auf die Insulaner zu und erklärte ihnen, dass Captain Cook sie schonen wolle. Da kamen sie – und immer mehr von ihnen – erst zum Tauschhandel ans Ufer zu den Booten, danach in ihren Kanus zum Schiff, unter ihnen auch recht hübsche Frauen. Zwieback gegen Fisch, Schmuck und Nägel gegen Fischtran (Lampenöl!). Sie beschnuppern alles, was man ihnen hinstreckt, schlagen ihre Zähne hinein, einer aß eine Kerze samt dem Docht. Am liebsten würden sie alles mitlaufen lassen, was nicht niet- und nagelfest ist. Man muss ihnen zeigen, dass wir keinen Diebstahl dulden, deshalb hier und da kleinere Hiebe von Seiten der Matrosen. Wundere mich über die ornamentalen Gesichtsmalereien der Männer: Linie neben Linie (dunkelblau meist), auch der Körper bei vielen stark gezeichnet. Habe von Anderson vernommen, dass den Sinn solch untilgbarer Gesichts- und Körperbemalung niemand richtig versteht, umso mehr, als ihre Anbringung durch spitze Knöchelchen und Kämme heftige Schmerzen verursacht. Habe die Ornamente aber gleich nachzuzeichnen begonnen.

An etlichen Neuseeländern stellte Anderson Symptome der üblen Krankheit fest, die sich vom Mann auf die Frau überträgt und umgekehrt (gut sichtbar bei vielen: der angeschwollene und entzündete Penis). An Land gab es Matrosen, die sich dennoch den geschlechtlichen Umgang mit Weibern erkauften; sie wurden von ihren Männern als Tauschware angeboten. CC kann dies offenbar, trotz seiner guten Vorsätze, nicht verhüten. Auf den Freundschaftsinseln, unserem nächsten Ziel, wird Anderson die ganze Besatzung untersuchen, und CC will Männer, die nachweislich erkrankt sind, zur Enthaltsamkeit verpflichten; ich selbst habe von einer solchen Untersuchung nichts zu befürchten.

Man fand in der Wharehunga-Bucht, wo das Massaker geschah, einige menschliche Knochen, was auf Menschenfresserei hindeutet. Ein Häuptling namens Kahura kletterte, zusammen mit ein paar Getreuen, an Bord. Er habe, so vernahmen wir von anderen, die Morde befohlen, und er selbst gab es ohne weiteres zu. Captain Cook befragte ihn in der Great Cabin. Omai übersetzte in steigender Wut: Es sei am Ufer zu einem Streit gekommen. Furneaux' Diener, ein Neger, habe das Boot bewacht und einen Neuseeländer, der ein Ruder mitnehmen wollte, niedergeschlagen. Darauf hätten seine Männer die Briten, die nun das Feuer eröffneten, angegriffen und sie dank ihrer großen Überzahl alle getötet. Kahura erzählte dies geradezu unbeteiligt, mit frechem Ausdruck und allerlei Grimassen, und Omai forderte von Captain Cook, er möge den Anführer unverzüglich erschießen, eine Ansicht, die von etlichen Offizieren, allen voran Williamson, unterstützt wurde. Doch CC will die Vergangenheit ruhen lassen und es nicht mit dem ganzen Stamm verderben.

Omai besteht darauf, zwei junge Neuseeländer als Diener oder Gefährten mit auf seine Insel zu nehmen, Tiarua (er mag sechzehn sein) und Loa (ein paar Jahre jünger, noch ein Kind). Captain Cook war zuerst dagegen, doch Omai brach einmal mehr in Tränen aus, und als auch die zwei Jungen beteuerten, sie kämen gerne mit, und ihre Eltern ihnen gegenüber größte Gleichgültigkeit zeigten, ließ er ihn gewähren. So ist nun die Besatzung noch größer geworden, dafür werden wir ein paar Schweine hierlassen, auch Schafe und zwei Rinder als Geschenke für die Anführer, die uns mit Geschenkwünschen bestürmen. Omai schläft mit den zwei Neuen in der Steward-Unterkunft, dies keineswegs zur Freude von Goulding, der in die winzige Nebenkammer ausweichen musste. Keiner aber versteckt seine Verstimmung so gut wie er; nur der Betonung seines ewigen »Sir?« merkt man an, wie es in ihm arbeiten mag.

Was ist er überhaupt für ein Mensch? Ich habe ihn gefragt, woher er komme und ob er Familie habe. Das sei nicht von Wichtigkeit, erklärte er, und sein ohnehin stoisch wirkendes Gesicht gefror ganz bei dieser Frage. King glaubt zu wissen, er sei Inhaber einer kleinen Landschenke gewesen und habe Frau und alle seine Kinder bei einer Pockenepidemie verloren; er fahre zur See, um seine Vergangenheit zu vergessen.

Habe einige Eingeborene skizziert, es fällt mir von Tag zu Tag leichter, mich ihnen zu nähern. Fange an, die schlechteren Zeichnungen gegen Andenken einzutauschen: Bordierter Umhang aus den Fasern einer Art Schwertlilie (mit bloßen Fingern gewoben!), Gewandnadeln aus Knochen. Aus mir wird noch ein Sammler!

Webber hatte Mitleid mit den beiden jungen Maori, die schon nach wenigen Stunden an Bord seekrank wurden, obwohl sie doch in ihren Kanus oft genug die Brandung durchfahren hatten. Unten in ihrer Koje hielten sie es nicht aus, an Deck hatten sie Angst vor den knatternden Segeln, vor den hohen Wellen, der landlosen Weite ringsum. Sie jammerten ständig, krochen backbords unter die Jolle, wo sie sich geschützter fühlten, und klammerten sich aneinander fest. Von dort ließen sie sich nicht vertreiben. Nachts blieb Omai bei ihnen sitzen. Als sie Durchfall bekamen, übergoss er sie, auf Gores Geheiß, mit Meerwasser und wischte sie, ohne dass sie sich wehrten, mit Stroh und Werg sauber. Sie glichen den verängstigten Ziegen und Schafen im Geschützraum, und als Webber sie in enger Umarmung skizzierte, war sein Strich weniger sicher als sonst in letzter Zeit. Auch Omai gelang es nicht, seine neuen Gefährten zu beruhigen oder ihre Übelkeit zu lindern; sie nahmen nichts von ihm an, weder Wasser noch Zwieback. Er machte die Runde bei den Offizieren und fragte, was er unternehmen solle, damit die zwei, wie er sich ausdrückte, ins Leben zurückkehrten. Anderson gab ihnen am dritten Tag aus seinem Medizinköfferchen Ingwer zum Kauen. Er drückte die Wurzelstücke halb mit Gewalt in ihren Mund, doch sie spuckten sie gleich wieder aus und steigerten ihr Jammern zu zweistimmigem Geschrei. Er schüttelte den Kopf und wusste keinen Rat mehr. Man könne nicht ausschließen, sagte er, dass die zwei, die noch kaum geschlafen hatten, eingehen würden wie Pflanzen, die ihren Wurzelgrund verloren hätten. Daraufhin griff Omai sich mit beiden Händen an den Kopf und beteuerte unter Tränen, dass er dies nicht gewollt habe.

Am vierten Tag – das Wetter blieb gut trotz kräftiger Brise und rauher See – setzte sich gegen Abend, mit ausdrücklicher Erlaubnis Kings, der Fähnrich Trevenen zu den entkräfteten Jungen. Er nahm seine kleine Flöte hervor und blies eine Melodie darauf, ein Volkslied aus Cornwall, das kaum den Wellenschlag und das Brausen des Winds übertönte und doch alle rührte, die es hörten. Die zwei Jungen verstummten. Dann geschah etwas Erstaunliches. Der Jüngere der beiden, Loa, richtete sich halb auf und begann, als Trevenen die Flöte absetzte, zu singen. Seine Stimme war schwach, aber hell; es waren langgezogene, klagende Töne, von denen einer zum andern gleichsam hinauf- oder hinunterglitt. »*E papa waiari*«, sang Loa (diese Wörter schrieb Webber sich auf); er sang es ein Dutzend Mal oder mehr, dann stimmte plötzlich der Ältere, Tiarua, ein, mit gebrochener Stimme schon und doch zwischendurch im Diskant. Sie krochen aus ihrem Schutzraum hervor, setzten sich im Schneidersitz hin, der Ältere legte seinen Oberschenkel über den des Jüngeren, und in dieser Haltung sangen sie weiter, als wären die Töne, die sie erzeugten, kraftspendende Nahrung. Ein paar Matrosen, die gerade Freiwache hatten, fanden sich ein, um ihnen zuzuhören; sogar Captain Cook zeigte sich eine kurze Weile auf dem Achterdeck und schaute mit einem Lächeln zur Stelle hinunter, wo die zwei Maori sangen. »*Ka mate, ka ora*«, verstand Webber nun, der sich neben Trevenen gestellt hatte und ihn zu seiner Idee beglückwünschte.

»Sie singen, dass sie sterben wollten«, sagte Omai, »aber jetzt wollen sie leben.«

Als es eindunkelte und die Schiffslaternen angezündet wurden, machten die zwei Sänger eine Pause. Nun tranken sie Wasser und aßen ein wenig Zwieback, ohne ihn gleich wieder hervorzuwürgen. Danach sangen sie weiter, ungeachtet des Muhens von unten, ungeachtet des Stimmengewirrs und der hin- und hergehenden Befehle. Sie sangen so lange, bis sie, an eine Kanone gelehnt, vor Müdigkeit einschliefen. Omai breitete eine Decke über sie und legte sich, in eine andere gehüllt, neben ihnen nieder. Der Mond war eben aufgegangen und versilberte das Schiff. Webber beobachtete die Schlafenden eine Weile und schaute dann zum Sternenhimmel auf. In ihm war eine Wehmut, als müsse er von etwas rätselhaft Erwünschtem, das ihm nicht zustand, Abschied nehmen.

Tiarua und Loa sangen, unter klarem Himmel, auch am nächsten Tag. Sie sangen stehend an der Reling, dorthin blickend, wo ihre Insel verschwunden war. Sie sangen sitzend auf den Stufen, die zum Achterdeck führten, sie sangen zwischen Gangspill und Steuerrad. Ihr Vorrat an Liedern schien unerschöpflich. Die Melodien wurden fröhlicher; bisweilen klatschten sie sich rhythmisch auf die Schenkel. »*Whiti te ra*«, sangen sie, und das hieß: »Die Sonne scheint.« Mit ihren Liedern, so kam es Webber vor, sangen sie sich frei von ihrer Übelkeit, von ihrem kindlichen Heimweh, und zugleich schufen sie damit rund um sich einen eigenen Raum, in dem sie sich nicht mehr verloren fühlten. Aber so angenehm fremdartig ihr Singen anfangs geklungen hatte, so störend wurde es allmählich für einige Männer, denen andrerseits das endlose Tiergebrüll nichts auszumachen schien. Der alte Watman musste von King persönlich beruhigt werden, als er in einem unerwarteten Wutausbruch die singenden Maori beschuldigte, an seinen Kopfschmerzen schuld zu sein. Samwell, der Arztgehilfe, der sich auch für die Musik fremder Völker interessierte, hatte Notenpapier bei sich und versuchte das eine oder andere Lied zu notieren; es gebe allerdings Schleiftöne, sagte er, die ins europäische Notensystem nicht hineinpassen würden, ebenso wenig wie der dauernde Tonartenwechsel.

Dann wurde das Wetter wieder schlechter, Tiarua und Loa verzogen sich in ihr Logis, wo sie nur noch sporadisch sangen, aber trotzdem bei guter Gesundheit blieben. Sie bekamen weiße Hemden und englische Hosen, wie Omai sie trug. Damit paradierten sie, sobald das Meer wieder ruhiger war, mit Stolz an Deck. Loa erwies sich als Schelm, der nun überall herumwieselte und den vertrauten Männern harmlose Streiche spielte, die ihn selbst am meisten zum Lachen brachten, worüber sich Tiarua gelegentlich zu schämen schien. Alle mochten ihn, außer Leutnant Williamson, der aber ohnehin niemanden zu mögen schien.

Zu Webber schien Loa ein besonderes Vertrauen zu fassen und versuchte, sich ihm mit kleinen Handreichungen nützlich zu machen. Er bot ihm an, Farben zu reiben, den Blechkoffer herumzutragen, die Pinsel auszuwaschen. Das erweckte Omais Eifersucht; unter Vorwänden lockte er Loa vom Maler weg. Nun, da es den Maori besserging, sollten sie ihm tatsächlich dienen, und er brachte Loa Schritt für Schritt bei, ihn auf englische Weise zu rasieren. Es brauchte aber wenig, um den Jungen zu verstören: ein scharfes Wort, einen kleinen Klaps, wenn er am falschen Ort urinierte, dann zeigte sich in seinem wandelbaren Gesicht rasch wieder die Trauer der ersten Tage. Wenn Webber ihm in solchen Momenten nahe war, fühlte auch er sich verletzlicher als sonst. Man hatte Loa entwurzelt, nach Neuseeland zurückgebracht würde er wohl nie mehr. Was gab Omai – und mit ihm den Engländern – das Recht, über Loa einfach zu verfügen? Auch Omai hatte man doch aus seinem damaligen Leben herausgerissen, ihn geködert mit den Errungenschaften der Weißen und gleichsam eingefärbt mit ihrem Denken. In allem, was ihm imponierte, versuchte er nun, seine Lehrmeister nachzuahmen. Aber kam dabei nicht eine Karikatur heraus? Webber ertappte sich dabei, dass er Omai aus dem Gedächtnis in alberner Pose, affenhaft auf einem Thron kauernd, zeichnete. Das Blatt zerriss er gleich wieder: Omai so darzustellen, war ein Unrecht.

8

London, Oktober 1780

Unverzüglich nach der Rückkehr der Schiffe – zu früh nach seinem Gefühl – drängte man Webber dazu, mit der Auswertung der Reise zu beginnen. Er traf sich mehrere Male mit Peckover und anderen Abgesandten der Admiralität, die seine Bilder begutachteten. Dr. Solander unterhielt sich mit ihm und machte kluge Bemerkungen zu botanischen und geologischen Eigenheiten seiner Skizzen; er stellte Webber seinem Freund Joseph Banks vor, dem eminenten Naturforscher und neugewählten Präsidenten der Royal Society. Sogar der Earl of Sandwich, der erste Lord der Admiralität, erschien im Vierspänner zu Besuch bei Webber und äußerte seine Zufriedenheit über die zeichnerische Ausbeute der Reise. Beim einen oder anderen Blatt deutete er an, dass es wohl noch größeren Gefallen fände, wenn Captain Cook deutlicher ins Zentrum oder, zum Beispiel auf den Nachtbildern von den Südseeinseln, in eine bessere Beleuchtung gerückt würde. Die Nachfrage nach Porträts wie jenem Poetuas, sagte Lord Sandwich mit wissendem Lächeln, werde Webber kaum befriedigen können; er solle es drei- oder vierfach kopieren, mehr aber nicht, damit für die vermögenden Sammler – er meinte auch sich – die Exklusivität gewahrt bleibe. Cooks Ermordung berührte er nur am Rand. Man werde, sagte er, der Öffentlichkeit zeigen müssen, mit was für einer selbstlosen Heldenhaftigkeit der große Mann in den Tod gegangen sei, und Webber, als Zeuge und Berichterstatter, werde bestimmt das Seine dazu beitragen. Webber wollte einwenden, er sei nicht direkter Augenzeuge gewesen, aber Lord Sandwich fiel ihm ins Wort und lenkte das Gespräch auf das Verhalten der einfacheren Seeleute, das ja doch, angesichts der ihnen auferlegten Entbehrungen, gerühmt werden müsse, auch wenn die Libertinage auf den Inseln das Bild ein wenig trübe. Webber werde bestimmt diskret genug sein, hier auf die Empfindlichkeit der Damenwelt Rücksicht zu nehmen.

Von einem Tag auf den anderen wurde Webber zu einer Audienz beim König eingeladen. Er durchschritt die Räume des Palasts wie in einem Traum, es kam ihm danach unwirklicher vor als die ganze Reise. Er, der ärmliche Junge, den man fortgegeben hatte, zu Gast beim britischen König! Der zeremonielle Umgang unter der Dienerschaft, die Kristallüster, auf denen selbst bei Tag Hunderte von Kerzen brannten, das Parkett, glatt wie eine Eisfläche: War dies alles nicht ebenso fremd wie die Bräuche der Eingeborenen, nach denen der König sich erkundigte? Georg III., im silberbestickten hellen Rock und seidenen Hosen, benahm sich Webber gegenüber leutselig, fast kollegial, nickte ihm immer wieder bestätigend zu, als sei ihm daran gelegen, sich mit ihm ins beste Einvernehmen zu setzen. Die Blätter, die Webber mitgebracht hatte, waren auf einer Reihe von Tischen ausgelegt, ein paar Leinwände, wie zu einer improvisierten Ausstellung, auf Stühle gestellt. Der König schritt daran, den

Schweif von Lakaien stets hinter und Webber neben sich, wie bei einer Parade vorbei. Wenn er sich etwas länger über ein einzelnes Blatt beugte, rieselte, während er unablässig nickte, von seiner Perücke ein wenig Puder aufs Papier. Ein Diener blies die Partikel, sobald er sich dem nächsten Blatt zuwandte, verstohlen weg. Bei den Ölbildern ging der König leicht in die Knie; er hielt es aber nie lange in dieser Stellung aus. Mehrfach äußerte er seine Verwunderung über die freie Lebensweise der Eingeborenen. Das Licht der Zivilisation, das Cook ihnen gebracht habe, werde ihren weiteren Weg erleuchten, fügte er an, und die britische Krone werde sie als künftige Untertanen mit aller Güte und Gerechtigkeit zu behandeln wissen; man müsse schließlich auch Ersatz finden für die verlorenen Kolonien in Amerika. Plötzlich klatschte er in die Hände, was alle ringsum zusammenschrecken ließ, und sagte mit seiner hohen, überdeutlich akzentuierenden Stimme, diese außerordentliche Reise rund um die Welt, von der Wärme in Eiseskälte und wieder zurück, werde gewiss auch seine kleinen Töchter mit Staunen erfüllen. Er wählte ein Dutzend Zeichnungen aus und befahl, sie in ein Nebenzimmer zu bringen, in das auch Webber geführt wurde, wo er auf die Töchter, die erst noch Toilette machen mussten, warten sollte. Man servierte ihm Tee und Gebäck. Der Salon, der auf den Garten ging, war in Blautönen tapeziert. Eine Kommode mit Intarsien, die Webbers Aufmerksamkeit auf sich zog, erinnerte ihn an die Werkstücke des Meisters Funk, und das verstärkte das Traumartige seines Zustands. Er wusste nicht mehr mit voller Klarheit, wo er sich befand, und schien Augenblicke lang zwischen allen Räumen und Ländern, in denen er gewesen war, zu schweben. Erst das

Kindergelächter, das sich näherte, holte ihn in den Buckingham Palace zurück; zwei Mädchen in Reifröcken kamen, gefolgt von ihrer Gouvernante, herein und starrten, weiteres Gelächter mit Mühe unterdrückend, Webber an wie ein seltenes Tier im Zoo. Er wollte beginnen, doch die Gouvernante bat ihn zu warten, bis sich Ihre Majestät zu ihnen geselle; so schwiegen sie zu viert, wobei die Mädchen sich zwischendurch absichtlich räusperten und dann mit zusammengepressten Lippen ihre Lachanfälle bändigten. Im Salon verbreitete sich Lavendelgeruch. Der König erschien nach langen Minuten und kraulte die Töchter unter dem Kinn. Er nickte Webber zu, und dieser hielt, am Tisch stehend und auf die Zeichnungen deutend, seinen Vortrag über Südseeprinzessinnen, Eisbären und Walrosse.

Die beiden Mädchen ließen sich nun doch fesseln, sie traten näher, sie wollten wissen, wie Eisbärenfleisch schmecke und ob fallende Kokosnüsse gefährlich seien. Der König lachte herzlich, beinahe wiehernd über ihre Fragen, die Webber in aller Höflichkeit beantwortete. Am eingehendsten aber erkundigten sich die Mädchen nach Prinzessinnen in anderen Ländern: Was für Schmuck sie tragen würden, wie lange sie bei Hoffesten tanzen, wann sie aufstehen, wann zu Bett gehen müssten, wie viele Spielgefährtinnen sie hätten und so fort. Webber war versucht, von Poetua zu erzählen, unterließ es aber, da er darauf verzichtet hatte, ihr Porträt mit einzupacken. Er schwindelte ein bisschen, als er auch Indianermädchen, die einen Nasenring trugen, als Prinzessinnen ausgab. Die Zuhörerinnen waren begierig nach grellen Effekten; warum sollte er sie ihnen nicht liefern?

Beiläufig erkundigte sich der König nach dem Schicksal

Omais, der doch seinerzeit bei einer Audienz versucht habe, ihm die Füße zu küssen. Von Omai zu erzählen, schien Webber schwieriger als alles Übrige. Dann aber schilderte er einige unterhaltsame Episoden – Omai zu Pferd, Omai als zorniger Dolmetscher – und ließ die ärgerlichen weg. Von Cooks Tod war während der ganzen Audienz in keinem Moment die Rede; dieser Tod musste, so empfand es Webber mit starkem Unbehagen, erst noch in eine Form gebracht werden, die sowohl dem König wie den Untertanen zuträglich war.

Webbers zweiter Vortrag verleidete dem König bald. Er unterbrach ihn mitten im Satz, obwohl die Töchter um eine Fortsetzung bettelten, und verabschiedete sich flüchtig. Wieder wurde Webber durch ganze Zimmerfluchten begleitet; auf manchen Teppichen schien er einzusinken wie in feuchtem Moos oder in nasser Erde. In einem Vorzimmer wartete Joseph Banks, der Präsident der Royal Society, der die Audienz vermittelt hatte, auf Webber. Besorgt fragte er nach den Reaktionen des Königs. Dass die Töchter dazu gerufen worden waren, deutete er als gutes Zeichen, vor allem im Hinblick auf die Finanzierung des teuren Reiseberichts. Außerdem gehe es darum, den König für die Entsendung weiterer Expeditionen günstig zu stimmen; man müsse ihn davon überzeugen, dass dies ebenso wichtig sei wie der Rückgewinn der dreizehn amerikanischen Kolonien. Die Menschheit, sagte Banks, indem er draußen vor dem Palast den Arm um Webbers Schulter legte, dürfe nicht ruhen, bis die letzten weißen Flecken auf dem Globus getilgt seien. Das Vorbild Cooks müsse zu weiteren Großtaten der Kartographierung anspornen, und es sei die – er möchte fast sagen: heilige –

Pflicht der Wissenschaft, eine möglichst vollständige Bestandsaufnahme von Flora und Fauna der Erde vorzulegen. Webber nickte; er merkte, dass dieses Nicken, freundlich und ein wenig abwesend, dem des Königs glich.

9

Südlicher Pazifik, März bis Mai 1777

Zwei Monate dauerte die Überfahrt zu den Freundschaftsinseln. Der Wind war meist schlecht, das Wetter wechselhaft, immerhin wurde es von Tag zu Tag wärmer. Sie kamen an anderen Inseln vorbei, unwirtlichen und kleinen, deren Riffe und Korallenbänke, an denen sich masthoch das Meer brach, eine Landung verhinderten. Anderswo näherten sich ihnen schwimmende Eingeborene, die aber nichts zu tauschen hatten, so dass Cook es vorzog weiterzusegeln. Acht Wochen ohne Landgang waren lang. Unter der Mannschaft verbreitete sich eine mürrische Stimmung. Die Tiere begannen zu hungern, die Wasservorräte gingen zur Neige. Was ausgeschenkt wurde, schmeckte immer schlechter; sogar mit Rum vermischt, erregte das Brackwasser Ekel. An mehreren aufeinanderfolgenden Tagen stahl jemand gepökeltes Fleisch aus dem Fass. Cook verlangte kategorisch, dass der Dieb oder die Diebe sich meldeten oder denunziert würden. Aber die Männer schwiegen. Wie immer, wenn es um Diebstahl ging, wurde Cook rasch zornig. Er ließ die Mannschaft auf dem Vorderdeck antreten und drohte damit, die Fleischration um einen Drittel zu kürzen, wenn ihm der Delinquent nicht bekanntgegeben werde. Die Männer protestierten. Ein

Sprecher – es war der Schiffszimmermann Cleveley – gab zu bedenken, dass eine solche Kollektivstrafe als ungerecht empfunden werde. Das Beifallsgemurmel der Umstehenden ärgerte Cook noch mehr, er wies Cleveley mit erhobener Stimme zurecht: Eine Stimmung in der Mannschaft, die nur im Geringsten meuterisch sei, werde er niemals dulden, Rädelsführer, die zum Ungehorsam aufgerufen hätten, würden unnachsichtig bestraft. Nun senkte Cleveley den Blick; kein anderer wagte mehr aufzumucken.

Auf welchem Weg Cook den Namen des Diebs erfuhr, wusste niemand. Es war John Allen, ein Marinesoldat, der schon wegen häufiger Trunkenheit aufgefallen war. Cook ließ ihn am nächsten Tag mit sechsunddreißig Peitschenhieben bestrafen, das war ungewöhnlich streng für dieses Vergehen. Der Kapitän, den Hut korrekt aufgesetzt, stand mit verschränkten Armen dabei, mit jedem Zoll, so dachte Webber, eine imposante Erscheinung, gleichsam die Verkörperung des Gesetzes. Die Zuschauer waren still und bedrückt; nur Omai schluchzte leise, wie bei jeder Auspeitschung. Allen blutete stark, als man ihn losband, am stärksten aus dem Mund. Er hatte verlangt, dass man ihm ein Lederstück zwischen die Zähne schob. Nun hatte er es durchgebissen und die halbe Zunge dazu. Die Zunge würde rasch heilen, befand Anderson, da gebe es selten Entzündungen, anders als auf dem Rücken, von dem die Haut in Fetzen hing und den man täglich einsalben müsse. Er war – das vertraute er später Webber an – beunruhigt von Cooks Zornanfällen; auf der vorigen Reise hatte er ihn gelassener erlebt. Es möge sein, sagte er, dass Cook erschöpfter sei, als er vor sich selbst zugebe. Nervöse Erschöpfung sei nicht ungefährlich, sie könne zu einem Zusammenbruch führen oder – was bei Cook allerdings kaum denkbar sei – zu völligem Kontrollverlust. Und dann erzählte er Webber, den er zu einem Trunk in seine Kabine eingeladen hatte, dass Cook vor drei Jahren, auf der Höhe von Feuerland, schwer krank geworden sei, vermutlich wegen eines giftigen Fischs. Tagelang sei er nicht mehr fähig gewesen, Befehle zu erteilen, man habe um sein Leben gebangt. Dann habe der ältere Forster, der deutsche Naturforscher, sonst ein selbstgerechter und zänkischer Mensch, eingewilligt, seinen Hund für den Kapitän zu opfern. Der Koch habe den Hund – einen Bastard, gekauft in irgendeinem Hafen – geschlachtet und aus dem Fleisch eine Bouillon gekocht, die den Kapitän enorm gekräftigt habe. Aber die Nachwirkungen dieser Krankheit habe ihm auf die Gallenblase geschlagen, und sie sei wohl an seinem jetzigen Zustand mitbeteiligt. Wolle Gott, dass Captain Cook gesunden Geistes bleibe und beide Schiffe heil nach England zurückbringe!

Schlaflosigkeit. Die Ohren brennen von der Sonne tagsüber. Der Kopf friert trotz der stickigen Wärme. Hinauf an Deck, Salzluft. Die müde Helligkeit der hängenden Segel, darüber das schwarze Riesengewölbe, dunkelviolett am Horizont; flirrende Lichtpunkte darin. Das Meer stets in leichter Bewegung, eine vibrierende dunkle Haut, die das Schiff über der unbegreiflichen Tiefe hält. Und wenn man versinken würde? Erst auf dem Meeresgrund zur Ruhe käme? Aber man schwebt; ewig könnte eine solche Nacht dauern.

»Kann man die Sterne zählen?«, fragt Trevenen, der Wache hat.

»Versuch es doch«, sagt Webber.

»Die Astronomen tun es und kommen zu keinem Ende.«

Sie schweigen und hören die Wellen an der Schiffswand flüstern.

»Hast du manchmal Heimweh?«, fragt Trevenen mit belegter Stimme.

»Wonach?«

»Dumme Frage. Nach allem, was du kennst. Nach dem Ahorn vor dem Haus. Nach dem Geruch in unserem Flur. Nach der Dorfkirche, in der mein Vater predigt.«

»Ich weiß nicht. Jetzt bin ich hier. Wenn man sich zurücksehnt, ist man in der Vergangenheit gefangen. Das mag ich nicht.«

»Du bist es trotzdem. Gerade weil du es nicht zugibst.«

»Ich bin nicht derart verwurzelt wie du. Man hat mich mit sechs Jahren weggegeben. Am neuen Ort kannte ich nichts, die Menschen nicht, die Sprache nicht. Vielleicht habe ich bloß Luftwurzeln.«

Sie stehen dicht nebeneinander an der Reling. Trevenen summt plötzlich eine kleine Melodie und legt für einen Moment seine Hand auf die von Webber. »Ich kam mit zwölf auf die Naval Academy. Ich wollte es unbedingt, aber es war hart. Niemand durfte merken, dass ich halbe Nächte durchweinte.« Er setzt sein Summen fort; Webber glaubt, ein Lied zu erkennen, das die Maori sangen. Dann unterbricht er sich. »In solchen Nächten denke ich an Ann.«

»Ein Mädchen?«, fragt Webber.

»Sie ist hübsch und fröhlich, gescheit dazu, die Tochter des Dorfschmieds. Einmal haben wir zusammen getanzt. Irgendwann werde ich sie fragen, ob sie meine Frau werden will.«

»Du bist so jung und denkst schon ans Heiraten?«

»Warum nicht? Ist das verboten?«

»Nein.« Webber lacht in sich hinein, und nun ist er es, der mit seiner Hand Trevenens Handrücken streift. »Schreibst du ihr?«

»Ich hab's in Kapstadt versucht. Aber ich habe den Brief zerrissen. Er war so... falsch, so feierlich. Ich glaube, sie hätte sich über mich lustig gemacht.«

»Das glaube ich nicht. Sie wird auf dich warten.«

»Meinst du?« Trevenens Stimme klingt so kindlich erfreut, dass Webber seine Rührung nur mit Mühe verbergen kann. Er nickt, und Trevenen fährt fort: »Es ist ein Trost, dass sich Menschen gegenseitig finden, nicht wahr? Seelenverwandte, meine ich. Wie wir zwei.«

Nun berühren sich ihre Hände länger, sie liegen nebeneinander auf der Reling wie ruhende Wesen.

6. Mai 1777. Auf Nomuka, genannt Rotterdam, eine der vielen Freundschaftsinseln. Seit einer Woche hier vor Anker, in 18 Faden tiefem Wasser. Captain Cook kannte die Lücke im Korallenriff, durch die wir in die Bucht gelangten. Was für eine Explosion von Farben und Gerüchen nach so langer Zeit auf hoher See! Unwahrscheinlich blau das Meer, schillernd zwischen Türkis, Lapislazuli, Indigo, blendend das Weiß des Sandstrandes, die weiße Leinwand ist dunkel dagegen. Weiter hinten die Silhouette eines Palmenhains und die Hütten der Eingeborenen. Der Anblick übertraf meine paradiesischste Vision! Die Männer wie von Sinnen, grenzenloser Jubel beim Ankern, noch nie wurde das Gangspill so schnell gedreht!

Die Insulaner fuhren gleich zu uns heraus, die Kanus beladen mit Kokosnüssen, Yamswurzeln, Zuckerrohr, grünen Bananen, Ferkeln, Geflügel, die gegen das Übliche – Nägel, Eisenstücke, Stoff – eingetauscht wurden. Junge Frauen waren dabei, die den Matrosen zuwinkten. So wohlgestaltet – bis zum Gürtel nackt und honigfarben – sind sie, dass es einem den Atem verschlägt. Einige Männer bekennen offen, nur der Südseefrauen wegen hätten sie sich anheuern lassen. Aber hier wurde nun in der Tat ein jeder, bevor er ins Beiboot stieg, von Anderson an intimster Stelle untersucht (auch mich sprach er von verdächtigen Symptomen frei), und ein halbes Dutzend, bei denen er eine Erkrankung feststellte, mussten, zu ihrem allergrößten Unwillen, an Bord bleiben.

Es gab viel zu tun. Das Observatorium wurde eingerichtet, Holz für Reparaturen geschlagen, das Vieh zum Weiden an Land gebracht, man musste Segel ausbreiten und flicken. Zurück auf dem Schiff, prahlten viele mit ihrer Männlichkeit; es war offenbar leicht genug, sich zwischendurch in die Büsche zu schlagen und die Gunst der Frauen zu genießen, die sich gegen Entgelt hingeben, wobei dies solche tun, die offensichtlich zum untersten Stand gehören. Nach seinen Grundsätzen müsste Captain Cook diese Pflichtverletzung hart bestrafen. Er weiß aber nichts davon, weil die Betroffenen – es ist die große Mehrheit der Besatzung – einander decken, oder er gibt vor, nichts zu wissen. Anderson habe er gefragt, wie er denn einen Deckel auf einem Topf mit kochendem Wasser halten solle; der Dampf sei stärker als die beste Absicht. Ich habe selbst aus den Augenwinkeln beobachtet, wie zwei Männer, hinter Buschwerk nur halb versteckt, sich an einem schönen Mädchen zu schaffen machten und sich, unter Seufzen und Stöhnen, benahmen wie Tiere bei der Paarung. Ihre Hosen hatten sie bis auf die Schuhe heruntergelassen, man sah die nackten weißen Beine, die auf- und niederwippenden Hinterteile (bei einem zudem von Ausschlag bedeckt): ein lächerlicher Anblick, der jedoch, zu meinem Unwillen, auch erregend wirkte. Es gelingt manchen sogar, Frauen über Nacht verbotenerweise an Bord zu schmuggeln. Sie werden von den sie verkuppelnden Männern in Kanus zum Schiff gebracht und mit Seilen hoch- und durch Luken hereingezogen. Einzelne schwimmen – das hat Trevenen mir erzählt – aus eigener Kraft herbei. Wie sie sich bemerkbar machen, weiß ich nicht, und wie es dann im Mannschaftslogis – oder in irgendwelchen Kammern – zu- und hergeht, mag ich mir nicht ausmalen. Durch alle Wände scheint manchmal das Ächzen und Hecheln der Lust zu dringen. (Ich wage mir gar nicht auszurechnen, wie viele Mischlingskinder durch unsere Männer gezeugt werden.)

Wenn CC nun, entgegen seiner ursprünglichen Absicht, beim Verkehr mit den Insulanerinnen beide Augen zudrückt, so bestraft er dagegen auch kleinste Diebstähle sehr hart. Vorgestern entdeckten die Wachen bei einem Besucher, dass er einen kleinen Spiegel gestohlen hatte. CC ließ ihn sogleich auspeitschen und, zu seiner Schande, mit gebundenen Händen an Land bringen. Clerke auf der *Discovery* greift zu einem anderen Mittel: Er lässt ertappten Dieben die Haare scheren, doch nur auf einer Seite, und gibt sie so, als halbe Kahlköpfe, dem allgemeinen Gespött preis.

8. Mai 1777. Nun ist Finau bei uns, der König von 150 Inseln, wie er, mit vielen Worten und Handzeichen, selber gesagt und Omai es übersetzt hat. Finau, ein starkgebauter Mann mittleren Alters, ist prächtig anzusehen, mit Federhelm, Ohrgehänge, farbigem Lendenschurz. Bei jedem Wort, das er sagt, merkt man, dass er ans Befehlen gewöhnt ist. Was für große Füße! Dazu abgeplattete Zehen, wie ich sie noch nie gesehen habe. Captain Cook behandelt ihn als Gleichrangigen. Er hat ihm eine Glasperlenkette geschenkt und ihn mit einer Darbietung unserer Trommler und Pfeifer geehrt. Omai schließt sich diesem Finau an, als wäre er sein leiblicher Vater, und liest ihm jeden Wunsch von den Lippen; für mich hat er kaum noch Augen und Ohren, obwohl ich tagsüber fast ununterbrochen mit Zeichnen beschäftigt bin, was ihm zuvor, als Zuschauer, das größte Vergnügen bereitete. In Omais Nähe bleiben auch die zwei Maori. Loa, der Jüngere, der mir eine Zeitlang anhing wie einem Vater, beginnt, mir auszuweichen, und ich verstehe nicht, weshalb.

17. Mai 1777. Der dritte Tag nun schon unter Segeln. Finau will uns zu einer anderen Inselgruppe lotsen. Soll man ihm vertrauen? Aber wo CC unbekanntes Land entdecken und kartographieren kann, dorthin zieht es ihn mit Macht. Eine gefährliche Route, gesäumt von unbewohnten kleinen Inseln. Gewaltig bricht sich an Korallenriffen das Meer, weiß gischtender Tumult, ein Dröhnen, Tosen und Rauschen in der Luft. Dauernd wird, trotz Finaus Lotsendienst, das Senkblei ausgeworfen; manchmal ist das Wasser 80 Faden tief, plötzlich nur noch 6. Der Bootsmann pfeift seine Signale für die Männer, die hoch oben auf den Fußpferden die Rahen entlanghangeln, um die Segel aufzuholen oder wieder zu setzen. Wie wäre es, dort oben zu sein? Wie wäre es, den

Schwindel zu bezwingen, in die nächtliche Weite zu blicken?

Letzte Nacht ging Finau irgendwo an Land, er ließ ein großes Feuer anzünden, damit wir unsere Position halten konnten. Weiß schimmerten im Dunkeln die Linien der Brandung, ihre tobsüchtige Musik war gedämpft, nun wird sie wieder lauter.

Hunderte von Insulanern erwarteten Cook und seine Begleiter am Strand von Lifuka. In mehreren, nach Geschlechtern getrennten Kreisen setzten sie sich rund um die Besucher. Nach der Übergabe der Geschenke, zu denen hier auch halb lebendige Schildkröten gehörten, folgten die Schaukämpfe. Mit Schlagstöcken gingen jeweils zwei Männer aufeinander los, die Stöcke zuckten durch die Luft, prallten mit hellem Klang gegeneinander. Laute Schreie, ein Wirbeln von Armen und Beinen, dazu herumspritzender Sand. Wie ernst war das, wie spielerisch? Webbers Stift flog übers Papier. Wieder versuchte er festzuhalten, was, als Umriss, unbarmherzig zerrann. Nichts anderes, dachte er, bleibt übrig als das Einfrieren des Augenblicks. Zum Höhepunkt der Vorführung erschienen junge Frauen im Ring, auch sie halb nackt, die Brüste entblößt, und attackierten einander mit Fäusten, schneller und wendiger als englische Boxer. Gore empörte sich über einen solchen Brauch, der die Frauen entwürdige, und wurde von Cook zurechtgewiesen; mit vorschneller Verurteilung, sagte der Kapitän, schränke man die eigene Neugier ein. Was überhaupt können wir verstehen?, fragte sich Webber und zeichnete unablässig weiter, denn wenn schon der Kopf so wenig verstand, waren vielleicht die Finger verständiger.

Am nächsten Tag ließ Cook die Marinesoldaten beider Schiffe an Land exerzieren. Sie stolzierten, unter den weithin schallenden Kommandorufen ihres Leutnants, vor einer großen Zuschauermenge im Gleichschritt auf und ab. Sie bildeten Karrees und Zweierkolonnen, sie feuerten Schüsse in die Luft und erschreckten die Einheimischen so sehr, dass sich viele, zur Belustigung der Briten, auf den Boden warfen oder schreiend das Weite suchten. Omai belehrte sie mit ernstem und doch beinahe ins Lächerliche kippendem Stolz, dass ihnen von der Schießerei nichts Böses drohe, solange auch sie den Frieden wahrten. Was sich mit Gewehrschüssen anrichten lässt, konnten sie nicht ermessen; ein Soldat zielte deswegen auf ein Tongefäß und zersprengte es mit einem Schuss. Dies betrachtete aber die Menge eher als Zauberkunststück denn als Gefahr für sich selbst und reagierte darauf mit großem Gelächter. Das Knallen ängstigte sie mehr als sein zerstörerischer Effekt.

Am späten Abend ließ Cook ein Feuerwerk abbrennen und trieb damit das Staunen über die wundersamen Fähigkeiten der Weißen ins Unermessliche. Blau und purpurrot erglühten die Palmen, vom Himmel herab regneten silberne Sterne. Finau selbst warf eine Rakete in die Luft; durch diese Tat wollte er sich als Herrscher bestätigen. Ihrerseits wurden die Weißen nun zu einem Festplatz außerhalb des Dorfes geführt. Man zündete Fackeln an, zwei große Trommeln, die im Schatten standen, erdröhnten und gaben den Takt vor für den Sprechgesang, den die Sitzenden anstimmten. Der Stampftanz der jungen Männer zu Ehren der Gäste begann.

In zwei Reihen bewegten sie sich aufeinander zu und voneinander weg, der Fackelschein lief über ihre Muskeln, zeichnete Schatten und Licht in ständigem Wechsel. Es war ein Hin- und Herwogen von Leibern; Schweißgeruch, vermengt mit Blüten- und Gewürzkrautduft, hing über ihnen und trieb zu den Zuschauern hin. Über Webbers Augen legte sich ein Schleier. Er hatte ohnehin im Halbdunkel gezeichnet, nun sah er gar nichts mehr und kämpfte, obwohl er kauerte, um sein Gleichgewicht. Trevenen, der neben ihm saß, stützte ihn leicht und fragte, ob ihm schlecht sei. »Es ist nichts«, sagte Webber und hob erneut das Zeichenbrett auf seine Knie. Nach einiger Zeit ging Trevenen weg. Plötzlich tauchte, lautlos wie immer, Goulding neben Webber auf.

»Sir?«, sagte er leise. »Brauchen Sie Hilfe?«

Webber schüttelte den Kopf. »Warum denn?«

»Ich dachte nur ...«

»Gehen Sie, Goulding, vergnügen Sie sich mit den anderen. Es tut Ihnen gut.«

»Sir?«, antwortete Goulding. »Mich zu vergnügen, steht mir nicht zu. Vergnügen sollten eher Sie sich. Sie sind jung und hübsch.« Ebenso überraschend, wie er gekommen war, verschwand er wieder.

Der Halbmond ging auf, von klagendem Gesang begrüßt; wie eine blassgelbe Barke schien er durch transparente Wolken zu gleiten und machte alles noch unwirklicher. Nun waren die Mädchen an der Reihe. Fließende Bewegungen bestimmten ihren Tanz, im Biegen und Strecken der glänzenden, mit Öl eingeriebenen Glieder kam ihre Schönheit zur Geltung. Dann wurden auch sie ekstatischer, hüpften auf und ab, warfen, zum gellenden Geschrei der älteren Frauen, ihre Oberkörper hin und her und sanken schließlich erschöpft zu Boden. Die strenge Ordnung, die für die Dauer der Tänze gegolten hatte, löste sich auf. Tänzer und Tänzerinnen mischten sich unter die Zuschauer und setzten sich zu den Offizieren. Gefäße wurden herumgereicht, die ein berauschendes Getränk, Kava, gebraut aus dem Rauschpfeffer, enthielten. Webber trank in langen durstigen Schlucken. Die einfachen Seeleute, denen erlaubt worden war, an Land zu kommen, hatten dem Schauspiel irgendwo im Schatten beigewohnt. Man hörte sie reden, herumalbern, man hörte das Lachen von Frauen; sogar Gouldings Stimme glaubte Webber zu erkennen. So fing es also wieder an mit der Buhlerei; es lag in der Luft, es war mit Händen zu greifen, und Cook, der bei den Häuptlingen saß, tat nichts dagegen. Ob er, der Unnahbare, sich wohl je wünschte, einem anderen Körper nahe zu sein?

Trevenen war schon gegangen, zu den Booten zurück vermutlich; dorthin wollte auch Webber. Seine Schritte waren unsicher, das Zeichenbrett schwer wie noch nie. Er lehnte sich an eine Palme, schaute hinaus in die Bucht, wo die Silhouetten der zwei Schiffe sich knapp vor dem helleren Hintergrund abzeichneten. Er hörte leichte Schritte, eine Hand legte sich auf seinen Unterarm. Erschrocken drehte er sich um, vor ihm stand ein Mädchen, beinahe so groß wie er, eine der Tänzerinnen. Sie deutete aufs Zeichenbrett mit den festgeklammerten Blättern, das er an den Stamm gestellt hatte. Es war gerade so hell, dass er ihr Lächeln sah und die dunklen Höfe ihrer Brüste. »Was willst du?«, fragte er beklommen. Sie kniete nieder, näherte ihr Gesicht der obersten Skizze, von der nicht viel zu erkennen war. Sie klopfte mit dem Knöchel darauf, er begriff, dass sie einen Tauschhandel anbot, und sein Herz schlug schneller. Sie zog ihn ein paar Schritte weiter, ganz in den Schatten von Büschen. Sie lachte halblaut, nah an seinem Ohr, ihr Haar roch nach Kokosöl, sie sagte etwas, berührte mit den Lippen seine Wangen, seinen Hals, schlüpfte mit den Fingern unter sein Hemd. Er spürte den Druck ihrer Brüste und wagte es, sie zu umarmen. Sie wollte sich nicht ins Gras legen, knöpfte dafür sein Hemd und seine Hose auf, sie streichelte ihn, als hätte sie zehn Hände, und er ließ sie gewähren. Sein Atem beschleunigte sich, sie umfasste sein Geschlecht, zart erst, dann härter. Er wölbte sich ihr, im Moment des Ergusses, entgegen, und sie ließ ihn nicht los, verlangsamte nur ihre Bewegungen, bis er sich leer fühlte und beinahe glücklich. Er verspürte eine plötzliche Schwäche, setzte sich ungeschickt. Sie lehnte sich eine Weile an ihn und ließ es zu, dass er sie liebkoste, dann wischte sie sich mit Blättern ab, strich ihm übers Haar und ging davon. Wie weit weg war er von England! Tausende von Meilen, auf der anderen Seite der Erdkugel, von der man doch, so hatte er als Kind gedacht, herunterfallen würde.

Als er, nass vor Schweiß, zum Zeichenbrett zurückkehrte, sah er, dass sie die oberste Zeichnung mitgenommen hatte. Bei den halb an Land gezogenen Booten standen die Wachen. Trevenen saß, gerade an der Wassergrenze, auf dem Rand der Jolle, die Füße im Wasser, die Schuhe ins Trockene geschoben. Das Meer war daran, sich zurückzuziehen, ein dunkler Sandstreifen hob sich im Mondschein vom helleren ab.

»Ich habe dich gesehen«, sagte Trevenen zu Webber. »Du bist zu einem Mädchen gegangen.«

»Es bedeutet mir nichts«, sagte Webber mit trockenem Gaumen.

»Ich habe auf dich gewartet.«

»Jetzt bin ich ja da.«

»War es schön?«

Webber schwieg. Trevenen strich seine langen Haare aus der Stirn.

»Was hast du ihr gegeben?«

»Eine Zeichnung.«

»Das habe ich mir gedacht.« Trevenen klimperte mit Nägeln in seiner Hosentasche. »Ich hätte drei oder vier haben können. Aber ich wollte nicht.«

»Warum nicht?«

»Ich ... ich finde es so«, er rang um ein Wort, »... so niedrig.«

»Wir gehorchen der Natur, das ist alles.«

»Bist du der Sklave der Natur? Wir haben den freien Willen, sie zu bezwingen.«

»Du wirst es auch nicht immer können«, sagte Webber und wusste nicht, ob er, Trevenens wegen, bereuen sollte, wozu er sich hergegeben hatte.

Trevenen strich mit den Zehen übers Wasser. »Die Krankheit, weißt du, den *Morbus venereus*, die will ich sowieso nicht.«

»Hat dich Anderson gewarnt?«

Trevenen nickte, beinahe schuldbewusst. »Man müsse sich ein Stück Schafdarm überstülpen, um sich nicht anzustecken, sagt er, aber das tue niemand. Und nachher gebe es nur die Behandlung mit Quecksilber oder Siebenwurz, davon habe er nicht genug dabei. Er sagt, den meisten Männern sei es gleichgültig, ob sie die Krankheit haben oder nicht. Wer soll das verstehen?«

»Die Lust ist stärker als der Selbsterhaltungstrieb.«

»Das meine ich ja. Und das ist traurig, oder nicht?«

»Wie willst du das ändern?«

»Durch Selbstbeherrschung.« Trevenens Stimme erstarb beinahe; er war den Tränen nahe, und Webber hätte ihn gerne getröstet, scheute aber davor zurück und fühlte sich zu seinem Befremden so, als habe er einen schlimmen Verrat begangen.

Die Nacht war warm. Die Briten schliefen, wo es ihnen gerade bequem erschien, auf Matten, im Gras, im Sand. Bei vielen lag bis in die Morgenstunden eine Frau. Es gab auch Gruppen, wo mehrere Leiber sich zusammendrängten, Beine sich übereinandergeschoben, Finger sich ineinanderverflochten hatten. Cook jedoch kehrte, lange nach Mitternacht, zusammen mit Gore und King, auf die *Resolution* zurück. Er achtete nicht auf die Kanus, die das Schiff auch nachts umgaben. Darin schliefen Insulaner, sie hatten – wie konnte es anders sein? – zu den dreißig Matrosen, die auf dem Schiff geblieben waren, ebenfalls Frauen gebracht. Für eine ganze Nacht begnügten sie sich nicht mit Nägeln, sie wollten mindestens ein Messer, eine kleine Axt oder ein Hemd. Der Vorrat an solchen Dingen war groß; der Zahlmeister hatte schon vor der Landung alle Hände voll damit zu tun gehabt, sie, unter Anrechnung an den Sold, herauszugeben. Fast könnte man meinen, schrieb Anderson in sein Journal, nur der pazifischen Weiberschöße wegen sei diese Reise unternommen worden, und so lange man im Lustgarten weile, würden nun alle Pflichten außerhalb der Wache – mit stillschweigender Billigung des Kapitäns – vernachlässigt.

Webber und Treveen gruben sich eine Kuhle im warmen Sand, streckten sich nebeneinander aus. Beinahe berührten sich ihre Hände, doch Webber gab acht, dass sie es nicht taten. Sein Geschlecht, längst erschlafft, brannte ein wenig, dahinter lauerte – als Versprechen, als Gefahr? – eine neue Lustregung. Er warf sich vor, das Mädchen nicht wirklich angeschaut zu haben, so sehr hatte ihn die eigene Lust überwältigt. Wie war denn ihre Haut beschaffen? Welchen Farbton hatte sie im Mondlicht gehabt? Er wusste es nicht. War dies für einen Maler nicht die größere Sünde, als sich vom Augenblick hinreißen zu lassen? Er fröstelte, er schlug um sich, um Insekten zu verscheuchen, und weckte damit Treveen, der verschlafen seufzte und näher zu ihm hinrutschte. Webber ließ es zu. Der Mond war untergegangen; die ganze Insel schien nun zu ruhen und im Gleichmaß der Dünung zu atmen.

Die Schiffe fuhren südwärts; drei Tage brauchten sie bis nach Tongatapu, der größten und reichsten Insel des Archipels. Sie wurden wieder von Hunderten erwartet. Ihr Oberhaupt war ein unglaublich fetter Mann, der sich kaum noch selbst bewegen konnte. Seine Diener trugen ihn herum und fächelten dauernd Mücken und Fliegen von ihm weg. Nach dem Austausch der Geschenke nahmen die Festlichkeiten ihren Lauf; sie waren noch umfassender und beeindruckender als zuvor. Die Besucher hatten sich zu fügen, es gab keine andere Wahl. Auf dieser Insel blieben sie – warum, wusste eigentlich niemand – einen vollen Monat. Ein großer Teil der

Besatzung lebte in Zelten. Tagelang bemühte Anderson sich, das Durcheinander von politischen und sozialen Rangfolgen zu entwirren und herauszufinden, in welcher Schichtung die Bevölkerung lebte, wie die Verwandtschaftsverhältnisse die Stellung der Einzelnen beeinflussten; und er kam zu keinerlei Klarheit. Baily, der Astronom, beobachtete durch geschwärzte Linsen eine partielle Sonnenfinsternis. Das Schiffsvieh hatte ein gutes Leben an Land, wurde allerdings scharf bewacht. Die Diebereien hielten sich in Grenzen. Die Bestrafungen, die Cook anordnete, hatten die gewünschte Wirkung: Ein paar entwendete Ladestöcke kamen zurück wie durch Zauberei. Nur die Schiffskatze blieb verschwunden, und die Ratten an Bord vermehrten sich deswegen so rasch, dass der Quartiermeister zwei Männer auf Rattenjagd durch alle Vorratskammern und bis hinunter in die Bilge schickte, wo das eingedrungene Wasser knöchelhoch stand und erbärmlich stank.

Goulding, ausgerechnet er, ging allein auf die Pirsch nach Frauen und wurde, offenbar weil er nicht genügend Nägel herausgerückt hatte, von einem ganzen Rudel rachsüchtiger Insulaner verprügelt, nackt ausgezogen und zum Zeltlager zurückgejagt. Es ging gegen Abend, und Goulding benahm sich, zum anschwellenden Gelächter der Mannschaft, wie der Narr in einem Theaterstück. Er blutete aus der Nase, er bedeckte seine Blöße mit Zweigen (ein Adam auf einem mittelalterlichen Bild, spottete Samwell, nur ohne Eva), und obwohl alle wussten, was er getan hatte, versuchte er sich bei Gore, der ihm in den Weg trat, mit Notlügen herauszureden. Es war ein skandalöser und grotesker Anblick. Gore schickte ihn unwirsch aufs Schiff, damit er sich wasche und wieder ordentlich kleide. Noch Tage später hinkte er, war aber nun fast vollständig verstummt und sah ungesund aus, ausgemergelt und totenblass. Webber empfand Mitleid mit ihm, in das sich ein schlechtes Gewissen mischte; er hatte Goulding ja dazu aufgefordert, sich zu vergnügen, und vielleicht hatte ihn gerade dies zu seinem unglücklichen Abenteuer ermutigt. Als sich in der Kabine eine günstige Gelegenheit bot, sprach er ihn an.

»Sie dürfen die Sache nicht so schwernehmen«, sagte er. »Man denkt schon jetzt nicht mehr daran.«

»Darum geht es nicht«, entgegnete Goulding mit gesenktem Blick und schwerer Zunge. »Es ist der Trieb. Ich habe gesündigt, und ER«, dies mit einem Blick zur Decke, »hat mich dafür bestraft. Meine tote Frau, wo sie auch sei, verachtet mich jetzt.«

Die Berufung auf Gott machte Webber verlegen. »Ihnen wird gewiss verziehen«, sagte er. »Andere als Sie müssten härter bestraft werden.«

»Ich kenne die Schrift«, sagte Goulding, »ich lese jeden Abend darin. Sie ist deutlich genug.« Mit einer kleinen und linkischen Verbeugung zog er sich, rückwärts gehend, zurück; den Nachttopf, den er eigentlich abholen wollte, ließ er stehen.

Am nächsten Morgen erschien Goulding nicht zum Dienst. Man fand ihn in seiner winzigen Unterkunft. Er war bewusstlos und stank nach Rum und Erbrochenem. Von Anderson hörte Webber später, Goulding habe sich – auf welchem Weg auch immer – eine große Menge Rum beschafft und sich sinnlos betrunken. Möglicherweise habe er in seiner Beschämung gedacht, so viel Rum werde genügen, ihn vom

Leben in den Tod zu befördern. Er, Anderson, habe einige ärztliche Kniffe anwenden müssen, um ihn wiederzubeleben, und Goulding habe sich höchst unwillig gezeigt, das Licht der Welt von neuem zu erblicken. Aber er werde sich auf jeden Fall erholen. Cook, der erst jetzt von der ganzen Geschichte erfuhr, verzichtete darauf, Goulding auspeitschen zu lassen; er wurde aber für eine Woche in Ketten gelegt und hatte im Kugelback, dem stickigen Schiffsgefängnis, zu darben. Danach trat er wieder in alter Beflissenheit zur Arbeit an. Nur ein heftig zuckendes Lid deutete darauf hin, dass der Aufruhr in seinem Inneren noch nicht abgeklungen war.

Auf Tongatapus Nebeninsel Eua, die er schon vor vier Jahren in Eile besucht hatte, wollte Cook den höchsten Punkt besteigen, um sich dieses Mal einen gründlicheren Überblick zu verschaffen. Nur Webber und Anderson gingen mit; ein ortskundiger Insulaner führte sie an. Es war ein anstrengender Aufstieg durch dichte, dschungelähnliche Vegetation, die sich aber allmählich lichtete und immer wieder freie Blicke in die Tiefe gestattete. Das Licht flimmerte; es wurde von längeren Schattenphasen abgelöst, in denen plötzlich alles von einem Trauerflor bedeckt schien. Vögel mit gelb leuchtendem Gefieder flogen vor ihnen her; sie pfiffen so gellend, dass es in den Ohren weh tat. Andere Vögel, unsichtbare, zwitscherten ununterbrochen. Einer aber sang ähnlich wie eine Nachtigall im europäischen Auenwald, und die immer gleiche Tonfolge – eine durch eine Oktave absteigende Melodie – erinnerte Webber an Trevenens Flötenspiel.

Cook, der Älteste der Gruppe, zeigte keine Anzeichen von Ermüdung, er blieb bei seinem Schritttempo, ob das

Gelände steiler oder flacher anstieg, und Webber, der seine Ausrüstung trug, musste sich anstrengen, um ihm zu folgen. Nach kurzer Zeit war sein Hemd durchgeschwitzt. Noch mehr aber litt Anderson, der immer wieder, von Hustenanfällen gepeinigt, stehen blieb und einmal sogar – Webber sah es wohl – Blut in sein Taschentuch spuckte. So ließen sie Cook und dem Führer einen Vorsprung, der ständig größer wurde, und erreichten erst einige Minuten nach ihnen den felsigen Gipfel.

»Ist Ihnen nicht gut?«, fragte Cook den Arzt, der sein starkes Keuchen zu bezwingen versuchte.

»Es geht, Sir«, antwortete Anderson. »Dieser verflixte Husten.«

»Sie wissen ja wohl als Arzt am besten, was dagegen hilft.«

»Gewiss, aber das Leiden ist hartnäckiger, als ich gedacht habe.« Anderson setzte sich auf einen Stein, er nahm die Botanisiertrommel vom Rücken und wies hinaus in die Weite. »Schön, nicht wahr?«

Von hier oben war in der Tat die ganze Insel mit ihren weißen Stränden, den besiedelten Uferzonen und den hundert Grüntönen des Waldes zu sehen. Sie breitete sich ringsum aus wie ein zerknülltes und geschecktes Tuch, auf dessen höchster Falte sie standen. Die Wolkenberge, die träge über sie hinwegzogen, wirkten wie eine Spiegelung der Inselgestalt und gaben wiederum dem Meer seine unbestimmte Farbe mit Streifen von Graublau und Türkis.

Cook lüftete seinen Hut, tupfte sich mit dem Taschentuch den Schweiß von der Stirn. »Man muss sich diese Landschaft kultiviert vorstellen«, sagte er.

»Kultiviert?«, fragte Anderson und schaute zur Seite, um sich diskret zu räuspern. »In welchem Sinn, Sir?«

Cook wirkte leicht irritiert. »Kultiviert nach englischem Vorbild selbstverständlich. Die Erde ist äußerst fruchtbar hier. Man kann bestimmt Rüben ernten und schon am nächsten Tag Hirse aussäen. Es könnten große Viehweiden entstehen. Stellen Sie sich vor: Kühe aus englischer Zucht, deren Milch und Fleisch der hiesigen Bevölkerung Wohlstand und Sicherheit bringen.«

»Ich bin nicht sicher, Sir, ob das Klima hier sich wirklich für Viehzucht eignet«, sagte Anderson mit Vorsicht.

»Das muss man erproben. Dafür setzen wir ja unsere Tiere aus. Sie sollen den langen Weg um die halbe Erdkugel nicht umsonst zurückgelegt haben.« Cook bückte sich, um seine Stiefel zu schnüren, und streifte nasse Blätter von den Gamaschen.

»Eigentlich, so könnte man meinen«, sagte Anderson, »haben die Insulaner schon alles, was sie brauchen. Sind wir nicht im Grunde genommen Störenfriede?«

Cook richtete sich mit einem unterdrückten Ächzen auf. »Es ist vieles gut gemacht hier, Mr Anderson. Ganz ordentlich, ja. Aber meilenweit von unseren Zuständen entfernt. Stimmen Sie mir zumindest in diesem Punkt zu?«

Anderson deutete ein Nicken an.

»Dass wir so viel erreicht haben, verpflichtet uns dazu, unsere Errungenschaften weiterzugeben, sei es auch vorerst nur das englische Vieh. Später werden es vielleicht unsere Gesetze sein, unsere Regierungsform, unsere Wissenschaft.«

Anderson presste sein Taschentuch auf den Mund und konnte eine Weile nicht antworten. Dann sagte er mit belegter Stimme: »Sie wissen doch, Sir, dass wir nebst unseren Errungenschaften auch unsere – sagen wir – Unzulänglichkeiten exportieren. Das macht mir, als Arzt, zu schaffen.«

Cooks Augen verengten sich. »Meinen Sie, es sei mir gleichgültig, dass unsere Männer venerische Krankheiten einschleppen? Sie und ich, wir versuchen das nach besten Kräften zu verhindern. Aber soll ich meine Männer in Ketten legen? Dann hätten wir bald niemanden mehr, der für unser Fortkommen sorgt.« Er schüttelte, grimmig und resigniert zugleich, den Kopf. »Wenn der aufgestaute Geschlechtstrieb nicht befriedigt werden kann, schlägt er um in Gewalt und Meuterei. Das wissen Sie so gut wie ich.«

Anderson setzte sich auf einen großen Stein und betrachtete die gefalteten Hände auf seinen Knien. »Ich habe Insulaner mit großen syphilitischen Geschwüren getroffen, Sir. Tertiäres Stadium, das zum Tod führt. Sehr unschön. Die Seuche hat sich innerhalb von vier Jahren, seit unserem letzten Besuch, explosionsartig verbreitet.«

»Wir sind nicht die Alleinschuldigen«, sagte Cook. »Bougainville und Wallis waren ebenfalls hier, und Sie dürfen davon ausgehen, dass auch ihre Männer die Krankheit mitbrachten. Sagen Sie mir, was ich tun soll, Sie sind der Fachmann.«

»Es ist ja einfach: Die Infizierten dürften nicht an Land, so war es ursprünglich gedacht.«

»Und wie wollen Sie das über Wochen aufrechterhalten?«, fuhr Cook ihm ins Wort. »Und wie wollen Sie vermeiden, dass die Gesunden sich nicht selbst an erkrankten Frauen anstecken?«

Anderson schwieg.

»Oder plädieren Sie dafür, dass wir, dieses unglücklichen

Umstandes wegen, unsere Entdeckungsreise abbrechen?« Wie immer, wenn Cook die Stimme erhob, wurde sie unangenehm scharf und stechend; doch setzte er, mit erstaunlicher Sanftheit, neu an: »Ich frage mich manchmal, ob diese Krankheit der Preis ist, den wir und alle Völker, denen wir den Fortschritt bringen, zu zahlen haben für so viel Gutes, das doch von uns kommt.«

Anderson antwortete, ohne sich zu regen: »Früher sagte man, die Seuchen seien eine Geißel Gottes, und damit würden die Sünden der Menschen bestraft.«

Cooks Hand durchschnitt die Luft. »Kommen Sie mir nicht damit, Mr Anderson. Ich bin kein Missionar.«

»Die Missionare werden uns folgen, Sir, und sie werden hier den Begriff der Sünde, den wir beide nicht sonderlich hochschätzen, einführen und die Freiheiten der Insulaner auf engherzigste Weise beschneiden.«

Wieder schwieg Cook; doch plötzlich fasste er Webber ins Auge, der ein paar Schritte zurückgetreten war, um nicht zwischen den beiden zu stehen. Das Zeichenbrett hing an ihm herunter wie ein Schutzschild.

»Mr Webber«, fragte Cook, »was ist denn Ihre Meinung zu diesem Disput?«

Webber schwieg und hatte den Impuls, sich noch weiter in den Schatten zurückzuziehen.

»Nun?« Cook schien heftig auf etwas Bitterem herumzukauen. »Sind Sie verstummt?«

»Ich zeichne, Sir, ich male«, sagte Webber, und die Silben tropften aus seinem Mund wie klebriges Kava. »Ich urteile nicht.«

»Ach was! Sie urteilen, gewollt oder ungewollt, mit jedem

Ihrer Striche, denn Sie weichen immer um ein Winziges vom Modell ab, das Sie abbilden wollen. Die Abweichungen geben, zusammen genommen, Ihre Sicht wieder, und die entspricht Ihrem Urteil.«

»Nein, was Sie sagen, betrifft die Grenzen meiner Kunst und nicht mein Unvermögen, ein schnelles Urteil zu fällen.« Webber zögerte. »Die Grenzen, Sir, werden, wie Sie wissen, auch von den Auftraggebern gesetzt.«

»Seien Sie kein Pharisäer, mein lieber Webber. Sagen Sie jetzt, was Sie von Mr Andersons Ansichten halten.«

Der Schiffsarzt machte eine abwehrende Bewegung. »Lassen Sie ihn doch. Es sind schwierige Fragen.«

»Nun gut, dann zeichnen Sie eben, Webber«, sagte Cook. »Seien Sie unser Gedächtnis. Das Publikum wird Ihnen dafür danken.«

»Es ist ein fehlbares Gedächtnis, Sir«, sagte Webber mit einem Anflug von Trotz. Er hob sein am Doppelriemen hängendes Zeichenbrett hoch, drückte die Kante gegen den Bauch und begann damit, die Aussicht aufs weiße Blatt zu strichen. Cook seinerseits schob sein kleines Fernrohr auseinander und suchte die Küste nach Merkpunkten ab, die er an Bligh weitermelden konnte, damit die Karte von Eua, an der sie beide arbeiteten, noch präziser wurde. Nur Anderson tat nichts; er war so erschöpft vom Aufstieg und seinen Hustenanfällen, dass er nicht einmal die Pflanzen, die um den Stein herum wuchsen, bestimmen und einsammeln mochte.

Der einheimische Führer hatte sich von ihnen abgesetzt. Als Webber flüchtig an ihn dachte, sah er ihn nirgends. Er schien verschmolzen zu sein mit der ihn umgebenden Natur; kaum noch erinnerte sich Webber an sein Gesicht. Erst als sie nach ihm riefen, hob er sich, durch seine Bewegung, plötzlich vom Unterholz ab, in dem er sich ausgeruht hatte. Er trat heraus ins Sonnenlicht, seine Haut leuchtete, auf seinem Gesicht lag ein fragendes Lächeln.

10

Matavai-Bucht auf Otaheite, August 1777. Während unserer dreiwöchigen Überfahrt von den Freundschafts- zu den Gesellschaftsinseln rannen die Tage ineinander und glichen sich wie Zwillingsbrüder. An fast alles habe ich mich inzwischen gewöhnt, an die Enge, an die Rohheit der Männer, an die eintönige Kost, an den Gestank, an den üblen Geschmack des Wassers, an das Knarren der Pumpe, sogar an die Auspeitschungen. Es gab sie wegen Wachvergehen, Schlendrian und neuerlichen Diebstählen. Ich kam zum Schluss, dass Gewalt, die ich von Grund auf verabscheue, überall ist, sie ist in der Natur und sie ist im Menschen, wo er auch lebt; man kann sie nur zähmen mit Hilfe von Gesetzen und gehöriger Strafandrohung. Ich arbeitete einige Zeichnungen aus, entdeckte Fehler über Fehler, die ich zu korrigieren versuchte. Die Betrachtung von Wasser und Himmel in ihrem unendlichen Wandlungsreichtum und Gespräche mit meinem Freund Trevenen hielten mich davon ab, in Langeweile zu versinken.

Otaheite nun ist trotz der schroffen Berge im Landesinnern schön und lieblich, mehr Kokosnüsse gibt es nirgends, und die Wohlgestalt der Frauen, die sich Blumen ins Haar stecken, lässt an paradiesische Verhältnisse denken, auch wenn ihr Selbstbewusstsein größer ist als auf anderen Inseln und der Preis, den sie oder die sie verkuppelnden Männer verlangen, ständig steigt. Es sind, wie es scheint, nur die ledigen Frauen, die zur Verfügung stehen, und es wird uns immer klarer, dass die Inselgesellschaften streng gegliedert sind in Obere, Mittlere und Untere, die teils gar in sklavenähnlichen Verhältnissen leben. Der Handel mit den Insulanern verläuft im Übrigen nun ganz anders als zuvor. Captain Cook hat noch auf Tongatapu eine ansehnliche Menge karminroter Federn gegen Eisenwaren eingetauscht. Diese Federn stammen von einem kleinen papageienähnlichen Vogel, den Anderson *Certhia coccinea* nennt, sie gelten als äußerst kostbar und werden in sakrale Gewänder eingewoben oder zeichnen, besonders als Kopfbedeckung, hohe Würdenträger aus. Auch Omai und einige Matrosen tauschten solche Federn ein, und ich selbst bekam eine Handvoll gegen meine übliche Währung (Porträtskizzen). Nun zeigt sich, dass die roten Federn auf Otaheite noch seltener sind und noch mehr gelten als auf den Freundschaftsinseln; die Leute sind geradezu gierig danach. Schon gegen zwei oder drei Federchen geben sie ein Ferkel her. Rote Federn, ja sogar einen Federhelm bekam auch der hiesige König Otu von Captain Cook geschenkt, außerdem einen seidenen Schlafrock, den er sogleich an- und wieder auszog. Zum Dank unterhielt der König uns mit einigen Kriegsspielen zu Wasser und zu Land. Die Pracht der Flotte mit ihren Schnitzereien und farbigen Wimpeln ist beachtlich, die Geschwindigkeit, mit der die Kanus gerudert werden, bemerkenswert. Hier setzten wir auch das meiste Federvieh aus, welches die Strapazen überlebt hatte, ein Pfauenpaar, etliche Enten, Gänse und Truthähne, alle bei schlechter Gesundheit und mit ausgefallenen Federn. Omai musste übersetzen, wie das Geflügel nach englischer Manier zu halten sei. Wir fanden weiter im Landesinnern einen Bullen, den offenbar Spanier, aus Lima kommend, vor einiger Zeit bei einem Besuch mitgebracht hatten, und Captain Cook beschloss, dem Junggesellen die zwei Kühe, die noch an Bord der *Discovery* dahinvegetiert hatten, zuzuführen. Wie gewohnt mussten sie an Seilen ins Beiboot heruntergelassen werden; ihr Angstgebrüll war markerschütternd und vertrieb alle Kinder und Frauen, die sich am Ufer aufgehalten hatten.

Omai erhielt für seine Vermittlerdienste von Otu ein Doppelrumpfboot mit einigen Ruderknechten geschenkt; nun kommandiert er die Knechte herum und benimmt sich, als sei er ein Nebenkönig, was Otu, einen rundlichen und gutgelaunten Mann, nicht zu stören scheint. Aber ich erkenne in Omai kaum noch den freundlichen Menschen, der er einst war. Er hat sich in ein Großmaul verwandelt, dem man nicht genug Ehre erweisen kann. Heute setzte er es durch, dass sein Pferd unter großem Aufwand an Land geschafft wurde, damit er den Insulanern seine Reitkünste vorführen konnte. Er zog zudem die Rüstung an, die ein Geschenk des Earl of Sandwich sein soll, ein schweres Kettenhemd mit Brustschild. So ist er gestern am Strand auf und ab galoppiert, wobei er einige Male beinahe vom scheuenden Pferd rutschte. Er ließ mit Speeren auf sich zielen, sie glitten aber am Harnisch ab, und so zeigte er sich als unverwundbar. Das bestürzte das versammelte Volk zunächst und riss es dann zu Beifall hin; niemand bewunderte ihn aber so maßlos wie die beiden Maori, die, zusammen mit kleineren Kindern, dem Pferd nachrannten und dazwischen vor Vergnügen unentwegt Purzelbäume schlugen.

Ich sprach am Abend mit Omai und fragte ihn, ob er es nicht für ratsamer halte, bescheidener aufzutreten, denn nach unserer Abreise werde bestimmt der Neid der Landsleute erwachen und seiner Stellung schaden. Auf Otaheite bleibe er ohnehin nicht, sagte er hitzig, er wolle die Segnungen der Zivilisation, die er nun gründlich kennengelernt habe, auf seiner Heimatinsel verbreiten und nirgendwo sonst. Ich hielt ihm vor Augen, dass auch Bescheidenheit eine Tugend der Engländer sei. Doch davon wollte er nichts wissen. Wer bei uns, sagte er in lautem Ton und schlechtem Englisch, Verdienste erworben habe, stelle sie auch zur Schau und bestätige damit seinen Rang. Er habe es gewagt, mit uns zu reisen, deswegen rage er unter seinesgleichen heraus und verdiene es, ein gutes Leben zu führen. Dann sollte er sich aber, hielt ich ihm vor, eine bessere Menschenkenntnis erwerben und nicht irgendwelches Gesindel, das auf der Insel herumstrolche, zu seinen Vertrauten machen, die würden ihn doch nur ausnützen. Auch dies stritt er ab, er glühte vor Selbstgerechtigkeit. Ich gab es auf, ihn umzustimmen, und fragte mich bloß, wohin der sanfte Omai, der mich einst getröstet hatte, verschwunden war.

4. September 1777. Habe einem Menschenopfer beigewohnt und die Szenerie, die wir nur als barbarisch verurteilen können, in allen Einzelheiten gezeichnet. Es ist von allen bisherigen Bildern jenes, das in England mit Sicherheit am meisten Sensation machen wird.

Otu wollte, für einen Feldzug gegen die Nachbarinsel Eimeo, den Kriegsgott Eatua günstig stimmen und auf einem Marai, einem Begräbnis- und Kultplatz im Süden der Insel, die notwendigen Zeremonien, unter Anleitung der höchsten Priester, durchführen. Das Opfer besorgte ihm Taufa, ein anderer, Otu anscheinend unterstellter Ehri, d. h. Anführer; es war ein Mann unbestimmten Alters, dem man den Schädel eingeschlagen hatte. Warum er und nicht ein anderer zum Opfer erwählt worden war, fanden wir nicht heraus. Vielleicht war es einer der Vagabunden von einer anderen Insel, die man auf Otaheite verachtet. Als wir davon hörten, äußerte Captain Cook allergrößtes Interesse, diese Zeremonie mitzuverfolgen, und Otu lud uns ein, seinem Kanu zu folgen. So fuhren wir – eine Gruppe mit CC, Anderson, Omai und mir – in der Pinasse zum umzäunten Morai, wo schon die großen Trommeln geschlagen wurden.

Im Morai waren Männer und einige Jungen, sogar kleine, versammelt, jedoch keine Frauen. Wir hatten auf Ehrenplätzen, nahe bei den vier Priestern, unsere Hüte abzunehmen; mehr wurde von uns nicht verlangt. Der Tote war wie ein erlegtes Tier an einer Stange festgebunden und lag am Boden, gegenüber einem Podest, das ich für einen Altar hielt, darauf streckten einige geschlachtete Schweine alle viere von sich. Mit Gesang und endlosen Gebeten wurde der Gott angerufen. Der Sinn war nicht zu entschlüsseln, obwohl Omai, weit demütiger als an den Tagen zuvor, die Anrufungen flüsternd zu übersetzen versuchte. Allerlei rätselhafte Handlungen wurden vollführt, Bündel, die heilige Dinge enthielten, herumgereicht, auf den Altar und den Toten gelegt; ebendies geschah mit kleinen Büscheln roter Federn. Ich entdeckte währenddessen Standbilder im hinteren Bereich des Morai und zählte gegen 50 Schädel, die am Zaun aufgeschichtet waren. Dann wurde dem Toten, zu unserem Entsetzen, ein

Auge ausgerissen, in ein Blatt gewickelt und zunächst Otu dargebracht, der vorgab, es zu essen. Zum Glück war es nicht so, wie sich überhaupt unsere Erwartung, dass Teile des Opfers verspeist würden, nicht erfüllte.

Einiges wurde nun in einem von Knaben angefachten Feuer verbrannt, wohl auch das Auge und die Eingeweide eines Hundes, der vor unseren Augen getötet worden war. Im Luftwurzelgewirr eines Feigenbaums krächzte ein Vogel, der nach Anderson dem europäischen Eisvogel glich. Otu hielt dies für ein gutes Omen. Da ich mit Zeichnen beschäftigt war, achtete ich eher auf Äußerlichkeiten als auf den Ablauf der Zeremonie. Ein Grab wurde ausgehoben, das Opfer, nach vielen weiteren Gebeten, mit gesegneten Stoffbündeln und Blättern des Brotfruchtbaums hineingelegt; dazu stimmte ein Junge ein schrilles Geheul an. Das sei nun, sagte Omai, die Stimme des Gottes Eatua, dessen Geist ins Opfer gefahren sei. Von den Schweinen, die schon länger auf dem Altar lagen, wehte von Zeit zu Zeit ein starker Verwesungsgeruch zu uns. Mir wurde dabei übel, und ich konnte meinen Stift nur noch mit Mühe führen.

Wir fuhren zurück und machten wieder halt bei Tauha, dem mit vielem Schmuck behängten, wild blickenden Ehri. Er forderte Captain Cook auf, sich jetzt, nachdem der Kriegsgott auf der Seite Otaheites stehe, dem Krieg gegen die Nachbarn anzuschließen und die Kanuflotte mit unseren beiden Schiffen zu verstärken. Er stellte sich wohl vor, dass wir seinen Feind im Handstreich besiegen würden. Aber CC lehnte dieses Ansinnen ab. Er habe, sagte er, keinen Grund, gegen Eimeo zu kämpfen, und er frage sich, welchen Grund dafür die Leute von Otaheite hätten. Tauha, der seinen Ärger kaum verbarg, gab keine Antwort darauf, sondern fragte seinerseits, was wir über die Opferung dächten, ob so etwas in unserem Land auch üblich sei? Captain Cook verneinte. Ein Anführer, der einen Untergebenen, einen Mann aus dem Volk, ohne Urteil töten ließe, so sagte er, würde streng bestraft, vermutlich hingerichtet. Omai, der alles übersetzte, zeigte mit drastischen Gebärden die Strafe des Erhängens an. Tauha geriet in heftige Erregung. Dennoch fuhr CC ungerührt fort, seine Abscheu zu bekunden, und äußerte die Ansicht, mit einem Menschenopfer werde Eatua derart beleidigt und erzürnt, dass er nun bestimmt dem Volk von Eimeo beistehen werde. Das ertrug Tauha gar nicht mehr; seine Wut steigerte sich zu einem Anfall mit lautem Schreien und Herumstampfen. Die Untergebenen, die ihn umringten, blickten uns böse an, wenig fehlte, und sie hätten uns angegriffen. Otu, der zum Glück auch bei uns war, glättete mit beruhigenden Worten die Wogen. So konnten wir doch, unbewaffnet, wie wir waren, in Würde wieder die Boote besteigen. Er sei überzeugt, sagte Cook zu Anderson, dass Tauhas Diener, hätte man sie gefragt, die Ermordung eines Unschuldigen zum Zwecke der Opferung auch nicht gebilligt hätten. Darin allerdings mag er sich täuschen; die Insulaner sind doch alle in ein großes Regierungs- und Götzensystem mit vorbestimmten Ritualen eingebunden, das sie ebenso wenig in Frage stellen wie wir die englische Monarchie.

Messegespräch. Es war wieder King, der, unterstützt von Anderson, eine heftige Debatte auslöste. Captain Cook verlor dabei schon am Anfang seine übliche Gelassenheit.

Er verurteile das Menschenopfer aufs schärfste, sagte King

in seiner liebenswürdigen Art, der oft etwas Fragendes anhaftet; doch er tue dies von unserem heutigen Standpunkt aus. Wie es denn um unsere eigene Vergangenheit stehe? Er erinnere an die Geschichte von Abraham und Isaak, wo Gott vom Vater die Opferung des Sohns verlangt habe, was darauf hindeute, dass Menschenopfer auch in unserer Zivilisation durchaus gebräuchlich gewesen seien.

Was er mit diesem Argument bezwecke?, fuhr ihm Cook über den Mund. Die Menschen Europas hätten den Zustand der Barbarei längst überwunden und damit das Recht, anderen als Vorbild zu dienen.

Am Tisch schwieg man, nur Anderson ließ sich nicht schon vom ersten Votum des Kapitäns einschüchtern. Ob denn, fragte er, nicht unsere Praxis der Hinrichtungen in gewisser Weise eine Fortsetzung der Menschenopfer sei? Ob nicht damit der Justitia ein heiliger Tribut dargebracht werde?

Captain Cooks Empörung war unverkennbar: Keineswegs! Es möge, selten genug, Justizirrtümer geben; aber unser Rechtssystem beuge eben gerade der Willkür vor, die er auf der Insel hier, bei der Wahl des Opfers, am Werke sehe. Mit einem Todesurteil wolle man nicht einen Gott günstig stimmen, sondern eine abschreckende Wirkung erzeugen und so die Gesetzestreue der Allgemeinheit bestärken.

Zu meinem Erstaunen meldete sich der schweigsame Gore zu Wort, während Bligh, der sich sonst bei jeder Gelegenheit einmischt, bisher stumm geblieben war. Obwohl er, sagte Gore, Gesetze mit den entsprechenden Sanktionen für unverzichtbar halte, habe Mr Anderson vielleicht nicht ganz unrecht. Ihn, Gore, hätten schon immer die mittelalterlichen Hexenverbrennungen erschreckt; sie kämen ihm in der Tat wie Menschenopfer vor, und dieser schreckliche Aberglaube treibe seine Ausläufer bis in die heutige Zeit.

Es gebe aber, sagte Cook, eine wachsende Mehrheit von vernünftigen Leuten, die sich entschieden dagegen wendeten, und sie würden, da sei er sicher, den Aberglauben endgültig besiegen.

Das sei, wie wenn man der Hydra einen Kopf abschlage, murmelte Anderson, gleich wüchsen zwei neue nach. (Ich konnte an dieser Stelle nicht umhin, an den alten Watman zu denken, von dem ich nicht weiß, ob er in der Tat einem geradezu mittelalterlichen Aberglauben huldigt oder vielleicht doch eine tiefere Einsicht in die Zusammenhänge der Natur hat, die anderen verborgen bleiben.)

Captain Cook schien Anderson überhört zu haben. Hier, auf den Inseln, fuhr er fort, sei der Aberglaube, der stark mit Magie zusammenhänge, allgemein verbreitet und selbstverständlich akzeptiert, und deshalb seien wir aufgerufen, in die klügeren Köpfe etwas von unserer Erkenntnis zu pflanzen, damit sie sich von selbst weiterverbreite.

Anderson zwinkerte mir missbilligend zu, und ich ahnte, was er dachte: nämlich, dass wir eher den *Morbus venereus* weiterverbreiten würden als das Licht der Erkenntnis.

Bligh, der schon eine Zeitlang unruhig mit den Kiefern gemahlen hatte, konnte nun doch nicht mehr an sich halten. Wenn man die Bräuche dieser Menschen verteidige, wandte er sich an Gore und King, dann werde man zuletzt auch der Menschenfresserei noch etwas Positives abgewinnen, und das wäre vollkommen absurd. Man müsse ihnen austreiben, was gegen christliche Gebote und britische Gesetze verstoße, und damit basta.

King meinte, er wolle keine Grausamkeiten verteidigen, er wage bloß daran zu zweifeln, dass wir unserer Überlegenheit so gewiss sein könnten.

»Warum denn sind wir hier?«, fragte Bligh. »Was hat uns befähigt, das Meer zu überqueren? Warum sind andere Völker nicht zu uns nach England gekommen? Worauf deutet dies hin, Mr King? Nicht doch auf beweisbare Überlegenheit?«

Williamson tippte, wie zum Applaus, die Fingerspitzen gegeneinander.

»Vielleicht auf Macht- und Besitzdrang«, sagte Anderson so leise, dass man ihn beinahe nicht verstand.

Cook schob sein Glas von sich weg und erhob sich abrupt; er war auf mir unbegreifliche Weise aufgewühlt. »Mr Anderson, Sie neigen zu Übertreibungen, das schadet Ihrem Verstand. Das Verständnis für andere Kulturen muss dort an Grenzen stoßen, wo wir in unseren christlichen Werten beleidigt werden. Das dürfen Sie sich gerne merken. Wobei diese Grenzziehung – auch das merken Sie sich, Mr Anderson – unsere wissenschaftliche Neugier keineswegs tangieren sollte.« Damit verabschiedete er sich von der Tischrunde und zog sich zurück.

Kaum war er weg, bemerkte Samwell, der mit ironischer Miene zugehört hatte, ihm sei dies alles viel zu abstrakt, er sei doch eher ein Mann der Praxis.

Alle wussten, was er damit meinte. Aber das Gespräch wandte sich sogleich harmloseren Gegenständen zu, niemand mehr hatte Lust, den Streit weiter zu schüren. Was Captain Cook an Andersons Widerspruch derart gestochen hatte, kann ich nur ahnen; der Mann ist mir immer wieder ein Rätsel.

Ein anderes, wenn auch weniger verwirrendes Rätsel ist und bleibt Goulding. Seit seinem Abenteuer und allem, was ihm folgte, benimmt er sich noch eigenbrötlerischer als zuvor. Er lässt sich nicht mehr dazu bewegen, das Schiff zu verlassen, außer es werde ihm befohlen. Abends verschanzt oder vergräbt er sich in seinem Kabäuschen. Er sagt kein überflüssiges Wort mehr und starrt manchmal durch mich hindurch, als wäre ich Luft. Omai, der Wand an Wand mit ihm schläft, behauptet, Goulding bete nachts stundenlang, laut oder leise. Wir hören nichts davon, er wird wohl durch das allgemeine Geschnarche übertönt, von welchem das Schiff bei schwachem Wellengang bisweilen regelrecht erzittert. Dass Goulding zum Frömmler werden könnte, hätte ich zu Beginn der Reise nie gedacht.

Im September 1777. Die Mannschaft möchte länger auf Otaheite bleiben, einige Männer wohl für immer. Das Einzige, was ihnen Kummer macht, ist die Kürzung der Rumrationen, der sie aber selber zugestimmt haben. Captain Cook hielt ihnen vor Augen, dass wir bald einmal nordwärts, in Kälte und Eis fahren würden. In diesen Breitengraden sei es notwendig, sich aufzuwärmen, hier aber nicht, und so schlage er vor, mit dem Rum jetzt sparsam umzugehen, damit später umso mehr davon übrigbleibe. Die Männer waren einverstanden, nur wenige murrten. Es war ein kluger Schachzug des Kapitäns, ihnen die Entscheidung zu überlassen. Wenn es um den Rum und ihren Grog geht, sind sie empfindlich wie sonst in keinem andern Punkt.

Captain Cook war bettlägerig in den letzten Tagen. Er habe, erzählt sein Steward Collett, über starke rheumatische

Schmerzen von der Hüfte abwärts bis zu den Füßen geklagt. Die Salbe aus Ziegenfett, die ihm Dr. Anderson verordnete, linderte die Schmerzen nicht. Als Otu von Cooks Leiden hörte, schickte er einige Frauen an Bord, darunter seine Mutter, eine Matrone von beachtlichem Leibesumfang, drei Schwestern und sechs seiner Gattinnen oder Konkubinen (nach der Zählung Colletts). Sie hatten den königlichen Auftrag, unseren Kapitän durch eine Massage, die sie Lomolomi nennen, von seinen Schmerzen zu befreien, und dies sei ihnen – ich berufe mich auf Collett – nach drei Behandlungen schon fast gelungen. Sie hätten CC bis auf die Unterhose ausgezogen und in der Great Cabin auf eine Bastmatte gelegt, sie hätten ihn eingeölt und danach mit flachen Händen und Unterarmen heftig bearbeitet, ja, durchgewalkt wie Brotteig. Die Matrone habe den Takt angegeben und die anderen angefeuert, sie hätten zwischendurch auch gesungen, und der Kapitän sei ergeben dagelegen und habe, zu Colletts Verwunderung, alles über sich ergehen lassen. Er, Collett, habe als stiller Beobachter an der Wand gestanden und sich verschiedentlich gefragt, ob er nicht eingreifen müsse. Nach der dritten Behandlung sei der Kapitän, wie durch Zauberei, aufgestanden, sei lächelnd herumstolziert und habe den königlichen Damen gedankt. Sie bleiben aber, da eine Nachbehandlung nötig sein werde, weiterhin an Bord und bekunden ihre Anwesenheit durch dauerndes Geschnatter und Gelächter. Sich ihnen zu nähern, ist der Besatzung nicht gestattet; der geschlechtliche Umgang mit Otus weiblichem Hofstaat ist *tapu* (so werden verbotene Handlungen in der Sprache der Inseln genannt).

Als Dank für diese und andere Hilfe will Captain Cook

dem Inselkönig, der von meinen Bildern höchst angetan ist, ein Porträt seiner selbst überreichen. Er hat mich beauftragt, in größter Eile – denn schon bald lichten wir die Anker – eines zu malen. Zeit, mir dafür zu sitzen, hat er nicht; so muss ich mich mit den Skizzen begnügen, die in Kapstadt entstanden sind, und während der Mahlzeiten in der Offiziersmesse, an denen er teilnimmt, meine Beobachtungen vervollständigen. Es läuft darauf hinaus, dass ich gleichsam ein Abbild des Abbildes produziere und einen stummen Dialog mit ihm führe.

›Sir‹, frage ich in Gedanken, ›wie ist es denn, eine Frau und Kinder zu haben und sie jahrelang nicht zu sehen?‹

Abweisend schaut er mich an; er ist der Einzige auf dem Schiff, so behauptet man, der sich von der Schönheit der Insulanerinnen nicht verführen lässt.

›Neigen Sie‹, frage ich, seine Stirn schattierend, ›nicht dazu, trotz aller Vorsätze der Versuchung eines Tages nachzugeben? Und wäre dies Untreue im üblichen Sinn? Müssten Sie sich deswegen selber verachten?‹

Er gibt keine Antwort, starrt in die Ferne, wo weder der Maler noch eine Frau zu finden ist, sondern der Ruhm, der für einen Menschen wie ihn befriedigender sein mag als alle fleischliche Liebe der Welt.

Ein Gespräch mit Anderson hat mich aufgewühlt. Wir waren allein, er hat mich in seine Kabine – sie ist ebenso klein und stickig wie meine – eingeladen und mir eine kohlähnliche Pflanze gezeigt, die ich für ihn zeichnen soll. Er wirkte bedrückt, hustete in unregelmäßigen Abständen. Das tut er, seit ich ihn kenne, aber keinem – Anderson selbst schon gar nicht – kann entgehen, dass die Anfälle stärker werden, ihn bisweilen auf schlimmste Weise durchschütteln, gerade auch in der Messe, wo er sich dann von der Tafelgesellschaft zurückziehen muss. Ich glaubte, es ihm schuldig zu sein, mich nach seinem Befinden zu erkundigen; noch nie hatte er über seine Symptome gesprochen.

Er schwieg eine Weile, dann fragte er: »Wollen Sie die Wahrheit wissen?«

Ich fühlte mich sogleich sehr unbehaglich, nickte aber.

Nach einer weiteren Pause sagte er: »Es geht mir schlecht. Ich kann mich selbst ja nicht beschwindeln, obwohl ich es in letzter Zeit gerne täte. Nachtschweiß, Fieber gegen Abend, Knoten in den Achselhöhlen, geschwollene Kniegelenke, immer wieder blutiger Auswurf. So komme ich zu meiner Diagnose: Schwindsucht in fortgeschrittenem Stadium. Sie führt zum Tod, früher oder später.«

Er hatte langsam und eindringlich gesprochen; ich wäre gerne weggelaufen und konnte es nicht.

Das müsse doch nicht sein, sagte ich in meiner Hilflosigkeit.

»Es sind«, sagte er in nüchternem Ton, der seine starke Erregung verbarg, »nur wenige Heilungen bekannt. Ich gebe mir selbst höchstens noch ein Jahr. Die Schmerzen werden zunehmen, die Kräfte schwinden. Die letzten Wochen werden schrecklich sein. Zum Glück habe ich genügend Laudanum dabei, zum Märtyrer tauge ich nicht.«

»Gibt es wirklich kein Mittel dagegen?«, fragte ich stockend. Andersons Bekenntnis raubte mir beinahe die Sprache.

»Man kann den Krankheitsverlauf höchstens abschwächen

und das Ende hinauszögern. Und zwar durch den dauerhaften Aufenthalt in einem günstigen Klima.«

»Wie hier, auf den Inseln?«

Er nickte, und nun wurde die Traurigkeit in seiner Stimme fassbarer. »So ist es. Die arktische Kälte, auf die wir nächstens zusteuern, wird Gift für mich sein. Nicht nur für mich, auch Kapitän Clerke leidet an Schwindsucht, wenn auch seine Symptome weniger deutlich sind als meine. Er hat sich im Gefängnis angesteckt, vermute ich. Bei mir sind erbliche Faktoren maßgebend, dazu kommen die Strapazen der vorigen Reise. Schon mein Vater starb an der Auszehrung. Ich bin Arzt geworden, um sie bekämpfen zu lernen.« Er lächelte schwach und wirkte plötzlich – wohl auch wegen seiner Blässe – alterslos, er hätte im Licht der aufgehängten Lampe 20 oder 50 sein können.

Ich reichte ihm die Hand; er erwiderte unsicher meinen Druck. Wir schwiegen sehr lange, schauten uns prüfend an und senkten dann wieder den Blick, wie wenn wir die schlimme Wahrheit, die nun zwischen uns stand, nicht mehr ansehen möchten. Eine Idee stieg in mir auf, sie schwamm hoffnungsvoll an die Oberfläche wie eine Boje in kräftigstem Rot. »Was wäre, wenn Sie die Kälte mieden?«, sagte ich. »Bleiben Sie doch hier auf Otaheite. Es ist ein schöneres und gesünderes Leben als auf dem Schiff.«

Er zögerte und neigte abwägend den Kopf. »Ich habe auch schon daran gedacht. Es gäbe sogar eine winzige Hoffnung, die Krankheit zu überwinden. Aber glauben Sie, Mr Cook würde eine solche Entscheidung billigen? Ich bin verantwortlicher Schiffsarzt, ich kann mich nicht so leicht meinen Pflichten entziehen.«

»Sie nützen uns ja nichts, wenn Sie wochenlang dahinsiechen«, sagte ich, um einiges lebhafter. »Und wie schön wäre es, Sie auf der Rückreise als gesunden Mann abzuholen!«

Sein Seufzen drückte eine Sehnsucht aus, die ich ihm nicht zugetraut hätte. »Sie geben mir ein wenig Mut zurück, ich hatte ihn schon fast verloren. Wenn man es genau nimmt, bin ich doch wirklich zu jung zum Sterben.«

Ich fragte nach seinem Alter. Er ist 1750 geboren, nur ein Jahr älter als ich, und dies traf mich fast ebenso hart wie vorher seine unbarmherzige Selbstdiagnose. Wer sagt denn, dass ich nicht als Nächster von einem unheilbaren Leiden befallen werden könnte?

Er werde sich vielleicht, sagte Anderson, in einem günstigen Moment an den Kapitän wenden, der ja auf dem Schiff gleichsam Herr über Leben und Tod sei, und ihm seinen Überwinterungsplan vorlegen. Wenn Mr Cook, entgegen seiner Erwartung, zustimmen sollte, dann müsse er natürlich auch damit rechnen, dass die *Resolution* auf der Rückreise eine andere Route nehme, und das würde bedeuten, dass er den Rest des Lebens hier verbringen, das heißt, auch hier sterben würde.

Ob dies eine schlimme Vorstellung für ihn sei, fragte ich.

Er dachte nach, zuckte dann die Achseln. »Eher nein als ja. Wallis und Bougainville haben geschrieben, die Südsee sei das irdische Paradies. In vielem mag das aus unserer Sicht stimmen. Aber unser Einfluss wird sich verderblich auswirken, nicht nur durch Krankheitskeime. Was mich betrifft: Ich würde mich notgedrungen entwurzelt fühlen und viel Vertrautes vermissen. Eine Frau mag ich mir nicht nehmen, sie würde krank an meiner Seite.« Er klappte das Herbarium, das er mir gezeigt hatte, zu, als wolle er damit auch das Gespräch beenden, und ich dachte schon, er habe meine Idee zur Gänze verworfen. Doch dann fügte er, beinahe sarkastisch, hinzu: »Nun gut. Alles in allem scheint mir doch, das Inselleben wäre dem Erfrierungstod im Eis vorzuziehen.«

Er kämpfte nun sichtlich gegen einen Hustenanfall. Ich wollte ihm ersparen, mir seine Krankheit vorzuführen, und verabschiedete mich rasch, mit einem freundschaftlichen Händedruck und allerbesten Genesungswünschen; anderes fiel mir nicht ein, umso mehr, als ich bemerkte, dass in seinen Augen Tränen standen. Danach, in meiner Kabine, hörte ich ihn von weitem qualvoll husten; es war stark gedämpft und ging mir dennoch durch Mark und Bein wie grellster Trompetenklang.

Soll ich mich wundern über meinen Traum? Mit Anderson steige ich auf einen bewaldeten Hügel. Aber Anderson ist kein Mensch, sondern ein großer Vogel mit gelbem Gefieder. Als ich ihn zeichnen will, hebt er mit schwachem Flattern vom Boden ab, taumelt über mich hinweg. Das macht mich wütend, ich werfe den Stift nach ihm, als wäre er ein Speer. Der bleibt mit der Spitze in Andersons Kehle stecken, aus ihr tropft Blut auf mich herab. Die Blutstropfen verwandeln sich in vielbeinige Insekten, die auf mich eindringen. Inzwischen ist der Vogel Anderson verschwunden. Ich schlage um mich und erwache in Panik, bin beinahe froh, mich in meiner schwankenden Klause wiederzufinden.

Mit dem Matrosen Watman wechselte Webber nun hin und wieder ein paar Worte. Wenn es sich gerade so ergab, ging er bei Anbruch der Dunkelheit zum Vorschiff hinüber, wo Watman, seine Pfeife rauchend und ans Schanzkleid gelehnt, gerne auf einer Taurolle saß. Man verschonte ihn, wohl auf Cooks persönliche Anordnung hin, von den strengeren Wachen. Man ließ ihn auch nicht mehr zu oft in die Wanten aufentern. Er verstand sich aber wie kein Zweiter aufs Haarestutzen und aufs Flicken der zerrissenen Kleider, die man ihm gab, zudem nähte er aus Stoffresten passende Hosen für jene auf dem Schiff, denen die üblichen Größen um die Beine schlotterten. Webber hatte schon einige Male über die feinen Stiche gestaunt, die Watmans derbe und verkrümmte Finger zustande brachten. An ihm, so sagte Watman selbst von sich, sei nicht nur ein Barbier, sondern auch ein Schneider verlorengegangen. Aber sein Leben lang war er Matrose gewesen, und eigentlich hatte er nach der zweiten Reise mit Cook gedacht, er werde seine letzten Lebensjahre im Greenwicher Marineheim verbringen, wo ihm, dem mittellosen Veteranen, ein Freiplatz zustand. Damit, dass ausgerechnet Cook zum Kommandanten des Hospitals ernannt würde, hatte er nicht gerechnet; und ebenso wie Cook hielt er das Nichtstun nicht aus. Für Cook sollte es ein gutbezahlter Ruheposten sein, für Watman die letzte Station. Als sich aber Cook, gegen den erklärten Willen seiner schwangeren Frau, zur dritten großen Reise überreden ließ, gab es auch für Watman kein Halten mehr. Er meldete sich zum Dienst, und obwohl Cook wusste, dass Watman zu vielem untauglich war, setzte er ihn auf die Musterrolle. Er habe ihn, so rechtfertigte er sich den Offizieren gegenüber, nicht aus Sentimentalität mitgenommen, sondern weil er sicher sei, dass Watman auf die Mannschaft einen guten Einfluss ausübe. Und so war es. Die Jüngeren hörten Watman gerne zu, wenn er sein Garn spann; und oft schlichtete er einen Streit oder trat bei einem erbitterten Faustkampf dazwischen.

Eines Abends, als Watman eben allein war, setzte Webber sich zu ihm und fragte ihn, was ihn dazu gebracht habe, noch einmal so weit zu reisen. Anhänglichkeit? Abenteuerlust? Es war schon dunkel, unbekannte Vögel schrien am Ufer, ein süßlicher Hauch – nach Zimt, nach Aas – strich an ihnen vorbei und vermischte sich mit Watmans Tabakqualm. Der Schein einer Laterne ließ sein Gesicht unruhiger erscheinen, als es war. Er lächelte breit, entblößte seine schwarzbraunen Zahnstummel. »Ich konnte *ihn* doch nicht allein lassen«, sagte er und meinte es zumindest halb ernst. »Wir gehören zusammen, er und ich, wir haben so viel erlebt, wir sind Wasserwesen. An Land verkümmern wir, verstehen Sie?«

Webber nickte unschlüssig. »Haben Sie denn niemanden, der sich sonst um Sie kümmert?«

Watman sog an seiner Tonpfeife. »Nein. Meine Frau starb vor zehn Jahren. Oft bin ich nicht bei ihr gelegen. Vier Kinder kamen und gingen. Manche würden sagen: Wie es Gott gefiel.« Er redete undeutlich, verwaschen, aber ohne Bitterkeit. »Einem wie mir bleibt am Ende nur das Hospital. Zwei warme Mahlzeiten am Tag, immerhin. Und der Blick auf die Themse, auf der die Schiffe vorbeiziehen. Das ist meine Zukunft nach dieser Fahrt, meiner allerletzten, das schwöre ich.« Und als ob nun der Gesprächsfaden von selbst abspule, fuhr er fort: »Zweimal sind der Captain und ich fast umgekommen. Nach so etwas hält man zusammen wie Pech und Schwefel. Am schlimmsten war's, als wir auf das Riff vor Neuholland gerieten. Alles musste über Bord, was entbehrlich war. Die Drehbassen, die Vierpfünder, platsch, ins Wasser, stellen Sie sich vor! Wie durch ein Wunder kamen wir frei. Beinahe die Seele aus dem Leibe gerudert haben wir uns, um die *Endeavour* freizukriegen, und danach gepumpt, bis wir nicht mehr konnten.« Watman lachte in sich hinein, es war ein kollerndes Lachen, das vieles ausdrückte: Bedauern, Erleichterung, Bangigkeit. Er beugte sich vor und senkte die Stimme. »Ich sage Ihnen eines, Sir, ich mache mir Sorgen seinetwegen.«

»Sie sind nicht der Einzige«, entgegnete Webber.

»Es geht ihm nicht gut. Er hat sich verändert. Manchmal redet ein anderer aus ihm als der, den ich kenne. Irgendetwas in ihm frisst die Güte auf, die wir doch an ihm schätzen.«

»Woher kommt das? Was denken Sie?«

Nun flüsterte Watman bloß noch, und Webber strengte sich an, ihn zu verstehen. »Es könnte sein, Sir, dass er besessen ist von einem bösen Geist. Es könnte sein, dass man ihn mit einem Fluch belegt hat. Ich sage das nicht laut, aber sagen muss ich es ...«

»Das ist Unsinn!« Webber rückte eine Handbreite von Watman weg. »Ich rate Ihnen, solche dummen Spekulationen nicht weiterzuverbreiten!«

Doch Watman ließ sich nicht beirren. »Ich habe auf meinen Reisen viel gesehen, was sich nicht erklären lässt, Sir. Die Wilden – das heißt, einige unter ihnen – haben Zugang zur Welt der Geister, davon bin ich überzeugt, und sie beherrschen Kräfte, über die wir nicht verfügen. Sie können heilen, und sie können zerstören.«

»Das glaubte man bei uns auch lange von Hexen und von Zauberern. Wir sind inzwischen klüger geworden, lieber Freund, und darüber sollten wir uns freuen.«

Watman schüttelte gravitätisch den Kopf. »Sie können es abstreiten, Sir, und es stimmt doch. Erinnern Sie sich an den Wilden, den der Captain, des gestohlenen Spiegels wegen, auspeitschen ließ? Einer von seinem Stamm, ein kleiner Kerl, alt schon, schaute zu und murmelte vor sich hin. Dann streute er ein rotes Pulver auf seine Hand und blies es in Richtung des Captains. Man achtete nicht auf ihn. Aber ich hab's genau gesehen. Das war ein Fluch, der das Böse nach sich zieht.«

»Und dagegen kann man nichts tun?«, fragte Webber halb ironisch und doch von einem stechenden Unbehagen erfasst.

»Nein, den Fluch aufheben kann nur der, der ihn ausgesprochen hat. Es gäbe vielleicht eine Form, ihn auszutreiben. Aber die kennen wir nicht. So wird es, wie ich fürchte, mit dem Captain jetzt immer schlimmer werden.«

Watmans Pfeife war erloschen, missbilligend klopfte er sie am Schanzkleid aus. Ein paar Ascheflocken flogen zu Webber hin; im Laternenlicht sahen sie aus wie kleine graue Nachtfalter. In diesem Moment stimmte der Rudergänger weiter hinten leise ein Lied an, und Webber erschauerte. »Glauben Sie, was Sie wollen«, sagte er zu Watman. »Ich traue dem Kapitän mehr Vernunft zu als Sie.«

Watman schwieg und nickte mit geschlossenen Augen, die Stirn in Falten gelegt; er glich nun, mit seinen schlimmen Warzen an Wangen und Kinn, nicht mehr einem Flusspferd, sondern eher einem verwitterten Reptil. Überraschend streckte er die Hand aus und tastete nach Webber wie ein Blinder, er berührte seinen Unterarm und ließ die Hand eine Weile liegen. Webber wurde es warm, und doch ging er grußlos von Watman weg. Er nahm sich vor, das absonderliche Gespräch möglichst rasch zu vergessen und Watman deswegen nicht zu grollen. Was konnte der Alte schon für seinen Aberglauben?

II

London, November 1780

Drei Wochen nach Webbers Audienz beim König wählte eine Kommission der Royal Society eine erste Reihe von Bildern aus, die sich für die Übertragung auf die Kupferplatte besonders eigneten. Es war, laut Peckover, eine ausgewogene Mischung von Landschafts-, Menschen- und Tierdarstellungen, und er fügte bei, diese Blätter kämen gewiss auch dem Publikumsgeschmack entgegen. Webber erhielt den formellen Auftrag, die gesamte Illustrierung des geplanten Reiseberichts zu leiten und zu überwachen. Die zweihundertfünfzig Pfund Sterling, die er, bis zur Publikation, jährlich dafür bekommen sollten, befreiten ihn vorläufig von jeder Sorge um den Lebensunterhalt. Dazu kamen noch einige spezielle Aufträge, die gesondert honoriert wurden, zum Beispiel das Porträt Cooks als Halbfigur, das man der Witwe Cooks möglichst bald als Geschenk der Admiralität überreichen wollte.

Webber suchte die Werkstätten der Kupferstecher auf, die ihm empfohlen worden waren, und examinierte ihre Fertigkeiten. Ein gutes Dutzend wählte er aus. Am längsten dauerte es, Francesco Bartolozzi, den ungekrönten König der Londoner Kupferstecher, zur Mitarbeit zu überreden. Er stammte aus Florenz und lebte seit zwanzig Jahren in London; er war ein kleiner, älterer Mann mit übergroßem Kahlkopf, dem nur an den Schläfen weiße Haarbüschel wuchsen. Keiner kam ihm in der Präzision gleich, mit der er den Stichel führte. Unwillig beäugte Bartolozzi das Panoramablatt des Prinz-William-Sunds, das Webber als Muster vor ihm ausbreitete; sogleich mäkelte er an den Figuren im Vordergrund herum, die in einem Missverhältnis zu den Häusern und den vor Anker liegenden Schiffen stünden.

Webber wusste, dass er Bartolozzi schmeicheln musste, um ihn für sich zu gewinnen. Aber ein erster Reflex gebot ihm, sich zu rechtfertigen. Seiner Ansicht nach stimmten die Proportionen, sagte er. Vielleicht mache sich Mr Bartolozzi einen falschen Begriff von der Größe der Umgebung.

Es komme darauf an, entgegnete Bartolozzi tadelnd und mit starkem Akzent, wie bedeutsam die Figuren seien. Sollten sie denn nicht immer im Zentrum stehen?

Daran zweifle er, sagte Webber. Gerade die Großartigkeit der Natur müsse auf einem solchen Bild sichtbar werden. Wenn es aber Mr Bartolozzi für richtig halte, fügte er hinzu, könne er auf der Platte die Figuren etwas vergrößern.

Der Florentiner schüttelte entschieden den Kopf. »Stiche, auf denen die Natur dominiert, mache ich nicht. Die Natur an sich ist dumm, der Mensch braucht es nicht zu sein. Und zu viele Felsen bewirken bei mir Kopfweh. Haben Sie nichts anderes dabei?«

Webber zog aus seiner Mappe zwei weitere Blätter hervor. Auf einem war eine Tänzerin aus Otaheite in bauschigem Rock zu sehen.

Bartolozzi beugte sich über die Zeichnung, bis seine Nase

sie beinahe berührte, und richtete sich, stark zwinkernd, wieder auf. »Die Haltung des linken Arms müsste ich verbessern, sie ist anatomisch nicht korrekt.«

Webber schluckte seinen Ärger hinunter. Er zeigte Bartolozzi weitere Figurenblätter, dazu ein Porträt. Vier oder fünf Platten werde er stechen, sagte Bartolozzi, mehr nicht, die Sujets werde er selbst auswählen, und es werde ihm unbenommen bleiben, den Hintergrund durch seine Gesellen ausführen zu lassen. Ohne Übergang begann er, um das Honorar zu feilschen, das eigentlich bereits festgelegt war. Bartolozzi wollte mehr, er berief sich auf seine drei Gehilfen, die er bezahlen müsse, auf die kranke Frau, die teure Werkstattmiete. Schließlich entschied Webber sich, die Differenz aus eigener Tasche zu bezahlen. Er tat es, weil ihm von Anfang an klar gewesen war, dass man allein Bartolozzis Hand die große Szene von Cooks Tod anvertrauen konnte. Dieser Stich, dem die größte Aufmerksamkeit des Publikums gelten würde, musste in jedem Detail überzeugen und beim Betrachter gleichermaßen Bewunderung und Schrecken erzeugen.

Bartolozzi reichte Webber die geschwärzte Hand. Sie taten so, als gingen sie als Freunde auseinander, doch Webber ahnte, dass es wenig brauchte, um mit dem Florentiner in Streit zu geraten. Er glaubte, diese Unsicherheit in Kauf nehmen zu können. In zwei, drei Jahren würde der Folioband mit den sechzig Bildtafeln publiziert; es war eine überblickbare Zeitdauer, kürzer jedenfalls als die Reise, die ihm im Nachhinein endlos erschien und zugleich von traumhafter Intensität. Und danach? Was würde nach dem Buch kommen? Was würde in seinem Leben noch geschehen?

Weshalb er so oft an Poetua dachte, war ihm rätselhaft. Er hätte sie gerne aus seinen Gedanken verbannt und konnte es nicht. Zwischendurch arbeitete er schon an der zweiten Kopie ihres Porträts. Es gab noch weitere Bestellungen; auf diese Weise würde er von ihr nie loskommen. Manchmal, wenn Henry ihn nicht belauschen konnte, sprach er zu ihr. »Habe ich«, fragte er, »diese ganze Reise nur gemacht, um dich zu treffen? Habe ich sie gemacht, um dich zu treffen und zu verfehlen?«

Sie gab, wie immer, keine Antwort; er konnte höchstens mit ein paar wenigen Pinselstrichen ihr Lächeln verstärken oder abschwächen.

»Es ist doch dumm, dir nachzutrauern. Aus uns wäre nichts geworden. Du verstehst meine Sprache nicht, ich verstehe deine nicht. Auch die Augen können lügen. Ich weiß ja gar nicht, wer du bist.«

Es war eine Qual, in solchen Nächten ihr Schweigen zu ertragen. Der Kerzenschein, bei dem er weitermalte, machte ihr Gesicht unruhig und flatterhaft. Ein einziges Mal hatte er sie damals leibhaftig berührt, mit den Fingerspitzen ihren Unterarm gestreift. Mehr als drei Jahre war es her; die Fingerkuppen glühten, wenn er daran dachte. Wie konnte eine einzige Berührung diese unauslöschliche Sehnsucht entfachen? Es nützte nichts, seine Fernliebe als Illusion zu durchschauen; es nützte nichts, sich dutzendfach zu sagen, dass sie verheiratet war und ihr eine Beziehung mit einem Weißen, ihres Ranges wegen, ohnehin verboten gewesen wäre. Es gab Tage, an denen ihn die Sehnsucht bloß noch innerlich juckte wie ein schon fast abgeheilter Insektenstich. Doch dann flammte sie wieder auf, sie wütete in ihm, sie drohte ihn zu verzehren. Er bat Poetua, ihn in Ruhe zu lassen, Bild zu bleiben und nichts als Bild; oder er bat sie umgekehrt, fleischliche Gestalt anzunehmen und ihn zu umarmen, und zugleich spottete er über sein kindisches Begehren. Er verwischte ihre Züge im Zorn, dann bereute er, was er getan hatte, und malte sie neu. Um sich von ihr zu lösen, beschloss er, Dorothy aufzusuchen. Sie war real, auch sie hatte er nicht vergessen. Die Angst, die er vor einer Begegnung mit Dorothy hatte, musste er überwinden, nur so konnte er Poetua in den Hintergrund drängen.

12

Eimeo, Oktober 1777

Am 29. Oktober ermöglichte eine auffrischende Brise aus Ostnordost den beiden Schiffen, nach Eimeo zu segeln, dessen zerklüftete Silhouette man von Otaheite aus bei klarem Wetter immer wieder gesehen hatte. Auf seinen vorherigen Reisen hatte Cook Eimeo nicht besucht, da er davon ausgegangen war, dort keinen geeigneten Hafen zu finden. Aber Omai war überzeugt, dass es auf der Nordseite Eimeos eine tief eingeschnittene Bucht gab, zu der, durch eine Lücke im Riff, nicht nur Kanus, sondern auch größere Schiffe gelangen konnten, und anerbot sich, zusammen mit einheimischen Lotsen der *Resolution* voranzufahren und ihr den Weg zu weisen. Omai hatte recht; nach knapp eintägiger Fahrt ankerten die *Resolution* und die *Discovery* in der Bucht, die Oponohu hieß, und Cook ließ, da der schlammige Meeresgrund ohne Klippen war, die beiden Schiffe von den Beibooten so nahe ans Ufer schleppen, dass die Zimmerleute einen Landungssteg aus Brettern bauen konnten. Das sollte den Ratten, deren Zahl wieder zugenommen hatte, Gelegenheit geben, das Schiff zu verlassen und sich an Land gütlich zu tun. Aber nur wenige ließen sich zur Auswanderung verlocken. Dafür kamen über den Landungssteg scharenweise Einheimische an Bord. Sie hatten zunächst nichts zum Tauschen dabei, ihre Anführer verdächtigten die Fremden offenbar, sich im Geheimen mit Otaheite verbündet zu haben, und befürchteten einen Anschlag. Mit Geschenken versuchte Cook, sie für sich zu gewinnen. Dazu ließ er, wie er's auf anderen Inseln gelernt hatte, einen grünen Pisangzweig an den Klüverbaum binden, um seine friedlichen Absichten zu bezeugen. Dennoch verzichtete der oberste Häuptling der Insel darauf, persönlich zu erscheinen. Solange dies nicht geschehen sei, sagte Cook, werde man aus Sicherheitsgründen am Ufer keine Zelte aufstellen. Immerhin wurden die übriggebliebenen Ziegen zum Grasen an Land getrieben und mit Stricken an Pflöcke gebunden; zwei bewaffnete Matrosen mochten als Wache genügen.

Webber suchte sich am Ufer eine geeignete Stelle und begann, von Kindern umringt, sogleich mit einem großen Aquarell der palmengesäumten Bucht und der hintereinander gestaffelten, abenteuerlich gezackten Berge, von denen hier und dort Wasserfälle stürzten, deren Tosen sich mit jenem der Brandung zu einer Geräuschhülle vereinigte, die ihn, ihrer sanft betäubenden Wirkung wegen, in einen merkwürdigen Schwebezustand versetzte. Eine so schöne und zugleich wilde Landschaft hatte er in diesen Breiten bisher nicht gesehen. Sie erinnerte ihn, trotz ihrer völligen Andersartigkeit, an die Wildheit des Berner Oberlands, und er fragte sich, welches Vorgehen sein Lehrer Aberli ihm nun geraten hätte, um der Insel und dem gewaltigen Wolkenhimmel, der sich in Stufen darüber aufbaute, malend gerecht zu werden.

Die Kinder rochen nach Rauch und Fisch. Wenn sie zu aufdringlich wurden, scheuchte Webber sie mit Händeklatschen von sich weg, aber bald näherten sie sich wieder, und die Kecksten gaben ihm zu verstehen, dass sie ihre Finger in die Farbe tauchen und selbst zu malen wünschten. Das ließ Webber nicht zu. Als ein Junge den nassen Papiergrund, auf dem der Himmel entstehen sollte, mit dem Handballen verschmierte, stieß er ihn heftig von sich weg. Der Junge prallte auf einen Jüngeren, beide kamen zu Fall, der Kleine weinte in hohen Tönen. Die anderen verspotteten ihn, zogen sich aber nun doch so weit zurück, dass Webber unbehindert weitermalen konnte. Sein Zorn war schon wieder verraucht. Sie wissen es nicht besser, sagte er zu sich, man darf ihnen nicht böse sein.

Eine Weile gesellte sich Anderson zu ihm. Er hatte seine Botanisiertrommel umgehängt und wollte in der Umgebung nach Pflanzen suchen. Die Insel, sagte er, sei vulkanischen Ursprungs, beim Gestein handle es sich größtenteils um erstarrte Lava, auf der die Erde ja, wie der Augenschein beweise, besonders fruchtbar sei. »Lauter erloschene Vulkane«, sagte er und deutete auf die Linien, mit denen Webber die Bergkette umrissen hatte. »Ich möchte gerne hinaufsteigen, aber ich fürchte, mir fehlt die Kraft.« Das Lächeln, das er versuchte, missriet ihm.

»Man kann es sich kaum vorstellen«, sagte Webber. »Diese ungeheure Kraft, wenn der Berg Feuer speit. Aber es ist mir offen gestanden lieber, den erkalteten Zustand zu malen.«

Nun lächelte Anderson doch, drückte dazu mit einer fahrigen Geste seinen Hut tiefer in die Stirn. »Wer weiß, wie dick die Erdkruste ist. Darunter droht überall die Glut, das sagen zumindest die Plutonisten, und ich zähle mich zu ihnen. Eines Tages werden wir wissen, was bei einem Vulkanausbruch genau geschieht. Die Gelehrten tragen ja auf der ganzen Welt ihre Beobachtungen zusammen.« Er schnüffelte ein wenig und erinnerte dabei an einen ermatteten, aber immer noch neugierigen Hund. »Leider werde ich dazu wohl kaum einen Beitrag leisten können.«

»Sagen Sie das nicht!« Webber schwenkte protestierend den Pinsel. »Sie werden noch vieles leisten.«

»Wir haben uns alle der Realität zu beugen.« Mit langsamen Schritten ging Anderson durch den Kreis der Kinder, der sich für ihn öffnete, und verschwand hinter einer Gruppe von Kokospalmen, zwischen denen einzelne Behausungen standen. Webber zwang sich dazu, ihm nicht nachzuschauen; er musste sich auf seine Arbeit konzentrieren, aufs Ausgesparte und das Gemalte, auf Leere und Fülle. Sein Pinsel, der feinste aus Marderhaar, kreiste und strich übers Blatt, er gab sich dem Malen hin wie einer Melodie, deren Refrain er immer näher kam, ohne ihn ganz zu erkennen.

Am nächsten Morgen – die Wolken türmten sich wie Tuchballen über den Bergen – erschien der Inselkönig Mahine, begleitet von seiner Frau und einigen Dienern, doch endlich an Bord der *Resolution*. Er war ein Mann mittleren Alters, kahlköpfig und beleibt; er benahm sich zurückhaltend und wachsam. Auch als Cook ihn mit einem seidenen Nachtgewand und Glasperlenketten beschenkte, behielt er seinen gespannten Ausdruck bei; nicht einmal der tickende Chronometer, den King ihm vorführte, schien ihn zu beeindrucken. Seine Frau jedoch, die sich das Nachthemd um die Schultern legte, lachte laut und schwang ihre Hüften zu einem Freudentanz. Nach einer halben Stunde verließ Mahine mit seinem

Gefolge das Schiff, nur um bald darauf mit einem Gegengeschenk zurückzukehren. Es war ein großes, widerwillig grunzendes Schwein, das die Diener an einem Strick über den Landesteg an Bord zogen. Cook bedankte sich angemessen und war unangenehm überrascht, dass Mahine nun seinerseits wieder etwas von ihm wollte, und zwar zwei Ziegen aus der kleinen Herde, die am Ufer weidete. Das sei leider nicht möglich, antwortete Cook frostig; die Tiere wolle er auf anderen Inseln aussetzen. Mit seiner ganzen Haltung zeigte Mahine, wie sehr ihn diese Zurückweisung beleidigte. Ohne Abschied stampfte er zurück an Land, mit eingezogenen Köpfen folgten ihm die Diener.

Gegen Abend geriet eine der Wachen am Ufer, vermutlich wegen einer Frau, in Streit mit einem Einheimischen, dem es gelang, blitzschnell eine Ziege loszubinden und mit ihr zu flüchten. Die Verfolgung war nutzlos; überall behaupteten die Leute, sie hätten den Dieb gesehen, und zeigten hierhin oder dorthin, und dann stellte sich heraus, dass sie gelogen hatten. Die Gesichter, so berichteten die Verfolger später, seien wie Masken gewesen; hinter dem Ausdruck von Bestürzung und Hilfsbereitschaft habe stets ein Lachen gelauert.

Als Cook davon erfuhr, war er nahe daran, seine Fassung zu verlieren. Webber stand auf dem Achterdeck und gewahrte zu seiner Verblüffung, dass Cook ein paar Sekunden lang Mühe hatte, zusammenhängend zu sprechen. Doch dann ordnete er an, dass die Soldaten, verstärkt durch Omai und zehn weitere Matrosen, auf der Insel ausschwärmen, die Bewohner verhören und die Rückgabe der Ziege notfalls mit Waffengewalt erzwingen sollten. Bei Einbruch der Dämmerung kam der Suchtrupp ohne Ziege zurück. Leutnant Philipps rapportierte, sie hätten gehört, die Ziege sei zu Mahine, ans südliche Ende der Insel, gebracht worden. Zwei Alte, die ihnen freundlich gesonnen seien, schlössen nicht aus, dass der Dieb in Mahines Auftrag gehandelt habe.

Cook hörte sich den Bericht ohne ein Wort an; im Licht der aufgehängten Laterne schien sein Gesicht bleich wie noch nie. Sobald es Tag war, schickte er ein Boot mit einigen Ruderern und den zwei Alten aus, die sich als Unterhändler zur Verfügung stellten. Sie sollten Mahine befehlen, das gestohlene Tier ohne Verzug zurückzusenden und mit ihm auch den Dieb auszuliefern, andernfalls würde man Häuser und Kanus auf der Insel zerstören. Damit hatte Cook noch nie gedroht, aber es war ihm bitter ernst. Den ganzen Tag über erkundigte er sich immer wieder bei der Wache, ob das zurückkommende Boot schon gesichtet worden sei, und man merkte an seiner Zerfahrenheit, dass er sich mit nichts anderem beschäftigte. Endlich, am späten Nachmittag, wurde Cook das Boot gemeldet. Seine Erleichterung war deutlich sichtbar, als man sah, dass die Männer im Boot die Ziege dabeihatten und sie ostentativ in die Höhe hoben. Den Dieb indessen hatten sie nicht gefasst; trotzdem schien Cook nun beruhigt zu sein.

Noch bevor das Boot gelandet war, wurden die übrigen Ziegen, die an Land gegrast hatten, für die Nacht aufs Schiff zurückgetrieben. Viele Einheimische hatten sich inzwischen am Ufer versammelt, sie bildeten eine Gasse, um die Herde durchzulassen. Doch als man, nach dem Gang über den Steg, die Ziegen zählte, fehlte wiederum eine, und zwar eine trächtige, die wertvollste von allen. Sie war, trotz aller Aufmerksamkeit, wie von Geisterhand verschwunden; mit größter List – und es war niemandem klar, wie genau – mussten die Wachen abgelenkt und das Tier entwendet worden sein. Cook, dem die Nachricht von King überbracht wurde, stampfte mit dem Fuß auf und schrie alle Umstehenden an, ob sie etwas Verdächtiges gesehen hätten. Weder die Briten noch die Inselbewohner konnten eine nützliche Auskunft geben. Die Bestürzung war groß. Omai, glühend vor Zorn, riet, den Dieben – denn nun seien es gewiss mehrere – nachzusetzen und sie ohne Federlesen zu erschießen. King konnte ihn nur mit Mühe daran hindern, sich mit geladenem Gewehr an die Spitze eines Suchtrupps zu setzen. Auch Cook, der um seine Beherrschung rang, wollte kein Blutvergießen, man werde sich, sagte er, auf Zerstörungsaktionen beschränken. Die Ziege sei vielleicht einfach ausgerissen und fresse sich irgendwo satt, vermuteten einige Männer aus dem Dorf und anerboten sich, sie suchen zu gehen. Cook war einverstanden und stellte für den Erfolgsfall sogar eine Belohnung in Aussicht. Man wartete auf die Männer, doch sie kamen an diesem Abend nicht zurück, und Cook glaubte, einsehen zu müssen, dass mit ihm ein abgekartetes Spiel getrieben wurde. Omai bestärkte ihn darin: Die Hilfswilligen seien lauter Betrüger, behauptete er, keinen von ihnen solle man verschonen.

Webber schlief schlecht in dieser Nacht. Seine schlimmen Vorahnungen bestätigten sich. Am Morgen früh stellte Cook, der erschöpft aussah, eine Truppe von fünfunddreißig bewaffneten Männern zusammen, die unter seiner Führung die Insel durchkämmen sollten. Webber war, auf Cooks Befehl hin, dabei; warum, wusste er selbst nicht. Er konnte weder mit einer Muskete noch mit einem Bajonett umgehen, und eindeutig war inzwischen, dass er nichts zeichnen durfte, was den Kapitän und seine Mannschaft in schlechtem Licht zeigte. Einige ortskundige Dorfbewohner wurden gezwungen, dem Suchtrupp den Weg zu einem Vertrauten Mahines zu zeigen, wohin, nach unsicheren Auskünften, die Ziege während der Nacht gebracht worden sei. Der Marsch über die Hügel dauerte länger und war anstrengender, als Cook angenommen hatte. Sie gingen durch Hibiskusdickichte, deren Blüten im Halbdunkel leuchteten wie Glutaugen. Gelbe Eidechsen flüchteten vor ihnen, Vögel flogen kreischend davon. Bisweilen roch es unerträglich nach Aas, dann wieder nach starken Gewürzen. Sie wateten durch sumpfige Stellen, kamen an Wasserfällen vorbei, stolperten über die Wurzeln großer Akazien und anderer Bäume, die riesenhaften Magnolien glichen.

Webber vermisste Anderson. Er war bei den Schiffen geblieben; die Strapazen eines solchen Marsches konnte er sich nicht mehr zumuten. Dafür hielt sich Trevenen an Webbers Seite oder dicht hinter ihm. Das milderte ein wenig sein Unbehagen.

Stundenlang gingen sie hinauf und hinunter, ohne Pause, ohne Verpflegung, allen voran, in unbeugsamer Haltung und gleichbleibendem Schritt, der Kapitän, dem als Erster Omai folgte. Webber war schweißgebadet, seine Wadenmuskeln schmerzten. Er wünschte sich zurück in seine Koje und an den kleinen Arbeitstisch. Beim Abstieg über den südlichen Hügelrücken stießen sie hier und dort auf Weiler mit ein paar Häusern. Die Bewohner liefen vor ihnen davon; die Kunde vom Zorn der Briten war wohl schon bis zu ihnen gelangt. Omai glaubte gesehen zu haben, dass einige Männer Speere und Keulen bei sich trugen. Er warnte vor einem Überraschungsangriff. Immerhin fanden sie Kokosnüsse, die sie aufschlugen und gierig austranken. Gegen Mittag erreichten sie ein Dorf, das sich am Rand einer kleinen Bucht befand. Die meisten Häuser waren leer, doch Phillips gelang es, einige Bewohner zusammenzutreiben und sie auf dem graswachsenen Dorfplatz festzuhalten.

Wo die Ziege sei, fragte Cook barsch, sie werde hier versteckt gehalten, das wisse er. Wenn sie nicht innerhalb einer Viertelstunde zum Vorschein komme, würden die Häuser und die Kanus, die am Strand lägen, in Brand gesetzt. Omai übersetzte mit lauter und drohender Stimme. Einige Frauen und Kinder, die auf dem sandigen Boden kauerten, begannen, leise zu klagen. Cook schaute auf seine Taschenuhr; das taten auch King und Williamson mit versteinerter Miene.

Man wartete. Über den Himmel zogen gemächlich vielfach gebuckelte Wolken, in Schatten und Licht geteilt wie die Köpfe der Wartenden.

»Die Menschen hier haben doch keinen Begriff von der Zeit«, sagte Trevenen Webber ins Ohr.

Webber nickte. Das Warten wurde zur Geduldsprobe.

Plötzlich liefen zwei Männer davon, hinauf in den Wald. Williamson und ein paar Marinesoldaten hoben das Gewehr an die Wange, doch Cook verbot ihnen zu schießen.

Ein Mann stand auf und sagte, die Ziege sei die Nacht über hier gewesen, am Morgen dann fortgebracht worden, wohin, wisse er nicht.

»Er lügt!«, rief Omai, nachdem er übersetzt hatte. »Schießt ihm ins Bein, dann wird er die Wahrheit sagen.«

Cook schüttelte den Kopf. Kurz darauf war die Frist abgelaufen. Williamson schaute fragend zum Kapitän; dieser nickte. Williamson bellte mehrere Befehle. Ein Matrose schichtete Zweige auf, ein anderer machte Feuer mit Stein und Zunder. Als der Haufen brannte, zogen sie brennende Zweige heraus und setzten, einander zurufend, die Häuser in Brand. Es dauerte nicht lange, bis sie lichterloh brannten. Das Holz knackte und prasselte. Als das erste Haus in sich zusammenstürzte, jubelte einer der Brandstifter, andere stimmten mit ein und klatschten in die Hände. Nun war kein Halten mehr. Lachend tanzten die Männer ums Feuer herum. Am höchsten sprang Omai; er begleitete, indem er sich auf den Mund schlug, den Siegestanz mit Trillergeheul. Die Offiziere allerdings machten nicht mit. Sie standen in einer Gruppe zusammen, in ihrer Mitte mit ausdrucksloser Miene Cook, von dem dies alles ausgegangen war.

Auch Treveen und Webber hatten sich ein paar Dutzend Schritte zurückgezogen. Sie schwiegen und sahen zu, wie die Flammen sich durch die dünnen Wände fraßen und funkenstiebend aus den Blätterdächern schlugen. Die aufsteigenden Rauchsäulen vereinigten sich zu einer weißgrauen, weit ausfransenden Wolke, die über dem brennenden Dorf hing. Aschepartikel flogen herum, fleckten, wenn sie zur Ruhe kamen, den Boden wie tote graue Falter. Es roch beißend nach verkohltem Holz, sogar nach verbranntem Fleisch. In Panik quiekte irgendwo ein Schwein.

»Sie hätten ja wenigstens nachschauen können, ob noch etwas Lebendiges in den Hütten ist«, sagte Treveen.

Die Hitze wurde unerträglich, für Webber war es, als habe man einen glühenden Keil durch ihn hindurchgetrieben.

Eine alte Frau hatte sich der Gruppe der Offiziere genähert. Sie stimmte ein Klagegeschrei an, das die Geräusche des Feuers und den Jubel der Seemänner übertönte. Mit ihren Fingernägeln riss sie sich die schlaffen Brüste auf, so dass sie in kürzester Zeit von Blut überströmt war. Cook wandte sich von ihr ab; King führte sie am Ellbogen zu ihren Leuten zurück. Einige Matrosen waren inzwischen beschäftigt, die Kanus am Ufer zu zerstören. Man hatte ein paar Äxte dabei, unter großem Geschrei wurden die Doppelrümpfe zerschlagen. Dann brannte auch dieses Holz und erzeugte, da es feucht war, noch stärkeren und schwärzeren Rauch.

Webber hätte, als Zeuge, den Brand mit dem Stift festhalten können; er wusste, dass es ihm verboten war. Er hätte Cook darum bitten können, die Brandschatzung abzubrechen; er wusste, dass er's nicht wagen würde.

Noch bevor das Feuer heruntergebrannt war, befahl Cook den Rückmarsch, aber nicht quer über die Insel, sondern am westlichen Ufer entlang, mit dem Blick aufs Riff, an dem die Wellen emporleckten. Die kriegerische Erregung der Briten hatte sich noch nicht gelegt. Sie stampften über den nassen Sand, allen voran nun die Marinesoldaten, und sangen Shantys, die der Fähnrich Vancouver anstimmte. Omai, schreiend und mit den Armen fuchtelnd, war in ihrer Mitte; kein Zweifel, dass er sich mit Leib und Seele zu den Briten zählte. Cook konnte nicht mehr Schritt halten und blieb mit den Offizieren zurück. Als die Vordersten zu einem weiteren verlassenen Uferdorf kamen, warteten sie Cooks Befehl gar nicht ab, sondern schlugen sogleich auf die Kanus ein, die dort lagen. Ihr Zerstörungsdrang schien sich dabei noch einmal zu steigern. Cook, hundert und mehr Schritte hinter ihnen, ließ sie gewähren. Zwar hörte Webber, dass King den Kapitän fragte, ob es wirklich nötig sei, mit der Bestrafung fortzufahren. Aber Cook reagierte nicht darauf; auch als er den Schauplatz erreicht hatte, tat er nichts, um die Männer zu stoppen.

Gegen Abend, noch vor Sonnenuntergang, waren sie zurück bei den Schiffen. Webber hatte Blasen an den Füßen, die bei jedem Schritt schmerzten. Cook setzte sich auf einen Stein und blieb eine Weile völlig unansprechbar. Seine Schuhe und Strümpfe waren schmutzig, der zerknitterte Hut lag auf seinen Knien. Gore hatte die Zurückgebliebenen befehligt und wollte nun dem Kapitän Bericht erstatten. Cook schien erst gar nicht zuzuhören, doch plötzlich schaute er auf und sagte zu Gore, der seine Beunruhigung nur schlecht verbarg, in nüchternem Ton: »Wenigstens haben wir kein Blut vergossen.« Die Antwort wartete er nicht ab, sondern betrat über den Steg, der unter seinen Schritten in Schwingung geriet, das Schiff und verschwand in seiner Kajüte. Die Offiziere, die auf die Befehlsausgabe für den morgigen Tag gewartet hatten, flüsterten miteinander; die Atmosphäre blieb auch in der Nacht bedrückt.

Webber lag schlaflos in seiner Kabine, kaum noch zu einer Bewegung fähig. Die Bilder des Tages zogen an ihm vorbei. Man konnte dazu neigen, sie für Einbildungen zu halten, für die Auswüchse eines Alptraums, und zugleich bezeugte der nachklingende Schrecken, dass nichts davon erfunden war. Er fürchtete, von der Alten mit der blutenden Brust zu träumen, darum hielt er sich wach. Aber dann träumte er etwas ganz anderes: Sein Lehrer Aberli, der jedoch Cooks Gesicht hatte, führte ihn über einen Hügelkamm und wies ihn an, eine gelbe Eidechse zu malen, die tot vor ihm lag, während der abgehackte Schwanz noch zuckte und plötzlich auf seinen Skizzenblock sprang. Mit einem erstickenden Gefühl wachte er auf. Die Tür öffnete sich, ein Licht tanzte herein. Es war Goulding.

»Sir?«, flüsterte er. »Ist Ihnen nicht gut?«

»Es geht, es geht«, murmelte Webber, der allmählich zu sich kam. »Schlafen Sie denn nie, Goulding? Hören Sie alles?«

»Ich habe einen leichten Schlaf, Sir. Und Sie haben geschrien. Es war der Schrei einer gequälten Seele, wenn Sie mir dies zu sagen erlauben.« Sein Gesicht wirkte im Kerzenschein besorgt und zugleich lauernd, als warte er auf ein Geständnis.

»Lassen Sie mich«, sagte Webber unwillig und zog die Decke, die er halb abgeworfen hatte, zum Kinn hoch. »Ich komme allein zurecht. Und klopfen Sie das nächste Mal an, haben Sie verstanden?«

»Wie Sie wünschen, Sir.« Goulding ging hinaus, so lautlos, als gleite er.

Der Morgen begann am östlichen Horizont mit einer Röte, durch die violettgrüne Wolkenschlangen krochen. Für Webber, der sich auf dem Achterdeck die Augen rieb, war es, als widerspiegle der Himmel die gestrigen Brände in vielfacher Vergrößerung. Die beiden Maori, die sich in schwierigen Situationen beinahe unsichtbar zu machen verstanden, saßen nebeneinander auf dem Bugspriet und schauten leise singend zu, wie die Sonne aufging. Ihre Stimmen drückten in solchen Momenten noch immer eine Trauer aus, die Webber beinahe zu Tränen rührte.

Als Erstes fragte Cook beim Frühstück, ob die Ziege zurückgebracht worden sei; der Ausdruck seiner Augen verriet, dass er es hoffte. Aber die Ziege war nicht da. So schickte er zwei Männer aus dem Dorf mit der Botschaft zu Mahine, dass kein einziges Kanu auf der Insel intakt bleiben würde, wenn er Cooks Forderung nicht endlich erfülle. Und zum Beweis dafür, dass er es ernst meinte, befahl er den Zimmerleuten, vier große Auslegerkanus in der Ankerbucht, die er bisher geschont hatte, zu zerlegen und das Holz an Bord zu bringen; er werde auf Huahine daraus für Omai ein solides Haus nach englischem Muster bauen lassen. Die Zimmerleute taten ihre Pflicht, bewacht von Marinesoldaten und zum Wehklagen der Frauen, die ihnen von weitem zuschauten. Sie waren nun nicht mehr vom stürmischen Zerstörungsdrang des Vortags angetrieben, es war vielmehr eine Arbeit wie eine andere auch. Allerdings schwang eine beinahe greifbare Spannung darin mit, die jederzeit in neue Gewalt kippen konnte.

Wie viel auf der Insel noch zu verwüsten gewesen wäre, konnte Webber – er hatte sich ins Zeichnen geflüchtet – am Ende dieses Tages nicht abschätzen. Als er schon die Hoffnung auf ein gutes Ende aufgegeben hatte, hörte er von Trevenen, die Ziege sei vor kurzem der Wache übergeben worden, sie sei gesund und werde nächstens werfen. Cook habe den sofortigen Stopp aller gegen die Inselbewohner gerichteten Handlungen befohlen.

Nun war der Frieden wiederhergestellt, man verhielt sich auf beiden Seiten freundlich und tat, als wäre nichts geschehen. Tags darauf kamen wieder Einheimische mit Tauschwaren zu den Stegen, auch Frauen boten sich den Matrosen an. Doch alles spielte sich bis zur Abfahrt der Schiffe wie unter einem durchsichtigen Schleier ab, der über der ganzen Insel lag; man spielte, so sagte sich Webber, die vorgegebenen Rollen und bemühte sich, keinen Schritt daneben zu treten. Auch er selbst tat, was man von ihm erwartete. Im sanft bewegten Schatten von Kokospalmen malte er die Bucht, und auf diesem Bild waren alle Kanus intakt. Die Wellen rollten in muskulösen Strängen heran, sie trugen ihre Gischtkronen wie eine gefiederte Beute. Wenn sie schäumend zusammenbrachen, sah es aus, als würden Federreste sinnlos herumgeschleudert.

Huahine, 27. Oktober 1777. Es ist Zeit, dass Omai uns verlässt. Er war mir in letzter Zeit oft so widerwärtig, dass ich ihn gar nicht mehr sehen mochte. Mir scheint, auch seine Gesichtszüge haben sich vergröbert, seine Stirn und Nase sind ständig von Schweiß bedeckt und glänzen auf unangenehme Weise, seine Stimme klingt rauher, krächzend gar, wenn er sich ereifert (und dies tut er oft). Wenn ich mir die Porträtskizzen anschaue, die ich von ihm gemacht habe, stimmt keine mehr mit meinem jetzigen Eindruck überein. Die englischen Sitten, sagt Anderson, hätten Omais Natur ganz und gar verdorben, er wolle nun, nach unserem Muster, über andere herrschen, obwohl sein Charakter ihn keineswegs dafür gerüstet habe. Omai erscheint mir in der Tat wie ein verwöhnter Junge, der nur noch Zuckerzeug schlecken möchte und jedermann tyrannisiert, wenn er's nicht gleich bekommt. Er muss nun, so hat es Captain Cook befohlen, auf Huahine bleiben, denn Ulietea, Omais Heimatinsel, ist vom kriegerischen Volk einer weiteren Insel, Bolabola, besetzt worden. Omai hat geprahlt, er werde die Besetzer mit englischen Waffen verjagen. Cook will aber keinen Krieg unter den Eingeborenen anzetteln, darum lassen wir Omai hier zurück. Die beiden Neuseeländer werden sein Schicksal teilen, auch wenn nun der Jüngere, Loa, Tag für Tag darum bettelt, mit uns weiterfahren zu dürfen, um eines Tages wieder zu den Seinen zurückzukehren. Es bricht einem beinahe das Herz, sein Elend mit ansehen zu müssen, doch CC wird seinen Wünschen nicht nachgeben.

In der ersten Zeit nach unserer Landung auf Huahine erregte Omai zunächst weit weniger Aufsehen, als er gehofft hatte. Die Oberen, die sich zu unserer Begrüßung zusammenfanden, nahmen kaum Notiz von ihm, obwohl er sich mit stolzem Benehmen in den Mittelpunkt zu setzen versuchte. Erst als er den Priestern und Göttern einiges an Opfergaben, darunter wiederum Büschel von roten Federn, darbrachte, sah es aus, als würden sie ihn als Gleichrangigen würdigen. Ihr Arii oder König ist ein Knabe von sieben oder acht Jahren, der unter dem Einfluss seiner Mutter steht; dies mag die seltsam unentschlossene Unruhe erklären, die in dieser Inselgesellschaft herrscht. Nachdem Captain Cook die Oberen beschenkt hatte, versprachen sie ihm, Omai ein angemessenes Stück Land zu überlassen, das sich am Ufer entlangzieht und bis zum Fuß der ersten Hügel reicht. Auf diesem Land befahl CC seinen Zimmerleuten, für Omai ein Haus zu bauen, größer als die übrigen Häuser, zweistöckig überdies, was für die Inselbewohner eine völlig unbekannte Konstruktionsweise ist. Das Haus entstand innerhalb von fünf Tagen; das Holz dafür wurde frisch geschlagen oder stammte von den Doppelrumpf-Kanus, die auf Eimeo von den Unseren zerstört worden waren. Die Zimmerleute mühten sich damit ab, bei diesem Bau möglichst wenig Nägel zu verwenden und die Balken auf andere Weise miteinander zu verbinden; die Nägel nämlich, das wussten wir, wären des Nachts verbotenerweise herausgezogen worden, das Haus damit vom Einsturz bedroht gewesen. Die Mannschaft brachte nun die vielen Güter an Land, die Omai geschenkt worden waren, darunter englisches Geschirr und Tuch, zwei Gewehre und Munition. Der Gärtner Nelson von der *Discovery* – er ist zugleich der Diener von Mr Baily, dem Astronomen – legte einen Garten an, in welchem er unter anderem Ananas und Melonen, mitgebracht von Tonga, anpflanzte, dazu wurden die für Omai vorgesehenen Tiere in ein Gehege gebracht, 1 Hengst und 1 Stute, 1 Eber und 1 Sau, 2 Schafe. Jetzt sind wir die größten und lärmigsten Tiere losgeworden, und ich bin nicht der Einzige, der deswegen erleichtert ist; mehr als ein Jahr lang haben sie uns größte Beschwerden und Mühen verursacht.

In Omais Haus werden gegen zehn Personen leben: natürlich die beiden Maoris, dazu die Bekannten aus Otaheite, die ihn begleitet haben. Von vielen Seiten wird ihm dringend empfohlen, sich bald eine Frau zu nehmen; Bewerberinnen, die seinen Reichtum zu schätzen wüssten, gäbe es genug. Er kümmert sich aber mehr darum, die überflüssigen Dinge aus dem geschenkten Haushalt gegen nützlichere einzutauschen, englisches Porzellan zum Beispiel gegen Werkzeug. Kaum hat er sich nämlich in seinem Haus niedergelassen, ist er zur alten Verhaltensweise übergegangen, vom Bananenblatt mit den Fingern zu essen und aus der Kokosschale zu trinken. Was braucht er da Teller und Gläser? Der Tauschhandel ging aber erst von sich, nachdem er vorgestern die Offiziere der *Resolution* und der *Discovery* zum feierlichen Abschiedsdiner in sein Haus eingeladen und dort das ganze Geschirr das erste und einzige Mal in Gebrauch genommen hatte. Ich war dabei. Omai zeigte sich hoch- und wehmütig zugleich, er kommandierte die beiden Maori herum, die gebratenes Schweinefleisch, Gerichte aus Brotfrüchten und manch anderes auftrugen. Dazu goss er uns eigenhändig französischen Rotwein nach. Er forderte uns auf, Toasts auf ihn und seine glänzende Zukunft auszubringen, er kündigte an, nun werde er auf dieser Insel die Wohltaten der Zivilisation verbreiten und demgemäß von allen verehrt und geachtet sein. Es nützte nichts, seinen Wortfluss stoppen zu wollen. Jetzt, da er es bald nicht mehr brauchen würde, ging ihm das Englische, trotz mancher Fehler, so leicht über die Zunge wie vorher nie. King und ich warfen uns besorgte, manchmal belustigte Blicke zu; was aus Omai werden wird, kann niemand voraussagen.

Die Abfahrt ist für den 2. November geplant. Noch werden weitere Vorräte geladen. Captain Cook will Ulietea besuchen, möglicherweise das Atoll von Bolabola. Aber spätestens in einem Monat werden wir aufbrechen zu den nördlichen Breiten; dann möge Gott uns in der großen Kälte behüten.

30. Oktober 1777. Wir müssen, der Winde wegen, ein paar Tage länger auf Huahine bleiben, als geplant war; so zögert sich auch der Abschied von Omai hinaus. Neue Grausamkeiten! Warum schweben mir Captain Cook und Omai bisweilen als Zwillinge vor Augen? Beide haben sich zu ihrem

Nachteil verändert, es ist, als würden sie sich gegenseitig beeinflussen. Über Diebstähle musste sich Captain Cook einige Zeit nicht mehr ärgern; die Kunde von dem, was auf Eimeo geschehen war, sorgte für die notwendige Abschreckung. So weit wiegte er sich in Sicherheit, dass er dem Astronomen Baily erlaubte, an Land sein Observatorium zu errichten. Aus diesem Zelt nun wurde vorgestern ein Sextant entwendet. CC, gleich wieder aufs höchste erzürnt, ließ die Anführer antreten und verhörte sie scharf. Omai bezichtigte einen von ihnen der Tat; er stritt alles mit Empörung ab. Omai spielte sich als Ankläger und Richter auf, er schlug dem Verdächtigen mit der Klinge auf Schultern und gegen die Brust, die anderen flohen, und CC, in der kalten Wut, die wir alle an ihm fürchten, ließ den Mann aufs Schiff bringen und in Eisen legen, um seinen Widerstand zu brechen. Omai blieb die halbe Nacht bei ihm und rang ihm ein Geständnis ab. Am Morgen wurde der Sextant gefunden und aufs Schiff gebracht. CC sprach die Strafe aus und überwachte persönlich deren Vollstreckung: Der Dieb wurde ausgepeitscht, dann geschoren und seiner Ohren beraubt. Die Besatzung hatte anzutreten und der barbarischen Operation beizuwohnen; niemand protestierte offen, als das Blut aus den zwei Wunden strömte und der Mann zwischen Wimmern und Klagen laute Verwünschungen ausstieß. Anderson allerdings, der ihm danach einen Verband anlegte, war nahe daran. Der Mann, nun ohne Ohren, wurde ins Wasser geworfen und schwamm mit letzter Kraft an Land. In der Nacht dann, das erfuhren wir zweifelsfrei, verwüstete er mit ein paar Getreuen Omais Garten, er riss Zäune nieder und ließ verlauten, er werde, sobald wir fort seien, Omais Haus anzünden und ihn töten.

Das konnte Cook nicht ungeahndet lassen; er befahl den Anführern, den Mann zu fassen und ihm auszuliefern. Sie taten es ohne Widerspruch. Der Rebell wurde erneut in Eisen gelegt und auf dem Achterdeck an den Besanmast gekettet. Cook beschloss nun, ihn zu deportieren, d. h. unterwegs auf einer anderen Insel auszusetzen; ihn hängen oder erschießen lassen wollte er nicht, obwohl inzwischen eine Fraktion der Offiziere für die Hinrichtung plädierte. Es ist merkwürdig mit unserem Kapitän: Er erschreckt die Gemäßigten unter uns mit einem steigenden Maß an Gewaltanwendung und zieht dann plötzlich eine scharfe Grenze, wie wenn seine Hände dadurch weniger blutig wären.

31. Oktober 1777. Der Gefangene ist über Nacht geflohen, CC so aufgewühlt und aufgebracht, als wäre eine Meuterei ausgebrochen. Die Wache, bestehend aus drei Mann, ist nicht aufmerksam genug gewesen, sie hat vermutlich gedöst. Dem Gefangenen gelang es offensichtlich, das Schubfach des Kompasshäuschens, in dem der Schlüssel zu den Fußeisen lag, zu öffnen, sich selbst zu befreien und lautlos von Bord zu gehen. Eigentlich unmöglich, doch die noch abenteuerlichere Vorstellung wäre, dass einer der Unsrigen ihm geholfen hätte. Schon wieder mussten wir zur Bestrafung der Schuldigen antreten. Der Wachkommandant wurde degradiert, der Hauptschuldige (nach Cooks Meinung) wird an drei aufeinanderfolgenden Tagen ausgepeitscht. Erschreckend ist, wie sehr man sich daran gewöhnt.

Gegen Zeichnungen und 1 Taschenspiegel eingetauscht: 1 Trommel mit Tierhaut, 1 Fliegenwedel (gefertigt aus Palmblütenrispen, der Schaft aus einem Vogelknochen), 1 Beil (Klinge aus schwarzem Basalt, mit Kokosfasern umwunden), 2 Instrumente zum Tatauieren (Schlegel und Stempel). Ich hoffe, dass es für solche Dinge in England Abnehmer gibt, Sammler aus den Kreisen der Lords, vielleicht gar Mr Banks oder Mr Solander von der Royal Society. Ich bin aber nicht der Einzige auf dem Schiff, der Sammelobjekte in seiner Kiste verstaut, auch King und Bligh tun es im Auftrag Cooks, Anderson ohnehin, er nimmt, nebst den gepressten Pflanzen, auch Vogelbälge und Häute von Kleintieren mit.

2. November 1777. Endlich wieder auf See, mit Kurs auf Ulietea bei kräftigem Wind und starkem Wellengang. Die letzten Stunden mit Omai und den Maoris waren schlimmer, als ich mir vorgestellt hatte. Sie blieben, gefolgt von Omais Kanu, das seine Freunde ruderten, auf dem Schiff bis außerhalb des Riffs. Omai ging von Offizier zu Offizier, umarmte alle mehrmals unter Tränen, auch mich packte er so heftig, als wolle er mich erdrücken, rieb Stirn und Nase an meiner, noch einmal roch ich seine fremdartige und inzwischen doch vertraute Ausdünstung. Bei Cook dann, der sich ebenfalls umarmen ließ, war seine Fassung dahin, er klammerte sich an ihm fest und schluchzte erbärmlich. Gore und King mussten ihn vom Kapitän wegziehen und ihm zureden. Es sehe alles finster für ihn aus, stieß er hervor, er werde nun für den Rest seines Lebens von Neidern verfolgt und müsse büßen für das Glück, das er in London genossen habe. Noch schlimmer war es mit Loa, dem kindlichen Maori, der sich überall festhielt, an Armen, an Leinen und Spieren. Er schrie wie ein Tier, das man schlachten will, und musste schließlich mit Gewalt übers Fallreep ins wartende Kanu befördert werden, während sein älterer Kollege gänzlich erstarrt schien und alles über sich ergehen ließ, als wäre er schon tot. Ich muss gestehen, dass mich die Szene stark mitnahm. Nun war mir Omai plötzlich wieder nahe wie in unseren besten Tagen, ich begriff etwas von seinem Zwiespalt und seinem Leid: Er war doch aus seiner Erde gerissen worden und nicht in der Lage, sich wieder einzuwurzeln; dasselbe galt für die zwei Neuseeländer. Alle drei schickten wir letztlich ins Ungewisse, obwohl wir alles vorgekehrt hatten, ihnen ein gutes Leben zu sichern. Lange noch sahen wir die Insassen des Kanus winken; wir standen an der Reling und winkten zurück. Immerhin, so sagte uns Captain Cook, hätten wir nun einen Auftrag der Admiralität ausgeführt: Omai sei heimgebracht worden. *Heimgebracht.* Dieses Wort werde ich wohl nie mehr gebrauchen, ohne die Möglichkeit seines falschen Klangs zu spüren, wie wenn man mit einem Glas anstößt, das einen Sprung hat.

13

Ulietea, November 1777

Das »Inselhüpfen«, wie Webber es für sich nannte, ging weiter. Nach der Landung auf Ulietea (oder Raiatea) am 3. November 1777 waren die Schiffe innerhalb kürzester Zeit von zahllosen Kanus umzingelt. Wieder boten die Einheimischen ihre Waren zum Tausch an. Wieder wurden Landungsstege gebaut und Zelte an Land aufgeschlagen. Wieder kam eine große Zahl »feiner Mädchen«, wie Samwell sich ausdrückte, an Bord. Was ihre Anwesenheit betraf, schien Cook vollends resigniert zu haben; er duldete des Nachts sogar Kopulationen im Freien, auf dem Vorderdeck, er schien blind zu sein gegenüber den Orgien, die sich in seiner Nähe abspielten, oder er stellte sich blind. Vielleicht lockerte er die Zügel auch deswegen, weil auf dieser Insel Diebstähle kaum vorkamen. An sich gab es keinen Grund, den Aufenthalt übermäßig auszudehnen. Die Reparaturen an den Schiffen waren bald beendet, die Lagerräume mit Vorräten aufgefüllt. Dennoch schob Cook die Abreise von Tag zu Tag hinaus. War es die Verführung des leichteren Lebens, der er nachgab? Brauchte er selber Erholung? Oder fürchtete er sich vor den kommenden Strapazen, vor der Kälte, vor der Unberechenbarkeit des Packeises?

Schon am ersten Tag beehrte der oberste Häuptling – oder König – Orio, ein agiler und kluger Mann, Cook mit einem Besuch. Er brachte seinen etwa zwanzigjährigen Sohn mit, dazu die jüngere Tochter Poetua mit ihrem Mann. Nun stand Omai nicht mehr als Übersetzer zur Verfügung, doch einige Offiziere hatten sich ein paar Brocken der polynesischen Sprachen angeeignet. Auch Cook beherrschte Gruß- und Höflichkeitsfloskeln, und so kam doch eine Art Unterhaltung zustande. Poetua galt als schönstes Mädchen der Insel. Die Männer, die vor vier Jahren schon hier geankert hatten, erinnerten sich an ihre abendlichen Tänze; keine habe sich, erzählten sie, so geschmeidig und verführerisch bewegt wie sie. Webber, der sie an Bord steigen sah, war bezaubert von ihrem Wuchs und ihrem Lächeln, das manchmal mit einem verhangenen und zugleich forschenden Blick kontrastierte. Er wünschte sich, ihr Porträt malen zu können und dafür genug Zeit zu haben, aber es wäre unpassend gewesen, eine Prinzessin zum Stillsitzen aufzufordern. So entwarf er mit wenigen Strichen auf dem Skizzenblock den Umriss ihrer Figur. Sie zeigte ihre Freude über den Seidenschal, den sie von Cook bekam, mit einem Wiegen des Oberkörpers, einem Neigen des Kopfes, sie legte den Schal um sich, verneigte sich beinahe spöttisch vor dem Kapitän, sie hielt sich in ständiger fließender Bewegung. Nichts war abrupt oder steif an ihr, und jeden Strich, den Webber zog, hätte er im nächsten Augenblick wieder korrigieren müssen. Als er später, in seiner Kabine, die Skizze vervollständigen wollte, verdarb er sie noch mehr; er hätte eine einzige Armbewegung, die von der Achsel zu den Fingerspitzen lief, in hundert Phasen erfassen müssen, und das war unmöglich. Im Halbschlaf träumte er davon, Poetua zu umarmen, mit den Fingerspitzen der Linie ihrer Brüste zu folgen, die Farbe und Beschaffenheit ihrer honigfarbenen Haut zu erkunden. In wachem Zustand untersagte er sich solche Phantasien. Eine wie sie gab sich ohnehin keinem Engländer hin. Es waren, wie auf den anderen Inseln, die Mädchen aus der untersten Schicht, die gegen Entgelt zum geschlechtlichen Umgang bereit waren und dann doch bisweilen so anhänglich wurden, dass der Handel vergessen und echte Zuneigung an seine Stelle zu treten schien.

Am nächsten Tag lud Poetua zum abendlichen Tanz bei Fackellicht ein. Die großen Trommeln dröhnten, Poetuas Begleiterinnen tanzten einen Reigen und sangen dazu. Sie selbst verwandelte sich in eine Schlange, einen Vogel, sie wand sich dahin, oder sie flog, sie schwebte mit flatterndem Gewand, das nur ihre Beine verhüllte, sie verlor ihre körperliche Schwere und war doch ganz und gar Körper, der unter so vielen begehrlichen Blicken zu leuchten begann, als sei um ihn ein Fluidum, das alles Nackte an ihr hervorhob und gleich wieder milderte. Wieder sehnte sich Webber mit einer Wucht, die ihn erschreckte, nach Poetuas Haut, die jetzt schimmernd feucht war, er sehnte sich nach ihrem Leib, den er sich nachgiebig und warm vorstellte. Beinahe vergaß er darüber Trevenen, der neben ihm saß und dessen Fuß ganz leicht den seinen berührte.

Am nächsten Morgen wagte er sich doch für einmal bis zu den Hüften, bis zur Brust ins laue Meer. Oft schon hatte er den Matrosen zugeschaut, die unbesorgt, schreiend wie kleine Kinder herumplanschten, ein paar Züge schwammen, dann wieder Grund suchten, um ihre kindischen Spiele fortzusetzen. Er konnte, wie viele auf dem Schiff, nicht richtig schwimmen. Das Wasser der Schweizer Seen und Flüsse war ihm zu kalt oder zu reißend gewesen, als dass er sich ihm anvertraut hätte. Auch sein Lehrer Aberli, mit dem er so oft an Ufern gestanden hatte, wollte vom Schwimmen nichts wissen; der Mensch, sagte er, habe weder Flossen noch Kiemen, er sei fürs Festland geboren. Nun aber ging Webber Schritt um Schritt weiter hinaus, ließ sich umspülen von den Wellen, die in der Lagune sanft und schmeichelnd waren, spürte erst Sand unter sich, der sich zwischen die Zehen drängte, dann Korallengebilde, über die er sich mit großer Vorsicht bewegte. Was er aber kaum fassen konnte, war die Vielfalt der Fische, denen er hier, so nahe beim Ufer, begegnete. Schwarmweise oder in kleinen Gruppen schwammen, fächelten, schwänzelten sie um ihn herum, als wäre er einer der ihren, ja sie berührten ihn sogar mit kühlen Mäulern, mit ihren Schuppenleibern und flitzten zwischen seinen Beinen hindurch.

Was für Farb- und Formkombinationen! Zartblau waren die einen, handtellergroß; viel größer die anderen, länglich, mit rötlichem Karreemuster, gelb gesäumten Flossen, mit rußigen Kiemen und hervorquellenden Augen. Hässlich gebuckelt, vierschrötig und grauweiß gefleckt waren die Dritten. Es gab grünlich Weiße, die beinahe durchsichtig schienen, es gab solche mit gezacktem Schwanz, deren hintere Hälfte orangerot leuchtete, und es gab die mit den langen Flossenfäden, die sich sachte ineinanderringelten. Glichen sie nicht bizarren Blumen? Keinen einzigen Namen kannte er. Aber muss denn alles, was die Schöpfung hervorgebracht, benannt und eingeordnet werden? Lässt es sich nicht einfach bestaunen? Plötzlich – was hatte sie erschreckt? – stoben die Schwärme auseinander. Kräuselungen, Wirbel, Trübungen im Wasser; doch als es sich beruhigt hatte, näherten sich die Fische wieder, und alles war wie zuvor. Webber hielt den Atem an und tauchte, wie er's bei Landsleuten gesehen hatte, mit dem Kopf unter die Wasseroberfläche, er öffnete die Augen, sah sich halb schwebend, halb stehend in einem magischen, dicht besiedelten Garten. Alles war da. Es fehlte nur SIE. Die Konturen zitterten, lösten sich auf, die Farben zerflossen. Und doch diese Klarheit ringsum. Aber wer war ER denn, mittendrin? Wer? Er schnellte hinauf an die Luft, schöpfte gierig Atem; seine Augen brannten, und je heftiger er sie rieb, desto stärker wurde der Schmerz. Salz, dachte er, ich habe nicht ans Salz gedacht. Vom Ufer her hörte er Kinderlachen. Die Fische hätte er malen mögen, jeden Einzelnen und alle zugleich. Aber auch sie ließen sich nicht festhalten. Das ganze wimmelnde Leben entglitt in Schönheit und Anmut.

Die Matrosen wussten, dass nun bald die gute Zeit ein Ende haben würde; auch die beiden Schwindsüchtigen, Anderson und Clerke, wussten es. Webber erfuhr von geflüsterten Unterhaltungen, in denen erwogen wurde, zu desertieren und sich unter den Wilden niederzulassen, weit weg vom Packeis, vom regnerischen englischen Sommer und dem zänkischen Weib zu Hause. Solchen Plänen hielten die Realisten entgegen, dass die Freude bald dem Verdruss weichen und die ungewohnte Nahrung sie krank machen würde. Doch die fiebrige Unruhe, die sich unter der Mannschaft verbreitete, war fast mit Händen zu greifen. In der Nacht vom 12. auf den 13.

November verließ ein Marinesoldat, Harrison, seinen Wachposten bei Bailys Observatorium und nahm seine Waffen mit. Für Cook war es trotz aller vorausgegangenen Hinweise eine bestürzende Nachricht. Als er Orio zu sich befehlen wollte, stellte er fest, dass der König – und mit ihm ein Teil der Bevölkerung, die in der Nähe des Ufers lebte – aus Angst vor Repressalien in die Hügel geflüchtet war. Cooks Männer schwärmten aus, um doch den einen oder anderen zu erwischen, der sich verhören oder als Führer brauchen ließ. So hörte Cook bald, wo Harrison sich mutmaßlich aufhielt. Er bemannte zwei Boote mit Bewaffneten und umrundete mit ihnen die halbe Insel. Ein verängstigter junger Mann zeigte den Weg zu Harrisons Versteck. Er lag, betrunken und halbnackt, in einer Hütte, zwischen zwei jungen Frauen, die ihn, als die Männer ihn auf die Füße zogen, weinend zurückzuhalten versuchten. Er sei dem Zauber der Frauen erlegen, stammelte Harrison, man möge ihm verzeihen. Er wurde, zurück auf dem Schiff, verhältnismäßig milde, mit vierundzwanzig Peitschenhieben, bestraft, die er ergeben auf sich nahm. Nach der Bestrafung hielt Cook eine seiner Reden. Er sprach klar, doch nicht besonders laut. Bei jedem zweiten oder dritten Satz verlor er einen Moment lang die Kontrolle über seine Stimme; dann kippte sie ins Krächzende. Wer weglaufen wolle, sagte er, möge es tun. Aber jeder Deserteur könne sicher sein, dass er aufgespürt und zurückgebracht werde. Die Oberen auf der Insel – und nicht nur auf dieser – würden ihm, Cook, nämlich aufs Wort gehorchen, sobald er einen von ihnen zur Geisel nehme. Ihre Untertanen würden hundert Deserteure gegen einen einzigen Häuptling ausliefern. So käme jeder tot oder lebendig zurück, selbst wenn es ihm gelingen sollte, auf eine andere Insel zu flüchten. Das bedeute, dass jede Desertion von vornherein zum Scheitern verurteilt sei; überdies werde er das Strafmaß in künftigen Fällen beträchtlich erhöhen und nicht zögern, im schlimmsten Fall sofortiges Erhängen anzuordnen. Die Männer, die ihm zugehört hatten, senkten die Köpfe und schwiegen.

Kapitän Clerke, der ohnehin gegen seine zunehmende Schwäche kämpfte, hielt es nicht für nötig, auf dem Schwesterschiff eine ähnliche Ansprache zu halten. Der Deserteur hatte ja zur Mannschaft der *Resolution* gehört, und Clerke dachte, seine Männer seien ihm so ergeben, dass er sich nicht zu sorgen brauche. Er hatte unrecht. Zehn Tage nach Harrison flohen zwei weit Jüngere von der *Discovery*; es waren der sechzehnjährige Fähnrich Alexandre Mouat, der seine große Liebe auf Huahine zurückgelassen hatte, und Thomas Shaw, nur wenig älter, Gehilfe des Geschützmeisters und ebenfalls unglücklich verliebt. Mitten in der Nacht ruderten sie, samt einigen gestohlenen Vorräten und einer Pistole, in einem Kanu davon, das ihnen ein Insulaner überlassen hatte. Sie planten, Ulietea zu umrunden und dann nach Huahine oder sogar Otaheite zurückzukehren; sie hofften, ihre Liebchen wiederzufinden, mit ihnen zusammenzubleiben und dank ihrer Herkunft so etwas wie kleine Könige in einem immerwährenden Schlaraffenland zu werden.

Es schmerzte Cook, dass ausgerechnet der kleine Mouat das Weite gesucht hatte. Sein Vater war Kapitän der Navy, und für den Sohn eines Kollegen fühlte er sich besonders verantwortlich. Die Verfolgung, die er anordnete, erwies sich als Fehlschlag; Mouat und Shaw hatten einen zu großen Vorsprung und waren wohl schon nach Bolabola weitergeflohen.

Orio, der von der Suche hörte, zeigte sich besorgt. In gewohnter Begleitung stattete er Cook am nächsten Morgen eine Art Kondolenzbesuch ab und anerbot sich, alles in seiner Macht Stehende zu tun, die Deserteure aufzufinden und zurückzuschaffen. Das genügte Cook nicht. Er schickte Orio, den er verdächtigte, die Deserteure zu decken, mit den Seinen hinüber auf die *Discovery*, damit er auch Clerke seine Aufwartung mache. Gleichzeitig übermittelte er den Befehl, Poetua, ihren Bruder und ihren Mann als Geiseln festzunehmen und in der Great Cabin der *Discovery* einzusperren. Als dies, zu Orios Entsetzen, geschehen war, rief Cook den König wieder zu sich und machte ihm klar, dass seine Angehörigen erst freigelassen würden, sobald die beiden Deserteure gefasst und ihm, tot oder lebendig, ausgeliefert worden seien. Orio war außer sich, er schwankte zwischen Zorn und Gram, rannte tränenblind auf dem Achterdeck herum und musste mit Gewalt daran gehindert werden, sich den Kopf am Mast blutig zu schlagen. Sein lautes Jammern rief Untergebene herbei, die sich am Ufer zusammenfanden, aber von Marinesoldaten daran gehindert wurden, über den Landungssteg aufs Schiff zu stürmen. Orio versprach mit vielen Gebärden, ein Kanu zum Herrscher von Bolabola zu schicken und ihn aufzufordern, die Weißen auf seinem Territorium so rasch wie möglich zu ergreifen. Zwei, drei oder mehr Tage könne es dauern, bis Cook seine Männer wiederhabe; seinen Kindern dürfe in dieser Zeit kein Haar gekrümmt werden, fügte er unter neuen Tränen bei, ob Cook dies garantiere? Die Engländer, entgegnete Cook, seien keine Unmenschen, ihm gehe es allein um die Einhaltung der Gesetze, die auf britischen Schiffen gültig seien, wo immer sie sich befänden. Dies genau zu übersetzen, war unmöglich. Webber, der die Szene beobachtete, kam es vor, als wohne er einem komplizierten Tanz bei, den eher Hände und Arme der gestikulierenden Männer als deren Beine ausführten, und er dachte plötzlich, dass ein Unbeteiligter in diesem Bemühen, sich verständlich zu machen, durchaus etwas Lächerliches sehen mochte. Aber nachdem Orio das Schiff verlassen hatte, war er bloß zu einem Gedanken fähig: dass die Geiselhaft ihm Gelegenheit gab, Poetua ungestört zu porträtieren. Er wartete im hektischen Hin und Her auf Deck einen günstigen Moment ab, um Cook sein Anliegen zu unterbreiten. Der Kapitän, der ihn zuerst nur halb verstand, blickte Webber irritiert an und wollte ihn schon mit einer ungeduldigen Bewegung aus dem Weg scheuchen; doch dann ging ihm auf, was Webber meinte, und er gab ihm die Erlaubnis, mit seinen Malutensilien auf die *Discovery* hinüberzuwechseln und Clerkes Great Cabin als Atelier zu benutzen. »Ich erwarte ein gutes Bild von Ihnen, Mr Webber«, sagte Cook mit dem Zucken seiner Mundwinkel, das man als Lächeln deuten konnte. »Die Prinzessin ist eine Schönheit. Sie wiederzugeben wird alle Ihre Fähigkeiten in Anspruch nehmen. Als Maler dürfen Sie sie vorzeitig in Freiheit setzen. Tun Sie das! Der Himmel als Hintergrund passt besser zu ihr als Teak und Mahagoni.«

Gerade als Webber am frühen Nachmittag die *Discovery* betrat, um sich bei Clerke zu melden, geschah etwas Bestürzendes. Etwa zwanzig Frauen, jüngere und ältere, hatten sich am Ufer versammelt. Sie wateten nackt ins Wasser und schwammen zum Heck des Schiffs, hinter dessen Fenstern Poetua festgehalten wurde. Eine stimmte einen Klagegesang an, die anderen fielen ein. Es waren langgezogene, an- und abschwellende Töne, die regelmäßig in vielstimmiges Geheul mündeten, erschreckend und quälend für europäische Ohren. Nach einer Weile wurde es noch schlimmer. Die Klageweiber – so musste man sie wohl nennen – schnitten sich mit Haifischzähnen Wangen und Stirn, dann auch die Brüste auf. Das Wasser ringsum färbte sich rot von ihrem Blut, ans Heck schwappten immer rötere Wellen. Überall an der Reling standen die Seemänner und starrten auf sie hinunter. Ein paar Liebesdienerinnen, die sich in der Back aufgehalten hatten, gingen stumm und bedrückt vom Schiff. Auch Clerke war heraufgekommen und stützte sich halb auf Leutnant Rickman, der mehrmals zu den Frauen hinunterrief, sie sollten mit ihrem Geschrei aufhören. Andere fluchten und drohten auf Englisch und mit polynesischen Wörtern, die sie aufgeschnappt hatten. Es nützte alles nichts; der Klagegesang dauerte an, das Blut floss weiter.

»Das ist ihre Taktik, um uns zu beeindrucken«, sagte Rickman zu Webber. »Sie meinen, auf solche Weise bekämen sie ihre Prinzessin frei. Aber da haben sie sich getäuscht.«

Clerke selbst schien ratlos zu sein, er schüttelte den Kopf, hustete hinter vorgehaltener Hand, zeigte in ratlosem Lachen seine Mäusezähne, wurde gleich wieder ernst. Rickman schlug vor, einige Male in die Luft zu schießen oder sogar über die Köpfe der Weiber hinweg aus den Vierpfündern zu feuern; das werde sie bestimmt vertreiben.

Doch Clerke lehnte den Vorschlag ab. »Sie schaden ja niemandem«, sagte er. »Wir müssen es ertragen.«

Nach einer endlos erscheinenden halben Stunde waren die Schwimmerinnen endlich so erschöpft, dass sie verstummten und ans Ufer zurückschwammen und -wateten. Eine der Ältesten brach zusammen; sie wurde von den Jüngeren, die im Sand Blutspuren hinterließen, weggetragen.

Mit Webber, der sein Malzeug trug, ging Clerke zur Great Cabin hinunter und lotste ihn an den beiden Wachen vorbei, die jeden Fluchtversuch der Geiseln vereiteln sollten.

Poetua saß neben ihrem Mann, der noch fast kindliche Züge hatte, auf dem Boden und lehnte den Kopf an seine Schulter. Ihr Gesicht, fast zur Hälfte vom kohlschwarzen Lockenhaar bedeckt, war verweint und blasser, als Webber es in Erinnerung hatte, und nun bemerkte er, im seitlichen Licht von den Heckfenstern her, auch die Tataus auf dem Arm, den sie um den Mann geschlungen hatte, rätselhafte dunkelblaue Ornamente. Am Tisch, vor einem Wasserkrug, saß mit finsterem Gesicht Poetuas Bruder. Webber grüßte befangen. Die Männer taten so, als sei er gar nicht da; nur Poetua schien ihn mit einem flüchtigen Blick zu streifen und schaute dann gleich wieder ins Leere.

»Sie hat mitgejammert, als das Geschrei draußen losging«, sagte die Wache an der Tür. Es war Zimmermann, der Deutsche mit dem pockennarbigen Gesicht, dem Webber schon einige Male über den Weg gelaufen war. Er sprach auf eine rauhe Weise deutsch, und das schmerzte Webber beinahe körperlich, so weit war diese Sprache von ihm weggerückt. Er antwortete nicht, setzte sich einfach an den Tisch, gegenüber von Poetuas Bruder, er schlug sein Skizzenbuch auf, nahm einen Stift zur Hand und skizzierte erstmals Poetuas

Kopf, ein wenig geneigt, wie sie eben dasaß. Er begann mit den Augen, den leicht geschwungenen Brauen. Immer mit den Augen beginnen, so hatte er's gelernt und doch nie mit einer Frau wie dieser gerechnet. Ebenfalls gelernt hatte er inzwischen, das Schaukeln des Schiffs, das den Stift beeinflussen wollte, mit geschicktem Gegendruck zu überlisten.

»Du zeichnest sie, wie?«, fragte Zimmermann und trat in die Kajüte, um Webber über die Schulter zu schauen.

»Ich mag es nicht, wenn man mir zuschaut«, sagte Webber auf Englisch und legte die Hand über die Skizze.

Gekränkt zog Zimmermann sich zurück. Um seine Schroffheit zu mildern, fügte Webber hinzu. »Wenigstens so lange nicht, bis ich zufrieden bin.«

Zimmermann brummte etwas und blieb jenseits der Schwelle stehen.

Poetua räkelte sich ab und zu, sie veränderte die Lage des Kopfs, der bloßen Schultern, strich kurz die Haare aus der Stirn; sonst bewegte sie sich kaum. So konnte Webber sich Zeit nehmen, jeden Strich sorgsam anzusetzen. Was er tat, erregte nun doch ihre Aufmerksamkeit. Sie streckte sich ein wenig, rüttelte am Arm ihres Mannes, der zusammenfuhr. Sie schaute Webber offen an, mit unverhohlener Neugier, und sagte etwas, das er nicht verstand. In ihrer Stimme war Wärme und zugleich ein wenig Argwohn; für eine junge Frau klang sie überraschend tief.

Musste Webber wohl um Erlaubnis bitten, sie als Modell zu benutzen? Er stand auf, trat mit der unfertigen Zeichnung zu ihr hin, deutete einige Male auf sie, dann aufs Blatt. Sie schien zu verstehen und lächelte ihn an, sie löste sich von ihrem Mann und setzte sich gerade hin, stolz, mit durchgebogenem Rücken. Auch ihre runden Brüste strafften sich. Ein Duft von Kokosöl und Jasmin strich an seine Nase, vermischt mit der herberen Note ihres Schweißes. Ja, in ihrem Haar steckten welkende Jasminblüten; auch die würde er malen, dachte er, aber frisch gepflückte. Sonst kein Schmuck; dieser Körper brauchte weder Perlen noch Gold, die seine Schönheit steigerten.

Wieder redete Poetua und suchte Webbers Blick. Der Bruder am Tisch fiel ihr ärgerlich ins Wort, doch sie widersprach, und ihr Mann rutschte von ihr weg. Das veranlasste sie, auf ihre geschmeidige Weise aufzustehen, ihr Haar zu ordnen, das Hüfttuch fester zu binden und sich für Webber, so empfand er es, in Positur zu stellen. Er ging zurück zum Tisch und zeichnete weiter. Er korrigierte den Entwurf, überschrieb ihn gleichsam. Es ging nun um die ganze Figur; sich auf den Kopf zu beschränken, war falsch gewesen. Nie war ihm jemand so ganz erschienen wie sie.

Als es dunkel wurde, zündete Clerkes Steward die Lampen an. In ihrem schwachen Licht sah Webber zu wenig; aber es genügte, Poetua noch begehrenswerter und zugleich entrückter erscheinen zu lassen. Zum Abendessen – Webber war mit eingeladen – kam Clerke mit den Offizieren Burney und Rickman, die ihre Galauniformen trugen. Der Tisch war festlich gedeckt wie für einen wichtigen Empfang. Der Steward, ein kleingewachsener Ire, trug in Kokosmilch gegarten Fisch auf und servierte ihn auf einem Bananenblatt, so wie er es von den Einheimischen gelernt hatte. Er entkorkte feierlich eine Flasche Bordeaux und schenkte die Kristallgläser voll; in ihrem Schliff spiegelte sich Poetua, die am oberen Tischende saß. Jede Facette, dachte Webber, hatte mit ihr zu tun und kam doch aus jenem Ganzen, das er als Maler zu erfassen versuchte.

Clerke, der sich leutselig und entspannt gab, versuchte, mit den Geiseln ein oberflächliches Gespräch zu führen; er hatte als behelfsmäßigen Übersetzer den Matrosen Ellis herbeigerufen, der das Polynesische am besten beherrschte. Doch die Gefangenen antworteten nicht, sie rührten das Essen kaum an und tranken Wasser statt Wein. Die trübe Stimmung raubte nach den ersten Bissen auch den Engländern den Appetit. Am Ende des Mahls aber stellte Poetua eine Frage, die sie, da Ellis mit der Übersetzung zögerte, mehrmals wiederholte, sehr deutlich und in immer dringlicherem Ton. Er glaube, sagte Ellis schließlich, die Prinzessin wolle wissen, wie lange ihre Gefangenschaft noch daure.

So lange, erwiderte Clerke mit großer Höflichkeit, bis die Deserteure gefasst seien.

Als Poetua begriff, was er meinte, glitt ein bekümmertes Lächeln über ihre Lippen. Ihr Vater, sagte sie dem Sinn nach, habe doch gar nichts mit der Flucht der beiden Fremden zu tun, so wenig wie sie. Ihr Volk habe den Fremden Gastfreundschaft entgegengebracht; nun werde es dafür bestraft.

Clerke – so sah es Webber – errötete bei diesen Vorhaltungen, aber er ging nicht auf sie ein. Vielmehr tat er so, als wären die Briten unter sich, und erzählte in nahezu heiterem Ton, dass Orio, Poetuas Vater, keineswegs ein Unschuldslamm sei. Man habe nämlich, zum Glück früh genug, aufgedeckt, dass er einen Anschlag auf die beiden Kapitäne geplant habe. Beim üblichen Bad im Bach hätten seine Leute ihnen auflauern und sie entführen sollen; das Versteck sei schon vorbereitet gewesen. Danach hätte Orio die Kapitäne gegen Tochter, Schwiegersohn und Sohn eingetauscht, zwei gegen drei. Eines der Mädchen, die aus Huahine mitgekommen seien, die dicke Geliebte des Master Edgar, habe an Land die Verschwörer belauscht und auch gehört, dass bei Widerstand Gewalt angewendet werde. Daraufhin habe sie Cook das Komplott verraten, und dieser habe ihn, Clerke, verständigt. So hätten sie sich, bevor sie an Land gingen, bewaffnet und mehrmals in die Luft geschossen. Zudem seien ihnen ein paar Marinesoldaten gefolgt. Das habe gereicht, die Verschwörer abzuschrecken; nun bleibe Orio nichts anderes übrig, als Cooks Forderung zu erfüllen.

Webber war nahe daran zu sagen, der König habe ja kein anderes Mittel anwenden wollen als Cook; ihm sei die Tochter so wertvoll wie der Besatzung ihre Kapitäne. Aber er zog es vor zu schweigen. Die Atmosphäre hatte sich gelockert. Es gab keinen offenen Spott, aber untergründig degradierten die Offiziere Poetua zur Statistin in einem Spiel, bei dem sie sich herausnahmen, jederzeit den ersten Zug zu tun.

Die Wachen brachten die Bastmatten herbei, auf denen die Geiseln schlafen würden. Sie rollten sie aus, legten zwei, dicht nebeneinander, vor die Schreibkommode mit aufgeklapptem Pult, die dritte für den Bruder unter den Tisch. Zimmermann zwinkerte Webber zu, als wären sie miteinander vertraut. Sein Dienst, sagte er, sei jetzt gleich beendet, er sei dann wieder, ab Mitternacht, für die Hundswache eingeteilt. Webber ignorierte ihn weiterhin. Er hatte seine Malsachen schon zusammengepackt und auf die Seite gestellt, morgen würde er wiederkommen, so war es ausgemacht. Um seinetwillen hoffte er, dass die Geiselhaft noch ein paar Tage dauern würde; für Poetua wünschte er sich, dass sie bald beendet sei.

In einem schwer beschreibbaren Zustand, der aber doch an Verwirrtheit grenzte, ging er zurück auf die *Resolution* und geradewegs in seine Kabine. Er legte sich auf die Pritsche und fragte sich, ob er verliebt sei. Nein, das war er nicht, jedenfalls nicht so, wie er es kannte, es war etwas Stärkeres, was ihn erfüllte; es war, als habe er bisher geschlafen, und nun habe Poetua ihn geweckt. Ja, er war auf übersteigerte Weise wach. Die Haut brannte, alle Poren hatten sich geöffnet, und was von außen kam – der Lärm des Schiffs, Stimmen, Gerüche –, drang roh und ungefiltert in ihn ein; es gab kein Mittel mehr, es von sich abzuhalten. Das alles hatte mit Poetua zu tun. Ihre unverständlichen Wörter pochten in ihm, als hätten sie den Rhythmus des Herzschlags übernommen. Er wusste nicht, was mit ihm noch geschehen würde und ob er sich auf den morgigen Tag freuen sollte oder nicht. Kein Auge glaubte er, in dieser Nacht schließen zu können, und dann schlief er doch und rannte im Traum über eine Grasebene. Er wurde von einem Hirsch verfolgt, dessen Geweih er packte, um ihn auf den Boden zu zwingen. Aber die Verfolgung ging weiter und führte über ein Schneefeld, aus dem rote Bäume wuchsen. Der Hirsch hatte sich in einen riesigen Vogel verwandelt, einen Vogel Greif, der ihn packte und davontrug. Nun zappelte er in der Luft und wusste, dass er fallen würde; von hoch oben würde er ins Meer fallen und in äußerste Dunkelheit sinken.

Acht Glasen der Vormittagswache vorbei. Schon wieder der Deutsche an der Tür, der den Kollegen abgelöst hat. Übernächtigt sieht er aus, stoppelbärtig, er nimmt Webber auf die Seite, flüstert ihm zu, Poetuas Mann habe ihn, lange nach

Mitternacht, mit unmissverständlichen Gesten gebeten, seiner Frau beiwohnen zu dürfen. Da könne man nichts dagegen haben, oder? Die zwei hätten sich umschlungen und gestöhnt, es sei eine Paarung gewesen wie bei Hengst und Stute, und nie hätte er sich träumen lassen, dass er einmal so etwas bewachen müsse. Webber könnte dem Deutschen ins Gesicht schlagen und watet gleichsam an ihm vorbei in den schweren Geruch, der in der Kajüte hängt. Poetua liegt noch seitlings auf der Matte, an den Mann geschmiegt, der ihr den Rücken zuwendet; eine Decke ist halb über die beiden Körper gezogen und modelliert, wie bei einer unfertigen Skulptur, die geschwungene Linie vom Rücken zur Hüfte. Schläft sie, oder täuscht sie den Schlaf bloß vor? Ihr Bruder sitzt wieder am Tisch und schaut Webber missmutig entgegen, dann legt er den Kopf auf die Arme und rührt sich eine Weile nicht mehr. Webber sieht sich die Vorstudien von gestern an. Sie gefallen ihm nicht; ihm scheint, er habe Poetua vergröbert, das Ebenmäßige ihrer Gestalt in keiner Weise erfasst. Etwas ist da von ihr, ein Hauch, ein Abglanz, aber er will mehr. Behutsam stellt er die Staffelei auf. Ja, er wird Poetua heute zu malen beginnen. Die Leinwand, drei Fuß hoch und zwei breit, hat er am Morgen auf den Keilrahmen gespannt und schon grundiert, aber nicht mit Bleiweiß, sondern mit Schwemmkreide, die den warmen Ton ihrer Haut besser zur Geltung bringt. Er stellt das Querholz höher, die Leinwand darauf. Es ist genau die richtige Höhe; Auge in Auge wird er mit Poetua sein. Er wird warten, bis sie bereit ist, ihn wahrzunehmen. Ob er will oder nicht, was der Deutsche erzählt hat, erzeugt eine hitzige Eifersucht in ihm, die dem Malen abträglich ist. Es gelingt ihm nicht, das Bild der Umarmung zu verscheuchen. Nur wenig müssten die zwei Körper sich verschieben, dann lägen sie wieder übereinander, der Mann zwischen ihren Beinen, von denen eines, da sie die Decke verrückt hat, bis weit übers Knie entblößt ist. Als sie sich bewegt, spricht er zu ihr. Die Decke an sich gerafft, setzt sie sich auf und schaut ihn verwundert an. Ihr Schlaf- und Liebesgeruch kommt Webber, nicht unangenehm und doch bedrängend, in die Nase. Er deutet auf die Staffelei, zeichnet mit einem Pinsel Ornamente in die Luft; sie scheint seine Absicht zu verstehen und sich an ihn zu erinnern. Sie lächelt, reibt sich die Augen, sagt etwas zu ihrem Mann, der sich ebenfalls aufsetzt, wendet sich an Webber, wiederholt insistierend ein einziges Wort. »Wasser«, sagt der Deutsche von der Tür her, »sie will sich waschen.« Der irische Steward bringt die frischgefüllte Waschschüssel und ein Handtuch herein, stellt es mit gesenktem Blick neben das halbnackte Paar auf den Boden. Poetuas Mann, in kniender Stellung, netzt nur mit beiden Händen Gesicht und Schulterpartie; sie aber wäscht sich in völliger Unbefangenheit den ganzen Oberkörper, verspritzt dabei Wasser auf dem Parkett, lässt sich danach vom Mann abtrocknen. Webber sieht, wie Wassertropfen zwischen ihren Schulterblättern abwärtsperlen, er sieht das Schaukeln der nassen Brüste, die der Mann frottiert; all dies sieht er wie durch ein Vergrößerungsglas, in schmerzhafter Deutlichkeit.

Inzwischen hat der Steward das Frühstück aufgetragen, grobgeschnittene Früchte, Stücke von Kokosnuss. Sie essen, anders als am Vorabend, mit sichtlichem Hunger, plaudern miteinander, lachen sogar. Auch Poetuas Bruder wirkt nun vergnügter. Der Reihe nach lassen sie sich von der Wache zum stillen Ort führen, wo sie lange bleiben; danach erst kann Webber mit der Arbeit beginnen. Sie posiert für ihn wie gestern, koketter allerdings, lebendiger. Ihr Blick lockt ihn an und weist ihn ab, wenn er ihn zu intensiv erwidert. Mit Kohlestift zeichnet er den Umriss der Figur, malt dann die erste Schicht des Hintergrunds, einen gewittrigen Himmel, der einen Kontrast zur Ruhe der Figur schaffen soll. Er deutet eine Palme an, Bananenstauden. Ohne dass er es verhindern kann, gibt immer wieder der Deutsche seine Kommentare ab. Auch Poetuas Mann und Bruder nähern sich der Staffelei, verfolgen, miteinander flüsternd, den Fortgang der Arbeit. Webber darf sich nicht ablenken lassen. Du sollst, so hat ihm einst Aberli gepredigt, mit dem Modell verschmelzen, es dir ganz zu eigen machen. Du musst, schauend und malend, ins Zeitlose fallen, erst in der größten Vertiefung kannst du das Äußerste leisten. Trotz der Unruhe und des Geschwätzes ringsum gelingt es Webber, alles Störende wegzufiltern, die Stundenschläge zu überhören und mit allen Sinnen nur noch Maler zu sein. Doch dann reißen ihn Gesang und Geschrei der Klageweiber, die erneut zum Heck geschwommen sind, aus diesem Zustand heraus. Webber lässt Pinsel und Palette sinken, spürt eine Lähmung in den Fingern. Auch mit Poetua geschieht eine Verwandlung. Sie erschauert, sie schlägt die Hände vor die Augen, stößt jammernde Töne aus und sinkt langsam in einer merkwürdigen Verrenkung zusammen, als seien ihre Knochen biegsam geworden. Ihr Mann beugt sich über sie, um sie zu trösten, doch auch er stimmt in die Klage ein, und der Bruder, der aufgestanden ist, schlägt, indem er kurze Schreie ausstößt, mit dem Kopf gegen die Wand.

»Die verdammten Weiber!«, knurrt Zimmermann, der wieder die Kajüte betritt. Er reißt Poetuas Bruder von der Wand zurück, umklammert ihn von hinten, damit er sich nicht verletzen kann. Der Bruder wehrt sich kaum, erschlafft nach wenigen Sekunden und lässt sich auf die Matte betten. Solange das Klagen andauert, herrscht in der Kajüte eine Verrücktheit, über die niemand Macht hat. Als die Stimmen schließlich leiser werden, kehrt die Besonnenheit zurück. Poetua schüttelt sich, steckt eine Blüte, die sich gelöst hat, ins Haar zurück. Die beiden Männer ordnen ihre Kleider. Doch bis Webber fähig ist weiterzumalen, vergeht eine gute Stunde; mehrmals muss er Poetua darum bitten, sich wieder für ihn hinzustellen. Sie tut es missvergnügt, die Trauer, die den Raum erfüllte, ist noch in ihren Augen. Sie stellt eine Frage, deren Sinn er zu verstehen glaubt. Er zuckt die Achseln, versucht freundlich zu sein. Übermächtig der Drang, sie zu berühren. Ihm darf er nicht folgen. Malen jetzt, nur malen.

Am dritten Tag Gesicht und Haar, am vierten Oberkörper und Arme. Webber gibt ihr einen Wedel in die Hand, mit dem man sich auf der Insel Luft zufächelt. Die Biegung des linken Arms so harmonisch wie möglich, die Arme überhaupt als festlicher Rahmen für die Brust. Und immer wieder die Haut. Sie muss leuchten wie von innen, sie muss leuchten, als wäre die Leinwand, hinter der eine Lichtquelle steht, halb durchsichtig geworden. Die Mühe mit der Farbmischung. Kein Bleiweiß; der Honigton aus Gelb, Sienabraun und einer Pinselspitze Karminrot verbindet sich mit der Kreide der Grundierung. Etwas Preußischblau für die

Schattenpartien, in den Achselhöhlen und der Armbeuge sogar ein Hauch von Grün. Was für delikate Übergänge! Eine Haut wie Samt und Seide. Der Pinsel formt die Brüste, als wäre der Maler Gott am siebten Tag der Schöpfung. Das Hüfttuch muss er ihr lassen; wäre er ihr Mann, zöge er's weg, um sie unverhüllt vor sich zu haben, mit der schlanken Hand über dem Schoß, und auch sie zöge er weg. Sie schaut ihn doppelt an, vom Bild und von der Wand, an die sie sich lehnt. Manchmal doch der leise Spott in ihren Augen, die Traurigkeit dann wieder. Wie soll er dies alles in ihrem Blick vereinigen? Er zeigt ihr in Abständen das Bild, sie will es berühren, er packt erschrocken ihr Handgelenk, und ihre Wärme verbrennt ihn fast. Dann begreift er, was sie meint. Die Tataus auf ihrem Arm habe er vergessen, will sie sagen. Nun nimmt sie selbst seine Hand, führt seine Finger an den blaudunklen Ritzstellen entlang; er nickt, verspricht, die Tataus einzufügen. Lachend legt sie einen Augenblick seine Hand auf ihre Brust, und er hat, bevor sie die Hand wegschiebt, gerade Zeit, den kleinen Widerstand der Warze zu spüren. Sie streicht über die blonden Haare seines Unterarms, sagt verwundert etwas zum Bruder. Ein weiterer Hitzestoß, der sich, zu Webbers Beschämung, auf sein schwellendes Geschlecht konzentriert. Ist es bloß Begierde, die ihn schwindeln lässt? Mit feinstem Pinsel malt er die Tataus, man sieht sie kaum, und doch tut er, was sie will: Er ritzt ihre Haut, die gemalte, er prägt sich ihr ein, sie wird auch ihn nicht vergessen.

Das Glück, mit ihr zusammen zu sein, ist befristet, darum ist es auch ein Unglück. Vier Tage dauert die Haft schon, wann wird sie aufgehoben? Er hört so manches zwischendurch, er will es gar nicht wirklich wissen. Es ist ein Schweben zwischen Traum und Wirklichkeit. Beim Abendessen mit Clerke ist Webber widerwillig dabei. Man erfährt nichts Neues, die Deserteure bleiben verschwunden. Aber die Runde ist von Tag zu Tag fröhlicher geworden; die Gefangenen finden Gefallen am Wein, der ihnen reichlich nachgeschenkt wird. Poetua lehnt sich, kichernd wie eine Halbwüchsige, an Rickman, der den Arm um sie legt, während ihr Mann stumpfsinnig lacht und ihr Bruder die leere Flasche an den Mund setzt, um die letzten Tropfen auszutrinken. Für Webber, der ihr gegenübersitzt, ist es eine Qual. Rickman prahlt damit, dass er sich selbst ein Tatau stechen lassen will, morgen schon, und er greift nach Poetuas Zeigefinger, tippt mit ihm auf seinen Oberarm. Über Webbers bestrumpften Rist streicht plötzlich etwas Unbekanntes; dann realisiert er mit stockendem Atem: Es ist Poetuas nackter Fuß, der, unter dem Tisch hindurch, den seinen flüchtig liebkost und viel zu bald wieder von ihm ablässt. Es genügt indessen, in ihm ein Fieber zu erzeugen, das ihn beinahe erblinden lässt. Über sein Gesicht rinnt der Schweiß, er verabschiedet sich frühzeitig von der Gesellschaft. Er versteht nicht, dass die Geiseln vor kurzer Zeit noch ihr Schicksal beklagten und nun in derart ausgelassener Stimmung sind. Er versteht nicht, was Poetua will, warum sie mit ihm und den anderen so leichtfertig spielt; ihm ist längst nicht mehr ums Spielen zumute. Aber was will er selbst? Wovor ist ihm so bange?

Auf dem Weg zur *Resolution* hier und dort ein Frauengesicht, blass im Mondlicht. Lächeln sie über ihn? Die Stege schwanken; man muss die Arme ausbreiten und mit Vorsicht darüberbalancieren. Ringsum Kanus, in denen Männer auf die Frauen warten, die sie mitgebracht haben. Das Schiff in dieser lauen Nacht ist voller Seufzen, die Lust beinahe mit Händen zu greifen. Er sieht ein umschlungenes Paar beim Großmast, ein anderes bei der Pinasse. Auch bei Cook sei nun eine Frau, flüstert ihm Trevenen zu, der Wache hält; Webber wehrt ihn ab und bereut es sogleich. Ein Mädchen, sehr jung noch, untersetzt und gar nicht hübsch, stellt sich ihm beim Niedergang in den Weg, will mit ihm kommen. Sie hat, wie es scheint, noch keinen Liebhaber gefunden, sagt undeutlich ein Wort, das Webber bei der dritten Wiederholung als Verballhornung von »Taschentuch« erkennt. Sie reibt sich aufdringlich an ihm, für ein Taschentuch gäbe sie sich hin. Er macht sich von ihr los, stolpert die Stufen hinunter, scheucht Goulding, der nach seinen Wünschen fragt, aus dem Weg. Er betritt allein seine Kabine, legt sich in den Kleidern auf die Pritsche. Ein Streicheln weckt ihn aus dem Schlaf. Beinahe nichts ist in der Dunkelheit zu sehen, nur ein Schimmer nackter Haut. »Poetua«, murmelt er. Ein kleines Lachen antwortet ihm, eine Art Gurren. Der Duft von Kokosöl und Jasmin. Ist sie es? Es kann nicht sein, und vielleicht ist sie es doch. Im Traum darf alles geschehen. Sie knöpft sein Hemd auf, entkleidet ihn ganz mit geschickten Fingern, sie legt sich auf ihn, Haut an Haut. Ihr Gewicht, die Weichheit ihrer Brüste. Seine Finger wandern über Wirbel, Wölbungen, Stellen von größter Zartheit und Glätte. Ihre Lippen an seiner Wange, am Hals, auf dem Mund. Der Geschmack ihrer Zunge, das Kitzeln ihres Haars. Er wächst ihr entgegen, in sie hinein, als wäre nichts so selbstverständlich wie dies. Der Tanz der Paarung. Der Rhythmus des Stoßens und Drängens, als habe er ihn schon immer gekannt. Die Nässe zwischen den Körpern. Die Steigerung der Lust ins immer Hellere, ins Gleißende, die Erlösung mit einem unterdrückten Schrei. Ermattet hält er sie noch eine Weile umfasst, während ihre Hand sanft seinen Nacken knetet. Der Geruch der Liebe umgibt ihn, säuerlich und dumpf. Er hat geschwitzt, beginnt zu frösteln, zieht die Decke über beide. Wärme sucht er jetzt, Geborgenheit in der Umarmung. Als er erwacht, ist die kleine Luke hell geworden. Er sieht im matten Frühlicht, dass er neben einer Fremden liegt. Es ist das Mädchen mit den groben Zügen, das ihn angesprochen hat; auf dem Boden, in einem ungeordneten Haufen, ihr Hüfttuch und seine Kleider. Eine Weile betrachtet er sie. Das erneute Begehren, das sich beim Anblick der nackten Schultern melden will, weicht der Ernüchterung, und diese verwandelt sich, im gleichen Maß, wie die Helligkeit zunimmt, in eine nagende Enttäuschung, die in der Magengrube sitzt und sich nach oben weiterfrisst, zur Brust, zum Herzen. Es kommt ihm vor, als habe er sich selbst und seine Gefühle für Poetua verraten. Auf das Mädchen ist er nicht böse, sie war Stellvertreterin, ohne es zu ahnen. Er weckt sie mit Zureden auf, sie schaut ihn verwirrt an, bedeutet ihm dann, dass er ihr etwas schenken müsse. Er holt ein weißes Hemd aus der Kiste, das sich überraschend kühl anfühlt, er gibt es ihr und schämt sich plötzlich seiner Nacktheit. Sie dankt ihm mit geflüsterten Worten, schmiegt ihre Wange ans Hemd. An den Geräuschen hört er, dass man im Schiff auch anderswo erwacht. »Du brauchst nicht wiederzukommen«, sagt er und weiß nicht, ob sie ihn versteht. Sie bindet sich ihr Hüfttuch um; ihre Stämmigkeit ist ihm plötzlich fast zuwider. Sie huscht hinaus, er ist allein und zwingt sich, an Poetua zu denken, aber wo sie sein sollte, ist Leere. Er wird sich am Ufer waschen, mit Wasser aus dem Bach. Dann wird er zu ihr gehen, sich ihr Bild wieder aneignen. Wann wird er fertig sein? Am liebsten schon heute. Am liebsten noch lange nicht. Ein Klopfen an der Tür. Webber reagiert nicht darauf. »Sir?«, hört er Gouldings Stimme durch die Tür hindurch. »Soll ich aufräumen?«

14

London, Januar 1781

Die Zeit nach der Rückkehr verging viel zu rasch. Webbers Tage waren bestimmt von der Ausarbeitung der Skizzen und Bilder, von Konsultationen mit Peckover und dem Gang zu den Kupferstechern. Die Abende gehörten Henry und seinen Lieblingsschenken; sie endeten oft genug mit einem Streit. Oder Webber wurde auf eine Gesellschaft eingeladen, wo man von ihm erwartete, dass er die Gäste mit seinen Reiseerzählungen zum Staunen brachte. Manchen Gastgebern genügte es schon, einen Mann zu bewirten, der so lange in Cooks Nähe gewesen war.

Nach Dorothy hatte Webber gar nie wirklich gefragt, nur die eine oder andere wegwerfende Bemerkung Henrys, die ihr galt, aufgeschnappt und sich gehütet, sie zu kommentieren. An Dorothy dachte er sonderbarerweise am meisten, als er zwischendurch und nur gegen Abend, bei schwindendem Tageslicht, an der zweiten Kopie von Poetuas Bild arbeitete. Nicht, dass er die beiden verwechselt hätte. Doch je intensiver er mit dem Pinsel Poetuas Haut nachspürte, je näher er ihrem Abbild physisch kam, desto weiter rückte sie von ihm weg (war es nicht schon auf dem Schiff so gewesen?), und es konnte geschehen, dass die Haut transparent wurde und er, durch sie hindurch, Dorothy zu erkennen glaubte, verschwommen nur, als stark taillierte halbdunkle Silhouette, so wie sie ihm bei ihrer letzten Begegnung entgegengekommen war. Sie habe geheiratet, hatte Henry behauptet, und sich als äußerst gebärfreudig erwiesen; aber immer noch pflege sie leichtgläubigen Männern den Kopf zu verdrehen. Webber schrieb ihr zweimal einen kurzen Brief und bat auf dem Umschlag, ihn weiterzuleiten, sofern die Adresse gewechselt habe. Er bekam keine Antwort.

Eines Morgens schlug er, mit frischgebürstetem Rock und Kurzzopfperücke, den Weg zum Shepherd Market ein, er schob aufdringliche Bettler zur Seite und drängte sich durch das Volk, das zusammengelaufen war, um einer Seiltänzertruppe zuzuschauen. Eine Weile stand er vor dem Haus des Schlachtermeisters Sharp, dessen Speisesaal er seinerzeit mit dem Urteil des Paris ausgemalt hatte. Er fasste sich ein Herz, ging die Freitreppe hinauf und betätigte den Türklopfer. In der Eichentür wurde ein Guckfensterchen geöffnet; ein bleiches, von einer Haube umrahmtes ältliches Frauengesicht, das Webber noch nie gesehen hatte, füllte es aus.

Ob Miss Dorothy noch hier wohne, fragte er, seine Aufregung bezähmend. Von irgendwoher glaubte er Kindergeschrei zu hören.

Eine Miss gebe es nicht in diesem Haus, sagte die Magd, deren eines Auge verschleiert schien. Aber eine Mrs Byrne, die tatsächlich Dorothy heiße, lebe im andern Flügel. Wenn der Herr sie meine, solle er seine Karte abgeben, und Mrs Byrne werde entscheiden, ob sie ihn empfange oder nicht.

Webber reichte die Karte, auf die er eine kurze Nachricht geschrieben hatte, durchs Fensterchen, das gleich darauf zugeklappt wurde, so dass die Tür wieder intakt und abweisend aussah. Er musste lange warten und drehte sich, oben auf der Treppe, zum kleinen Platz um, den das Haus begrenzte. Nun hatte er den kalten Wind im Gesicht. Die Leute, viele ärmlich gekleidet, kamen und gingen, ohne auf ihn zu achten; alle folgten ihren eigenen Geschäften. Ab und zu trieb ein Kutscher mit Anfeuerungsrufen und Peitschenknallen seine Pferde um die enge Kurve auf der anderen Seite. Der Geruch von frischen Pferdeäpfeln reizte Webbers Nase, er hörte das anpreisende Geschrei vom nahen Markt, Glockenschläge von Westminster. Das Gefühl, an einen scheinbar vertrauten Ort versetzt worden zu sein, den er doch nicht kannte, holte ihn wieder ein. Obwohl er es genau wusste, fragte er sich plötzlich, was er hier suche; er fragte es sich ohnehin jedes Mal, sobald er innerlich von seiner Arbeit abrückte. Am liebsten wäre er wieder umgekehrt, aber trotz seiner Angst vor der Konfrontation zog er es vor, die Wahrheit zu erfahren. War Dorothy wirklich zu einer Mrs Byrne geworden? Warum denn wohnte sie, wenn dies stimmte, noch im väterlichen Haus? Er stand und ertrug das Warten kaum noch. Gerade als er den ersten Schritt die Treppe hinab gemacht hatte, wurde das Guckfenster wieder geöffnet. Die Frau, die ihn dieses Mal anschaute, war unzweifelhaft Dorothy. Doch ihr Gesicht – und er sah nicht mehr von ihr – war fülliger geworden, behäbiger, mit Wangen, die ein bisschen herunterhingen; auch die Ringellocken, die er gemocht hatte, fielen ihr nicht mehr in die Stirn, die deshalb befremdend nackt auf ihn wirkte. Sein Blick blieb auf einem Äderchen haften, das sich von der Augenbraue zum Haaransatz zog.

»Ich kann es nicht glauben«, sagte sie. Doch weder Überraschung noch Freude lag in ihrer Stimme.

Webber trat nahe zum Guckfenster, so dass ihre Gesichter nur zwei, drei Handbreit voneinander entfernt waren. »Doch, ich bin es«, sagte er und schämte sich gleich über diesen albernen Satz. »Ich bin seit ein paar Wochen zurück. Willst du mir nicht öffnen?«

»Warum?«, fragte sie. »Du kommst zu spät. Viel zu spät. Geh lieber gleich wieder.«

Er hüstelte nervös. »Ich wollte bloß wissen, wie es dir geht.«

»Gut.« Er sah nun ihrer Bewegung an, dass sie etwas hochhob, sie wich vom Fensterchen zurück und zeigte ihm das schlafende Kind, das sie auf dem Arm getragen hatte. »Es ist mein Zweites«, hörte er Dorothy sagen. »Ein Mädchen, Emily.«

Das Kind verzog den Mund, an dem die Reste eines Breis klebten, es öffnete halb die Augen und schloss sie gleich wieder. Webber fiel auf, dass es lange dunkle Wimpern wie die Mutter hatte.

»Ich gratuliere dir. Du bist also glücklich verheiratet.« Er spürte den Wind in seinem Nacken und versuchte den Rockkragen hochzustellen, ohne dass es ihm gelang.

Das Kind verschwand, als ob es weggezaubert worden wäre; im Fensterrahmen erschien wieder Dorothys Gesicht. »Ja, ich bin verheiratet. Mein Vater hat Edward und mir als Mitgift den anderen Hausteil geschenkt. Edward wird bald Vaters zwei Läden übernehmen.«

Edward also; Webber glaubte, sich an einen dünnen Mann mit Stirnglatze zu erinnern, der ihm beim Malen der Fresken zwei-, dreimal missmutig über die Schulter geschaut hatte. Er war der erste Geselle des Schlachtermeisters Sharp gewesen und schon damals, wenn er es sich richtig überlegte, wie ein künftiger Schwiegersohn im Haus ein und aus gegangen.

Es kam ihm demütigend vor, das Gespräch auf solche Weise fortzusetzen. Er war der Ausgeschlossene, sie stand drinnen in der Wärme und gab physisch nur so viel von sich preis, wie sie wollte.

»Ich habe viel erlebt in diesen vier Jahren«, sagte er.

»Man hört davon. Es interessiert mich nicht.«

»Du warst zu ungeduldig. Ich könnte dir jetzt, mit meinen guten Einkünften, eine sichere Existenz bieten.«

Dorothy strich sich über die Stirn, als hingen immer noch widerspenstige Strähnen in sie hinein. »Warum hast du nicht hartnäckiger um mich geworben? Warum hast du dich gleich von meinem ersten und zweiten Nein vertreiben lassen?«

»Du wolltest nicht so lange auf mich warten«, sagte er tonlos. »Und du hast mich doch damals, als ich dich auf der Straße abfing, regelrecht weggejagt.«

Dorothy lachte mit einer Bitterkeit, die ihn erschreckte. »Ach, ihr Männer! Zehnmal hättest du fragen müssen! Ich hätte meinen Vater schon umgestimmt.«

»Hast du denn meine Briefe nicht bekommen?«

»Was für Briefe? Nichts habe ich von dir gehört, gar nichts.«

»Ich hätte es mir denken müssen. Auch die Briefe an meinen Bruder sind verlorengegangen. Es tut mir leid.«

Nun fing das unsichtbare Kind zu quengeln an; Dorothy senkte den Kopf, und Webber sah im matten Tageslicht den Scheitel ihrer dunklen Haare, eine helle Stelle, auf die er einmal – ein einziges Mal – seine Hand gelegt hatte. Kühl war seine Hand gewesen, warm ihre Kopfhaut und widerborstig das Haar. Das Quengeln dauerte an; von Dorothy kamen tröstende Laute, gleichzeitig hörte man eine Frauenstimme im Hintergrund, dazu eine weitere Kinderstimme.

Dorothy erschien von neuem im Fensterchen; es war wie der Auftritt in einem Puppentheater, bei dem eine Riesin die ganze Bühne ausfüllt. »Hörst du nicht? Carol ruft nach mir. Und Emily muss gestillt werden.« Sie zögerte leicht, sagte dann, sehr heftig: »Zeige dich nicht mehr hier. Mein Mann ist eifersüchtig. Hätte er einen Verdacht, würde er es mich büßen lassen.« Bei diesem Satz drohte ihre Stimme zu brechen, und Webber war konsterniert über diesen plötzlichen Stimmungswechsel. Was wollte sie ihm sagen? Wurde sie schlecht behandelt? Er hatte keine Gelegenheit mehr nachzufragen; grußlos schloss sie das Fensterchen, so entschieden und rasch, dass der Knall ihn zurückfahren ließ.

Halb blind und taub ging er nach Hause zurück. Nach Hause? Es war seine Unterkunft, es war sein Arbeitsplatz, es war Henrys Atelier. Sobald er an einen Ort der Geborgenheit dachte, fiel ihm absurderweise das Schiff ein, seine Koje, in der er sich so oft verlassen gefühlt hatte. Er stieß mit Passanten zusammen, von denen einige ihn anpöbelten, er bog im Gassengewirr von Mayfair um falsche Ecken, er flüchtete vor Kutschen, die neben ihm herfuhren, erreichte dann trotzdem die Oxford Street. Es konnte gut sein, so dachte er, dass er sein Glück verspielt hatte; es war ja wohl vernünftiger, ledig zu bleiben. Mit welcher Frau schon, mit wem überhaupt würde er die Erfahrungen einer Reise, die ihn so weit geführt hatte, teilen können?

Henry war zum Glück nicht da. Ungestört widmete Webber sich der Weiterarbeit an der Poetua-Kopie. Er weichte eingetrocknete Farben auf, mischte den Hautton neu, der so anders war als die Haut von Dorothys Scheitel. Eigentlich hätte er, um im Zeitplan des Verlegers zu bleiben, das Aquarell mit dem nächtlichen Tanz der Mädchen auf Lifuka ausarbeiten und am nächsten Tag dem Kupferstecher Miller bringen sollen. Aber es zählte jetzt nichts anderes, als sich wieder Poetua, der Fernen, zu nähern. Er begann mit zarten Strichen, dann schien sich der Pinsel plötzlich selbständig zu machen, als ob eine bösartige fremde Hand ihn führen würde. Poetuas Gesicht vergröberte sich, ihr Lächeln wurde lüstern und höhnisch. Das war nicht sie, das war jemand ganz anderes. Webber ärgerte sich über sich selbst, dann über das Bild, das er in kürzester Zeit entstellt und verfälscht hatte. »Bravo, Webber!«, ironisierte er sein Ungeschick. Er griff nach dem dicksten Pinsel, jenem aus Schweinsborsten, und verschmierte Gesicht und Halbfigur, bis Poetua von einem Gewirr roter Kreise und Kreuze verdeckt war. Dann fuhr er mit dem ölgetränkten Lappen über die Leinwand und wischte die ganze Farbe weg. Immer furioser ging er dabei zu Werk, nahm auch die Handballen zu Hilfe, um auf der Bildfläche einen einheitlichen Ton – es war ein lichtes Gelbgrau – zu erzeugen; die Hände, die schmutzig braun wurden, als habe er sie in Morast getaucht, wischte er zwischendurch an seinen Kniehosen ab. Es war ihm egal, dass er sie ruinierte; es ging darum, Poetua verblassen, verschwinden zu lassen, und er wusste nur eines: Er würde von vorne beginnen müssen. Wann? Warum? Es wurde dunkel, er zündete zwei Lampen an, setzte sich, nachdem er die Hände notdürftig gereinigt hatte, an den Tisch, wo das Aquarell mit den Tänzerinnen lag. Peckover hatte sich plastischere Konturen gewünscht. Doch Webber schaute das Blatt nur ratlos an und wurde immer tiefer in seine Erinnerungen hineingezogen; sogar Gerüche schienen aus Boden und Wänden zu dringen: nach welkendem Jasmin und Zimt, nach Kokosöl und frischem Schweiß.

Als Henry heimkam, saß Webber immer noch da, mit aufgestütztem Kopf. Der Bruder erschrak erst über das verwüstete Porträt, auf das der Schein einer Lampe fiel, bog aber sein Erschrecken in eine amüsierte Bemerkung um, die der fleckigen Hose galt.

»Dir geht es nicht gut«, konstatierte er, nachdem er Webber kurz gemustert hatte. »Bist du krank?«

»Nein, ich bin bloß manchmal wieder auf der Reise. Und ich friere.«

»Du solltest nicht so viel arbeiten. Bist du heute ausgegangen?«

Webber schwieg und wandte sich halb vom Bruder ab, um seinem Bieratem zu entgehen.

Henry lächelte bubenhaft. »Ein Mädchen täte dir gut. Das weißt du doch.« Er wies auf die Leinwand. »Dann hättest du es vielleicht nicht über dich gebracht, solch schöne Brüste auszuwischen.«

Webber erwiderte das Lächeln mit einer schwer zu deutenden Grimasse.

»Mit dem Bild von Cooks Tod hast du noch gar nicht angefangen«, sagte Henry. »Peckover hat schon dreimal danach gefragt.«

»Es ist skizziert«, erwiderte Webber. »Eins nach dem andern. Alles braucht seine Zeit. Ich kann nicht zaubern.«

15

Ulietea, Dezember 1777

Am fünften Tag der Geiselhaft wurden Shaw und Mouat zurückgebracht. Es ging gegen Abend. Ein heftiger Gewitterregen hatte die Insel überschwemmt, von den Bäumen troff das Wasser, aber schon schien zeitweise wieder die tiefstehende Sonne, und dann war das Licht so grell und blendend, dass es die Sicht behinderte. Webber, der noch auf der *Discovery* war, musste die Hand an die Stirn legen, damit er das Kanu erkannte, das über die Wellen näher tanzte. »Sie kommen, sie kommen!«, hatte jemand gerufen, und alle – außer den Geiseln und ihrer Bewachung – hatten sich an Deck versammelt, um die Ankunft mitzuverfolgen. Auch Clerke war da, und Rickmans Fernglas wanderte von Hand zu Hand. Webber sah im zitternden Rund der Linse, dass Orio persönlich die Gefangenen begleitete. Er stand vorne im Bug. Shaw und Mouat saßen zusammengekauert neben ihm; sie waren, so glaubte Webber zu erkennen, mit Bastschnüren gefesselt, sie wirkten schmutzig und erschöpft.

Die Zuschauer auf der *Discovery* mutmaßten, welche Strafe Cook über sie verhängen werde. Clerke schwieg dazu. Rickman war sicher, dass der Fähnrich Mouat zum einfachen Seemann degradiert und Shaw ausgepeitscht würde. Erhängt würde aber keiner von beiden, sagte er mit einem trockenen Lachen, Cook habe kein Interesse daran, die Mannschaft zu dezimieren.

Webber beschäftigte sich nicht mit dem Strafmaß; ihn beschäftigte allein, dass die Zeit mit Poetua jetzt zu Ende war. Nur schon daran zu denken, verursachte einen Abschiedsschmerz, wie er ihn seit seiner Kindheit nicht mehr gekannt hatte, und es nützte nichts, ihn sich ausreden zu wollen. Die Tage mit ihr waren eine Insel eigener Art gewesen, ein geheimnisvoller Raum, erfüllt von ihrer Präsenz und seiner wachen und zugleich träumerischen Wahrnehmung. Sie hatte sich ihm geöffnet, und er hatte ihr, beschränkt aufs Viereck der Leinwand, gegeben, was ihm möglich war. Etwas Starkes und Untilgbares verband sie miteinander, so dachte er und warf sich im gleichen Moment vor, dass er sich dies bloß einbilde. Was sollte zwei Fremde, die sich wieder trennen würden, miteinander verbinden außer der Zufall der Reiseroute und die Willkür von Ereignissen, die weder er noch sie bestimmten?

Der Sinn des Stimmengewirrs, das ihn umgab, entglitt ihm. Er sah, nachdem er das Fernglas weitergereicht hatte, von bloßem Auge, dass das Kanu bei der *Resolution* anlegte, die hundert Yards weiter drüben lag. Er sah, dass Orio mit den Deserteuren an Bord kletterte und von einer ganzen Gruppe, zu der auch Cook gehörte, empfangen wurde. Es dauerte nicht lange, bis Leutnant Gore, in Begleitung Orios, von der *Resolution* herüberkam und den Befehl überbrachte, die Geiseln unverzüglich freizulassen; die Bedingungen dafür seien erfüllt. Webber folgte ihnen hinunter in die Great Cabin. Orio, der in den fünf Tagen um zehn Jahre gealtert schien, schloss Poetua weinend in die Arme; sie selbst versuchte gelassen zu bleiben, stieß aber plötzlich, wie ein kleines Kind, hohe und klagende Töne aus und wäre zusammengebrochen, hätte der Vater sie nicht gehalten und wäre nicht auch ihr Mann herbeigeeilt, um sie zu stützen. Alle drei sprachen nun, immer wieder von Schluchzen unterbrochen, freudig, ja übermütig aufeinander ein; nur Poetuas Bruder hielt sich, wie es seiner Art entsprach, mit finsterer Miene abseits. Kurze Zeit später, als sie sich beruhigt hatten, wurden sie von Gore und Clerke höflich verabschiedet und von dem Deutschen, Zimmermann, der sogar eine linkische Verbeugung andeutete, hinausgeführt.

Bei Webber blieb Poetua einen Augenblick stehen und legte ihre Hand auf seine Wange.

Er fühlte sich steif wie ein Stock unter dieser mütterlichen Berührung. »Das Bild ist noch nicht fertig«, sagte er mit Mühe.

»Sie werden es gewiss aus dem Gedächtnis vervollständigen können«, sagte Gore, als müsse er für sie antworten.

Poetua lächelte Webber an, und obwohl sie jetzt keinen Grund mehr zur Traurigkeit hatte, schien ihm, das Lächeln, das ihm galt, sei so verschattet wie in der ersten Zeit der Gefangenschaft. Doch dann drehte sie sich um und war weg, ohne dass er auch nur ein weiteres Wort hervorgebracht hatte. Er zwang sich dazu, seine Sachen zusammenzupacken, klappte das Malköfferchen zu, wischte die Finger am ölgetränkten Tuch sauber. Mit der Staffelei unter dem Arm und dem Köfferchen in der Hand ging er über den Steg an Land und dann, am Astronomenzelt vorbei, zur *Resolution* hinüber. Der Deutsche trug ihm, indem er mit zwei Fingern den Rahmen hochhielt, die Leinwand nach; eine andere Tragart war, der nassen Farbe wegen, nicht möglich. Das Bild selber zu tragen, brachte Webber nicht über sich; er fürchtete, er hätte es fallen lassen. Nun aber wanderte Poetua, für alle sichtbar, am regennassen Ufer entlang. Es war, als ob Zimmermann sie als Schild benutze und zugleich ihre Schönheit ausstelle. Kinder liefen zusammen und dem Bild hinterher; sie deuteten lachend darauf, riefen sich Bemerkungen zu, die noch größeres Gelächter erzeugten. Zwei von ihnen waren auffallend hellhäutig; sie stammten wohl von den Männern des Kapitäns Wallis ab, der hier erstmals gelandet war. Auch Erwachsene, die sich in Ufernähe befanden, wurden nun aufs Bild aufmerksam. Goulding, der die Szene vom Schiff aus beobachtet hatte, kam ihnen mit steifen Schritten, den Rock bis zum Hals zugeknöpft, entgegen. Er wollte Zimmermann das Bild abnehmen, aber dieser weigerte sich, es ihm zu überlassen, und hielt sich den Steward mit dem Ellbogen vom Leib.

Bevor Webber auf dem Achterdeck der *Resolution* durch die Luke hinunterstieg, traten ihm Trevenen und King in den Weg; sie wollten beide das Porträt betrachten, und Webber bat Zimmermann, es an die Lukenkappe zu lehnen. Trotz der beginnenden Dämmerung – oder vielleicht gerade ihretwegen – ging vom Bild eine starke, ja geradezu magische Wirkung aus. Die letzten Sonnenstrahlen, die es trafen, schienen zu bewirken, dass Poetua sich in Fleisch und Blut vom Hintergrund abhob und dem Beschauer in ruhiger Selbstverständlichkeit entgegentrat.

King nickte anerkennend. »Schön, sehr schön. Sie werden damit in London Aufsehen erregen.«

»Es ist noch nicht ganz fertig«, sagte Webber.

»Was willst du daran noch verbessern?«, fragte Trevenen mit einem Stich von Eifersucht, den Webber sehr wohl verspürte.

»Dem Bild fehlt etwas ... Wirkliche Lebendigkeit vielleicht ...«

Trevenen schaute ihn von der Seite erstaunt an. »Was möchtest du denn? Sie anhauchen und lebendig machen? Das ist Anmaßung. Du bist ein Mensch, und deine Schöpferkraft ist beschränkt.«

Webber schüttelte den Kopf. »Du verstehst mich falsch ... Ich kann gar nicht sagen, worum es mir geht. Ich möchte es malen und kann es nicht.«

Als wäre er aus dem Boden gewachsen, stand plötzlich auch Cook vor dem Bild, einen Schritt hinter King. Webber realisierte es erst, als die charakteristische Stimme des Kapitäns mit ihren scharfen S ertönte. »Sie zielen zu hoch, Mr Webber«, sagte Cook. »Sie sollen nicht Raffael sein, sondern ein glaubwürdiger Dokumentarist.«

Webber drehte sich um, sein Blick traf sich mit jenem Cooks. »Menschen haben nicht nur eine äußere Wahrheit, sondern auch eine innere, Sir. Zu ihr möchte ich vordringen mit meiner Malerei.«

»Die äußere Wahrheit, Webber«, sagte Cook in gleichmütigem und doch leicht angespanntem Ton, »genügt für meine Zwecke. Über die innere, sofern sie existiert, könnten wir uns lange und fruchtlos unterhalten. Das Bild übrigens ist gut, Ihr bisher bestes, vermute ich. Die physische Ähnlichkeit mit dem Modell scheint mir allerdings nicht überragend zu sein. Sie haben die Prinzessin unserem Geschmack angeglichen. Das schadet bei ihr nicht. Bei Landschaften wünsche ich mir größere Präzision.«

Webber, den die letzten Worte trafen wie Hiebe, fand ein paar Sekunden die Sprache nicht. Cook hatte sich schon zum Gehen gewandt, als Webber sich räusperte. »Sir, als Dokumentarist hätte ich Poetua in Geiselhaft zeigen müssen, nicht im Freien, wie Sie es wünschten.«

Cook deutete ein unfreundliches Lächeln an. »Auch bei äußeren Wahrheiten, Mr Webber, gibt es in der Royal Navy eine Hierarchie. Über dem, was Sie und andere sehen, steht die Staatsräson, sie ist die notwendige Klammer, welche die individuellen Wahrheiten zusammenhält. Meine Pflicht ist es, das eine gegen das andere abzuwägen und die möglichen Wirkungen einzuschätzen, so wie Sie, wenn ich mich nicht täusche, in Ihrer Farbskala die größtmögliche Harmonie anstreben. Die Prinzessin Poetua als Geisel würde das Publikum erschrecken und unsere Mission in ein falsches Licht rücken. Poetua im Freien – und dort ist sie ja wieder – wird dem Publikum als wahr erscheinen.« Er nickte nochmals, nun aber, wie um sich selbst zu bestätigen, und wandte sich entschlossen den Männern zu, die eben ein volles Wasserfass an Bord rollten.

In Webbers Kabine gab es kaum noch einen freien Winkel. Überall standen und lagen Leinwände, sie waren hintereinandergestapelt, zusammengerollt, nebeneinandergestellt. Dazu kamen die Mappen mit den Zeichnungen und Aquarellen, die Skizzenbücher, Einzelblätter, an die Schranktür, an die Wände geheftet. Er war, wenn er am kleinen Schreib- und Maltisch saß, bedrängt und umzingelt von seinen Werken.

Doch nun hatte er Augen bloß für das eine, das er, auf dem Bett sitzend, in einer Armlänge Abstand vor sich hinstellte. Ihr Gesicht wirkte unruhig im Schein der Lampe, die an der Decke hing, die Augen flackerten, suchten ihn und wichen ihm aus. Das ertrug er nicht lange, er drehte das Bild um, lehnte es an die Wand, starrte, so schien es ihm, dort, wo ihr Gesicht gewesen war, ein Loch auf die Rückseite der Leinwand, nein, brannte es hinein. Aber es nützte ja nichts, sie war verloren für ihn. Mit Unbehagen dachte er an das Mädchen, mit dem er das Lager geteilt hatte; so unrein durfte die Liebe nicht sein, dass man fürchten musste, angesteckt zu werden. Sie musste leuchten wie Poetuas Haut, erst dann war sie ein Opfer wert.

Er zwang sich dazu, die Messe – es gab Fisch nach Inselmanier – aufzusuchen und war, wie Anderson bemerkte, nicht überaus gesprächig. Dennoch hörte er mit einem Ohr, was die Tischnachbarn erzählten: Die Deserteure seien, auf Orios Betreiben hin, in Bolabola gefasst worden und jetzt wieder drüben auf der *Discovery*. Clerke habe sie unverzüglich in Eisen legen lassen, und angekettet würden sie bis zur Abfahrt der Schiffe bleiben. Shaw sei überdies zu zwei Dutzend Peitschenhieben verurteilt, Mouat degradiert worden. Mouat habe auf kindische Weise um Gnade gefleht und seine Torheit wortreich bereut; aber Cook, der Mouats Vater kenne, bestehe darauf, die Strafe zu vollziehen. Auch der alte Watman, der erstaunlicherweise um Milde nachgesucht habe, sei beim Kapitän abgeblitzt.

Danach, beim zweiten Glas Kapwein, vertraute Anderson, dessen Stimme beinahe zum Murmeln herabsank, Webber an, er habe heute Cook gebeten, seiner Krankheit wegen nach

Eimeo zurückkehren, dort bleiben und in Ruhe gesunden oder, was wahrscheinlicher sei, sterben zu können; und er habe versprochen, den ebenso kranken Clerke zu betreuen, so lange es ihm möglich sei. Clerke habe, in Absprache mit ihm, dasselbe Gesuch gestellt. Er wollte fortfahren, bemerkte aber, dass Bligh auf der anderen Tischseite ihn zu belauschen versuchte. Darum verstummte er und nahm mit lauter Stimme einen anderen Gesprächsfaden auf, während Webber sich mit der Entgrätung seines Fischstücks beschäftigte und das bittere Grünzeug, das auf Anordnung Cooks täglich serviert wurde, an den Tellerrand schob. Bevor der Kapitän die Tafel aufhob, gab Anderson Webber zu verstehen, er möge ihn in seiner Kabine besuchen, da könnten sie ungestört reden.

Eine halbe Stunde später trafen sie sich, und obwohl sie nun allein waren, redeten sie doch immer wieder im Flüsterton. Anderson hatte sich, den Kopf durch zwei Kissen gestützt, auf seinem Bett ausgestreckt; er war, nachdem er den Gast begrüßt hatte, in einem langen Schweigen versunken. Webber saß auf dem einzigen Stuhl, der gerade Platz zwischen dem Bett und der Wand hatte. So waren sie einander sehr nahe, und Webber realisierte mit Unbehagen, wie übel Andersons Atem roch. Der Arzt hatte eben wieder – es war durch alle Wände gedrungen – einen starken Hustenanfall hinter sich, mit der Hand umschloss er ein zerknülltes Taschentuch. Vielleicht wollte er verbergen, dass es voller Blutflecken war, aber Webber sah trotz des schlechten Lichts die rote Verfärbung in der Lücke zwischen Andersons Zeige- und Mittelfinger.

»Jetzt sagen Sie's schon, wie hat Mr Cook auf Ihre Bitte reagiert?«

»Wie erwartet«, antwortete Anderson. »Mit Ablehnung. Er könne, solange ich noch arbeitsfähig sei, auf meine Dienste nicht verzichten. Ebenso wenig auf jene von Mr Clerke. Ihm aber hat er offenbar gesagt, ein Arrangement, wie er es vorschlage, sei denkbar, sofern er seine Buchhaltung nach Recht und Gesetz in Ordnung bringe. Dies aber ist völlig unmöglich, da Mr Clerke bestimmte Originalquittungen fehlen, auf die er erst wieder in England zurückgreifen kann.«

»Dann ist dies bloß ein scheinbares Entgegenkommen, nicht wahr?«

»Ja. Mr Cook weiß genau, dass Mr Clerke diese Bedingung nicht erfüllen kann. Aber ein klares Nein wäre dem Kapitänskollegen gegenüber unangemessen. Außerdem bin ich nicht sicher, ob Mr Clerke es mit seinem Anliegen wirklich ernst meint. Er schwankt zwischen dienstlicher Loyalität und dem Wunsch, unter Palmen und in Würde zu sterben.«

»Und Sie?«, fragte Webber und versuchte, um Andersons Atem auszuweichen, auf dem Stuhl ein wenig zurückzurutschen. »Wie steht es um Ihre Loyalität?«

Anderson hüstelte, hustete stärker und bezwang, während sein Gesicht rot anlief und er das Taschentuch auf den Mund presste, mit größter Anstrengung einen neuen Anfall. Nach einer Weile war er wieder fähig zu sprechen; er tat es mit bitterer Ironie. »Nach Gott dem Allmächtigen ist hier auf dem Schiff der Kapitän meine oberste und unanfechtbare Instanz. Mir bleibt nichts anderes übrig, als zu gehorchen. Desertion wäre, wie sich gezeigt hat, sinnlos und unwürdig. Und wir wollen doch vermeiden, dass die schöne Poetua erneut in Haft genommen wird, oder nicht?« Eine kleine Verschmitztheit spielte um seine Mundwinkel. Webber errötete und suchte nach einer ausweichenden Antwort, doch Anderson kam ihm zuvor: »So weiß ich nun, dass ich meinem Tod entgegenreise. Bis dahin werde ich meine Pflicht erfüllen.« Er brach ab, mit einem unglücklichen Lachen, das in ein Seufzen, dann ein Husten überging, das er wiederum rechtzeitig zu ersticken vermochte.

»Wie können Sie so sicher sein«, wandte Webber ein, »dass Ihr Tod besiegelt ist? Bei unserem letzten Gespräch haben Sie eine Heilung nicht ausgeschlossen.«

»Aber nicht unter arktischen Bedingungen.« Anderson ließ, als sei er plötzlich erschlafft, das Taschentuch von der Hand auf den Boden gleiten. »Nicht bei Winterstürmen und dauernder Nässe. Nein, mein Schicksal ist klar. Ich könnte auch sagen: Mein Urteil ist gefällt.«

»Sind Sie Mr Cook deswegen böse? Er kann sehr hart sein.«

»Das muss er wohl, um die Mannschaft zusammenzuhalten. Umgekehrt lässt er allerdings, was die venerische Krankheit angeht, wieder die Zügel schleifen. Ich glaube, er ist sehr einsam. Man muss sich vor seinen Zornausbrüchen fürchten. Da wird er zum Despoten, der kein Gesetz mehr kennt außer dem eigenen.«

»Sie meinen die Zerstörungen auf Eimeo.«

»Ja. So etwas ist gefährlich und kann zu unabsehbaren Konsequenzen führen. Man müsste es bei solchen Gelegenheiten wagen, ihm in den Arm zu fallen.«

»Das soll einer wagen? Und in Kauf nehmen, als Meuterer an der Rahe zu hängen?«

Anderson richtete sich mit Mühe halb auf. »Sie haben recht. Ihn aufhalten zu wollen wäre selbstmörderisch. Aber ich kann mir ja sagen: Was zählt dies alles, was zählt das Schicksal britischer Seeleute und polynesischer Stämme vor dem Hintergrund des eigenen Erlöschens? Auch sie alle werden einmal verschwinden, wie ich.«

»Es zählt trotzdem etwas«, begehrte Webber auf. »Sie selber haben mich das gelehrt. Wir haben Nachfahren. Wir hinterlassen ihnen, was wir erschaffen haben.«

»Und unsere Sünden gehen auf sie über, wollen Sie sagen? Daran glaube ich nicht.« Andersons Kopf sank auf den Kissenberg zurück. »Aber einiges wird natürlich übrigbleiben von mir.« Er wies auf den überhäuften Schreibtisch in Webbers Rücken, auf die Herbarien, die Vogelbälge in Gläsern, die Pflanzenskizzen an den Wänden. »Die Notizbücher sind mir am wichtigsten. Da steht einiges drin, was die künftige Naturwissenschaft beeinflussen kann.« Er zögerte, benetzte mit der Zunge die trockenen Lippen. »Wollen Sie Sorge tragen, lieber Webber, dass all diese Sachen in die richtigen Hände kommen?«

Webber blinzelte heftig, als blende ihn sogar das schwache Lampenlicht. »Es ist mir zu früh, Sir, viel zu früh, Ihnen diesen Freundesdienst zuzusagen.«

Anderson lächelte und wirkte einen Augenblick lang wie ein bekümmertes Kind, das um Zuneigung wirbt. »Sagen Sie den Freundesdienst trotzdem zu. Es täte mir gut.« Er streckte die Hand aus. Webber kämpfte ein paar Sekunden mit sich, ergriff sie dann und schüttelte sie. Es war Anderson, der sich aus dem Griff löste und dann, zu Webbers Überraschung, sorgsam den Ärmel seines Hemds zurückzurollen begann. »Ich will Ihnen etwas zeigen«, sagte er und tippte auf den entblößten bleichen Oberarm, um den herum sich ein roter

Entzündungsring zog. Webber beugte sich vor; was er im roten Streifen sah, war ein dunkelblaues feinstichiges Tatau aus kleinen Quadraten und Kreisen, das, ähnlich wie bei Poetua, den Bizeps zierte.

Auch andere Seeleute, vor allem die einfacheren aus den Häfen von Plymouth und Portsmouth, hatten sich tatauieren lassen; das galt bei ihnen als Mutprobe. Aber Anderson?

»Wie kommen Sie dazu ...?«, fragte Webber erschrocken.

»Ich war neugierig. Ich wollte wissen, wie es sich anfühlt. Die Farbe mischen sie aus dem Ruß von verbrannten Nüssen und Kokosöl.«

»Aber warum denn ...? Es tut offenbar doch sehr weh.«

»Nun ja. Es ist keine Wohltat wie ihre Massagen, ich gebe es zu. Aber man fühlt sich lebendig dabei. Und es ist ein unauslöschbares Zeichen, dass ich hier gewesen bin. Die Entzündung geht schon wieder zurück.«

Nun lächelte auch Webber. »Lebendig? Sie wollen sich lebendig fühlen? Das ist gut!«

»Man soll leben, bevor man stirbt«, sagte Anderson. »Aber gehen Sie jetzt, sonst kommt es noch so weit, dass ich einen Gemeinplatz an den anderen reihe.«

Webber stand auf und reichte Anderson nochmals die Hand. »Leben Sie wohl. Das meine ich im Wortsinn.«

»Nenn mich William«, erwiderte Anderson. »Wir kennen uns nun weiß Gott lange genug. Immer diese Förmlichkeiten!«

»Ich heiße John«, sagte Webber und schien einen Kloß in der Kehle hinunterzuschlucken.

»Das weiß ich doch. Dein Name eignet sich gut fürs Gedächtnis der Nachwelt. Und auch, wie du manchmal deine Bilder signierst: JW. Einprägsam, oder nicht?«

»Ich gehe jetzt«, sagte Webber und erwiderte, bevor er die Kabine verließ, flüchtig Andersons Abschiedswinken.

16

Vor neu entdeckten Inseln, 22. Januar 1778. Lange habe ich nichts mehr notiert, dafür manche Zeichnung mit Feder und Tusche ausgearbeitet, einige Ölbilder ergänzt, meine Wellen- und Wolkenstudien fortgesetzt. Was mein Pinsel nie erfassen wird: die Lebendigkeit der Brandung, die hin und her gezerrten, sich dehnenden und verkürzenden Bändermuster der Gischt auf den Wellen, bevor sie, wie torkelnde Heerscharen, vornüberstürzen und in sich zusammenbrechen.

Wir stachen von Bolabola aus, wo wir bloß einen Tag draußen vor dem Riff blieben, am 8. Dezember in See und hofften, in einigen Wochen zur Nordwestküste Amerikas, ungefähr auf dem 45. nördlichen Breitengrad, zu gelangen und an der Küste entlang, noch vor Einbruch des nächsten Winters, den 65. Breitengrad zu erreichen. Längs dieser Strecke vermutet Captain Cook irgendwo den Eingang zur Passage, die ostwärts durch den Kontinent und in den Atlantik führen könnte (vielleicht aber gibt es gar keine).

Cook nahm an, dass nichts vor uns liege als eine riesige Wasserfläche. Wir überquerten den Äquator am 23. Dezember, und ich dachte mit einigem Grimm an die unwürdige Taufe, die ich bei der Fahrt in umgekehrter Richtung erlitten hatte. Mir schien, es habe sich in der Zwischenzeit doch einiges ereignet, was meine damaligen Befürchtungen bestätigte.

Am Weihnachtstag, den die Mannschaft mit dem üblichen Vollrausch feierte, entdeckten wir eine unbewohnte kleine Insel, auf der sich dann zwei – wohl immer noch beduselte – Matrosen verirrten. Zum Glück kommen auf dieser Insel massenhaft große Schildkröten vor; die Verirrten tranken ihr Blut und überlebten, bis der Suchtrupp sie gefunden hatte. Dies hinderte uns nicht daran, auch auf diesem öden Eiland den Union Jack zu hissen und die übliche Flaschenpost mit der Inschrift *Georgius tertius Rex* zu hinterlassen. 300 Schildkröten wurden sodann gefangen und an Bord geschafft, Lebendproviant für viele Wochen. Man stapelt sie im Laderaum übereinander, wäscht täglich ihre Augen aus, und so leben sie weiter, bis sie geschlachtet werden. Grausam, aber nützlich. Habe gelernt, mich mit solchen Dingen abzufinden. Nicht abfinden mag ich mich mit Dr. Andersons Krankheit. Sein Zustand verschlimmerte sich, und sein Fieber stieg so hoch, dass er die Kabine gar nicht mehr verließ. Ich sorgte mit einem Bestechungsgeld dafür, dass der Koch, der sich solchen Sonderwünschen sonst großmäulig widersetzt, für ihn täglich eine Bouillon zubereitete. Goulding, froh, etwas für ihn tun zu können, servierte sie ihm in pünktlicher Beflissenheit, und Anderson erholte sich auf beinahe wunderbare Weise.

Nach einigen kleineren Stürmen, die mich wieder halb betäubten, meldete der Ausguck vor drei Tagen, am 19. Januar, völlig überraschend Land. Es zeigte sich, dass wir auf mehrere Inseln mit hohen Bergen – eine Inselgruppe also – gestoßen waren, die noch auf keiner Karte verzeichnet waren. Wir mussten folglich die ersten Europäer sein, die sie sahen, und Captain Cook, in großer Aufregung, gab bekannt, dies sei wohl die bisher bedeutendste Entdeckung dieser Reise. Wir ließen, der tückischen Winde wegen, die östlichste Insel steuerbords liegen und hielten nordöstlich, unter halbgerefften Segeln, auf die nächstgelegene zu, hinter der sich, schwach sichtbar, die Umrisse einer dritten, aber wesentlich kleineren abzeichneten. Zu unserem Erstaunen sahen wir bald schon, als wären wir immer noch im Bereich der Gesellschaftsinseln, große und stark bemannte Kanus mit Auslegern, die sich geschwind näherten und uns bald schon in friedlicher Absicht umringt hatten. Die Männer, von ähnlichem Wuchs wie jene von Otaheite, winkten uns zu und schwatzten auf uns ein, sie boten uns Bananen, Yams und zappelnde Ferkel an, und unser Erstaunen wurde noch größer, als sich herausstellte, dass ihre Sprache nahe verwandt mit jener der anderen Inseln war, die doch mehrere 100 Seemeilen hinter uns lagen. So konnten wir uns brockenweise verständigen. Es kann nicht anders sein, als dass dieses Volk im Lauf der Jahrhunderte ein riesiges Gebiet im Pazifik erforscht und besiedelt hat, und dies ohne Kompass und andere nautische Instrumente, nur mit bloßer Kenntnis der Sterne und der Meeresströmungen.

Die runde Insel, an deren Südwestküste wir entlangsegelten, nennen sie Kauai. Die Mutigsten unter den Kanufahrern, bekleidet nur mit einem um die Taille geschnürten Penisbeutel, kletterten an Bord, und ihr Verhalten, das zwischen Furcht und Neugier schwankte, bewies aufs klarste, dass sie ein Schiff wie das unsere noch nie gesehen hatten. Jeder Gegenstand – besonders, was aus Eisen war – erregte ihr Interesse, sie wollten alles berühren, beschnuppern, ausprobieren und dann gleich behalten, was ihnen gefiel oder nützlich schien, und einmal mehr ging es darum, ihnen klarzumachen, dass wir dies nicht duldeten. Im einen oder andern Kanu waren auch halbnackte und sehr schöne Frauen zu sehen, die sich, unseren winkenden Männern gegenüber, lockend in Szene setzten. Doch Captain Cook, der neue Vorsätze gefasst zu haben schien, duldete keine einzige an Bord und untersagte von Anfang an jeglichen Umgang mit ihnen. Angesichts der hohen Brandung erkundigte er sich nach einer günstigen Landestelle und schickte, da er keine befriedigende Antwort bekam, Lt. Williamson mit drei Booten und bewaffneter Besatzung aus, um eine Bucht und Wasserstellen zu finden. Frischwasser benötigten wir am dringendsten.

Gefährlicher Zwischenfall mit Williamson, dem ewigen Kläffer. Nicht zu Unrecht wird sein Jähzorn auf dem ganzen Schiff gefürchtet. Offenbar erschoss er einen Eingeborenen, von dem er sich bedroht fühlte. Er wurde von CC heftig getadelt (aber als Offizier nicht bestraft). Wir befürchteten Racheaktionen der Einheimischen; sie blieben – aus Angst? – friedlich und waren bereit zu ausgedehntem Tauschhandel. Ein ehrwürdiger Alter, den wir für einen Priester hielten, führte uns gestern durch große Bananenpflanzungen zu einem Kultplatz. Der Alte hatte ein dunkelgegerbtes Gesicht, dünne Beine wie ein Kranich und trug einen Umhang aus gelben und roten Vogelfedern und eine ebensolche Kappe (die ließ er sich um keinen Preis abhandeln); im Gehen rezitierte er ununterbrochen Gebete. Den Kultplatz umfasst ein

Wall aus behauenen Steinen; hier nennen sie ihn nicht Marai wie auf Otaheite, sondern Heiau (oder ähnlich). Roh gepflasterter Grund, darauf eine Art Pyramide aus Stöcken und Zweigen, zwanzig Fuß hoch, teils von dünnem Tuch bedeckt, mit undurchschaubarem Zweck, daneben etliche Gräber, vermutlich von Menschenopfern; auf demselben Gelände ein Haus mit Schnitzwerken von Gottheiten, deren Bedeutung uns in keiner Weise klar wurde. Ich zeichnete indessen alles so getreu wie möglich, sehend und blind zugleich: sehend, weil meinem Auge kaum ein Detail entgeht, blind, weil der Zusammenhang des Ganzen mir fremd bleibt und wir auch keiner Handlung beiwohnen konnten, die das Verständnis erleichtert hätte. Man kann sich fragen, wie die Insulaner auf eine christliche Kirche reagieren, was sie zu geschmückten Säulen, zum Hochaltar, zu Kanzel und Heiligenbildern sagen würden. Je genauer und umfangreicher wir über die neuentdeckten Inseln berichten, desto leichter wird es sein, sie aufzufinden, zu bekehren und zu plündern. Dies, mein lieber Anderson, gestehe ich mir nur in der stillen Kammer ein; es ist eine gefährliche Einsicht, die mir, dem besoldeten Zeichner und Maler, gar nicht zusteht.

Messegespräch. Es war Captain Cook selbst, welcher die Rede – zum wievielten Male schon? – auf den Eigentumsbegriff der Wilden brachte. Das Thema lässt ihn nicht los; das Faktum des leichtfertigen Stehlens sei für ihn, bemerkte Anderson hinterher, wie eine tiefliegende Verletzung, die nicht heilen wolle. Er überlege sich, sagte Cook, unserm Abendgast, Kapitän Clerke, zugewandt, mit welchen Methoden, außer den üblichen, wir den Inselbewohnern beibringen könnten, was Eigentum in unseren Augen überhaupt sei. Vielleicht müsste man ihnen, wie kleinen Kindern in unserer Kultur, Schritt für Schritt zeigen, worum es uns gehe. Ein Kind weine, wenn man ihm seine Puppe oder sein Holzpferd entreiße, und wolle es zurück; das Kind habe also bereits gelernt, sein Spielzeug als individuellen Besitz zu betrachten, und müsse nun lernen, die Eigentumsgrenze auch beim Spielgefährten zu respektieren, außer dieser sei dazu bereit, sein Spielzeug auszuleihen. »Dies gehört mir und jenes dir« sei ein Satz, auf dem sich unsere Gesellschaft gründe; ohne ihn drohe das Chaos. Wenn ein Kind sich weigere, dieser Unterscheidung zwischen eigenem und fremdem Gut nachzuleben, müsse man es ermahnen und mit zunehmender Strenge bestrafen, so lange, bis es jeglichem Diebstahl aus Einsicht oder aus Angst vor den Folgen abschwöre. Dies sei indessen ein längerer Erziehungsweg; ihn hier auf den Inseln zu gehen könnten wir uns nicht leisten, und deshalb müssten wir von Anfang an auf strengste Weise die Grenzen festlegen und bereits geringfügige Diebstähle unterbinden, weil sonst die Tür aufgestoßen sei zu größeren Übergriffen. Auf Einsicht könnten wir dabei nicht vertrauen; uns bleibe nur das Mittel der Einschüchterung, was uns nicht daran hindern dürfe, uns in allen anderen Bereichen anständig und korrekt zu betragen.

Es war für Cooks Verhältnisse eine lange Rede, und bei aller Sachlichkeit der Wortwahl hatte er sie in zunehmender Erregung vorgetragen, als wolle er von Anfang an jeden Widerspruch und jede Nachfrage im Keim ersticken. Zunächst wagte in der Tat niemand, einen eigenen Gedanken zu seiner Theorie zu äußern. Man stimmte ihm mit Nicken und Murmeln zu. Gore gab eine Zusammenfassung des schon Gesagten von sich, Clerke lächelte melancholisch und schwieg, Bligh fragte, welche Strafen, nach Meinung des Kapitäns, das Ziel der Einschüchterung am besten erreichten, und gab sich umgehend selbst die Antwort, indem er postulierte, dass Körperstrafen am abschreckendsten wirkten, und zwar nicht schmerzhafte, sondern solche, welche die Bestraften am meisten beschämten. Dann aber meldete sich – ich hatte es beinahe erwartet – Anderson zu Wort: Er frage jetzt nicht nach geeigneten und zugleich humanen Bestrafungsformen, sondern danach, ob der Eigentumsbegriff, bezogen aufs raffgierige Individuum, notwendigerweise zu einer fortgeschrittenen Gesellschaft gehöre. Er frage sich, fuhr er fort, ob man sich, wie einige bedeutende Philosophen, nicht eine Gesellschaft denken könne, in der das kollektive Eigentum dominiere. Die Fähigkeit oder der rechtliche Zwang zum Teilen, zur Teilhabe ebne doch die Unterschiede zwischen Arm und Reich ein und eliminiere damit die Ursache vieler Konflikte.

Clerke brach nun doch sein Schweigen und sagte ganz ohne sein übliches Lächeln, an ein solches Utopia vermöge er nicht zu glauben. Es sei dem Menschen angeboren, Besitz – sei er noch so gering – für sich allein und seine Familie zu begehren. Den Besitzdrang müsse man gestatten und zugleich zügeln, indem Eigentum klar definiert und verbrieft werde; es zu schützen sei die Aufgabe des Staates oder eben eines schwimmenden Miniaturstaates, als den er unsere Schiffe verstehe.

Captain Cook, der sich mit Anstrengung zurückgehalten hatte, schnitt seinem Stellvertreter das Wort ab. So sei es, sagte er; verbrieftes Eigentum müsse auf jeder Stufe der Gesellschaft vor Übergriffen geschützt werden, auf jener des Individuums, der Familie, der Korporation, der Kirche und der Monarchie, immer im Bewusstsein, dass alles letztlich von Gott komme und von Gott geliehen sei, als dessen Sachwalter in Besitzfragen wir den König und seine Gerichte zu betrachten hätten. Die Gestalt einer solchen Besitzpyramide zu erfassen sei den Wilden ohne ausführliche Anleitung nicht möglich. In zwei, drei Jahrhunderten, so schloss er, möchten sie vielleicht auch so weit wie wir gekommen sein.

Ob denn zum Naturzustand des Menschen tatsächlich der Besitz gehöre?, fragte King ins allgemeine Schweigen hinein. Ein Franzose, dessen Schrift er kürzlich gelesen habe, verneine dies; der Erste, der einen Platz eingezäunt und als seinen bezeichnet habe, sei der Erfinder des Eigentums. Der Verfasser gehe sogar so weit zu behaupten, mit dem Eigentum sei das eigentlich Böse in die Welt getreten. Aber nun könne man es nicht mehr abschaffen, sondern müsse es dem allgemeinen Willen des Volkes unterstellen.

Auch er habe von diesem Franzosen gehört, fertigte der Kapitän King (und mich, der ihm innerlich zustimmte) ab. Was er sage, sei gefährlich und wende sich gegen die Monarchie. Das Eigentum sei nie und nimmer die Quelle des Bösen, sondern vermöge, wie die Erfahrung zeige, das Glück und den Wohlstand sowohl der Einzelnen als auch des ganzen Gemeinwesens zu fördern.

Was aber, fragte Anderson in seiner beharrlich-listigen und beinahe trotzigen Art, wenn Eigentum zusammengeraubt würde? Da wir doch gegen Diebstähle seien, müssten wir konsequenterweise auch gegen die Raubzüge von Staaten sein.

»Ach«, rief Bligh höhnisch, »da haben wir wieder die Phalanx der modernen Philosophen! Was wollen Sie denn? Dass wir uns im Naturzustand gegenseitig auffressen?«

»Hören Sie, Mr Anderson«, übertönte ihn Cook, offensichtlich bis aufs Blut gereizt. »Wägen Sie Ihre Worte genauer ab! Raubzüge werden von Piraten unternommen. Wenn wir auf unserer Expedition bisher unentdecktes Gebiet in Besitz nehmen, geschieht dies erstens im Namen des Königs und zweitens deshalb, um Frankreich und Spanien, die uns immer wieder bedroht haben, zuvorzukommen. Reden Sie von Gerechtigkeit, Mr Anderson, nicht von Raub!«

Anderson senkte, während die meisten am Tisch ihn missbilligend ansahen, den Kopf und verzichtete auf eine Entgegnung, und CC zwang sich dazu, einige organisatorische Anweisungen zu geben. Kurz darauf wurde die Tafel aufgehoben; man spürte, dass Cooks Puls noch immer erhöht war.

Ach, wie schwer fällt es mir, einem Mann des Stifts und Pinsels, solche Gespräche in all ihren Verästelungen zu rekonstruieren! Ich versuche es trotzdem, denn sie geben Auskunft über die Haltung derer, die auf diesem Schiff den Ton angeben. Das mag für die Nachwelt nicht unerheblich sein. Wobei ich ja selbst nicht weiß, was einst mit meinem Schreibkalender und den Blättern, die ich zusätzlich bekritzle, geschehen soll.

Weiß Gott, wann wir wieder Festland sichten werden. Den Inseln, die hinter uns liegen, hat Captain Cook den Namen seines Gönners, Lord Sandwich, gegeben. Er ist der Meinung, dass sich ostwärts der dreien, die wir gesehen haben, weitere Inseln anschließen könnten; dies zumindest haben Eingeborene auf Kauai mit Zeichnungen im Sand verdeutlicht. Womöglich, so Cook, werden wir in einigen Monaten in dieses Gebiet zurückkehren, um es besser zu erforschen und uns aufzuwärmen. Jetzt aber drängt die Zeit. Der kurze arktische Sommer wird das Packeis schmelzen, das uns zu den anderen Jahreszeiten an der Suche nach der Nordwestpassage hindert. Ich habe zu tun, möchte nachts von Poetua träumen. Stattdessen träumte ich von meiner Tante Rosina. Sie hat sich im Traum verjüngt. Ein hübsches Kind ist sie geworden, viel größer als ich jedoch. Wir gehen Hand in Hand zum Fluss, zur Marmorsägerei, sie lässt sich den einen Arm bis zum Ellbogen absägen, dann den anderen, ich schaue gleichmütig zu, sie blutet nicht, breitet bloß ihre Armstummel aus. Erst als ein abgesägter Arm, der im Steinstaub liegt, sich zu winden beginnt, mit gebogenen Fingern auf mich zukriecht, schreie ich auf und flüchte über den Fluss. Ja, ich kann über Wasser gehen, doch am Ufer versinke ich, klammere mich an Weidenzweigen fest, und von weit oben am Hang winkt mir mein Lehrer Aberli zu, ausgelassen wie nie, und ruft: Land ahoi! Jetzt sehe ich, dass er den Hut des Captain Cook trägt, und dies erheitert mich in höchstem Maß. – Seltsames Traumland, man müsste es ebenso erforschen wie den Pazifik, aber das ist Füsslis Gelände, nicht meins. Zu diesem Land gehören auch die Wolkenuntiere, die manchmal beinahe die Mastspitze streifen. Sie sind bedeckt mit Schuppen in Topasgrün, sie haben aufgerissene Mäuler mit Wulstlippen, aus denen schwärzlicher Atemhauch entweicht.

Wieder sind sie wochenlang auf hoher See. Kaum ein Tag vergeht ohne kräftigen Regenguss. Die Windrichtung wechselt dauernd, es ist unmöglich, den nordöstlichen Kurs genau zu halten, der die Schiffe auf dem schnellsten Weg zur Westküste Amerikas brächte. Manchmal ist der Himmel auch tagsüber so verdüstert, dass man meinen könnte, es sei Nacht. Es wird kälter von Breitengrad zu Breitengrad; Cook lässt die Überröcke aus dichtem Wollgewebe austeilen. Der Vorrat an Frischfleisch und Grünzeug ist bald aufgebraucht. Schon jetzt sehnen sich die Matrosen nach den pazifischen Inseln zurück. Der Grog wird während der Freiwache zu ihrer Zuflucht; sie drängen sich beim Bechern aneinander, bewegen ihre Zehen in den Schuhen, um sie aufzuwärmen. Die Gespräche kreisen um die ungewisse Zukunft, lieber noch um bestandene Abenteuer, um ihre Liebschaften mit den Inselmädchen. Kaum einer gibt offen zu, auch an Desertion gedacht zu haben; aber die Maulhelden prahlen damit, dass sie sich, wenn sie nur gewollt hätten, auf Lebzeiten mit einem ganzen Harem hätten vergnügen können. Der eine und der andere geraten erst jetzt, lange hinterher, wegen eines Mädchens, dessen Gunst sie beide genossen, in Streit. Auch die Offiziere gewahren, wie schnell sich die allgemeine Stimmung verschlechtern kann. Vor allem Gore und King werden selbst hart angefochten von der Erinnerung an die Tage auf Otaheite. Gore reagiert darauf mit Schwermut, die er vergeblich zu überspielen versucht; man sagt ihm nach, dass ihn schon in England eine Geliebte verlassen und er diesen Verlust nicht verwunden habe. King dagegen tut, was er vorher vermied: Er betrinkt sich abends, schwatzt Unsinn, lacht darüber wie ein Kind. In der Messe und bei den täglichen Positionsbestimmungen wird Cook über die rasch zunehmende Verdrießlichkeit der Männer berichtet. Er verschärft, ohne sich seine Besorgnis anmerken zu lassen, die Disziplinarmaßnahmen, bestraft auch kleinere Vergehen mit Auspeitschen; umgekehrt lässt er ungewöhnlich oft eine Extraration Rum ausschenken, besonders nach Phasen, in denen sich die Männer an der Pumpe oder in der Takelung bis zum Umfallen abgerackert haben. Die nasskalte Witterung, die Temperatur, die allmählich gegen den Gefrierpunkt sinkt, bringen es mit sich, dass leichte bis schlimme Erkältungskrankheiten grassieren. Der alte Watman mag kaum noch aus der Hängematte kommen, andere haben verstopfte Nasen und Atemschwierigkeiten, einen wunden Hals, stechende Lungen mit hohem Fieber. Anderson rafft sich Morgen für Morgen auf, die Kranken, begleitet von Samwell, zu besuchen. Er kann, außer dass er Tee, Wickel und Inhalationen verordnet, wenig genug gegen die Symptome tun. Die Sonne und einen blauen Himmel müsste er herbeizaubern, bemerkt er zu Webber, und das bringe nicht einmal der Kapitän fertig, dessen Omnipotenz leider aufs Schiff begrenzt sei.

Auch Webber fühlt sich machtlos gegen die Schwermut, die von allen Seiten in ihn einzusickern scheint; ihr Pegel steigt wie zäher Schlamm, verstopft seine ganze Zuversicht. Er hasst die Wolkenmassen, die mit ebendieser Schwermut vollgesogen scheinen, er hasst auch das glitschige Deck und die Sturzseen, die darüber hinwegdonnern. Kaum noch getraut er sich ins Freie hinauf. Es ist nicht seine Art, sich mit Grog zu betäuben, stattdessen flüchtet er sich, so lange es geht, in die Arbeit, verfeinert bei schlechtem Licht seine Zeichnungen, hantiert mit Feder und Tusche, bis ihm die

Augen brennen. Noch einmal die Landschaften von Otaheite, Eimeo und Huahine. Palmenhaine, die bizarren Formen der Berge, die Wasserfälle. Wie klein sind die Figuren am Strand, vor den Hütten, in den Kanus. Gesichter als Rätselzeichen. Man kann, bei flüchtigem Hinsehen, sogar Engländer mit Einheimischen verwechseln. Darf das sein? Poetuas Halbakt meidet er, als ginge von ihrem vollkommenen Körper etwas Unheilvolles aus, dem er sich nicht mehr aussetzen kann, ohne Schaden zu nehmen. Inzwischen hat er die Leinwand sorgsam zusammengerollt und sie in eine Ecke zu anderen Gemälden gestellt; er tadelt sich selbst, wenn sein Blick vom Schreibtisch dorthin geht. Den Schreibkalender lässt er in der untersten Schublade liegen; das Gekritzel der letzten Wochen könnte er ohnehin nicht entziffern.

Einmal begleitet er Anderson nach vorne ins große Zwischendeck, wo die Mannschaft haust. Es ist dämmrig dort unten; Licht kommt nur von der Vorluke her, solange deren Kappe halb offen bleibt, dazu geben ein paar Tranfunzeln einen schwachen Schein, in dem nur gerade die nächste Umgebung sichtbar wird. Das Lazarett, ganz hinten, ist vom übrigen Bereich durch ein Tuch abgetrennt. Mindestens ein halbes Dutzend Hängematten sind dort auch tagsüber ausgespannt; darin liegen die Kranken. Einer stöhnt leise vor sich hin, die anderen atmen schwer, husten, schneuzen sich. Der Gestank nach Schweiß und anderen Ausscheidungen erschlägt Webber beinahe; er ist so dicht, dass ihm scheint, er müsse sich durch halbflüssige Materie vorankämpfen. Anderson fühlt den Kranken den Puls, mahnt sie zu Geduld, verspricht ihnen Tee mit Ingwer und Zitronensaft, der die Nase befreie und den Schleim austreibe. Er kriecht unter den vorderen

Hängematten durch, um zu den hinteren zu gelangen; Webber folgt ihm, stößt irgendwo auf Watman, den er an der Stimme erkennt, und erschrickt über den dumpfen Tiergeruch, der von ihm ausgeht.

»Es wird bald wieder gut«, sagt er zu ihm.

»Das hoffe ich«, antwortet Watman mit einem verunglückten, beinahe krächzenden Lachen, er greift nach Webbers Hand und lässt sie nicht mehr los; die seine ist trocken und heiß. »Manchmal tut einem eben alles weh. Und wer weiß, weshalb man's verdient hat.«

»Sie haben es bestimmt nicht verdient«, sagt Webber, indem er sich aus Watmans Griff befreit.

Watman verändert seine Lage, so dass die Hängematte zu schaukeln beginnt und an Webbers Hüfte stößt. Mühsam, aber hartnäckig fügt er die Wörter aneinander: »Irgendwann geht es trotzdem zu Ende, Sir, daran kann man nichts ändern. Den Zeitpunkt wählen nicht wir.«

Webber weiß nichts darauf zu sagen; noch einmal tastet er nach Watmans Hand, drückt sie kurz in einer hilflosen Geste, dann wendet er sich von ihm ab.

Es werde keiner der Kranken an den momentanen Symptomen sterben, sagt Anderson, als sie auf dem Oberdeck wieder frische Luft schöpfen. Auch Watman werde sich, trotz seines fortgeschrittenen Alters, wieder erholen. Erkältungskrankheiten, sofern sie nicht in eine Lungenentzündung übergingen, würden rasch abklingen. Die Hauptsache sei, dass man den Skorbut vom Schiff fernhalte, und bisher sei dies, dank Cooks rigorosen Maßnahmen, gelungen. Er spricht über Krankheit und Tod so nüchtern und beinahe leichthin, dass es Webber stärker schmerzt als jede Klage.

Dann erkrankt auch Webber von einer Stunde auf die andere. Überfallartig peinigt ihn Halsweh; alle Schleimhäute geraten in Aufruhr, Stirn und Wangenknochen schmerzen, der ganze Kopf beginnt zu glühen. Der Schüttelfrost zwingt ihn, sich hinzulegen und unter mehreren Decken zu vergraben. Aber immer noch klappert er mit den Zähnen, und er fürchtet, die Eiseskälte krieche, während er zugleich schwitzt, immer näher an sein Herz heran und werde es zum Stillstand bringen. Anderson, von Goulding alarmiert, besucht ihn trotz seiner eigenen Schwäche, er fühlt ihm den Puls, untersucht den Belag auf seiner Zunge, horcht ihm die Brust ab. Bleich sitzt er danach auf dem Stuhl, den er vom Zeichentisch weg- und zum Bett hingedreht hat.

»Es ist ein hohes Fieber, als Folge der starken Erkältung«, sagt er. »Es wird vorbeigehen, in einer Woche oder zwei bist du wieder gesund.«

»Bist du sicher?«, fragt Webber mit einem bittenden Ausdruck in den Augen.

»So sicher, wie ein Arzt eben sein kann. Ich rate dir, viel Tee zu trinken, am besten einen Sud aus Weidenrinde, dazu schluckst du täglich einen Löffel voll Schwarzkümmel. Und gegen die Halsschmerzen kaust du getrocknete Salbeiblätter. Mehr kann ich nicht tun.« Er greift nach Webbers Hand, tätschelt sie väterlich, aber matt.

»Und dir?«, fragt Webber mit Überwindung. »Wie geht es dir?«

»Ach, lassen wir das.« Anderson schließt die Augen, als könne er so die Frage ignorieren. »Es geht auf und ab, wie im Lehrbuch. Manchmal kann ich mich kaum noch durch den Tag schleppen.«

»Du hustest weniger«, sagt Webber, der selbst zwischendurch gegen einen Hustenanfall zu kämpfen hat.

Anderson versucht zu lächeln, es wird aber nur ein Mundwinkelzucken daraus. »Das täuscht. Ich weiß inzwischen besser, was ich vorkehren muss, um meine Umgebung nicht dauernd zu belästigen.«

»Auch du denkst wohl häufig an die Inseln zurück, oder nicht?«

»Verschone mich mit diesem Thema!« Die plötzliche Schärfe in Andersons Tonfall lässt Webber zusammenzucken; er zieht die Decke höher und rollt sich zusammen wie ein Kleinkind.

»Entschuldige«, sagt Anderson beinahe unverständlich. »Ich muss gehen, es sind noch andere krank, und Samwell hat im Vorderschiff übergenug zu tun.«

»Wer ist denn auf unserer Seite krank?«, fragt Webber. »Der Kapitän? Oder Williamson?«

Anderson gibt keine Antwort mehr. Er stemmt sich vom Stuhl hoch, tastet sich an der Wand entlang wie ein Blinder zur Tür.

Das Fieber steigt; der Tee bringt Webber zum Schwitzen. Nachts schläft er kaum, treibt durch die Schlaflosigkeit wie ein Boot ohne Ruder; tagsüber versinkt er in traumartige Dämmerzustände, die ihn nach London und ins Bern seiner Kindheit zurückbringen. Die Tante sitzt neben ihm, so nah, so lebendig, dass er ihre tiefen Falten zwischen Nase und Mund glätten möchte. Da ist der Meister Funk und schüttelt den schweren Kopf, der schwedische Geselle singt ein Lied, es riecht nach Hobelspänen und versengtem Holz. Er ist in der Werkstatt des Vaters und tröstet den kleinen Bruder, der sich den Daumen gequetscht hat, und da ist auch die Mutter mit einem schlimmen Gesicht, denn ihre Züge sind daraus wegradiert, es ist ein Kopf wie eine Strumpfkugel, und doch ist es die Mutter. Warum nur entzieht sie sich ihm auf solche Weise? Das eigene Husten rüttelt ihn wach. Im schwachen Licht, das die Luke hereinlässt, verschwimmen alle Konturen, krümmen und dehnen sich, und er weiß nicht, ob dies von seinem Phantasieren oder von der Schlingerbewegung des Schiffs kommt. Er hustet, die Augen voller Tränen, er spuckt ins Taschentuch, sucht darin mit angehaltenem Atem nach Blutspuren und findet keine.

Irgendwann sitzt auch Trevenen an seinem Bett. Er streicht Webber die verschwitzten Haare aus der Stirn, flößt ihm Tee ein und erzählt ihm vieles, was Webber behalten möchte und nicht kann. Mehrere Wale habe der Ausguck gesehen, sagt Trevenen, es treibe Tang ums Schiff herum, Seevögel flögen vorbei, man nähere sich gewiss schon der amerikanischen Küste. In zehn Jahren wolle er Kapitän sein, sagt er, einer wie Clerke, er werde Ann heiraten, wenn sie ihn wolle und er die lange Reise überlebe, Webber müsse Trauzeuge sein, ernsthaft krank sei er gewiss nicht, er brauche bloß genügend Erholungszeit, und die habe er, es gebe ja gar nichts Neues zu zeichnen. Captain Cook sei ergrimmt, dass der Wind ihn jetzt zwinge, eine Strecke zurückzusegeln, statt in immer höhere Breitengrade vorzustoßen. Webber hört angestrengt zu und versteht nicht, was der eine Punkt mit dem anderen zu tun hat, es geht ihm alles durcheinander, und eigentlich ist er froh, als Trevenen ihn wieder allein lässt, und wünscht sich dann doch seine Nähe herbei, diese manchmal kindliche Frische, die er an ihm mag. Hat nicht seine kühle Hand, die eine Zeitlang auf Webbers Wange lag, das Fieber gesenkt?

Zwei oder drei Tage und Nächte vergehen. Der Husten hält an, verschlimmert sich sogar, doch die Konfusion in Webbers Kopf wird kleiner. Mag sein, dass er Andersons weitere Besuche trotzdem nicht realisiert. Aber wer weckt ihn jetzt auf? Eine vertraute, überdeutlich akzentuierende Stimme. Einer sitzt an Webbers Bett, den er nicht erwartet hat: Cook persönlich, und Webber, der Kranke, fühlt sich auf einen Schlag hellwach, wenn auch verkatert wie nach einer durchzechten Nacht.

»Ich wollte mich vergewissern, dass es Ihnen tatsächlich bessergeht, Mr Webber«, sagt Cook mit seiner üblichen Sachlichkeit, jedoch mit einem Anflug von Besorgnis.

»Ich bin noch etwas schwach, Sir«, entgegnet Webber und versucht, sich unter der Decke zu straffen. »Aber vermutlich fieberfrei.«

»Es geht also aufwärts, ja?« Cook nickt Webber freundlich zu, und Webber nickt ebenfalls, als ahme er ihn nach.

»Im Ganzen ja, Sir.«

»Erfreulich. Ich wollte Ihnen mitteilen, Mr Webber, dass wir gestern Land gesichtet haben. Und das heißt, dass wir Ihre Dienste schon bald wieder benötigen. Sie sind uns unentbehrlich.« Cook schaut sich in der vollgepferchten Kabine um und nickt wieder, anerkennend dieses Mal. »Was Sie bisher geleistet haben, Mr Webber, verdient alle Anerkennung. Das sage ich als Ihr Kapitän, und das müsste Sie eigentlich freuen.« Er schnuppert, ein wenig amüsiert. »Es riecht nach

Leinöl und Farben bei Ihnen und nicht nach Teer wie sonst überall auf dem Schiff. Das ist gut so.«

»Werden wir bald landen, Sir?«, fragt Webber.

»Ich fürchte, das dauert noch eine Weile. Wir müssen wieder ein paar Dutzend Meilen zurück, des Windes wegen. Doch sobald es möglich ist, folgen wir der Route von Bering, bis wir eine geeignete Bucht finden.«

»Wir brauchen Frischwasser, nicht wahr?«, sagt Webber.

Cook hebt ein wenig seine Augenbrauen. »Gewiss. Und Grünfutter. Zum Glück hat sich der Skorbut auf unseren Schiffen noch nicht gezeigt. Das soll so bleiben.«

Webber schluckt leer. »Ich habe geglaubt, ich müsse sterben, Sir.« Der Satz ist heraus, bevor er ihn sich verboten hat.

Cook stutzt, schiebt dann den Handschuh zurecht, den er meist, einer hässlichen Narbe wegen, an der rechten Hand trägt. »Es ist kein schöner Gedanke, ich weiß. Auch für jene nicht, die dem Sterben zuschauen müssen.« Er hält inne und atmet schwer, wie um eine unliebsame Erinnerung zurückzudrängen. »Parkinson war der Maler auf meiner ersten Reise«, fährt er fort. »Er starb an Ruhr. Es war schrecklich, seinem Leiden gegenüber so machtlos zu sein. Überhaupt diese Rückreise von Batavia. In sechs Wochen starben dreiundzwanzig meiner Männer.« Cooks Stimme wird schneidend, als bringe er eine Anklage vor. »Das halbe Schiff voll blutiger Scheiße! Können Sie sich das vorstellen?«

Webber antwortet nicht und würde sich am liebsten zur Wand drehen. Doch dann sagt er übergangslos: »Doktor Anderson wird ebenfalls sterben. Wissen Sie das?«

Einen Augenblick lang droht Cook die Fassung zu verlieren; mit erzwungener Gelassenheit antwortet er: »Ich kann auf Doktor Anderson ebenso wenig verzichten wie auf Sie. Allerdings hat dieses Faktum allein nicht die heilsame Wirkung, die ich mir wünsche.«

»Er wollte auf den Inseln bleiben, Sir. Ebenso wie Kapitän Clerke, der ja auch krank ist.«

Cook scheint aufstehen zu wollen; doch dann besinnt er sich eines Besseren und lässt sich auf den Stuhl zurückfallen. Er nimmt ein Blatt vom Zeichentisch, betrachtet es kurz. »Für einen so jungen Mann wie Sie ist es schwierig, Zeuge des Sterbens zu sein.« Er hat Mühe weiterzusprechen und tut es dennoch. »Ich möchte Ihnen, als Vater, etwas sagen, ganz unter uns: Noch viel schwieriger ist es, vom Tod überrascht zu werden. Beim Sterben kann man zumindest Abschied nehmen. Wenn man heimkommt und das eigene Kind schon begraben ist, kann man das nicht.«

Webber erinnert sich jetzt, gehört zu haben, dass Cook bei der Heimkehr von der ersten Reise sein Töchterchen nicht mehr am Leben angetroffen hat. Er sieht, wie mühevoll der Besucher darum ringt, seine Züge zu beherrschen, und der innere Kampf, der sich vor seinen Augen abspielt, rührt ihn selbst so stark, dass er nichts zu sagen vermag.

Nach einer Weile gelingt es Cook, seine Stimme wieder in die Gewalt zu bekommen. Nur noch leicht zittert sie, als er fortfährt: »Zum Leben gehört der Tod, Mr Webber, und es ist nicht an uns, seinen Ort und seine Zeit zu bestimmen.« Er steht nun doch auf, streckt sich mit einem unterdrückten Ächzen. »Aber wissen Sie, ich möchte nicht noch einmal meinen Expeditionsmaler verlieren.« Er beugt sich überraschend zu Webber herunter, berührt beinahe liebevoll dessen Schulter und zwinkert ihm aufmunternd zu. »Ich gehe davon aus, dass wir beide, nein, wir alle auf diesem Schiff dem Sensenmann ein Schnippchen schlagen!« Bevor Webber sich für den Besuch bedanken kann, ist er weg.

Was für ein merkwürdiger Mann! Und wie schwer fällt es, ihm gegenüber einen gesicherten Standpunkt einzunehmen! Man kann ihn bewundern, man kann ihn fürchten oder gar bedauern. Aber kann man ihn lieben, so wie man den Vater, den älteren und erfahreneren Bruder lieben möchte? Vielleicht doch. Es hat eben Momente gegeben, in denen Webber von einer warmen und fast schmerzhaften Zuneigung überflutet wurde, die Cook und all dem, was er bedeutet, galt; er hätte ihn trösten, die Mauer, hinter der er seine Einsamkeit verbarg, aufbrechen mögen. Aber einer wie Cook will keinen Trost, sondern Achtung, auch wenn sie die Mauer, die ihn umgibt, nur umso höher wachsen lässt.

Auf See, 19. März 1778

Lieber Henry, lieber Bruder,
diesen Brief schreibe ich, obwohl ich annehmen muss, dass du ihn nie oder erst nach meiner Rückkehr bekommen wirst. Es ist ungewöhnlich, gleichsam ins Leere, ins Echolose zu schreiben, aber es tut mir gut, denn du bist mir in den letzten Wochen, als ich krank war, nahe gewesen. Ich habe innerlich mit dir gesprochen und vielleicht auch laut; mein Steward hat mir gesagt, ich hätte bisweilen im Fieber lange Gespräche geführt. Wir sind nun seit fast seit zwei Jahren unterwegs, das sind über 600 Tage und Nächte bei Hitze und Kälte, in Sturm und Flaute, ich habe, abgesehen von zahllosen Skiz-

zen, gut 150 Zeichnungen, Aquarelle und Ölbilder vollendet: viel und wenig zugleich. Die Kunstkenner unter den Offizieren billigen mir zu, sowohl in der Landschaftsmalerei als auch im Porträtieren große Fortschritte erzielt zu haben. Das liegt am Zwang zur dauernden Übung und am stetigen Selbststudium. Ob das genügen würde, auch dich zu überzeugen? Du bist von Beginn an mein wohlwollendster und härtester Kritiker gewesen, und in vielem, was meine ursprüngliche malerische Steifheit betrifft, hattest du recht. Wie geht es dir wohl? Denkst du daran, einen eigenen Hausstand zu gründen? Das darfst du erst, wenn du den Lebensunterhalt einer Familie mit mindestens 150 Pfund Sterling pro Jahr zu sichern vermagst. Ein wenig absurd ist es gewiss, hier, in einer Weltgegend, wo nur der Tauschhandel gilt, mit Geld zu rechnen, und doch tue ich es und rufe mir den Wert unserer Währung ins Gedächtnis zurück, denn wir haben die Pflicht, uns gegenseitig zu ermahnen. Denke an unseren armen Vater, der das Nötigste für seine Familie nicht aufbrachte und mich weggeben musste. Er sei uns ein abschreckendes Beispiel; ich für meinen Teil will niemals so handeln müssen wie er. Gib ihm trotzdem einen Kuss von mir, und küsse auch Sarah und meinen kleinen Neffen, der bestimmt schon plappert und herumwatschelt. Ich meinerseits werde keine braunhäutige Frau nach Hause bringen (erinnerst du dich, mich deswegen verspottet zu haben?), keiner auf unserem Schiff wird es tun, auch wenn mancher mit diesem Gedanken gespielt haben mag. Die Frauen auf den pazifischen Inseln sind nämlich sehr schön, aber Englisch sprechen sie nicht, und nähen können sie auch nicht, und ihnen beizubringen, einen Weihnachtspudding herzustellen, wäre ein Ding der Unmöglichkeit. Es wird auf *jeden Fall einiges brauchen, bis ich in England eine Frau finde, die ich zu lieben und zu ehren vermag; Dorothy – schon ihr Name droht mir zu entgleiten – wird es mit größter Wahrscheinlichkeit nicht sein. Mein bester Freund auf der Resolution, der Fähnrich James Trevenen, ist erst siebzehn und weiß schon genau, wen er heiraten wird (und wen er zum Trauzeugen haben will, nämlich mich). So verschieden sind die Menschen; das lernt man auf dem Schiff. Wenn sie hungern oder sich ängstigen, sind sie sich allerdings in vielem gleich.*

Wir werden nun bald an der Küste Amerikas landen und wohl mit Indianern zusammentreffen. Was auf mich noch wartet, weiß ich nicht. Gerade darum grüße ich dich, lieber Bruder, aus der äußersten Ferne. Wenn du einen Globus vor dir hast, dann berühre mit dem Finger den Punkt, an dem sich unser Schiff jetzt befindet, auf dem 48. nördlichen Breitengrad und dem 235. Grad östlicher Länge, wie uns heute in der Messe mitgeteilt wurde; ja, berühre den Punkt, so können wir uns finden, auch wenn ich dann längst anderswo bin, vielleicht gar wieder in London, dessen Häusermassen und Betriebsamkeit ich mir gar nicht mehr vorstellen mag.

Ich breche ab, das Schaukeln wird mir zu heftig. Wir kennen fast nichts anderes mehr als stürmisches Wetter.

> *In Liebe*
> *Dein durchnässter und frierender Bruder John*

17

Nootka-Sund, März/April 1778

Am 29. März 1778 fuhren die Schiffe bei heftigem Wind in eine zweigeteilte Meerenge ein, die Cook zuerst auf den Namen des Königs taufte und später, nach der vermeintlichen Ortsbezeichnung der Indianer, in Nootka-Sund umbenannte. Sie ankerten in einer kleinen Bucht des rechten Arms, obwohl sie dort, wie sich zeigte, dem Nordostwind ausgesetzt blieben. Die Kapitäne nahmen den mangelnden Schutz in Kauf, weil sie die Suche nach Frischwasser um keinen Tag mehr aufschieben wollten; außerdem musste der Fockmast der *Resolution* dringend ersetzt werden, und rund um diese Bucht standen und lagen mächtige Nadelbäume.

Webber war nun wieder so gekräftigt, dass er, in schlottrigem Ölzeug, die schwierige Ankunft an Deck mitverfolgte. Er schaute zu, wie die Beiboote die großen Schiffe ins niedrigere Wasser schleppten, er hörte die anfeuernden Rufe der Matrosen, die das Gangspill drehten, um die schwere Kette abzuspulen. Was ihm aber beinahe den Atem verschlug, war die Landschaft, die sich vor ihm ausbreitete. Sie war rauh und wild wie die Alpentäler der Schweiz, weiträumiger jedoch, und das graugrüne Meer bildete einen ungewohnten Kontrast zu den dunklen Tannen und Kiefern, den Felsabstürzen und den Felsblöcken, die kreuz und quer übereinanderlagen. Viele Bäume waren nur noch Gerippe, noch mehr waren umgestürzt, lagen schräg auf anderen und zeigten ihr ausgerissenes Wurzelwerk. Darüber ein ebenso rauher, stark bewölkter Himmel. Wenn für kurze Zeit jeweils die Sonne durchbrach, huschte ein fahler Schein über die Tannenwipfel und tauchte sie in ein weißliches Blaugrün. Das werde ich malen, dachte Webber, und er nahm sich vor, zum Beweis seiner Gesundung und trotz des immer wieder niederrauschenden Regens, ein so großes Format zu wählen wie noch nie; Cook, so hoffte er, würde ihm dafür Platz in der Great Cabin einräumen.

Kaum lagen die Schiffe fest, näherten sich Kanus von zwei Seiten. Sie waren, man sah es gleich, aus einem einzigen Stamm gehauen, schwerfälliger und plumper als jene der pazifischen Inseln, dazu mit schaufelförmigem Bug. Die Indianer, die darin saßen und paddelten, trugen Fellkleidung und spitzkegelige Regenkappen; ihre Gesichter waren bunt bemalt, wirkten aber, des Regens wegen, verschmiert und schmutzig. Sie bedeuteten mit Gebärden, dass sie keine feindlichen Absichten hegten, und sie hoben Felle und Pelze hoch, die sie offenbar eintauschen wollten. Schon dies allein erweckte die Gier der Briten, die wussten, was gutgegerbte Felle in Europa für einen Preis einbrachten. Winkend luden sie die Indianer ein, an Bord zu kommen.

Aber zuerst umkreisten die Kanus – es waren mehr als ein Dutzend – in einer Art Zeremonie die beiden nahe beieinanderliegenden Schiffe. Ein Häuptling oder ein Schamane im vordersten Kanu, dessen Gesicht sich hinter einer Vogelmaske verbarg, stand als Einziger aufrecht da. Er schwenkte einen Speer, an dem viele Wimpel hingen, und schrie eine

Begrüßung, die in einen rhythmisierten Sprechgesang überging; seine Begleiter nahmen ihn auf und verwandelten ihn in eine Melodie, in der die vielen Stimmen erstaunlich harmonisch zusammenklangen. Danach kletterten einige Indianer, die meisten mit Nasenringen geschmückt, an Bord; und nun sah man, woher die Felle stammten: von Bären, Wölfen, Füchsen, Hirschen. Am schönsten waren aber die Biber- und Otterpelze mit ihren feinhaarigen Schwänzen, die sich schmiegsam und warm anfühlten und selbst in trübem Licht einen goldenen Schimmer hatten. Gleich begann, von Cook geduldet, ein lebhafter Handel; für ihre Ware wollten die Indianer, die sich von Anfang an zutraulich benahmen, Messer, Meißel, Nägel oder sonst etwas aus Eisen oder Blech. Erpicht waren sie außerdem auf Messingknöpfe, welche die Käufer bereitwillig von ihren Jacken abtrennten, um dafür einen Pelz zu ergattern. Glasperlen hingegen verschmähten sie, ebenso bedruckten Baumwollstoff, der offenbar für ihre Begriffe zu dünn war und zu wenig wärmte. Einige wenige Indianer besaßen bereits ein aus Eisen geschmiedetes Messer. Cook meinte, wahrscheinlich gebe es, von Norden her, einen Handel längs der Küste, an dem Russen beteiligt seien, die im Sommer von Sibirien über die Beringstraße nach Amerika kämen. Auch hier musste man die Besucher, die ihre Hände überall hatten, mit Nachdruck davon überzeugen, dass Diebstahl verboten sei. Doch die Indianer begriffen rasch und hielten sich an die Regeln; die Gefahr, dass ein ertappter Dieb sein Messer gebrauchen könnte, war allerdings nicht auszuschließen, und darum verlangte Cook, dass jeder Mann wachsam bleibe. Als sich herausstellte, dass der Haken einer Talje abgeschnitten worden war, schien zuerst sein alter Zorn aufzuflackern, und Webber, der in seiner Nähe stand, fürchtete schon, nun werde erneut das fatale Spiel von Leugnen und Strafmaßnahmen beginnen. Doch Cook beruhigte sich rasch; wohl ließ er nach dem Haken fragen, schien sich aber, als er nicht zum Vorschein kam, mit dem Verlust abzufinden. Das war erstaunlich; auch die Offiziere wunderten sich. War es die Kälte, die verhinderte, dass sich Cooks Blut, wie auf Eimeo, erhitzte? War es nachträgliches Bedauern, das ihn zu größerer Besonnenheit veranlasste? Samwell fragte nach den Frauen, indem er seine hohlen Hände auf die Brust setzte und mit den Hüften wackelte. Die Indianer lachten, einer hopste auf und ab und formte seinerseits mit den Händen einen überlangen Penis. Sie deuteten nach Nordosten, von wo sie offenbar gekommen waren. Man werde sehen, sagte Samwell schnüffelnd und mit komisch verzogener Miene, er rechne mit dem Schlimmsten.

Es gab in den nächsten Tagen viel zu tun. Nicht nur der Fockmast der *Resolution* war gesprungen und unbrauchbar geworden, auch der Besanmast musste ersetzt werden: Er war nahezu durchgefault, der nächste starke Wind hätte ihn geknickt. So entstanden an verschiedenen freigeräumten und gerodeten Uferstellen eine Zimmerei und eine Schmiede. Zwei Kiefern wurden ausgemessen, gefällt, ans Ufer geschleppt, geschält, auf Gerüstböcken zurechtgehauen; an der überdeckten Esse wurden neue Mastbacken und andere Eisenteile geschmiedet. Der Seilmacher und seine Gehilfen waren damit beschäftigt, neue Taue zu drehen, und zur gleichen Zeit wurden an einer nahen Quelle die Wasserfässer aufgefüllt. Ein ganzer Trupp kalfaterte ein weiteres Mal mit Werg und heißem Pech die beiden Schiffe, in der Hoffnung, möglichst viele Leckstellen verstopfen zu können. Die Arbeiten wurden, auf ausdrücklichen Befehl Cooks, auch bei schlechtem Wetter fortgesetzt. Die Männer fluchten zwar, wenn der Wind an ihnen zerrte und heftiger Regen die Feuer auszulöschen drohte, aber sie gehorchten. Nur einmal trieb sie ein Sturm, der beinahe vierundzwanzig Stunden dauerte, zurück auf die Schiffe, die beinahe von der Ankerkette losgerissen wurden. Das Krachen stürzender Bäume wollte nicht aufhören; und als der Sturm vorbei war, bot sich ringsum ein Bild der Verwüstung. Auch das Gerüst der Zimmerleute war umgeblasen, das Dach der Esse fortgeweht worden. Es blieb nichts anderes übrig, als von vorne anzufangen.

Webber hielt an seinem Plan fest. Tag für Tag skizzierte er, während eine Indianerin ihn beschirmte, vom gewählten Standpunkt aus die Bucht in einzelnen Ausschnitten, die er, auf dem Kartentisch der Great Cabin, nebeneinanderlegte und auf einen aus drei Zeichenblättern zusammengeklebten Bogen, achtundfünfzig Zoll lang, dreiundzwanzig breit, übertrug. Es war eine Panorama-Ansicht der Bucht, mit den Männern bei der Arbeit, kühn im Entwurf, reich in den Einzelheiten. Die Offiziere lobten ihn; Cook hatte ein Lächeln und ein aufmunterndes Nicken für ihn übrig. Ja, die Krankheit hatte Webbers Kunstverstand nicht vermindert, im Gegenteil schien ihm, seine Fähigkeit, das Ganze zu erfassen, habe sich seit den Fieberdelirien sprunghaft verbessert. Nur mit der Behandlung des Lichts war er, wie immer, nicht zufrieden. Zwar kam die Meeresspiegelung unter der Wolkenlücke, die das Dramatische der Szenerie hervorhob, gut heraus; aber die Tönung der Wellen im Schattenbereich war zu verwischt, die Wolken, deren hellere Partien die unruhige Beleuchtung betonen sollten, gerieten ihm zu statisch, obwohl gerade Trevenen, der ihm über die Schulter schaute, ihre Lebendigkeit rühmte. Vielleicht wollte er ihm bloß schmeicheln; er war sehr anhänglich geworden und brauchte, da er die Kälte schlecht ertrug, seinerseits Webbers dauernden Zuspruch.

Zwischendurch, wenn die Bewölkung sich lockerte und der Regen aufhörte, fand Cook die Zeit, mit seinen Offizieren die Behausungen der Indianer zu besuchen, und Webber begleitete sie; es gab ja außer der Bucht noch anderes zu zeichnen. Anderson, der wieder kränker und schwächer war, zog es vor, auf dem Schiff zu bleiben und dort Patienten, die ihn aufsuchten, zu betreuen. Doch länger als zwei, drei Stunden am Tag war er zur Arbeit nicht mehr fähig, das Botanisieren vernachlässigte er ganz.

Die Siedlung lag am Anfang der nächsten Bucht, auf einem langgezogenen Uferstreifen hinter künstlich aufgeschichteten Wällen, die sie gegen hohen Seegang schützten. Es waren mehrere Langhütten mit flachem Dach, aus rohen Balken gezimmert; die gitterartigen Gestelle davor dienten zum Trocknen der Fische. Hier trafen die Besucher auch Frauen. Sie waren, im Vergleich mit den pazifischen Schönheiten, klein und unansehnlich, sie hatten flache Gesichtszüge und hochstehende Jochbeine, dazu waren sie – in Samwells Worten – eingepackt bis zum Hals und äußerst schmutzig; wie die Männer rochen sie penetrant nach getrocknetem Fisch, Tran und Rauch. Ihre Scheu verloren sie allerdings rasch, und ebenso rasch wurde ersichtlich, dass auch sie versuchten, mit den Besuchern zu kokettieren. Allerdings war keinem nach einem Liebesabenteuer zumute; man wusste auch nicht, wie die Männer, die hier und dort eine Frau unwirsch von den Fremden wegbugsierten, auf ernsthafte Annäherungsversuche reagieren würden.

Webber skizzierte, zur großen Belustigung aller, ein paar Köpfe; er bat zwei Männer, ihre Hüte abzunehmen, zeichnete sorgsam die Zöpfchen, die an ihnen herunterhingen, den kupfernen Schmuck, der ihre Ohren langzog, die kleinen roten Quadrate auf der Stirn. Alles Materielle – er überprüfte es mehrfach – war korrekt wiedergegeben. Was sahen sie in ihm, dem Fremden? Was bedeutete es für sie, reglos vor ihm zu stehen? Er gab den Augen auf dem Blatt den üblichen Glanz; sie blieben dennoch stumpf. Nur ein einziges Mal war es ihm bisher gelungen, einen Menschen unter seinem Pinsel nahezu lebendig werden zu lassen; er versuchte, nicht daran zu denken.

Ein Mann, offenbar von höherem Rang, bat Webber ins nächstgelegene Haus, in dem schon Bligh und Gore verschwunden waren. Es brauchte einige Zeit, bis Webber sich an den Rauch und ans Dämmerlicht gewöhnt hatte; nur durch schmale Dachluken fiel Licht ins Innere. Männer und Frauen saßen rund um ein Feuer und auf einem Querbalken am Boden, einige ruhten auf Matten. Frauen woben an Baststoffen, jemand rührte in einem hölzernen Gefäß, ein Kind quengelte und wurde von einer sanften Stimme getröstet. An der Decke hingen in langen Reihen Hunderte von geräucherten Fischen; ihrem Geruch war nicht zu entgehen. Am meisten irritiert und zugleich angezogen war Webber von zwei geschnitzten Standbildern an der Seitenwand, die bis zur Decke reichten. Sie hatten kindlich-unförmige Gesichter mit runden Mäulern. Es waren wohl Idole, Götter oder Ahnenbilder; Bligh und Gore, die eines von nahem betrachteten, konnten sich nicht einigen, und der Gastgeber zog sie am Ärmel ein paar Schritte von den Figuren weg. Die anderen Hausbewohner achteten kaum auf die Eindringlinge. Ja, wie noch nie kam Webber sich als Eindringling vor. Er wusste nichts von diesen Leuten, und was er tat, half nur, von allem Äußeren sozusagen eine Hohlform aufzubewahren, die leer war wie der Blick der Porträtierten. Dennoch kauerte er sich hin und begann, den Block auf den Knien, zu zeichnen, die Standbilder zuerst. Da pflanzte sich der Gastgeber vor ihm auf und verdeckte ihm die Sicht. Was wollte er? Webber riss sich einen Knopf von seinem Rock und schenkte ihn dem Mann. Der wich aber erst zur Seite, nachdem Webber auch seine weiteren sechs Knöpfe geopfert hatte. Er spürte, wie stark der Rock über der Brust aufklaffte, und ärgerte sich, dass er deswegen zu frieren begann. Hastig zeichnete er weiter; nun schien es ihm rätselhaft, warum er nicht fähig gewesen war, die einfache Form dieser Fratzen schon auf den ersten und zweiten Blick zu erfassen. Es beschämte ihn, dass er auf die Erpressung eingegangen war, aber ebenso schämte er sich für seine eigene Zudringlichkeit. In dieser Stimmung arbeitete er noch ein paar Minuten weiter; dann packte er seine Sachen und ging ohne ein Wort hinaus, gefolgt von Bligh und Gore, die freundlich (oder spöttisch?) auf ihn einredeten.

Schon am Abend, in seiner Kabine, nähte er eigenhändig sieben Knöpfe, die ihm der Quartiermeister gegeben hatte, wieder an. Sie waren kleiner als die abgeschnittenen, hässlicher auch, und sie schlüpften leichter durchs Knopfloch; aber es ging. Einmal stach er sich in den Finger, leckte das Blut ab und fragte sich, was unter den Wilden mit seinen Knöpfen geschehen würde. Schauten sie sie einfach an und erfreuten sich an ihrem Glanz? Spielten die Kinder mit ihnen? Webber hatte keine Ahnung; und der Ärger über seine Unwissenheit hielt ihn lange vom Schlaf ab. Wie schon andere Male träumte er nicht von dem, was ihn am meisten beschäftigte; er träumte von einer Wiese mit hohem scharfkantigen Gras, das seine nackten Waden zerschnitt, er verlor sich zwischen Hügeln, sah oben auf dem höchsten die Silhouette der *Resolution* mit gekappten Masten. Sie muss hier gestrandet sein, dachte er im Traum, und er überlegte sich, was er bei der nächsten Flut mit ins Schiff nehmen würde: keine Pinguine, die es ohnehin nur im Süden gab, keine Eichhörnchen, keine Albatrosse auf jeden Fall, dafür aber einen Menschen von jeder Insel, nackt und ohne Besitz.

König-George-Sund, 16. April 1778. Manchmal weiß ich nicht mehr, wo mir der Kopf steht, und verstehe weder mich noch meine Schiffsgenossen. Samwell: den Namen schreibe ich mit Widerstreben hin. Samwell, den brünstigen Spaßvogel, der bei jeder Gelegenheit an Mädchen denkt, den Mann mit dem femininen Gesicht, der sich stets so männlich gibt, könnte ich in der Luft zerreißen und tue es nicht, spiele den Harmlosen; dabei hat er mich gestern zu Tränen getrieben. Aber man muss sich auf einer solchen Fahrt das Mitleid abgewöhnen, man muss sich eine dicke Haut zulegen, damit man sich nicht ganz verliert. Samwell wollte sich – und dies seit längerem – unbedingt mit Indianermädchen verlustieren, im Sinn eines wissenschaftlichen Versuchs, so prahlte er in der Messe, wenn Captain Cook nicht allzu genau hinhörte. Gestern gelang es ihm, vier Mädchen aufs Schiff zu locken, unter größten Versprechungen, nehme ich an (unsere weißen Hemden haben sie inzwischen am liebsten). Sie kletterten übers Fallreep an Bord, Samwell und seine Kumpane halfen von hinten mit Schieben und großem Gelächter nach. Letzteres lockte mich an Deck, es war von Anfang an etwas Ungutes und Flegelhaftes darin. Da standen die Mädchen beim Großmast, verlegen aneinandergedrängt. Sie mochten vierzehn oder fünfzehn sein. Unten im Kanu wartete ihr Kuppler und döste vor sich hin; er tat auch später keinen Wank. Die Mädchen hatten sich auf ihre Weise schöngemacht, die Gesichter zinnoberrot und gelb bemalt. Wenigstens regnete es für einmal nicht, und die Sonne schien zwischendurch, so verschmierte die Farbe nicht wie an anderen Tagen. Samwells Kumpane – es war alles schon geplant – holten einen großen Bottich herauf und schütteten warmes Wasser hinein, das Morris, der Koch, für sie erhitzt und mit anzüglichem Grinsen herbeigeschleppt hatte. Die vier Schönen müsse man erst gründlich waschen, sagte Samwell, dann werde man sehen, was sich unter dem Schmutz verstecke. Sie machten sich wahrhaftig daran, die Mädchen, deren Schamgefühl gewiss ein anderes ist als auf den Inseln, öffentlich zu entkleiden; sie taten es unter scheinbar gutmütigen Scherzen. Ihre Opfer sträubten sich erst, sie bettelten und schluchzten. Doch die Männer ließen nicht locker, sie zerrten an den Kleidern herum, drehten auch dem einen oder anderen Mädchen die Arme auf den Rücken, bis es winselte vor Schmerz, und so fiel ein Kleidungsstück nach dem anderen auf die Planken. Als sie nackt waren und sichtlich froren, wurden sie in den Bottich bugsiert, aus dem der Dampf aufstieg. Sie wehrten sich wieder mit unterschiedlicher Kraft, strampelten, dass das Wasser nach allen Seiten spritzte, und versuchten, die Männer von sich wegzustoßen. Aber es nützte nichts; nach einer Weile standen sie alle im Wasser, das ihnen bis zu den Knien reichte, und hatten die Hände vors Gesicht geschlagen. Samwell wusch sie mit einem Schwamm, dozierte dazu über die etwas plumpe Form der Körper, die Birnenbrüste, die starke Behaarung; ein Kumpan half hier und dort mit einer Bürste nach, was den Mädchen wieder Schmerzenslaute entlockte. Auch ihre Haare wurden übergossen, dann lösten die Männer ihnen mit Gewalt die Hände vom Gesicht, wuschen die Farbe weg und hörten nicht auf, bis sie mit dem Resultat zufrieden waren. Mit Tüchern rieben sie die Mädchen trocken und scheuten sich nicht, die gerundeten Stellen mit besonderer Gründlichkeit zu behandeln. Es habe sich doch gelohnt, oder nicht?, bemerkte Samwell mehrfach bei dieser Tätigkeit zu den Zuschauern, die sich eingefunden hatten (längst nicht alle waren an Land), und wies triumphierend aufs Wasser im Bottich, das in der Tat zur Brühe geworden war. Nur noch eines der Mädchen, das jüngste, weinte still vor sich hin, strich immer wieder die nassen Haare aus der Stirn, und das dunkle Dreieck ihrer Scham starrte mich an, als wäre ich selbst ihr Peiniger.

Hätten die Mädchen sich nicht stärker wehren können? Sie taten es nicht; sie hatten wohl den Befehl, die Fremden gewähren zu lassen. Und ich oder Trevenen, der ähnlich fühlte wie ich? Warum gingen wir nicht auf die Grobiane los und rissen sie von den Mädchen weg? O ja, ich war zu feige.

Weder riskierte ich es, die Männer, die das Schauspiel begafften, gegen mich aufzubringen, noch rief ich einen der Offiziere herbei, der dem Treiben ein Ende gemacht hätte. Aber ich war unendlich erleichtert, als die Plagegeister mit den bloßfüßigen und notdürftig eingehüllten Mädchen nach unten verschwanden. Aus den Augen, aus dem Sinn. Wir sollten uns deswegen nicht verachten, hat Trevenen zu mir gesagt, wir dürften auf dem Schiff nicht zu Verstoßenen werden, und Anderson, der kranke Anderson, den ich in seiner Kabine aufsuchte, meinte, man könne nicht jedes Unrecht bekämpfen, aber hin und wieder eins, das müsse sein. Wollte Gott, ich hätte mich gerade gegen dieses aufgelehnt! Ich rettete mich in die Arbeit, setzte mich in der Great Cabin an mein Panorama-Blatt. Captain Cook saß am Kartentisch, offenbar damit beschäftigt, zum hundertsten Mal die Position zu überprüfen, und begrüßte mich mit hochgezogenen Brauen und einem kleinen Nicken. Wir hörten Stimmen durch alle Wände hindurch, Gelächter, Stöhnen, auch laute Schreie, an deren Ursache niemand zweifeln konnte. Wir taten so, als seien unsere Ohren verstopft, wir sagten kein Wort zueinander, aber die Bilder von dem, was weiter drüben geschah, ließen sich nicht verscheuchen. Ich sah vor mir, was Samwell und die Seinen den Mädchen antaten, und meine Hand rutschte deswegen einige Male aus, obwohl ich mich selbst bezichtigen muss, dass die Abscheu, die mich erfüllte, nicht frei war von einer mitschwingenden leisen Begierde. Gerade dies brachte mich noch mehr auf gegen die ganze Schiffswelt und ihre ungeschriebenen Gesetze. Poetua, das weiß ich, hätte ich verteidigt und in Schutz genommen. Warum waren mir diese Mädchen weniger wert?

Es gab während der stummen Arbeitsstunde, die ich mit meinem Kapitän verbrachte, etliche Momente, da war ich nahe daran, ihn aufzufordern, etwas zu tun. Aber ich redete mir ein, CC habe bestimmt seine Gründe, nicht einzugreifen. Irgendwann, bei Einbruch der Dunkelheit, war alles vorbei. Die Geräusche des Schiffalltags, die mein Gehör meist gar nicht mehr registriert, übernahmen wieder die Herrschaft; die Mädchen, so stelle ich mir vor, erhielten ihre jämmerliche Belohnung und wurden zurückgebracht.

Heute Morgen, beim Frühstück in der Messe, musterte mich Samwell, der mir schräg gegenübersitzt, mit spöttischer Neugier. Halblaut, damit es Captain Cook am oberen Tischende nicht hören konnte, sprach er mich an: »Mr Webber, Sie haben gestern, wie mir scheint, unsere kleine Reinigungszeremonie missbilligt.«

Ich spürte, dass ich errötete, und bedauerte es aus tiefstem Herzen, dass Andersons Stuhl neben mir leer war. »Ich finde, Sir«, sagte ich mit Überwindung, »Sie sind entschieden zu weit gegangen.«

In meiner Nähe stockte die Unterhaltung: Man witterte einen Streit.

»Täuschen Sie sich nicht«, sagte Samwell in seiner ungezwungenen Art, »auch die Mädchen hatten ihr Vergnügen daran.«

»Daran wage ich zu zweifeln«, entgegnete ich mit gespielter Kühle. »Ich zweifle vor allem daran, dass Sie die möglichen Folgen mitbedacht haben.«

Samwell trank schlürfend vom Tee, bevor er zur Antwort ansetzte: »Sie unterschätzen mein Verantwortungsgefühl. Der

Morbus venereus, wenn Sie dies meinen, wird sich unter den Indianern nicht verbreiten. Ich garantiere Ihnen dafür, dass weder ich noch die Männer, die mich gestern unterstützten, daran leiden. Ich habe sie vorher persönlich untersucht. Beabsichtigen Sie vielleicht selbst, bei uns Sündern nachzuschauen?«

Das machte mich für den Moment sprachlos. Wer zugehört hatte, verkniff sich ein Lachen, schaute auf den Teller mit Zwieback und Marmelade. Die unterbrochenen Gespräche wurden wiederaufgenommen und gingen über meine Verlegenheit, die bald einem ohnmächtigen Zorn wich, hinweg.

So habe ich mich also selbst gefesselt in der mir aufgetragenen Rolle, und die Knoten werden von denen, die nichts anderes in mir sehen als den unscheinbaren Maler, laufend festgezurrt.

Webber kann nichts gutmachen und versucht es trotzdem. Im Nieselregen, unter der drückenden Wolkendecke, geht er allein zu den Langhäusern. Er hat, außer dem Malzeug, in den Manteltaschen Geschenke bei sich, eine Handvoll Messingknöpfe, Zwei-Zoll-Nägel, kleine Eisenstücke. Man empfängt ihn zurückhaltend, ja kühl, erlaubt ihm aber, das größte Haus zu betreten. Er macht verständlich, dass er zeichnen will, und zwar Porträts von Frauen und Mädchen, später auch von Männern. Er deutet auf zwei Mädchen, die er vom Schiff her zu kennen glaubt. Nach langem Zögern stellt sich eines vor ihn hin. Er fordert es pantomimisch auf, seine schönsten Kleider anzuziehen, sich einen Hut aufzusetzen.

Es dauert lange, bis das Mädchen Webber verstanden hat, andere reden auf es ein. Dann verschwindet es in einem abgesonderten Teil des Hauses, kommt zurück in einem Umhang aus Rindenbast, dessen Kragen von einem Otterfell gesäumt ist; dazu trägt es einen hellen Faserhut, in welchen dunkelfarbene Walfangszenen eingeflochten sind. Die junge Frau setzt sich auf einen Balken; Webber kauert sich vor sie hin und beginnt, von Zuschauern umringt, zu skizzieren, obwohl das ungünstige Licht ihn am genauen Sehen hindert. Nicht alle auf dem Schiff sind grob zu euch, will sein Zeichnen dem Mädchen sagen. Man hat dir vielleicht deine Unschuld genommen, ich gebe sie dir auf dem Papier zurück. Der Otterpelz verbirgt den Hals, umspielt ihr Kinn. Die Hutkrempe beschattet die Augenpartie, das kann er nicht weglassen: ein verdunkelter Blick, der ihn nicht erfasst und irgendwohin geht, in die Weite, dorthin vielleicht, wo man ihr Unrecht tat. Wer weiß das schon? Die erste Skizze schenkt er ihr, zusammen mit ein paar Nägeln. Sie beschaut sich das Bild, hält es aber mit ausgestrecktem Arm von sich weg, als dürfe sie ihm nicht zu nahe kommen. Sie lächelt, lacht sogar ein wenig, während die Zuschauer, die sich um sie drängen, durcheinanderreden.

An diesem Abend, allein in der Kabine, entrollt er die Leinwand mit dem Bild von Poetua, er spannt sie wieder auf den Rahmen, stellt ihn an die Wand, verliert sich lange in ihrer Betrachtung.

Am nächsten Tag zeichnet er einen Jäger. Der Stift umreißt den athletischen Körper, der unter dem knielangen Überwurf aus Robbenfell völlig nackt ist. Er erfasst die gezöpfelten

Haare unter dem Hut, den Bogen, den er trägt, den längs geschlitzten Fellköcher, aus dem ein paar Pfeile ragen, er erfasst Kleinigkeiten wie das kupferne Armband, die aus Haaren geflochtenen Bänder rund um die Knöchel. Webber versucht den Jäger zu fragen, was er mit seiner Waffe erlegen will, einen Vogel, einen Wolf, einen Bären? Der Mann versteht ihn nicht. Oder doch? Jemand bringt ihm eine Vogelmaske, die er sich, merkwürdige Laute ausstoßend, vors Gesicht hält. Er macht ein paar Tanzschritte, ein Kind schüttelt eine Rassel. Vielleicht ist dies die Antwort, die Webber sucht. Wie befremdend, wie verstörend die Nacktheit, die bei jedem Schritt unter dem Fell aufklafft. Der hängende Penis, die starken Oberschenkel, die kaum behaarte Haut fast so hell wie bei den Weißen. Webber schaut weg und wieder hin; er sieht den hin- und hergleitenden Pelz, der die Schultern streichelt und kitzelt. In einem Buch über Indianerbräuche hat Webber gelesen, dass die Jäger in diesen Breiten das Tier spielen, bevor sie ihm auflauern, sich also gleichsam mit ihm vereinigen.

Der Jäger, draußen vor dem Langhaus, nimmt seine Maske ab; dem Bild, das Webber ihm zeigt, schneidet er eine drohende Grimasse. Dann geht er weg, ein Junge trottet ihm mit gesenktem Kopf hinterher. Die nackten Füße hinterlassen Spuren im nassen Grund, ihre harten Sohlen sind unempfindlich gegen Steine.

Auf dem Schiff hält sich Anderson, an dessen Bett Webber sich eine Weile setzt, das Blatt nahe vor die entzündeten Augen, er nickt anerkennend: »Ein Wilder, nackt unter dem Fell. Das hast du gut getroffen. Es ist, als würden wir unsere eigene Vergangenheit betrachten. Was ist er für uns? Ein Bruder? Oder bloß ein Fremder? Zwischen ihm und uns liegt ein ganzer Ozean, und was das bedeutet, haben wir noch nicht herausgefunden.«

Webber entgegnet zögernd: »Ein Bruder im Geist ist er nicht, wohl aber einer im Fleisch. Wenn wir nackt nebeneinanderstünden, wären wir aus einiger Distanz nicht voneinander zu unterscheiden.«

»Bist du ein überzeugter Christ?«, fragt Anderson zu Webbers Überraschung.

»Ja, ich bin so aufgewachsen. Warum fragst du?«

»Weil ich eben an den Spruch gedacht habe: Was ihr dem Geringsten meiner Brüder antut, das tut ihr mir an.« Andersons Stimme wird leiser, zugleich bitterer. »Ich bin ein halbherziger Christ. Aber dieses eine Wort hat mir immer eingeleuchtet.«

»Es ist wohl nicht möglich, ihm auf einer solchen Reise jederzeit nachzuleben«, sagt Webber und ärgert sich im gleichen Atemzug über seinen Rechtfertigungsversuch.

Anderson schweigt eine Weile; dann folgt ein Husten, das nicht enden will. Webber reicht ihm mit abgewandtem Gesicht – so will der Arzt es haben – ein frisches Taschentuch. Anderson, durchgeschüttelt vom Anfall, wischt sich den Mund, verdeckt das ganze Gesicht, und Webber rollt seine Zeichnungen zusammen.

Noch einmal – und wieder allein – sucht Webber das Haus des Jägers auf, mit der leisen Furcht, das Misstrauen der Indianer könnte in offene Gewalt umschlagen; denn darauf, dass sie zu einem kriegerischen Schlag gehören, deutet vieles hin: die geschmückten Beile, die Pfähle draußen, an denen – das bemerkt er erst jetzt – getrocknete Extremitäten hängen. Sind es Pfoten? Oder gar Menschenhände? Der Jäger ist zurück; erlegt hat er, wie es scheint, gar nichts, vielleicht hat er nur mit den Tieren gesprochen oder sie für vergangene und künftige Jagden um Verzeihung gebeten. Er begrüßt den Maler freundlich. Ein bitteres Gebräu wird ihm gereicht, von dem er nur wenig schluckt. Man setzt sich mit gekreuzten Beinen auf Matten. Webber will sich eine Maske erhandeln, vielleicht das eine oder andere Alltagswerkzeug. Warum eine Maske? Er kann es nicht begründen. An die Empfangszeremonie mit dem Gesang des Vogelmaskenmanns erinnert er sich manchmal im Halbschlaf, der Gesang war von einer verstörenden Schönheit. Als er sein Anliegen begreiflich gemacht hat, springen einige ringsum sitzende Männer auf die Füße, vollführen einen einschüchternden Stampftanz. Der Jäger indessen bleibt ruhig und scheint lange nachzudenken. Dann gibt er einen Befehl. Eine ältere Frau bringt mit schleppenden Schritten eine Maske herbei, keine Vogel- oder Robbenmaske, wie Webber gehofft hat, sondern eine aus rötlichem Zedernholz mit grobgeschnitztem Gesicht und rundem Maul, das den großen Skulpturen im hinteren Teil des Hauses gleicht. Der Jäger erzählt zur Maske eine lange Geschichte, die er mit starkem Blasen und Prusten begleitet, was die Kinder zu Lachanfällen reizt; er könnte damit meinen, dass eine Waldriesin den Wind erzeugt. Webber fragt, was er dafür zu geben habe. Er hat genügend Knöpfe dabei. Doch zu seinem Erstaunen legt der Jäger ihm die Maske auf den Schoß und macht eine abwehrende Gebärde. Ein anderer überreicht ihm eine Harpune mit knöcherner Spitze, auch sie offenkundig ein Geschenk. Im Buch über indianische Bräuche stand, bei etlichen Stämmen gebe es Geschenkfeste zu Ehren der Ahnen. Will man Webbers Ahnen günstig stimmen? Und ist diese Maske weniger wertvoll, weniger heilig als die Tiermasken? Webber steht auf, hält Maske und Harpune in die Höhe, verbeugt sich; etwas anderes fällt ihm nicht ein. Aber die Indianer klopfen sich lachend auf die Schenkel und wiegen zustimmend die Köpfe.

Am 26. April wurden die Schiffe von den Beibooten in den offenen Sund hinausgezogen. Zahlreiche Kanus begleiteten sie, und die Indianer stimmten wieder ihre Gesänge an. Sie hatten am Ufer eine hölzerne Plattform errichtet; darauf tanzte einer der ihren in wechselnder Verkleidung einen feierlichen Tanz. Sollte dies den Fremden Glück bringen? Sie vor bösen Geistern schützen? Bald blieben die Kanus zurück, das Festland versank hinter ihnen, und das Meer, aufgepeitscht von einem starken Südwestwind, hatte sie wieder ganz. Es waren die vertrauten Geräusche, die vertraute Geschäftigkeit auf hoher See, die bei Webber ein beinahe heimatliches Gefühl hervorriefen. Für die nächste Zeit würde er wieder die Beengtheit der *Resolution* ertragen müssen. Das Schiff wurde aber doch je länger, desto spürbarer, gerade in seiner Abgeschlossenheit, zum Abbild der größeren Welt, zu einem kleinen Universum. Manchmal befand er sich an dessen Rand, manchmal glaubte er, im Zentrum zu sein – und er wusste nicht, was ihm lieber war.

18

London, März 1783

Es war das dritte Mal, dass Peckover die getuschte und kolorierte Zeichnung von Cooks Tod, welche die Grundlage für ein Ölbild und später für den Kupferstich abgeben sollte, so hart – und dazu auf seine unausstehlich säuerliche Weise – kritisierte. Seit einem halben Jahr plagte sich Webber damit herum, kehrte immer wieder, wenn er ein weiteres Blatt aus der Hand gegeben hatte, zu diesem einen zurück, veränderte die Komposition, die Anzahl der Figuren, den Hintergrund. Aber vor allem beschäftigte er sich mit Cook, der Zentralgestalt, auf die der Blick des Betrachters unbedingt gelenkt werden musste; bei jedem Arbeitsgang versuchte Webber, ihm eine würdigere und bestimmendere Haltung zu geben. Sie hing von Kleinigkeiten ab, vom Abstand der Füße, der Neigung des Oberkörpers, der Straffheit des ausgestreckten Arms. Er hatte Cook zuerst so gezeigt, wie Leutnant Phillips ihn gesehen haben wollte: mit dem Rücken zum Meer und dem wartenden Boot, die Muskete auf die angreifenden Wilden gerichtet, gegen deren Übermacht er – das ließ die Zahl der Speere erahnen – keine Chance haben würde. Aber diese heldenhafte Pose hatte Peckover – und offenbar Lord Sandwich – nicht gefallen. Der große Entdecker als rabiater Angreifer, ließ er ausrichten, das passe keinesfalls zusammen. Leutnant Phillips, halb am Boden liegend, dürfe in Notwehr schießen, nicht aber Cook. Der müsse dem Tumult der Wilden, den ja Webber eindrücklich darstelle, den Rücken zuwenden und den Schützen im Boot mit einer Gebärde bedeuten, das Feuer einzustellen. Gleichzeitig aber – das sei auch die Ansicht von Lord Sandwich – zücke von hinten ein kräftiger Mann eine Stichwaffe, und man solle ahnen, dass im nächsten Moment der tödliche Streich geführt werde. Nur so, hatte Peckover ausgeführt, werde Webber Cooks Bedeutung gerecht; nur so könne sein Andenken fleckenlos bleiben. Es möge sein, hatte er auf Webbers lahme Einwände entgegnet, dass die realen Ereignisse sich in Einzelheiten anders abgespielt hätten, wobei ja – Peckovers Nase zuckte leicht – die Berichte stark voneinander abwichen; aber es gelte, einer höheren Wahrheit zu dienen, und die zeige sich auch in Cooks Journalen, aus denen ein verehrungswürdiger und vorurteilsfreier humanistischer Geist zum Leser spreche. Die »höhere Wahrheit«, der man dienen müsse – hatte Webber diese Formulierung nicht auch von Cook selbst gehört? Dann also musste das Gewünschte die Wirrnis des Bezeugten mit größerer Klarheit überformen. Webber hatte wunschgemäß den Kapitän umgedreht und in die Pose des Friedensstifters gestellt, er hatte störende Striche teils ausradiert, teils ausgekratzt, er hatte das Unbeugsame an Cook beizubehalten und zugleich seinen Versöhnungswillen zu betonen versucht, und er hatte nun vorsichtig mit der Kolorierung begonnen: der Hintergrund in düsteren Grün-, Blau- und Grautönen, die Wilden in dramatischem Licht, ockerbraun die Körper, kupferrot die Federhelme, rotgelb der Federmantel des Noblen im Vordergrund, die Briten dann aufgehellter, nuancierter: Phillips am Boden im roten Rock, der Musketenrauch als kreisförmiger Schimmer. Aus allem hervorstechend: Cook mit weißen Hosen und Strümpfen, im marineblauen Galarock. Aber genau dies gefiel Peckover nicht. Er suchte, über den ans Fenster gerückten Tisch gebeugt, mit der Lupe das Blatt ab, murmelte unverständlich vor sich hin; zwischendurch kratzte er sich hektisch unter der Perücke, als wäre er allein im Ankleideraum.

»Nicht schlecht, nicht schlecht«, sagte er, als er sich endlich mit einem Ächzen, das den Rheumaschmerzen galt, wieder aufrichtete. »Diese beschwichtigende Gebärde: ausgezeichnet! Dieses Kampfgetümmel! Und wie der Wilde hinter unserem guten Cook den Dolch gezückt hat: schauerlich!« Er machte eine bedeutsame Pause. »Aber mir scheint, lieber Mr Webber, er müsste vollständig im Hellen sein, im Überhellen sogar.«

»Sie meinen, Sir?«, fragte Webber, aufs Schlimmste gefasst.

Peckovers Nase zuckte. »So wie ein Heiliger, ein Märtyrer auf einem mittelalterlichen Tafelbild, verstehen Sie?«

»Nein. Heller kann ich ihn gar nicht mehr zeigen, ohne sämtliche Regeln der Malerei zu missachten.«

»Doch. Malen Sie ihn ganz in Weiß! Weiße Hose, weiße Weste, weißer Rock, weißer Hut. Verzichten Sie dabei auf allzu viele graue Schattierungen! Nur so stellen Sie ihn ins beste Licht.«

»Das ist... das ist...« Webber verbarg seine Irritation und suchte nach einer wohlabgewogenen Entgegnung, um Peckover, der auf Lord Sandwich einen beträchtlichen Einfluss zu haben schien, nicht unnötig gegen sich aufzubringen. »Jedermann weiß«, sagte er schließlich, »dass ein Kapitän der Navy nie im Leben so gekleidet ist, weder bei Banketten noch auf einer Expedition.« Er schloss einen Moment die Augen, wie um sein Gedächtnis abzufragen. »In Wirklichkeit war alles, was er trug, verblichen, ob blau oder rot.«

»Spielt das eine Rolle?«, fragte Peckover übertrieben freundlich, beinahe als spreche er zu einem unverständigen Kind. »Ich habe geglaubt, wir wären uns einig, dass platter Realismus bei dieser eminent wichtigen Darstellung unsere Ziele nicht behindern dürfe.«

»Aber einen Rest von Glaubwürdigkeit sollten wir bewahren, Sir. Unsere Absichten dürfen das Bild nicht dominieren.«

Jetzt zuckte es auch um Peckovers Mund. »Das tun sie gar nicht, lieber Webber. Ihr Bild spricht für sich selbst. Und das kommt von Ihrer stupenden Könnerschaft.« Sein Ton verschärfte sich leicht. »Machen Sie ihn weiß! Lord Sandwich wird sich, wie immer, meiner Ansicht anschließen.«

Webber hatte sich gesetzt und schweigend die Arme über der Brust gekreuzt.

Peckover schaute auf seine Taschenuhr, die er an der goldenen Kette hervorgezogen hatte. »Heute in drei Wochen werden Sie das Blatt unserer Kommission zur Begutachtung vorlegen. Danach können wir sowohl das Ölbild als auch den Stich in Auftrag geben. Er wird der letzte im Tafelband sein.« Er stutzte, als er Webbers Haltung bemerkte. »Haben Sie verstanden?«

Es dauerte eine Weile, bis Webber schwerfällig nickte; Peckovers antwortendes Nicken glich eher dem Rucken eines Vogelkopfs. Er griff nach seinem Hut, der am Tischrand lag, und nach dem Stock mit dem silbernen Knauf, der am Tisch lehnte. »Wir sind im Verzug mit dem ganzen Projekt, Mr Webber. Der Tafelband hätte letzten Sommer herauskommen sollen. Beeilen Sie sich, das sage ich Ihnen bei jedem Besuch. Jetzt sind schon zweieinhalb Jahre seit der Landung vergangen. Die Öffentlichkeit hungert nach dem offiziellen Reisebericht. Es kursieren bereits unautorisierte Machwerke anonymer Verfasser, die wir aufs schärfste verurteilen.«

»Ich tue mein Bestes, Sir«, erwiderte Webber, ohne den Blick zu heben. »Es sind indessen Kupferstecher wie Bartolozzi, die mit ihrer Pedanterie das Ganze verschleppen, das wissen Sie so gut wie ich.«

Peckover bewegte sich, an zwei Poetuas vorbei, die an der Wand standen, beinahe lautlos zur Tür. »Hübsch«, sagte er, im Gehen auf die Porträts deutend, die einander zum Verwechseln ähnlich waren. »Sehr hübsch. Lord Sandwich wird eines für seine Sammlung erwerben.« Er hob den Zeigefinger. »Aber keine Ausreden, Mr Webber. Sie sind verantwortlich für die Produktion der Illustrationen. Dafür werden Sie gut bezahlt. Leben Sie wohl.« Schon war er verschwunden; keiner öffnete und schloss die Tür so leise wie Peckover.

Webber saß noch, im schwindenden Tageslicht, auf dem Stuhl, als Henry nach Hause kam; er hatte sich in der halben Stunde, seit Peckover gegangen war, nicht vom Fleck gerührt.

»Was ist mit dir?«, fragte Henry. »Du siehst aus, als habe man dir das Gorgonenhaupt gezeigt. Hat dich wieder dieser Peckover belästigt?«

Webber stand nun doch auf und dehnte die steif gewordenen Glieder. »Belästigt ist das falsche Wort. Er übermittelt mir Befehle, und ich habe sie auszuführen.«

»Das war doch schon vorher so, oder nicht?« Henry schaute auf die Zeichnung, die den halben Tisch bedeckte. »Und nun geht es ihnen also darum.« Er trat näher, dicht neben Webber, und dieser roch mit Unbehagen den Tabakrauch, der in Henrys Kleidern saß. »Du wirst immer besser und virtuoser«, sagte er mit einer unbestimmten Miene, die Anerkennung ebenso wie eine Spur von Hohn ausdrücken mochte. »Cooks Hand im Schnittpunkt der Diagonalen. Das ist höchst gekonnt.«

»Es ist nicht Virtuosität, was ich anstrebe«, sagte Webber.

»Über Wahrhaftigkeit diskutieren wir besser nicht mehr«, sagte Henry mit einem glucksenden Laut, als verschlucke er ein Lachen. »Aber sie wollen doch, dass du lügst, nicht wahr?«

Webber schoss das Blut in den Kopf, er stampfte auf und zwang sich gleich wieder zur Beherrschung. »Sie wollen, dass ich Cook weiß kleide. Von Kopf bis Fuß weiß. Eine Lüge ist das nicht, aber eine leicht durchschaubare Übertreibung.«

»Cook als Unschuldslamm, Cook, der Weißgewaschene«, sagte Henry und trällerte die letzten Silben wie ein kleines Lied.

»Hör auf!«, fuhr Webber ihn an und stieß den Bruder mit dem Ellbogen vom Tisch weg, so dass er stolperte und sich nur mit Mühe auffing. »Du hast wieder getrunken, und dabei hast du versprochen, tagsüber darauf zu verzichten. Das Ale tut dir nicht gut.«

Henry ging in seine Atelierhälfte hinüber, zog das feuchte

Tuch von der Tonbüste, an der er gerade arbeitete. Es war der Kopf eines Mädchens, den ein reicher Auftraggeber bestellt hatte.

»Dafür arbeite ich jetzt bis in die Nacht hinein. Und du? Du willst bloß von deinen Problemen ablenken, indem du mich beschuldigst.« Henry strich mit beiden Zeigefingern über die Mädchenwangen, um sie noch runder zu formen. »Ganz unter uns: Wie war es wirklich bei Cooks Tod? Jedes Mal erzählst du etwas anderes, vielmehr: du deutest es an. Was hast du wirklich gesehen, du, als unbestechlicher«, er dehnte das Wort übermäßig, »Augenzeuge, meine ich?«

Webber zögerte. »Es verschwimmt alles. Das Durcheinander war so groß.«

»Du bist doch auf dem Schiff geblieben, oder?«

Webber erschrak. Wie hatte der Bruder das erraten? Kein Außenstehender wusste, dass er tatsächlich nicht direkter Augenzeuge gewesen war. »Ich habe durchs Fernglas geschaut.«

»Kein Wunder, dass da alles verschwimmt«, sagte Henry sarkastisch.

»Man muss die Wahrheit manchmal erfinden«, sagte Webber und kam sich wie ein dummer Nachplapperer vor.

»Die Wahrheit erfinden«, echote Henry. »Du schläfst schlecht in letzter Zeit«, sagte er unvermittelt, indem er sich erneut der Büste zuwandte. Doch gleich unterbrach er sich wieder und machte sich daran, eine Lampe anzuzünden.

Webber gab keine Antwort, merkte bloß, dass die Märzkälte immer spürbarer vom Boden in seine Füße und Knöchel kroch.

»Du hast doch schlimme Träume«, fuhr Henry nach einer

Weile fort. »Manchmal schreist du auf und wirfst dich herum, oder du stößt etwas hervor, das wie Nein, nein klingt. Was ist das? Hat es mit der Reise zu tun?«

»Ich erinnere mich nicht an meine Träume«, wich Webber aus. Es war nur halb falsch, denn auch die Traumerinnerungen verschwammen. Sie hatten mit Feuer und Blut zu tun, karmin- und purpurrot waren sie gefärbt. Immer wieder: sein erschöpfter Arm, der von etwas ungeheuer Schwerem niedergezogen wurde. Einmal hatte er einen Anker betastet, er hatte aus rußgeschwärzten Knochen bestanden. Schlimmer war, dass er tagsüber manchmal von Eindrücken überfallen wurde, die sich aufblähten wie Seifenblasen und nach wenigen Sekunden wieder zerplatzten. In Puppen sah er schreiende Kinder. Abendlicht, das sich in einem Fenster spiegelte, wurde zu einer Feuersbrunst. Halbleere, nasse Säcke auf dem Markt, über die er stolperte, wurden zu menschlichen Rümpfen. Und nun schien der Boden, auf dem er stand, wieder zu schwanken. Waren es nicht Wellen, die sich hoben und senkten? Wenn eine solche Heimsuchung vorbei war, wusste er nicht mehr, wo er war. Nur den Gerüchen, den Lauten ringsum war es zu verdanken, dass er sich wieder in London verorten konnte.

»Du verheimlichst etwas«, stellte Henry fest. »Streite es nicht ab! Hängt es mit den Frauen zusammen?« In seine Stimme schlich sich der lüsterne Unterton, den Webber nicht mochte. »Habt ihr sie euch mit Gewalt gefügig gemacht? Und haben die Wilden deshalb Cook attackiert?«

»Du hast ja keine Ahnung.« Webber spürte die Hitze, die Hals und Wangen emporlief, und gleichzeitig fror er erbärmlich von den Beinen her. »Was willst du mir eigentlich unterstellen? Wir haben uns gewehrt, wenn es nötig war, um unser Leben zu verteidigen. Das ist alles.« Webbers Augen hatten sich mit Tränen gefüllt; er stellte sich ans Dämmerviereck des Hoffensters und kehrte dem Bruder den Rücken zu.

»Lass gut sein«, sagte Henry beschwichtigend. »Ich möchte mich bloß manchmal in dich hineinversetzen, in meinen Bruder auf großer Fahrt. In den Mann, der nun verpflichtet ist, den Ruhm der Expedition zu mehren. Wie geht es ihm wirklich, meinem Bruder?«

»Ich weiß es nicht.« Webber erschauerte und rieb sich die Hände. »Es ist kalt hier drin.«

»Warum hast du denn das Feuer ausgehen lassen?« Henry kniete vor dem offenen Kamin nieder, legte ein paar Scheite nach und fachte die Glut mit dem Blasebalg an. Bald schlugen Flammen hoch und warfen einen unruhigen Schein auf die Wände, ein krankes Rot. Der Rauch zog ungenügend ab und reizte die Nase. Webber wandte den Blick ab. Der Rauchgeruch bedrängte ihn, als würde ihm die Atemluft abgeschnürt. Nichts half dagegen, dass er in Erinnerungen versank.

19

Auf hoher See, April/Mai 1778

Beinahe drei Wochen fuhren sie, bei schlimmstem Wetter, in nordwestlicher Richtung. Wind und Strömung zwangen Cook immer wieder dazu, sich von der amerikanischen Küste zu entfernen. Sie zu kartographieren war bei solchen Verhältnissen undenkbar. Cook ärgerte sich darüber. Er zeigte sich übellaunig wie selten; auf Vorschläge Gores und Blighs, die Route zu ändern, ging er gar nicht ein.

Auch der dichte Nebel, der in böser Willkür auftauchte und wieder verschwand, machte der Besatzung zu schaffen; oft hatten die beiden Schiffe, wie schon vor Neuseeland, genug damit zu tun, einander nicht zu verlieren und mit Signalen aller Art, bis hin zu Kanonenschüssen, den Kontakt zu wahren. Die Temperatur sank, der Wind wuchs zu einem Sturm an, der tagelang anhielt. Dauernd wurden die Decks von Brechern überspült, dazu das Sausen und Krachen, das dem Gehör keine Pause gönnte. Zeitweilig war es auch tagsüber so dunkel, dass man nicht mehr vom einen Ende des Schiffs zum andern sah. Zu den Essenszeiten blieb die Messe leer. Es war unmöglich geworden, auf Stühlen zu sitzen, der Koch konnte kein Feuer mehr machen, alles nicht Festgebundene, eingeschlossen die Menschen, drohte jederzeit herumgeschleudert zu werden. Mehrere Segel waren zerrissen und hingen in nutzlosen Fetzen von den Rahen; ein neues Leck, das ununterbrochenes Lenzen erforderte, sorgte für besorgte Mienen. Zwischendurch mischten sich in den Regen große Schneeflocken. Man fror tagsüber und nachts noch mehr. In England, daran erinnerten sich viele mit Sehnsucht, begann um diese Zeit der Frühling.

Wie Webber diese neuerliche Prüfung überstand, wusste er selbst nicht. Übel war ihm nur noch in den schlimmsten Phasen des Sturms, wenn man denken musste, das Schiff werde nächstens kentern oder, nachdem es einen Wellenkamm erklommen hatte, gleich senkrecht in die Tiefe stürzen. Es gab nur noch die gellenden Pfiffe des Bootsmanns, das ständige Tosen und Heulen des Sturms, das Stöhnen der Takelage. Zu arbeiten war unmöglich. Oft lag er stundenlang auf seinem Bett. Er trug drei Hemden übereinander, eines feuchter als das andere, und dazu den Rock. Er hatte sich mit zwei Gürteln am hinteren Pfosten angeschnallt, seine Leinwände und die Zeichnungsstapel mit Schnüren gesichert, zudem so viel wie möglich in seine Seemannskiste gestopft. Die Zeit verlor jede Bedeutung und verschmolz mit den Elementen; er trieb auf ihr dahin wie auf dem Wasser, wurde ohne sein Zutun zu Bildern der Vergangenheit geschwemmt und zwischendurch rücksichtslos in die Gegenwart emporgehoben. Er war wieder das frierende Kind auf der Fähre von Dover nach Calais, er war der Junge in der Kutsche, der um die verlorene Familie trauerte, er war der Junge im fremden Bett, dem die Tante übers Haar strich, der Junge am grünen Fluss, dem das Kreischen der Marmorsäge ins Gehör schnitt. Er wurde zum Lehrling, der dem Meister die Staffelei nachtrug.

Und er war der Mann, der eine Prinzessin malte. Er malte sie in einem Raum, der voller Licht war, nicht draußen, nicht drinnen, es war ein Zwischenraum, zu dem alles in ihm hinstrebte. Die Ruhe im Zentrum des Sturms, die Wärme des Lichts, die Wärme der Haut. Dorthin wollte er. Aber dorthin, so schrie der Lärm auf ihn ein, gehörte er nicht.

Einmal, als er nach Gesellschaft hungerte, versuchte er, zur Messe zu gelangen. Überall Nässe. Nichts, gar nichts war trocken geblieben. Webber tastete sich an den Wänden entlang, griff dort, wo man Seile gespannt hatte, nach einem besseren Halt, und trotzdem fiel er bei einem starken Schlingern so unglücklich hin, dass er sich Handballen und Knie aufschürfte. Auf allen vieren, umspült von kleinen Salzwasserbächen, gelangte er zu seiner Kabine zurück; einem Zusammenstoß mit Goulding, der ihm entgegenschwankte, wich er nur knapp aus. Das aufgeschürfte Knie tat weh. Webber biss die Zähne zusammen, desinfizierte die Wunde mit Branntwein, wickelte einen Stoffstreifen darum. Umgeben und bedroht von so viel Wasser, litt er an Durst; der Hunger reduzierte sich auf ein Leeregefühl im Magen. Irgendwann stand tatsächlich wieder Goulding vor seinem Bett, obwohl Webber geglaubt hatte, die Tür sei verriegelt.

»Sir?«, sagte er, gegen sein Schwanken kämpfend. »Es gibt leider im Moment keinen heißen Tee.«

»Ich weiß«, sagte Webber.

Goulding neigte sich vor und drohte das Gleichgewicht zu verlieren. »Wünschen Sie sonst etwas?«

»Wasser. Trinkwasser.«

Goulding, der sich einen Augenblick lang auf der Bettkante abgestützt hatte, richtete sich mit Mühe wieder auf.

»Ich bringe Ihnen so bald wie möglich einen Krug voll.« Beim Hinausgehen fügte er, beinahe murmelnd, aber doch deutlich genug hinzu: »Vielleicht sollten Sie versuchen zu beten, Sir, wir alle sollten es versuchen. Der Herr möge uns aus Not und Gefahr erretten.«

Nein, zu beten gelang Webber nicht. Der Gott seiner Kindheit, den er im Klang der Berner Münsterorgel gehört hatte, war ihm fremd geworden; er merkte, dass er ihn lange Jahre nur noch als Floskel im Mund geführt hatte. Aber kündete nicht gerade der ungeheure Lärm da draußen von ihm?

Nach fünf Tagen flaute der Sturm ab. Die Sonne wieder zu sehen, kam einem Wunder gleich. Ein zweites Wunder mochte sein, dass die Schiffe einander nicht verloren hatten. Den ersten Gipfel, den Cook an Land erkannte, nannte er Mount Fairweather. Vom 5. Mai an hielt er Ausschau nach einem Landeplatz; am 11. ließ er, immer noch von Nebelbänken behindert, in einem großen Sund Anker werfen, der geschützte Buchten aufwies und möglicherweise Tausende von Meilen weit hinüber zum Atlantik führte.

Als der Nebel sich am nächsten Tag lichtete, verschlug es Webber den Atem. Über dem dunklen Wasser und dem bewaldeten Ufer erhoben sich, hintereinandergestaffelt, zahllose Schneeberge, zwischen denen sich die zerklüfteten Zungen von Gletschern hervordrängten. Bläuliche Schattenpartien kontrastierten mit dem gleißenden Firn; strahlend weiß schrieben sich die Gipfelpyramiden in den grau verhangenen Himmel. Der hin und her treibende Nebel an den Bergflanken erschien durchleuchtet wie von einem weißgelben Feuer. Das war Alaska, wie Vitus Bering es geschildert hatte, grausam und schön. Der Anblick blendete Webber so stark, dass er die Augen zukneifen musste. Fieberhaft und noch bevor die sich nähernden Kanus die Schiffe erreicht hatten, begann er zu zeichnen; er musste sich und allen beweisen, dass er ins Leben zurückgekehrt war. Er zeichnete die Felsen mit allen Schrunden und Vorsprüngen, er zeichnete den Hügelbuckel im Vordergrund, er pinselte mit verlaufender Wasserfarbe Meer und Himmel, versuchte, den Glanz von Schnee und Eis durch Aussparung und Kontrast zu erreichen. Er zeichnete, geschwind wie noch nie, den Indianer im fellbespannten Kanu, der beide Arme, zum Zeichen des Friedens, ausbreitete. Er zeichnete den Stock, den ein anderer hochhob und an dem Vogelfedern und -flügel hingen. Er zeichnete einen der Männer, die an Bord kamen, sein Pelzkleid, den Schnurrbart, den Knochenschmuck, von dem die Nasenwand durchbohrt war. Zeichnend vergaß er, dass er fror, vergaß, was ihm fehlte und woran er litt; er war John Webber, der Zeichner und Maler, kein anderer.

Sie blieben nur so lange Zeit im Prinz-William-Sund, bis die *Resolution* – mit größter Mühe allerdings – gekrängt worden und das neue Leck abgedichtet war. Die Indianer, die mit den Briten handelten, ähnelten denen vom Nootka-Sund und waren doch anders, kriegerischer vielleicht. Sie nannten sich Eyak. Man musste sie mit Schüssen in die Luft einschüchtern, damit sie nicht ein Boot kaperten. Die Ereignisse fingen an, ineinander überzugehen, die fremden Menschen glichen einander in der Erinnerung immer stärker; und es wurde auch für Webber, von Ausnahmen abgesehen, immer schwieriger, sie in ihrer Individualität zu erfassen.

Dennoch versuchte er es. Er versuchte es, obwohl Cook ihm mehrmals bedeutet hatte, es sei seine Aufgabe, das Typische zu zeigen und nicht das Individuelle.

Cook wollte weiter, es war nun eine Unruhe in ihm, die auf die Offiziere überging. Der Umgangston wurde schroffer und fordernder. Die Nordwestpassage! Gab es sie überhaupt? Wenn ja, wo, wo? Der Auftrag, sie zu finden, schien Cooks Gedanken zu besetzen; auch beim Essen sprach er ständig davon. Gore und Bligh wurden in Beibooten mit der geeigneten Rudermannschaft ausgeschickt, um zu erkunden, ob einer der Meeresarme im weitverzweigten Sund irgendwo weiterführte; sie kamen nach Tagen erschöpft zurück und berichteten, sie seien überall in Sackgassen geraten, die Fjorde hätten sich verengt, und spätestens bei der Mündung der Flüsse habe es kein Weiterkommen mehr gegeben. Die *Resolution* und die *Discovery* segelten um eine große Halbinsel herum, folgten, an mehreren erloschenen Vulkanen vorbei, einem weiteren Arm bis zum 61. Grad. Auch hier: kein Ergebnis, Umkehr, starke Schneeschauer zwischendurch. In der Nähe von Gletschern trieben Eisbrocken im Wasser; einer wurde an Bord gehievt und zerschlagen, um seine Beschaffenheit zu erkunden. Webber brachte ein kleines Stück zum kranken Anderson in die Kabine. Eis mit den Händen zu umschließen, seine Kälte und das anschließende heiße Prickeln zu spüren: das erinnerte ihn an Wintertage in Bern. Schneemänner hatten er und die Nachbarjungen geformt, einander Schneeballschlachten geliefert, sie waren auf Schlitten den Flusshang hinuntergesaust, beinahe bis ins Wasser hinein. Es war lange her, doch die Haut schien die Erinnerung daran gespeichert zu haben. Richtigen Schnee, sagte

Anderson, der kaum noch sprechen konnte, habe er in London nie liegen gesehen, da sei er immer zu rasch geschmolzen. In Schottland aber, in North Berwick, wo er aufgewachsen sei, da hätten sie auch einmal, ein einziges Mal, im strengsten Winter seit Menschengedenken, Schneemänner gebaut. Webber wagte kaum noch hinzuschauen, wenn Anderson lächelte; er wusste, dass ihm gleich die Tränen kommen würden. Gerne ginge er an Deck, sagte Anderson, um sich die Gletscher anzuschauen; das müsse ein eindrückliches Schauspiel sein, vor allem, wenn ein Gletscher unter gewaltigem Donnern kalbe. Webber half ihm aufzusitzen, schob die Hand hinter seinen Rücken, um ihn zu stützen. Weiter ging es nicht, Anderson war so schwach, dass er nicht mehr auf den Beinen stehen konnte. »Dann eben nicht«, sagte er mit einer Ergebenheit, die Webber gegen ihn aufbrachte. Man muss doch kämpfen!, dachte er und legte das Eisstück in den leeren Nachttopf; beide sahen zu, wie es langsam schmolz und das Wasser im Topf um eine Fingerbreite stieg. Warum das Schmelzwasser jetzt trüb und bräunlich sei, fragte Webber, statt Anderson zu schelten, das Eis habe doch im Licht da draußen eine bläuliche Farbe, und abends schillere es in allen Farben. Das liege, sagte Anderson, an der prismatischen Brechung des Lichts; dann mochte er nichts mehr sagen.

Es gab keine andere Möglichkeit, als der Halbinsel zu folgen, die mit ihren schroffen Küsten immer weiter nach Südwesten zurückführte. Wohin denn? War es wirklich eine langgezogene Landzunge, wie die Karte von Müller und Stähelin sie zeigte, oder doch das kontinentale Festland, das sich nach Westen ausdehnte? Diese Karte, nach Berings Angaben gezeichnet, taugte gar nichts. Glaubte man einen markanten Punkt, auf den sie verwies, identifiziert zu haben, stellte sich bei der Positionsbestimmung heraus, dass er es unmöglich sein konnte. Und die Durchfahrt nach Norden, welche die Karte versprach, wollte und wollte nicht kommen, ebenso wenig die lange Reihe der kleinen Inseln, die sich angeblich der langgestreckten Halbinsel anschloss.

Weiter, trotz aller Bedenken, Hunderte von Meilen weiter. Der Juni verging, und die Schiffe verloren zusehends an nördlicher Breite. Große Schwärme von Enten, Gänsen, Schwänen; blasende Wale in Sichtweite. Ab und zu Küstenbewohner in Kajaks, so hießen nun die Einmann-Boote mit ihren runden Öffnungen. Mit einem Kanonenschuss sorgte die *Discovery*, die schon fast außer Sichtweite war, für Cooks Aufmerksamkeit und signalisierte, er möge ein Beiboot hinüberschicken. Kajakfahrer hatten dem Schwesterschiff eine Botschaft übergeben. Sie war in kyrillischer Schrift geschrieben und stammte offenbar von Russen. Vielleicht enthielt sie einen Besitzanspruch, den aber Cook, im Namen seines Königs, ohnehin zurückgewiesen hätte. Würden sie bald russischen Händlern oder Jägern begegnen? Niemand wagte es vorauszusagen.

Endlich, am 26. Juni, öffnete sich das Land zur offenen See hin; Cook hatte im Nebel eine frühere Durchgangsstraße übersehen. Er fand einen Ankerplatz auf einer Insel, die Bering anscheinend Unalaska genannt hatte. Wieder Menschen, noch stärker verhüllt, noch fremdartiger, aber ungefährlich. Die Wasserfässer wurden gefüllt. Ein kleiner Trupp, zu dem Webber gehörte, suchte eine Siedlung mit Erdhäusern auf, in deren Inneres man auf einer Leiter hinunterstieg. Andere sammelten Sellerie, Ampfer, Engelwurz. Das bittere Gemüse, das der Koch daraus zubereitete, aß die Mannschaft zum frischgefangenen Fisch mit größtem Widerwillen. Erneut verwies Cook darauf, dass dank solch rigoros durchgesetzter Maßnahmen bisher auf dieser Reise niemand an Skorbut erkrankt war.

Die Schiffe kamen endlich ins Beringmeer, sie wandten sich nach Nordosten und segelten – auf der anderen Seite der Halbinsel – die ganze Strecke zurück, die sie im Juni zurückgelegt hatten. Immer wieder drohten sie auf Sandbänke zu geraten; dauernd musste das Lot geworfen werden, um ihnen auszuweichen. Mitte Juli hatten sie wieder das Festland erreicht, die Fortsetzung der nordwestlich verlaufenden Küste Alaskas. Es gab keinerlei Anzeichen für die gesuchte Nordwestpassage.

Cook befahl die Weiterfahrt, der Arktis entgegen. In der Nähe eines Kaps wurden sie von einer ganzen Kajakflotte begrüßt. In den Kajaks saßen Eskimos, ein ganz anderer Schlag als die bisherigen Landbewohner, schmutziger, primitiver, fand Samwell, der dennoch die Absenz von Frauen bedauerte. Man rettete einen Halbertrunkenen. Sein Kajak war bei hohem Seegang umgeschlagen, und er konnte es nicht, wie andere, aus eigener Kraft wieder drehen. Wie kalt fühlte er sich an, wie kalt war inzwischen das Wasser! In der Great Cabin ließ man ihn zu Kräften kommen und trocknete ihn ab. Webber zeichnete den Mann und überwand seinen Ekel vor den stark riechenden Oberkleidern, die aus Fischdärmen gefertigt waren.

Die Nordwestpassage, sagte Cook, sei wohl erst, wenn überhaupt, jenseits der Beringstraße zu finden, im arktischen

Meer; sie würden den Polarkreis überqueren und herausfinden, ob zu dieser Jahreszeit, wo die Sonne kaum noch untergehe, das Packeis ein weiteres Vorankommen verhindere.

Die Tage waren schon jetzt lange genug; in der Great Cabin konnte Webber oft noch bei einem Fenster bis zehn oder elf Uhr nachts ohne Kerzenlicht arbeiten. Die Helligkeit hielt ihn wach; es fiel ihm schwer, an Anderson zu denken, und zugleich entging er nicht dem Zwang, es zu tun. In der Messe vermied man es, seinen Namen auszusprechen; er war ein Gezeichneter. Auch Cook schlief in solchen Nächten lange nicht. Webber hörte ihn nebenan mit unregelmäßigen, manchmal beinahe stampfenden Schritten hin und her gehen. Was beschäftigte ihn? Dachte er an die Frau, die zu Hause auf ihn wartete? Ans inzwischen geborene Kind, das vielleicht schon wieder gestorben war? Dürstete er, allein mit sich, nach noch größerem Ruhm in der zivilisierten Welt, die jetzt so fern war? Auch Bligh arbeitete zu dieser Zeit bisweilen, Webber gegenüber, am Kartentisch. Er sprach, mit Zirkel und Lineal hantierend, leise zu sich selbst, kein Wort aber zu Webber. Zwischen ihnen herrschte stets eine ungreifbare Spannung; dabei war Webber durchaus daran gelegen, ihr Verhältnis zu verbessern. An guten Tagen zeigte Bligh eine liebenswürdige Seite, die Webber für ihn einnahm. Manchmal dachte er – und das fand er sehr merkwürdig –, Aberli mit seinem aufbrausenden Temperament müsse in jüngeren Jahren Bligh ähnlich gewesen sein.

3. August 1778. Mein Freund, William Anderson, ist tot. Ich grabe es mit der Feder ins Papier: Er ist tot! Es ist ein lautloser Schrei in mir und zerreißt beinahe meine Brust: Er ist tot! Warum muss das sein? Warum gerade jetzt? Ach, es sind die üblichen Fragen, nachdem man einen schweren Verlust erlitten hat, sie nützen nichts, sie mildern nichts. Ich wusste ja schon lange, dass es so weit kommen würde, seit Wochen und Monaten wusste man's, und er selbst, der damals noch lebte, hat, solange er zu sprechen vermochte, klargemacht, dass er weder sich noch uns etwas vortäuschen mochte. Schwindsucht, was für ein widerwärtiges Wort! Der Mensch schwindet dahin, wird zerfressen und aufgezehrt von seiner Krankheit. Wie mager war William in den letzten Wochen geworden, durchscheinend fast, die Augen tief in den Höhlen, die Wangenhaut spannte sich über den Knochen. Immer noch lächelte er, wenn ich bei ihm saß und seine Hand hielt, seine magere und kindliche Hand. Die Hustenkrämpfe waren schrecklich, sie versetzten den ganzen Körper in Konvulsionen. Er wollte mich hinausschicken, wenn sich einer ankündigte. Noch vor zwei, drei Monaten war ich in der Tat geflohen, weil ich dieses Bellen und Würgen nicht ertrug, ja, weil ich mich vor Ansteckung fürchtete. Nun aber, in dieser letzten Zeit, blieb ich bei ihm, ließ mich auch von Samwell, der ihn ärztlich betreute, nicht vertreiben, gerade von ihm nicht. Blutsturz, danach große Mattigkeit. Williams Hemd wurde gewechselt, die Kabine ausgeräuchert. Ich blieb bei ihm. Als seine Schwäche zunahm und er bisweilen in Bewusstlosigkeit glitt, hörte das starke Husten auf, nur noch ein Hüsteln dann und wann. Er klagte flüsternd über starke Kopfschmerzen. Seine Lungen, sagte er in einem lichten Moment, seien schon in sich zusammengefallen, es daure nicht mehr lange, das Testament liege in seiner Kiste. Samwell tröpfelte ihm Laudanum auf die Lippen, die sich nicht mehr freiwillig öffnen wollten. Ich hatte das Gefühl, einem Erlöschen beizuwohnen.

Vorgestern bäumte sich noch einmal das Leben in ihm auf. Er hatte Fieber, redete in einer unverständlichen Sprache; er wäre, sich hin- und herwerfend, aus dem Bett gefallen, hätte ich ihn nicht gehalten. Als er ruhig wurde, zeichnete ich ihn; es ist das einzige Bild, das ich von ihm habe. Der Kapitän wurde gerufen, er kam nicht; erst dem Toten erwies er seine Reverenz. William Anderson starb gestern Nachmittag zwischen zwei und drei Uhr mit einem halben Seufzer; ich sah die Augen erstarren, blicklos werden und drückte sie ihm zu. Da hatte Samwell Williams Puls schon eine Weile verloren; nun weinte auch er, und das versöhnte mich beinahe mit ihm.

Captain Cook erschien eine gute Weile später mit ernster Miene, verbeugte sich leicht vor dem Toten, bewegte die Lippen, als spreche er ein Gebet; doch mir scheint, eine gestohlene Ziege wühlte ihn stärker auf als der Tod eines seiner besten Männer. Er habe gehofft, sagte er, Anderson an Land begraben zu können, aber es sei aussichtslos, morgen oder übermorgen irgendwo ankern zu wollen. So werde man den Toten mit einem Seebegräbnis ehren. Er ernenne Samwell, bisher Arztgehilfe, zum ersten Schiffsarzt auf der *Discovery;* deren Arzt, John Law, werde, an Andersons Stelle, auf die *Resolution* beordert. Dies werde noch der ganzen Mannschaft bekanntgegeben. Er ging hinaus, steif wie ein Stock; mit sich nahm er Williams Letzten Willen. Plagte ihn das schlechte Gewissen, da er Williams dringlichen Wunsch, auf den pazifischen Inseln zu bleiben, missachtet hatte? Was er alles schluckt und tief in sich versteckt, weiß der Himmel allein. An den Himmel hat William nur halb geglaubt; ich wünsche ihm trotzdem einen paradiesischen Platz darin.

Watman, der in solchen Fällen gerufen wird, kam mit seinem Rasierzeug hereingeschlurft. Es ist erstaunlich, wie gut er sich von seiner Influenza erholt hat. Aber nun schaute er nicht nach links und rechts, fast als ob er sich deswegen schämte; und obwohl ich doch glaube, auf einigermaßen vertrautem Fuß mit ihm zu stehen, hatte er weder für mich noch für jemand anderen ein Wort übrig. Nach der Rasur, die er auf umständliche Weise vornahm, sah William jünger aus, zugleich entrückt, denn mit dem Kinnband kam er mir verkleidet vor, wie der Bewohner einer unbekannten Insel. Ich wusch ihn, zusammen mit Samwell, der seine übliche Ironie ganz abgelegt hatte; wir zogen ihm ein sauberes Hemd an. Auch Goulding half dabei und zeigte dabei keineswegs seine übliche Geschicklichkeit in solchen Dingen, im Gegenteil: seine Hände zitterten. Zwischendurch flocht er sie ineinander und schien sie, wie im Krampf, gar nicht mehr voneinander lösen zu können. Schließlich schickten wir ihn fort, und er sagte noch in beinah kindlicher Weise: »Mr Anderson hätte nicht sterben dürfen. Er war so gütig zu mir, so gütig.«

Die Offiziere kamen und nahmen Abschied, dann wurden auch Abgesandte vom Vorschiff zugelassen. Trevenen versuchte mich zu trösten. Als der Segelmacher den Toten mit zwei Kanonenkugeln ins Tuch einnähte, ging ich weg. Das wollte ich nicht sehen, und mir vorzustellen, dass mit dem letzten Stich nach altem Brauch Williams Nase durchbohrt wurde, ging über meine Kraft. Ich war dann heute, nach einer schlimmen Nacht, doch dabei, als das Begräbnis stattfand. Die Segel waren gerefft, die Rahen vierkant gebrasst, der eingenähte Tote lag auf einer schiefen Planke über der Reling, gehalten nur noch durch einen Strick. Die Mannschaft frierend, mit gezogenen Mützen, zuvorderst die Marinesoldaten mit geschultertem Gewehr. So musste es nach den Vorschriften sein. Die Stimme des Kapitäns, gepresst und viel zu laut: »Hiermit übergeben wir den Körper von William Anderson der Tiefe des Meers, damit er dort vergehe und auf den Tag der Auferstehung warte.« Gore stimmte einen Choral an, den die meisten mitsangen, über dem Toten wurde die Flagge geschwenkt, der Sack glitt ins Wasser, es folgte der Salut aus den Gewehren, der die Seevögel vertrieb. Würdig nennt man wohl eine solche Zeremonie. Sie ließ mich tränenlos; ich hatte schon zu viel geweint.

Noch diesen Abend wird der Zahlmeister Williams Habe versteigern. Es ist unerträglich, aber Seemannsbrauch, ich kann es nicht verhindern. Der Erlös wird Williams Barschaft zugeschlagen und nach den Bestimmungen seines Testaments verteilt. Mir hat er sein Journal versprochen; doch nun hat es CC konfisziert. Allenfalls werde ich es nach der Rückkehr bekommen. Mir erscheint es wie ein Diebstahl am Toten. Es würde mich nicht wundern, wenn Cook von Anderson abschriebe, was ihm nützt und gefällt, und den Rest – gewiss mit Passagen, die ihm unangenehm sind – vernichten würde.

Nur Trevenen versteht und teilt meine Trauer halbwegs und auch Goulding auf seine Weise: Er ist fassungslos, gelähmt geradezu, er beginnt seine Pflichten zu vernachlässigen, und wenn man ihn tadelt, spricht er in Halbsätzen davon, dass alles, was wir auf dem Schiff erleiden müssten, am Ende nichts anderes sei als eine gerechte Strafe Gottes.

Ich fragte zurück, warum denn Gott ausgerechnet den gerechtigkeitsliebenden Anderson aus unserer Mitte gerissen habe; und da wusste Goulding keine Antwort. Wann habe ich zum letzten Mal an Gott und Seine Gerechtigkeit geglaubt?

»Du hast ja noch mich«, hat Trevenen vorhin gesagt. »Stehe ich dir nicht auch nahe? Bin ich nicht dein Freund?«

Das ist er (in gewisser Weise). Aber das wiegt den Verlust nicht auf. Auch ich, lieber Gott, blinder Gott, werde in die Tiefe gezogen. Was sparst Du noch auf für mich? So viele Herzschläge, jeder schmerzt.

4. August 1777, Abend. Eben ist Captain Cook wieder gegangen, er lässt mich verstört zurück. Zwei Stunden ist es her, da klopfte er, ohne Hut, an meine Tür und verschloss sie, nachdem er eingetreten war, sorgsam hinter sich. Er sah nun doch aus wie ein Trauernder, sehr ernst und bedrückt; er ist abgemagert in letzter Zeit, das sagen alle. Er setzte sich nicht, und ich stand ihm gegenüber. Ein seltsames Schauspiel in meiner Kabine; aber es geziemt sich nicht, angesichts des stehenden Kapitäns zu sitzen.

»Mr Webber«, sagte er ohne Umschweife, »mir ist zu Ohren gekommen, Sie hätten Mr Anderson, kurz vor seinem Hinscheiden, gezeichnet.«

Ich antwortete, so sei es. Die Zeichnung werde mir helfen, mich an meinen Freund zu erinnern.

»Ich möchte sie sehen«, sagte Cook. Es war ein Befehl, keine Bitte, und so öffnete ich den Koffer, in dem meine kostbarsten Arbeiten liegen, und holte das Blatt hervor.

Cook trat mit ihm nahe an die Lampe heran, es zitterte leicht zwischen seinen Fingern.

»Ja, das ist er«, sagte er tonlos. »Sie haben ihn gut getroffen, gerade«, er zögerte, bevor er das Wort aussprach, »in seiner Todesnähe.« Er schaute mich mit sonderbar gequältem Ausdruck an. »Er war im Frieden mit sich selbst, nicht wahr?«

»Er war noch jung«, sagte ich und versuchte meine aufsteigende Bitterkeit zu überdecken.

Cook setzte sich nun doch auf den Stuhl, den ich ihm hingeschoben hatte. Er setzte sich mit einer Schlaffheit, die bei ihm ungewohnt, ja beinahe erschreckend war, und ich bemerkte zum ersten Mal, wie zerknittert und abgetragen sein Kapitänsrock war.

»Sie denken gewiss«, sagte er, »Ihr Freund hätte länger gelebt, wäre ich ihm entgegengekommen.«

Ich schwieg, weiterhin stehend, und das nahm Cook als Zustimmung. Er rieb sich mit dem Finger an der Nase, die sich in der Kälte blaurot verfärbt hatte. »Glauben Sie mir, Mr Webber, ich muss manchmal Entscheidungen treffen, die mir schwerfallen. Das verlangt mein Amt von mir. Ich habe Mr Anderson sehr geschätzt. Auch wenn wir oft unterschiedlicher Meinung waren, stand er mir näher, als Sie glauben mögen. Sein Andenken ist mir so teuer wie Ihnen. Ich werde bald eine Insel nach ihm benennen. Man wird seinen Namen nicht vergessen.«

Ich starrte den Kapitän an und hatte keine Ahnung, was er von mir wollte.

Nervös (oder war er verlegen?) fingerte er am Handschuh herum, den er auch heute an der vernarbten Hand trug. »Ich muss Sie darum ersuchen, mir dieses Porträt zu überlassen. Es gehört zu den Akten, die ich Lord Sandwich abliefern werde.«

Es war, als hätte er mir ins Gesicht geschlagen. »Aber warum denn?«, rief ich, in geradezu kindlicher Verzweiflung. »Das ist ein privates Werk! Das können Sie mir nicht wegnehmen!«

Sein Ausdruck verhärtete sich. »Sie sind offizieller Zeichner auf diesem Schiff, Mr Webber. Nichts von dem, was Ihr Stift hervorbringt, ist privat.«

»Sie haben«, brach es aus mir heraus, »bereits das Journal an sich genommen, das mir versprochen war. Lassen Sie mir zumindest diese Zeichnung. Sie kann der Admiralität unmöglich so wertvoll sein wie mir.«

»Darauf kommt es nicht an. Ich habe die Weisungen meiner Vorgesetzten zu befolgen, genau wie Sie. Was erheblich ist für den Verlauf der Reise, gehört in ihre Obhut, und diese Zeichnung, Mr Webber, halte ich für erheblich.«

Beinahe zärtlich rollte er das Blatt zusammen, und plötzlich war ich überzeugt: Er wollte es für sich, er wollte William bei sich haben, in seiner Nähe.

»Bitte, Sir«, sagte ich stockend, »überlassen Sie mir das Blatt bis morgen noch, dann kann ich eine Kopie anfertigen, und uns beiden ist gedient.«

Er schüttelte den Kopf, sein schuldbewusster Blick glitt an mir ab wie ein Finger an nasser Seife; ich sah, dass sein Wangenfleisch zuckte. Er wollte noch etwas sagen, brachte aber sekundenlang die Lippen nicht mehr auseinander. Ich war nicht fähig, mich zu bewegen, als er sich an mir vorbeidrückte; aber am liebsten hätte ich ihm das kostbare Blatt entwunden. Einen Augenblick lang roch ich seinen höchst eigenartigen dumpfen Kapitänsgeruch, den ich, wenn ich ihn malen müsste, mit Ocker und wenigen preußischblauen

Tupfern wiedergeben würde. Bei der Tür, die Hand an der Klinke, sagte er: »Ich muss Sie im Übrigen ermahnen, Ihrem Kapitän nicht zu widersprechen.« Statt nun aber, wie ich erwartete, mit festem Kommandantenschritt hinauszugehen, fügte er, beinahe werbend, hinzu: »Sie könnten an Jahren mein Sohn sein, Mr Webber, so wie es auch bei Mr Anderson der Fall war. Haben Sie sich das schon einmal überlegt?« Danach zog er den Kopf ein, um ihn nicht am Türbalken anzustoßen, er schlich sich weg, als fürchte er gesehen zu werden, und mir war so elend zumute, als wäre mir William zum zweiten Mal genommen worden. So ist es ja auch: Er hat ihn mir gestohlen, und ich kann nichts dagegen tun. Wie halte ich dieses Gefühl von größter Ohnmacht aus? Sie ist gepaart mit ebenso großer Trauer, und in sie hinein mischt sich ein Zorn, der keinen Ausweg findet. Wer ist dieser hochfahrende Mann, der sich anmaßt, nach Belieben über mich zu verfügen? Woran leidet er? Denn dass er leidet, habe ich, trotz meiner Verwirrung, klar erkannt. Wünsche ich ihm den Tod? Nein, ich wünsche mir bloß, dass er gütiger wäre, väterlicher. Was hilft mir sonst sein Vatergerede?

Habe mich in den Kübel erbrochen; es folgte ein Durchfall, der auf dem Schiff zu demütigenden Prozeduren führt. William, da liegt nun dein Körper auf dem Meeresgrund, mit jeder Stunde vergrößert sich die Entfernung zwischen dir und mir. Habe versucht, dich aus der Erinnerung zu skizzieren. Aber schon fängt sie an, mich zu betrügen. Das genaue Maß der Stirn, der kleine Knorpel auf deiner Nase, die verfilzten starken Augenbrauen: Wo ist das alles hin?

20

Beringstraße, August 1778

Weiter nach Norden. Wenn die Küste in Sichtweite kam, waren die Hügelzüge von Schnee bedeckt. Mitten in der Beringstraße gelangten die Schiffe, bei kabbeliger See, hinüber an die Ostspitze Asiens. Cook vermutete aufgrund seiner schlechten Karten, es handle sich um die Halbinsel der Tschuktschen. Die Bewohner einer Erdhütten-Siedlung, größer und schlanker als Eskimos, schwankten zwischen Vorsicht und offener Feindseligkeit. Sie hatten ihre Frauen und Kinder beim Nahen der Schiffe weggeschickt. Cook ermahnte seine Männer zu äußerster Vorsicht, der Tauschhandel blieb eng begrenzt. Ohne dass es zu Aggressionen gekommen war, legten die Schiffe schon nach einem Tag wieder ab. Nun waren sie im arktischen Meer. Sie überquerten den Polarkreis, das Wetter besserte sich, fahl stand die Sonne am Himmel. Aber es war schneidend kalt. Die Männer trugen nun meist Wollmützen mit Ohrenklappen und die bauschigen Marinefäustlinge. Cook blieb beim gewohnten Dreispitz, wickelte sich aber trotzdem manchmal, wenn der Wind zu sehr biss, einen Schal um Hals und Ohren. Webber schnitt bei seinen Fäustlingen die Spitzen ab, so dass er die einzelnen klammen Finger notdürftig bewegen konnte; aber eigentlich fror er mehr an den Füßen, die in feuchten Stiefeln steckten. Die Notdurft zu verrichten, wurde zur Tortur; man hatte schon nach wenigen Sekunden das Gefühl, der nackte Hintern auf dem Latrinenloch gefriere zu Eis und gehöre nicht mehr zum eigenen Körper. Hinterher begann er zu brennen und zu jucken, als hätten ihn Hunderte von Ameisen gezwickt.

Am 17. August befanden sie sich – dies ergaben mehrere Messungen – auf 70 Grad 33 Minuten nördlicher Breite. Da erschien am Horizont ein Streifen von bläulicher Helligkeit, aus dem am Nachmittag ein intensives Leuchten wurde; darin funkelte es zwischendurch wie von Silberflitter. Es war der zerklüftete Rand des Packeises, dem sich die Schiffe näherten. Größere und kleinere Schollen, hin und wieder ein Eisberg trieben im Wasser. Cook, der dem Packeis schon in der Antarktis begegnet war, gab Anweisung, dass die Schiffe zum kompakten, bis zu zehn Fuß hoch aufragenden Rand des Eisfeldes einen gebührenden Sicherheitsabstand halten sollten. Er wusste, dass sich die ganze gebuckelte und gezähnte Fläche bewegte, dass es darin dauernd Risse und am Rand Abbrüche gab. Auf dem Hintergrund eines vielstimmigen Knisterns, das die Sprache des Eises zu sein schien, ertönte in Abständen ein lautes Krachen, gefolgt vom Rauschen der eintauchenden Masse. In diese Geräusche hinein mischte sich auch das Gebrüll von Walrossen, deren Herden man von weitem sah. Sie weckten die Jagdlust der Besatzung. Doch zunächst hatte man alle Hände voll damit zu tun, den großen Schollen auszuweichen, von denen, wie die Erfahreneren wussten, nur der kleinste Teil über Wasser lag. Die Wachen wurden doppelt besetzt, um Gefahren rechtzeitig zu erkennen. Zum Glück blieb die Sicht gut; eine richtige Nacht gab es auf dieser Höhe nicht, bloß eine zwei, drei Stunden anhaltende Dämmerung, mit der Sonne knapp unterhalb des Horizonts. Cook vermutete, das Packeis sei ein Gürtel, der den Weg ins offene Nordmeer versperre, und hoffte, bald schon eine von einer wärmeren Strömung bewirkte Durchfahrt zu finden und danach, noch weiter nördlich, die Nordwestpassage. Deshalb nahm er die Gefahr eines Zusammenstoßes in Kauf und verschloss sich den Argumenten seiner Offiziere, die es als notwendig erachteten, den Kurs Richtung Südwest zu ändern. Entenschwärme, die von Norden her in Dreiecksformation übers Schiff hinwegflogen, schienen zudem zu beweisen, dass es jenseits des Packeises Festland gab.

Webber stand, trotz des eisigen Windes, der ihm manchmal direkt ins Gesicht blies, stundenlang, zu jeder Tageszeit, an Deck und schaute aufs Eis. Allein die Nuancen von Blau in den Schattenzonen und den Übergängen zu den beleuchteten Teilen waren staunenswert. Die Farbskala, für die seine Begriffe bei weitem nicht ausreichten, begann in Spalten und Löchern mit einem Violettschwarz, sie hellte sich auf zu Kornblumenblau, spielte auf schieferartigen Flächen ins leuchtend Türkisblaue, schwächte sich wieder ab in Preußischblau und schillerndes Taubenblau; und all diese Blautöne überlagerten einander in einer Art von Echos, die wiederum neue Mischungen und Brechungen erzeugten, in denen, als Ober- und Untertöne gleichsam, die anderen Farben des Regenbogens mitschwangen, nur als Ahnung und doch den Klang bereichernd. Daneben die Spiegelungen des Sonnenlichts auf den geschliffenen Flächen, blendend, glitzernd, von reinstem Weiß. Das Wasser ringsum: sich kräuselndes Graugrün; und der Himmel darüber (wenn man sich von der Sonne abwandte): ein zartes, von Schleiern durchwölktes Lichtblau. Die Temperatur lag, nach Kings Messung, unter dem Gefrierpunkt. Am Anfang versuchte Webber noch, mit klammen Fingern zu skizzieren, zu aquarellieren. Er dachte an das Eisberg-Bild von Hodges, das er in der Londoner Ausstellung gesehen hatte. Doch die Vielfalt der Farbabstufungen war derart überwältigend, dass er es nach einigen Versuchen aufgab. So beschränkte er sich aufs Schauen und hoffte, die Erinnerung werde ihn später, im Atelier, dazu inspirieren, Hodges Symphonie in Grau und Blau zu übertreffen. Erst wenn seine Augen brannten, die Gesichtshaut juckte und die Füße selbst zu Eisklumpen geworden waren, stieg er hinunter in seine Kabine und wärmte sich unter drei Decken auf, bis er, nach kurzem Schlaf, genügend Energie hatte, sich der Kälte und dem Licht erneut auszusetzen.

In der zweiten Nacht, zur dunkelsten Zeit, die etwa dem europäischen Morgengrauen entsprach, wurde Webber, der eben ein wenig geschlafen hatte, von Goulding an Deck geholt. King schicke ihn, sagte er, es eile. Er stammelte vor Aufregung und fügte raunend hinzu, vielleicht zeige sich da draußen das Antlitz Gottes. Erst an Deck verstand Webber, worum es ging. Ein Nordlicht war aufgetreten, und was sich seinen Augen darbot, war in der Tat grandios. Ein hellgelber Schleier wogte hoch über dem westlichen Horizont; daraus bildeten sich Bögen, die an den unteren Rändern blutrot zu leuchten begannen. Ihnen entgegen wand sich ein

Lichtphänomen, das einer irisierenden Schlange glich. Zuerst war sie goldgelb gesprenkelt, dann wurde sie ganz golden, dann fahl und grünweiß. Ganze Bündel von Strahlen zuckten an der Schlange entlang, während sie sich in drei Arme teilte; alles schwankte und wehte wie vom Sturmwind getrieben. Allmählich wurde die Erscheinung schwächer und verglomm wie ein niedergebranntes Feuer. Eine Zeitlang gab es am Himmel so etwas wie einen hellen Abdruck, aber auch er verblasste und verschwand. Länger noch blieb das Meer von kupferner Kompaktheit.

Webber erwachte aus einer Art Trance, die zugleich hellste Wachheit war. Erst jetzt merkte er, wie sehr er fror, denn er hatte sich in der Eile nur dünn angezogen und hatte ohne Strümpfe, in seinen Filzpantoffeln, dagestanden. Das Erste, was er dachte, war: Hätte doch auch William dies erleben können! Die Trauer, die er in den letzten Tagen ein wenig zurückgedrängt hatte, holte ihn wieder ein, und plötzlich stemmte er sich gegen einen stechenden Schmerz, der ihn zusammenzukrümmen drohte. Vielleicht war es auch die Einsicht, dass die Schönheit, die sich ihm offenbart hatte, in ihrer Flüchtigkeit durch kein künstlerisches Mittel festzuhalten und wiederzugeben war. Es blieb allein die fehlbare Erinnerung.

Mindestens die halbe Mannschaft hatte sich an Deck versammelt, auch Cook war heraufgekommen. Noch eine Weile, nachdem die *Aurora borealis* verschwunden war, lag über allen eine Andacht, die keine der üblichen Witzeleien, kein offenes Gelächter zuließ. Man flüsterte bloß miteinander, schaute in die Richtung, in der das Polarlicht angefangen hatte, als fürchte oder hoffe man, es werde sich nochmals zeigen. Jemand – war es der Seilmacher Widdall? – fragte halblaut, wie ein solches Phänomen zustande komme. Niemand hatte eine Antwort darauf, auch King nicht. Cook – Webber sah es wohl – umschloss mit beiden Händen die Reling und schien sich von der Umgebung abgekapselt zu haben.

Als die Gespräche wieder lauter wurden und dazwischen Befehle ertönten, wagte Webber sich hinüber aufs Vorschiff, wo er Trevenen beim Bugspriet, in der Nähe des alten Watman, fand. Watman saß in seiner Teerjacke auf einer Werkzeugkiste und hatte sich, wie andere auf der Freiwache, die Pfeife angezündet, deren weggewehter, von Fackeln erhellter Rauch sich mit den Atemwolken der ringsum sitzenden und stehenden Seeleute vermischte.

»Es waren Engelsschleier«, sagte Watman in ehrfürchtigem Ton, »es soll sie auch bei uns im hohen Norden geben, auf den Orkneyinseln.«

»Sind sie ein schlechtes oder ein gutes Vorzeichen?«, fragte Widdall; es war allgemein bekannt, dass Watman sich mit der Bedeutung unerklärlicher Dinge auskannte.

Watman überlegte lange. »Ich weiß es nicht. Man sagt, dass die Engelsschleier großen Ereignissen vorausgehen, ähnlich wie Kometen.«

»Was sind große Ereignisse?«, fragte Trevenen in gespielter Leichtfertigkeit. »Kriege? Der Tod des Königs? Die Entdeckung eines neuen Kontinents?«

»Ich weiß es nicht«, wiederholte Watman, ein wenig unwillig. »Aber was es auch ist, es kann gut oder schlecht sein.«

Webber wollte sich – wie die anderen Male, da Watman sich zum Propheten gemacht hatte – über das Spiel mit Aberglauben und Vorzeichen erhaben fühlen und merkte doch, dass sich die Kälte, die ihn immer stärker durchdrang, mit der Angst vor dem Kommenden vermischte. Die Männer, die zugehört hatten, wirkten ebenfalls verängstigt, und Webber fühlte sich ihnen mit einem Mal so stark verbunden wie nie zuvor. Bildeten sie nicht eine Schicksalsgemeinschaft? Und war es nicht ein Unrecht, sich von ihnen absondern zu wollen?

In den nächsten Tagen kreuzten die Schiffe vor dem Packeis auf und ab, doch obwohl sie kleinere Fahrrinnen entdeckten, war es nie eine schiffbare Durchfahrt. Abgesehen davon sah jeder vernünftige Seemann ein, dass es selbstmörderisch gewesen wäre, sich weiter in diese schwimmende und unberechenbare Eisfläche hineinzuwagen. Leicht konnte es geschehen, dass die Durchfahrt sich hinter einem schloss und das Schiff stecken blieb, ja durch den Druck des Eises der Rumpf beschädigt, möglicherweise zermalmt wurde. Immerhin gab die Suche endlich Gelegenheit, Walrosse zu jagen. Die Beiboote wurden gewassert und mit Männern besetzt, die als gute Schützen galten. Es war ein Leichtes, die mächtigen Tiere, die zusammengedrängt auf dem Eis lagen, zu treffen. Doch bei einigen dauerte der Todeskampf lange; sie warfen sich auf dem blutig verfärbten Eis herum, ermatteten, unter Brüllen und Röcheln, erst allmählich. Sie auf so einfache Weise zu erlegen, trieb die Männer in einen Rausch, sie hörten nicht auf zu schießen und töteten weit mehr Tiere, als sie brauchen konnten. Webber beobachtete die Schlächterei von der *Resolution* aus durch Gores Fernglas; er sah genug, um die Szene zeichnen zu können. Hier handelte es sich um die Jagd auf Tiere und nicht auf Menschen. Wenn man den Kontrast zwischen den urweltlichen Wesen mit ihren langen Hauern und den Jägern verstärkte, erschienen die Briten als Helden. Webber nahm an, dass Cook diese Darstellung billigen würde.

Die toten Tiere wurden, noch auf dem Eis, gehäutet, ausgeweidet und in Stücke zerschnitten, damit sich das Fleisch besser transportieren ließ. Die Jäger kamen blutbesudelt, aber in aufgekratzter Stimmung zurück; einige hatten ihre Arme bis zu den Ellbogen oder weiter in die dampfenden Innereien getaucht. Auf dem Schiff stank es tagelang nach dem Tran, der aus dem Fett gewonnen und als Lampenöl gebraucht wurde. Der Koch sott, in Cooks Auftrag, das dunkle, zähe Fleisch in einer fettäugigen Suppe, die der Besatzung mittags und abends vorgesetzt wurde. Stoisch kaute der Kapitän zu den Essenszeiten an den Brocken herum und rühmte deren Geschmack. Die Offiziere waren verpflichtet, seinem Vorbild zu folgen und damit der widerspenstigen Mannschaft zu zeigen, was sich gehörte. Cook ordnete zudem an, kein Pökelfleisch mehr auszugeben, solange man Zugang zu Frischfleisch habe. Einigen widerstand die Walross-Suppe so sehr, dass sie alles, was sie schluckten, gleich wieder erbrachen; gerade die Jüngsten, deren Mägen noch empfindlicher waren, litten am meisten unter dieser Kost. Einer schwor, er werde lieber verhungern, als sich davon zu ernähren; ein anderer zweifelte daran, ob wahre Christen so etwas essen dürften. Wohl oder übel gewöhnte man sich daran. Dazu trug auch bei, dass Cook einen Kanoniergehilfen, der die Walross-Suppe als Heidenfraß bezeichnet hatte, auspeitschen ließ. Auch Webber mochte die Suppe nicht; das einzig Gute daran war, dass sie den Magen wärmte. Walrossherz und -leber, die den

Offizieren vorbehalten waren, mundeten ihm besser, auch wenn sie auf dem Teller beinahe schwarz erschienen und der tranige Nachgeschmack so übel war wie bei der Suppe. Fast mehr Schwierigkeiten hatte er, sich daran zu gewöhnen, dass neben ihm nun der neue Schiffsarzt saß. John Law war kein Rauhbein, er hatte feine Züge und etwas Vornehm-Zurückhaltendes, das Webber gefiel. Doch bei jedem zufälligen Blick auf den Sitznachbarn vermisste er Anderson; es konnte passieren, dass er, in Gedanken versunken, Law mit falschem Namen anredete, dann den Irrtum erkannte und der scharfe Schmerz in der Brust augenblicklich zurückkam. Auch Goulding, es war zu spüren, vermisste Anderson, er ging gebückter, wirkte noch grämlicher und zurückhaltender als zuvor. Law, den Nachfolger, bediente er mit Widerstreben. Es kam sogar vor, dass er ihn übersah oder, wie ein Halbblinder oder tief in Gedanken Versunkener, Laws noch halbvollen Teller schon abtragen wollte. Dann musste jemand – meist war es Gore – den Steward zur Ordnung rufen. Er erschrak, wenn man ihn ansprach, und zwang sich zu größerer Beflissenheit.

Ein dicker Nebel, undurchdringlich wie noch nie, legte sich über Eis und Wasser. Die *Resolution* verlor die *Discovery*, und als der Nebel sich lichtete und das Schwesterschiff, wie hinter Schleiern, in Sichtweite kam, war es abgetrieben und vom Eis umgeben. Clerke signalisierte, dass er Hilfe benötige. Mit mehreren Booten, die sich erst durchs Treibeis kämpfen mussten, wurde die *Discovery* auf mühselige Weise ins offene Wasser gezogen. Segelmanöver wären, angesichts des Wellengangs und des Eises, das sich immer wieder am Rumpf rieb, zu riskant gewesen. Die Männer ruderten bis zur völligen

Erschöpfung; auf der *Discovery* hielt man Eisschollen und -blöcke mit eisernen Haken vom Schiff ab. Der Nebel kam wieder; man verständigte sich durch Zurufe und Schüsse. Es war pures Glück, dass in dieser ungreifbaren Schattenwelt ein Ausweg gefunden wurde. Diese Episode, so sagte Cook beim nächsten Walross-Mahl, hätte fatal ausgehen können, nicht auszudenken, was geschehen wäre, hätte die Mannschaft sich aufs Eis retten müssen. Aber dem Tüchtigen, fügte er hinzu, stehe das Glück bei, und er erhob das Glas aufs Wohl der ganzen Tischrunde. Es ging ihm nicht gut, man sah es ihm an, und es war allen klar, dass er mit niemandem über die Gründe sprach.

Einige Male ging Webber mit aufs Eis; er tat es Anderson zuliebe. Mit kältetauben Fingern, deren Spitzen die vorne abgeschnittenen Handschuhe frei ließen, notierte er sich Beobachtungen, er zeichnete, wo er konnte, und stellte sich vor, er könne dem kranken Anderson Bericht erstatten oder ihm die eine oder andere Eisprobe mitbringen, einen Klumpen mit der Konsistenz von dickem körnchenhaltigen Brei, einen der Eiszapfen, die überall an Spieren und Leinen hingen. Er würde ihm die Eishöcker, die bizarren Türme beschreiben, die gegeneinander drückende Schollen aufgeworfen hatten, er würde ihn nach der Entstehung der kreisrunden Eisstücke fragen, die riesigen Torten glichen. Er würde ihm beschreiben, wie verhext, wie verzaubert es auf Deck aussehe, wie verändert die Matrosen mit den Eiskristallen in den Augenbrauen und Bärten seien, er würde mit ihm auf die Sprache des Eises lauschen, denn das Eis sprach unentwegt, es rieselte, flüsterte, ächzte, schrie, krachte, donnerte.

Aber Anderson war tot, und Trevenen benahm sich immer seltsamer. Er mied Webber und suchte im nächsten Moment seine Nähe. Eines Abends klopfte er an Webbers Kabinentür. Er setzte sich auf den Bettrand und blieb vorerst eine Weile stumm, während Webber das Blatt, an dem er gearbeitet hatte, von sich wegschob und sich halb höflich, halb irritiert dem Besucher zuwandte. Dass Trevenen kränklich aussah, hatte er schon vorher bemerkt.

»Was fehlt dir?«, fragte er gleich.

Trevenen schaute auf seine Hose und die Knieflicken aus Segeltuch, die er selbst aufgenäht hatte. »Ach, nichts. Ich wollte nur ein wenig Gesellschaft.«

»Das glaube ich nicht. Dich quält etwas, oder nicht?«

»Dich auch«, erwiderte Trevenen bockig und doch, wie Webber spürte, den Tränen nahe. »Du kommst nicht über Andersons Tod hinweg. Dabei bin ich ja da. Aber du willst gar nicht, dass ich dich tröste.« Er packte mit Daumen und Zeigefinger den Hosenstoff am Knie und schob die Falte hin und her.

Webber unterdrückte einen Seufzer. »Es braucht Zeit, einen Toten loszulassen. Das weißt du doch.«

»Ich weiß es. Meine Mutter starb, als ich acht war.«

»Du hättest sie noch gebraucht. Und wir beide hätten Anderson noch gebraucht.«

»Das mag sein.« Trevenen schwieg wieder eine Weile; seine Hände lagen nun übereinander, und mit der oberen knetete er sanft die untere. Plötzlich aber löste er sie voneinander, schlug sie vors Gesicht, während sein ganzer Körper im Versuch, sich zu beherrschen, zu zittern begann, und schluchzte dann doch mit hoher kindlicher Stimme: »Ich halte es nicht mehr aus! Ich halte es nicht mehr aus!« Er stemmte sich in die Höhe, torkelte die zwei Schritte zu Webber hinüber, sank auf die Knie und legte seinen Kopf auf Webbers Schoß. »Bitte hilf mir, hilf mir doch!«

Webber versuchte zurückzuweichen und konnte es nicht. Seine Hand schwebte eine kurze Weile über Trevenens Kopf, als wolle er ihm übers Haar streichen, dann zog er sie zurück und winkelte den Arm an. »Was hast du denn, um Gottes willen?«

»Es sind zwei«, sagte Trevenen mit Anstrengung, »immer dieselben, Widdall und Morris, die wollen etwas von mir… etwas Verbotenes…«

»Morris?«, fragte Webber und wusste, mit schamvoller Bestürzung, sogleich, worum es ging.

»Ja, er… Er drängt mich in eine Ecke, er betastet mich, greift mir zwischen die Beine. Er riecht schlecht, und er ist grob, wie Widdall auch… Der hat sich letzte Nacht zu mir geschlichen, er wollte in meine Hängematte steigen. Ich habe mich gewehrt… Einer ist zum Glück erwacht, da ist er weggegangen… Aber heute hat er mich die ganze Zeit verspottet, den andern gesagt, was ich doch für ein Muttersöhnchen sei…«

»Das bist du bestimmt nicht.« Nun strich Webber ihm doch flüchtig übers Haar, schob ihm aber die andere Hand unter die feuchte Stirn und brachte ihn dazu, sich aufzurichten.

Trevenen blieb vor Webber kauern, das eine Knie auf dem Boden.

»Dauert das denn schon lange?«, fragte Webber.

»Ja, eigentlich schon seit Kapstadt. Ich konnte es dir einfach nicht sagen. Erst waren es nur Andeutungen. Und auf den Inseln war es besser, da gab es ja die Frauen.«

»Sie müssen damit aufhören, sofort!«

»Wenn es schon ein Mann sein soll«, sagte Trevenen, indem er mit dem Ärmel die Tränen wegwischte, »dann wärst du mir hundertmal lieber.«

Webber konnte nichts gegen die Hitze tun, die in ihm aufstieg, nichts dagegen, dass die Lider zu flattern anfingen. »Das lass bitte aus dem Spiel, Jamie. Davon darf nicht die Rede sein. In keinem Fall!«

»Warum nicht?«

Webber wurde heftiger. »Weil ich es nicht will! Weder von dir noch von einem andern Mann.«

»Und weil die Bibel es verbietet?«

»Auch deshalb.«

»Ich habe gedacht, du seist nicht besonders gläubig.«

»Aber die Sodomie verabscheue ich.«

Trevenen rutschte wieder näher zu Webber heran. »Ich will ja gar nichts von dir. Ich wünsche mir bloß, dass du mich vor diesen Grobianen beschützt. Und mich tröstest, wenn ich traurig bin.«

»Ich werde mit Gore darüber sprechen. Er soll sich die beiden vorknöpfen.«

»Nein! Dann wird alles nur noch schlimmer!« Trevenen blickte Webber beschwörend an; er war nahe daran, aufs Neue in Schluchzen auszubrechen.

Webber unterdrückte die Regung, den Freund in die Arme zu schließen. »Lieber Gore als Bligh. Und Cook schon gar nicht. Siehst du das nicht ein? Gore ist ein vernünftiger Mann. Er wird aus dieser Geschichte nicht gleich eine Strafaktion machen. Aber er wird den beiden sagen, dass sie unter scharfer Beobachtung stehen und jeder Schritt zu viel ernsthafte Folgen für sie hat.«

Trevenen nickte erst, schüttelte dann den Kopf wie ein enttäuschtes Kind. »Ich habe doch gehofft ... ich habe gehofft ... und jetzt willst du mich verraten ...«

»Was soll ich sonst tun? Ich verrate dich nicht, ich will dir helfen.«

Trevenen blieb eine Weile vor dem Freund kauern und atmete kaum noch; dann stand er mit leerem Blick auf. Beinahe schlurfend, nun plötzlich kein Kind mehr, sondern ein vergrämter alter Mann, ging er hinaus.

Webber wollte ihm etwas nachrufen, ihn umarmen, sein Haar riechen wie in der Nacht auf Otaheite, wo sie nebeneinander am Strand gelegen hatten. Aber er tat nichts von alledem. Die Lippen waren ihm versiegelt, die Glieder gehorchten ihm nicht. Lange Zeit blieb er so sitzen, machtlos gegen die Kälte, die ihn besetzte. Nur ein Lid zuckte, als sei es der lebendigste Teil an ihm.

Er zögerte, ob er Gore tatsächlich ansprechen sollte. Die Männerliebe war auf dem Schiff ein heikles Thema, noch heikler als die Geschlechtskrankheiten mit ihrer Ansteckungsgefahr. Bisweilen machte ein Gerücht über zwei, die nachts beieinanderlägen, die Runde. In den Mannschaftsräumen ließ sich kaum etwas verbergen. Aber man sprach nicht offen darüber, lieber tat man so, als wisse man von nichts, oder witzelte zur Not über ein Stöhnen und Liebesgetuschel, das man gehört haben wollte, und vor allem hütete man sich davor, selbst in Verdacht zu geraten. Die jungen, oft zartgliedrigen Fähnriche aus gutem Haus waren unter Männern, die Befriedigung suchten, begehrt als Frauenersatz. Ihnen wurde mit groben und feineren Mitteln nachgestellt; sie wurden bedroht und erpresst, damit sie ihren Liebhabern zu Willen waren. Abgesehen davon, gab es zwei oder drei an Bord, die sich auf den Inseln den Frauen gar nie genähert hatten. Das wusste Webber, aber wie viele der Bessergestellten auf der *Resolution* brachte er die unflätigen Ausdrücke, die bei den unteren Rängen diesem Verhalten galten, nicht über die Lippen. Zunächst fragte er, die Sachlage ein wenig verschleiernd, bei Goulding nach, ob er etwas wusste oder vermutete. So einzelgängerisch der Steward sich benahm, so umfassend war er im Bild über hundert sündige Geheimnisse an Bord. Er schien sie, auf seinen lautlosen Gängen, überall zu riechen, behielt sie indessen für sich, und nur wenn Webber nicht lockerließ, gab er, wie ein Sammler, der in verschämtem Stolz ein Fundstück vorweist, etwas davon preis. Ja, sagte er und versteifte sich noch mehr als gewöhnlich, der Fähnrich Trevenen werde in der Tat von mehreren Seiten belästigt, davon munkle man seit längerem. Sogar wenn ein rächender Blitz niederführe, würde er die Sünder, allen voran den Koch Morris, nicht von ihrem Vorhaben abbringen. Wann das Opfer – Gouldings Gesicht rötete sich in zorniger Verlegenheit – den Übeltätern erliegen werde, sei nicht auszumachen. Überführen werde man sie ohnehin nicht, in solchen Dingen halte die Mannschaft zusammen wie Pech und Schwefel.

Am nächsten Tag, nach dem Mittagessen, bat Webber Gore um eine kurze Unterredung. Der Leutnant verbarg sein Erstaunen nicht, bestellte dann aber Webber zu sich aufs Achterdeck, wo sie sich, auf der Höhe der Großluke, an die Reling stellten. Es war die Leeseite; der Wind trug ihre Worte aufs Meer und aufs Eis hinaus. Der Mann am Steuerrad würde sie, wenn sie leise genug sprachen, nicht belauschen können. Und die anderen, die an Deck beschäftigt waren, hielten aus Respekt vor Gore genügend Abstand.

Nach einigen Anläufen gelang es Webber, dem Leutnant deutlich zu machen, dass der Fähnrich Trevenen sich seit einiger Zeit vom Seilmacher Widdall und dem Koch Morris unzüchtig bedrängt fühle und man diesem fehlbaren Verhalten einen Riegel vorschieben müsse.

Trevenen solle sich selbst wehren, sagte Gore, aufs Wasser schauend; solche Übergriffe gehörten zu langen Schiffsreisen wie die Wellen zum Meer. Ein wirklicher Mann lasse nicht zu, dass ihm Gewalt angetan werde.

»Er ist aber noch so jung«, sagte Webber, »und er ist nicht sehr kräftig, Sir, das wissen Sie doch. Und er schämt sich, seine Situation offenzulegen.«

»Mag sein«, sagte Gore mit zusammengezogenen Augenbrauen. »Aber warum ergreifen Sie so rigoros Partei für ihn? Warum nicht einer der anderen Fähnriche?«

»Ich ... ich habe mich mit Trevenen angefreundet. Ich will ihn nicht im Stich lassen.«

»Das ist edelmütig von Ihnen, Mr Webber.« Gores leise Stimme bekam gleichsam schärfere Ränder. »Aber Sie täuschen sich möglicherweise in Mr Trevenen. Er ist sehr hübsch. Haben Sie denn nicht bemerkt, dass er zu Leutnant King ein besonders vertrauensvolles Verhältnis unterhält?«

Webber atmete schneller. Das reizte seine Schleimhäute; er musste niesen und hatte Angst, damit errege er rundum die Aufmerksamkeit von Zeugen.«»Gewiss, Sir. So wie zu mir auch, wie gesagt. Aber da ist ja nichts Unredliches daran.«

Gore zuckte die Achseln. »Was hinter geschlossenen Türen geschieht, sehen wir nicht. Auch Captain Cook duldet stillschweigend solche Freundschaften, so lange sie nicht die Ordnung an Bord negativ beeinflussen.«

Der Wind wehte an Webbers Hinterkopf, kühlte den Hals, der schlagartig heiß geworden war. »Sie meinen doch nicht …? Und ohnehin wäre dies doch nicht zu vergleichen mit gewaltsamen Zudringlichkeiten!«

»Nun gut.« Gore wirkte plötzlich kurz angebunden, sogar ein wenig arrogant. »Ich werde die beiden Sünder – das sind sie ja wohl – ins Gebet nehmen.«

Er machte eine elegante, aber unmissverständliche Geste; Webber, dessen Hals brannte, war entlassen und begriff sich selbst – seine Verlegenheit, seine Verärgerung – nur halb. King und Trevenen? Was sollte das bedeuten? Er hatte keine Lust, sich vorzustellen, dass Trevenens Kopf, wie vor kurzem noch bei ihm, auf Kings Schoß lag, und doch verfolgte ihn dieses Bild den ganzen Tag über. Es war ihm gerade recht, den Freund nicht zu sehen, und doch spähte er vom Achterdeck aus zum Vorschiff hinüber, ob er sich vielleicht dort aufhielt. Als King ihn freundlich grüßte, begegnete er ihm mit kühler Höflichkeit, hinter der die Eifersucht pochte.

An diesem Abend rückte er, auf dem Bett sitzend, Poetuas Bild ins Lampenlicht, damit ihre Haut – diese Haut, die er so bewundert hatte – zu leuchten anfing. Er hatte Poetua begehrt, und er begehrte sie immer noch. So war es doch, so und nicht anders.

Er schrieb spätnachts, ohne einmal abzusetzen: »Was ist Begehren? Woher kommt es? Was will es? Du schweigst, wie immer. Aber bei mir schließt sich eine Frage an die andere: Sucht Begehren bloß die Berührung, das Berührtwerden? Oder sucht es die Lust, die Zusammengehörigkeit, die Verschmelzung? Will es den Besitz? Und begehre ich dich, weil du mir fremd bist? Ahne ich im Fremden das tief Vertraute? Treibt mich die Hoffnung, bei dir, in dir mich selbst zu finden? Ich weiß: Wo das Begehren erfüllbar wäre, schrecke ich davor zurück. Du lächelst unmerklich (in dich hinein, könnte man sagen); dieses Lächeln hat mein Pinsel geschaffen. Und doch entzieht sich mir auch dauernd dein Bild, von dem ich dachte, es werde sich mir fügen. Selbst über meine Träume, die dir gelten, gebiete ich nicht. Es ist ein Tanz von Verfolgung und Flucht; mache ich einen Schritt auf dich zu, weichst du einen zurück. Erinnere ich mich jedoch an deine Hand, die mich berührt hat, ist es umgekehrt. Spiegelt sich darin überhaupt das Verhältnis von Mann und Frau? Ich weiß so wenig darüber; ich beherrsche die richtigen Schrittfolgen nicht. Auch wenn du mir deine beibrächtest, wären sie falsch für mich. Ich könnte sie nachahmen in blinder Treue, aber ihre Bedeutung würde ich nicht erfassen, ohne lange genug dein Leben geteilt zu haben. Und dies liegt jenseits aller Möglichkeiten, so dass ich meine Verliebtheit, wenn ich sie schon nicht aufgeben kann, verlachen, ja verachten muss... In meinem Wachtraum hat Dorothy plötzlich das Gesicht von Trevenen, und das ist so verwirrend, so ungehörig, dass ich sie gleich wieder verbanne.«

21

In der Arktis, Ende August 1778

Das Eis rückte vor wie ein unberechenbarer Feind, aufgebrochen und aufgesplittert manchmal, dann wieder als riesige Masse, die den ganzen nördlichen Horizont einnahm. Ebenso unberechenbar war der Nebel, der tage-, aber oft nur stundenlang die Orientierung erschwerte. Eine Durchfahrt zu finden erwies sich auf der ganzen Breite des Beringmeers als unmöglich. Samuel Engel, ein renommierter Berner Geograph, hatte behauptet, da Meerwasser nicht gefriere, müsse es auch zum Nordpol hin offene Wasserflächen geben. Das hatte sich nicht bewahrheitet; dafür war endgültig klar, dass zwischen den beiden Kontinenten keine Landbrücke existierte. Von welcher Beschaffenheit war aber das Eis? Woher stammte diese ungeheure Masse? Cook diskutierte darüber mit King und Gore. Auch die Messegespräche waren von diesem Thema besetzt. Um Eis aus Flüssen konnte es sich, der Menge wegen, nicht handeln, aber es bestand, das ergab jeder Schmelzversuch, aus Süßwasser. Und es war so viel, dass nie ein einziger Winter ausgereicht hätte, es zu produzieren. Vielleicht sei es jahrhundertealt, sagte King beinahe ehrfürchtig. Es war auch nicht der Einfluss der Sommersonne, der es verformte und die absonderlichen Skulpturen schuf, die um sie herumschwammen, es sei vielmehr das Meer, das mit seiner stetigen und oft gewaltsamen Bewegung aufs Eis einwirke, es aushöhle und abschleife.

Der Eisgrenze folgend, gerieten sie immer weiter nach Westen. Am 29. August sichteten sie Land. Nun zweifelten sie nicht mehr daran, dass es die Ostspitze Sibiriens war, die Halbinsel der Tschuktschen, die sie, weiter im Süden, vermutlich schon einmal erreicht hatten. Cook gab sich geschlagen, das Eis hatte ihn besiegt. Wenn die Nordwestpassage jenseits des siebzigsten Breitengrades existierte, dann war sie mit Schiffen nicht zu befahren. Er beschloss zurückzusegeln, noch den einen oder andern Versuch zu unternehmen, die Passage weiter südlich zu entdecken, dann – sofern dies ohne Erfolg blieb – in wärmeren Gewässern zu überwintern und sich im nächsten Sommer noch einmal auf die Suche zu machen, so weit nordwärts, wie es das Packeis und die Wetterbedingungen zulassen würden. Die frierende Mannschaft murrte, als dieser Plan zu ihr durchsickerte; er bedeutete, dass die Reise möglicherweise um ein volles Jahr verlängert würde, und eine klare Mehrheit hatte schon jetzt den Drang, in die Heimat zurückzukehren. Dass aber Cook vorsah, den Winter auf Nihau oder einer anderen der neuentdeckten Sandwich-Inseln zu verbringen, gab Anlass zu freudig beredeten Erwartungen. In wenigen Monaten würde man wieder in der Wärme sein, im Palmenschatten liegen und sich von braunhäutigen Frauen verwöhnen lassen. War das nicht ein Ansporn, alle Strapazen zu überstehen? An die Desertionen und ihre Folgen, an die Diebstähle und Cooks Wutausbrüche wollte man sich nicht erinnern. Der Captain war in der Kälte ohnehin wieder gelassener geworden, fast als sei der Heißsporn in ihm endgültig lahmgelegt.

Die Schiffe fuhren an der sibirischen Küste entlang, zurück zur Beringstraße. Sie kamen ungewöhnlich rasch voran, obwohl es heftig schneite. Am 3. September ankerten sie in einer Bucht, um Wasser zu suchen und Holz zu schlagen. Sie trafen Erdhütten-Menschen; sie hielten sich ostwärts und erreichten wieder Amerika, dort, wo sich ein großer und gebirgiger Sund öffnete, der Norton-Sund, der in Cook erneut die – anscheinend unverwüstliche – Hoffnung weckte, dies könne der Anfang der Passage sein. Untiefen und Sandbänke erlaubten den Schiffen nicht, weit genug hineinzufahren; die *Resolution* blieb im Schlamm stecken und konnte nur mit Mühe befreit werden. King wurde mit vierzehn Männern in zwei Booten ausgeschickt, um die Lage auszukundschaften. Sie hatten Vorräte für eine Woche bei sich. Auch Kings Entdeckerehrgeiz war erwacht; er trieb die Männer mit einer für ihn ungewohnten Härte zum Rudern an. Doch sie stießen bloß auf weitere Sandbänke und Sumpfland. Wenn die Wolken sich hoben, sahen sie in der Ferne verschneite Berge. Die Männer, durchnässt von Schnee und Regen, ruderten Tag und Nacht, sie ruderten, bis sie auf den Bänken einschliefen. King weckte sie auf, schrie sie an. So ruderten sie weiter und versuchten, die Blasen an den Händen, die Muskelschmerzen zu ignorieren. Zwei konnten nicht mehr und glitten von den Bänken. Ihnen wurde Rum eingeflößt, dann Wasser. Sie rafften sich auf, sie ruderten weiter und wimmerten zwischendurch wie kleine Kinder. Erst als King begriff, dass sie auch hier in eine weitverzweigte Sackgasse geraten waren, befahl er die Umkehr. Einige glaubten, sie würden es nicht mehr schaffen; der Rückweg schien unendlich lang. Doch keiner rebellierte, für King taten sie alles. Nach achtundvierzig Stunden waren sie wieder bei den Schiffen, die ihren Ankerplatz nicht verlassen hatten. Die Männer sahen aus wie Gespenster, bleich und übernächtigt; die Schiffsärzte Law und Samwell hatten Stunden damit zu tun, die aufgescheuerten, blutenden Hände zu bandagieren. Cook, der seine Enttäuschung wegsteckte, gab der ganzen Crew eine Woche Zeit zur Erholung. Die Männer suchten Blaubeeren und kamen mit verschmierten Mündern zurück. Sie fingen Fische, sie gingen ohne sonderlichen Erfolg auf die Jagd und begegneten freundlichen Indianern, von denen sie getrockneten Lachs erhandelten. Cook und Bligh machten sich daran, mit Hilfe der bewährten trigonometrischen Methoden Stähelins fehlerhafte Karte zu verbessern. Webber zeichnete wenig. Was gab es hier schon Neues? Er hatte zwar nicht gerudert; trotzdem fühlte er sich müde und zerschlagen, oft auch schwindlig, als wäre er nochmals krank gewesen. Hing es mit Trevenen und dem ganzen schwankenden Hintergrund ihrer gemeinsamen Geschichte zusammen? Nein, sagte er sich, es war ja wieder gut zwischen ihnen. Trevenen hatte sich, nach einigem Schmollen, dazu bequemt, Webber so freundlich zu begegnen wie zuvor. Er wich ihm nicht mehr aus, erzählte ihm sogar mit Erleichterung, seine beiden Quälgeister hätten von ihm abgelassen. Gore musste, ungesehen von Webber, mit ihnen geredet und ihnen gedroht haben, sie beim Kapitän zu melden. Nur noch ihre Blicke seien zudringlich, sagte Trevenen mit seinem jungenhaften Lachen, das halte er aus. Allerdings habe Morris gestern ein Messer geschliffen und es ihm unversehens, ohne ein Wort, vor die Nase gehalten, gerade so, dass die Sonne sich in der Klinge gespiegelt und ihn geblendet habe. »Auf Mord und Totschlag steht Erhängen«, sagte Webber, indem er Trevenens Lachen erwiderte, doch eine kleine Besorgnis schwang darin mit. Leidenschaft konnte im hölzernen Gefängnis, in dem sie eingesperrt waren, die Menschen zum Äußersten treiben. Auch ihn selbst?, fragte er sich. War nicht auch er schon, auf seine Weise, über eine Grenze hinausgegangen?

Am 2. Oktober landeten sie wieder in Unalaska, wo sie schon einmal gewesen waren, genauer, im Hafen von Samgunudha. Sie reparierten die Schiffe an Stellen, die verrottet oder undicht geworden waren, erneuerten unter großer Mühe einen Teil der Seitenplanken. Sie brauten Bier aus Tannengrün, das die Männer verabscheuten und auf Befehl von Cook trinken mussten, weil er der Ansicht war, es sei gesund. Sie suchten wieder Beeren, fanden sechs unterschiedliche Arten, alle essbar, wie King, der nun Anderson als Naturwissenschaftler ersetzte, nach harmlos endenden Selbstversuchen bekanntgab. Und sie begannen, das verstand sich von selbst, mit den Einheimischen, die sich bald einfanden, um die schönsten Pelze zu feilschen. Die beliebteste Währung war hier Kau- und Schnupftabak; daran zeigte sich, dass der Stamm bereits Kontakt mit Russen gehabt haben musste. Es zeigte sich auch an anderem, etwa daran, dass sie keine selbstverfertigten Waffen besaßen, dafür aber Messer mit eisernen Klingen. Im Übrigen hatten sie runde Gesichter und durchstochene Unterlippen, sie waren kurzbeinig und eher plump; die Frauen, die geschickt mit Knochennadeln und Sehnenfäden hantierten, trugen Kleider aus Seehundfell, die Männer solche aus Vogelbälgen. Cook interessierte sich vor allem für ihre reichgeschmückten breitkrempigen Hüte. Er wies Webber an, sie zu zeichnen; das tat er und nahm auch die Gewohnheit wieder auf, einzelne Männer und Frauen, die sich mit etwas Kautabak als Modelle gewinnen ließen, zu porträtieren. Das Zeichnen ging ihm leicht von der Hand, er hatte seine Technik perfektioniert und gelernt, das Fremdartige der Gesichtszüge wahrzunehmen, ohne sie, wie bei den ersten Versuchen auf Neuseeland, unbewusst zu europäisieren. Doch ganz bei der Sache war er nicht. Es gab Momente, in denen er sich selbst abhanden zu kommen schien, und dann war es nur noch die Hand, die mit dem Modell in Verbindung stand, es war etwas Kaltes und Lebloses in den Zeichnungen, die so entstanden. Oder waren es die Modelle, die zwischen sich und dem Fremden, der sie so lange betrachtete, eine gläserne Wand errichteten? Er lächelte, sie lächelten ebenfalls.

Am fünften Tag wurde Cook als Geschenk ein großes Roggenbrot überbracht, in das ein Stück Lachs eingebacken war. Die Überbringer gaben durch Zeichen- und Gebärdensprache zu verstehen, dass das Brot von Pelzhändlern am anderen Ende der Insel stamme, die sich dort niedergelassen hätten. Cook schickte Korporal Ledyard von der *Discovery*, den er für besonders zuverlässig hielt, mit einigen Rum- und Portweinflaschen zur russischen Siedlung. Er solle sich als Freund zeigen, schärfte er dem Korporal ein, und vor allem betonen, dass die Engländer nicht mit Frankreich verbündet seien. Im Doppelkajak, zusammen mit einem halben Dutzend Einheimischen, machte sich Ledyard auf den Weg; er paddelte so ungeschickt, dass er die Dorfbewohner, die am

Ufer standen, zu Lachsalven reizte. Als er nach drei Tagen zurückkam, hatte er seine Technik sichtlich verbessert. Er war begleitet von drei Russen in Biberpelzmänteln, die Kapitän Cook überschwenglich begrüßten, aber kein Wort Englisch verstanden. Ledyard berichtete, die Pelzhändler-Siedlung bestehe aus Lagerschuppen und einem zweistöckigen Gemeinschaftshaus. Die Russen hätten Leute aus Kamtschatka in ihrem Dienst; dazu würden nach seinem Eindruck etliche Inselbewohner fast wie Sklaven gehalten. Cook bat die Russen in die Great Cabin und ließ ihnen mit allem aufwarten, was er noch zu bieten hatte. Begeisterten Zuspruch fand allein der Rum, den sie gläserweise hinunterkippten. Einer schlief, den Kopf auf dem Tisch, bald ein und begann zu schnarchen; die anderen zwei bedeuteten, sie wollten die Nacht auf dem Schiff verbringen, was Cook ihnen ohne Zögern erlaubte.

Am nächsten Tag erschien Ismailow, der Mann, dessen Namen die Russen einige Male genannt hatten, und der sich offenkundig als Herrscher über Unalaska oder zumindest als dessen inoffizieller Gouverneur betrachtete. Er war umgeben von einer ganzen Kajakflotte, die seine Bedeutung unterstrich, und er trug das schönste Pelzkleid, das Webber je gesehen hatte. Ismailow, ein starkgebauter Mann mit Quadratschädel, schweren Augensäcken und kantigem Kinn, war nicht nur machtbewusst, sondern auch klug und gerissen. Obwohl auch er – außer *Yes* und *No* – kein Englisch sprach, vermochte er sich mit den gestischen und zeichnerischen Mitteln, die ihm zur Verfügung standen, deutlicher auszudrücken als seine drei Gefährten, die ohnehin an einem heftigen Kater litten. Er behauptete – soweit man ihn verstand –, er sei weit gereist, in China und sogar in Frankreich gewesen; er hatte russische Karten bei sich, die sich auf die letzten Sibirien-Expeditionen des Zaren stützten, und er sah keinen Anlass, sie vor Cook, der ihm seinerseits die kartographischen Ergebnisse der letzten Wochen vorwies, zu verbergen. Die beiden Männer, flankiert von ihren Gehilfen, beugten sich über die Blätter, deuteten auf Buchten, Meerengen, Landspitzen, veränderten mit dem Bleistift Küstenlinien und Inselumrisse, sie verglichen Längen- und Breitengradangaben, sie diktierten einander Namen, die der eine in kyrillischer, der andere in lateinischer Schrift aufschrieb. Dabei hatte Webber allerdings den Verdacht, dass Cook hier und dort bewusst etwas Falsches in seine Angaben schmuggelte; mehr noch galt dies für Ismailow, dessen Augen, gerade wenn er auf einer Korrektur bestand, einen verschlagenen Ausdruck annahmen. Von Webber skizziert zu werden, lehnte er unter großem Gelächter ab. Mit abschätzigen Gebärden gab er zu verstehen, er sei viel zu hässlich, um so gutes Papier zu verunstalten. Das hielt Webber für einen Vorwand; Ismailow ging es doch eher darum, sich nicht wirklich zu zeigen und durchschauen zu lassen.

Cook seinerseits erweckte den Eindruck, er habe sich eine Maske umgebunden, die seine tiefe Niedergeschlagenheit verbergen sollte. Vielleicht war es die Enttäuschung, die Nordwestpassage nicht gefunden zu haben, die ihn derart bedrückte; vielleicht ertrug er auch, als alternder Mann, die Strapazen nicht mehr so gut wie am Anfang der Reise. Unwillkürlich erinnerte sich Webber an den Maskenmann im Nootka-Sund, der vor ihnen getanzt hatte. Dieses Bild hatte ein starkes Unbehagen in ihm ausgelöst und war ihm in etlichen Träumen erschienen. Das Maskenhafte hielt Cook zusammen; irgendetwas in seinem Innern befand sich im Zustand der Zersetzung. Und am verborgensten Ort glomm sein Zorn. Nein, er war nicht eingefroren, wie Webber einmal gedacht hatte, er äußerte sich vielmehr im Zucken des Wangenfleischs, in einem scharf betonten Wort zwischendurch, in einer kurzen Straffung des Halses, und er konnte jederzeit, so war zu ahnen, wieder hervorbrechen.

Clerke hingegen, der Kapitän der *Discovery*, war in Webbers Augen, wohl seiner fortschreitenden Krankheit wegen, immer stärker verblasst. Bei den Zusammenkünften in der Messe äußerte er sich nur sparsam; mit allem, was Cook anordnete, zeigte er sich einverstanden. Geblieben waren ihm seine Freundlichkeit und ein müdes Lächeln, das oft auch einem abwesenden Ausdruck wich. Das häufige Husten mahnte Webber stets an Anderson. Darum wich er Clerke aus, wo er konnte, und war froh, dass er nicht auf demselben Schiff Dienst tat. Es hieß im Übrigen, Clerke verbringe ganze Tage liegend in seiner Kabine, und man fragte sich, ob seine Offiziere fähig seien, die Stelle des Kapitäns einzunehmen.

Noch eine Weile wollten sie auf Unalaska bleiben, bevor die Fahrt ins Winterquartier begann. Das Wetter war schön und kalt. Von Tag zu Tag verfärbten sich die Bäume stärker. Wenn die Sonne ins Ahornlaub schien, erglühte es in allen Arten von Rot. Ein wunderbares Scharlachrot, wie Webber noch keines gesehen hatte, dominierte über alle Abweichungen ins Orange-Goldene und Bläulich-Violette; bei halbgeschlossenen Augen konnte man vom Schiff aus meinen, eine Feuersbrunst habe das ganze Ufer erfasst. Sie setzte sich in verzehrender Intensität dem graublauen Streifen des Meers entgegen, sie flimmerte hinter Webbers Wimpern, sie wurde zum Lavastrom, der alles verschlang. Einen solchen Herbst kannte Europa nicht; es war, als ob die Neue Welt vor der langen Winterstarre die Besucher noch einmal überwältigen wolle. Sobald ein starker Wind die Blätter losriss, wurde der Anblick noch unwirklicher. Feuervögel wirbelten und tanzten schwarmweise durchs kalte Blau des Himmels, zogen Leuchtspuren hinein, sanken zu Boden. Vielleicht würde in späterer Zeit einer kommen und dies zu malen wagen: Wirbel, Röte, Aufruhr, Ergebenheit. Webber wusste, dass er es nicht konnte.

22

London, Oktober 1783

Das Sitzungszimmer im Gebäude der alten Admiralität war übervoll. Die Anwesenden standen am runden Tisch, auf dem Webbers großes Aquarell lag, und wechselten ständig ihre Position, um Einzelheiten von nahem begutachten zu können. Je nachdem wehte Webber ein starker Geruch nach Puder, Parfüm oder Schweiß in die Nase; von der Tischplatte stieg zudem ein kaum merklicher Duft nach Holz und Lack auf, der ihn überraschend an die Werkstatt des Meisters Funk erinnerte.

Nun kam es hauptsächlich auf die Meinung von Lord Sandwich an. Es hieß zwar, er sei in Bestechungsaffären und Intrigen verwickelt und werde möglicherweise nächstens vom König entlassen. Aber davon ließ sich der Erste Lord der Admiralität nichts anmerken; in seiner reichbestickten Amtstracht benahm er sich hoheitsvoll wie immer. Nachdem alle Anwesenden ihre Neugier befriedigt hatten, trat er einen halben Schritt zurück und fragte, ob Mr Webbers Darstellung einhellig gebilligt werden könne. Das herablassende Lächeln, das kaum je aus seinem Gesicht verschwand, galt allen, die sich, auf sein Zeichen hin, meldeten, um ihre Meinung zu äußern.

Peckover, dessen Nase noch heftiger zuckte als sonst, räusperte sich mehrmals, bevor er die Frage – aus seiner bescheidenen, aber solide begründeten Sicht, wie er einleitend bemerkte – ausdrücklich bejahte. Captain Cook sei auf Mr Webbers Bild die Lichtgestalt, auf welche der Blick des Betrachters durch die wohlerwogene Komposition unweigerlich gelenkt werde. Captain Cook gälten, in Anbetracht des Dramas, das sich mit ihm und um ihn herum abspiele, Bewunderung und Mitleid zugleich.

Sir Joseph Banks, der füllig gewordene Präsident der Royal Society, den Lord Sandwich fragend anblickte, schob seinen Bauch gegen die Tischkante und musterte noch einmal, in gebeugter Haltung, das Blatt, auf dem Cook in der Tat so weiß gekleidet erschien wie nur möglich. »Nicht übel«, urteilte er in seiner knurrigen Art und richtete sich mühsam wieder auf. »Arme und Beine des Kapitäns scheinen mir allerdings allzu sehr in die Länge gezogen. Ein wenig disproportioniert, möchte ich sagen. Gewiss, er war recht groß gewachsen, aber ein Riese dann doch nicht.«

»Zum Riesen«, antwortete Peckover pikiert, »wird er eben gerade in unserer Erinnerung. Das will uns Mr Webber vor Augen führen. Oder nicht?« Er schaute Webber, der ihm gegenüberstand, erwartungsvoll an.

Webber nickte stumm.

Banks unterdrückte ein prustendes Lachen. »Dann soll es so bleiben. Aber meine Herrschaften, braucht Captain Cook auch noch einen weißen Hut? Beachten Sie doch: Dieses Detail rückt die Darstellung vollends ins Reich der Legende. Weiße Hüte werden in unseren Breitengraden nirgendwo von Männern getragen. Sonst nennen Sie mir bitte ein Beispiel.«

Man schwieg; Lord Sandwich wischte unsichtbaren Staub vom Rockärmel und fragte dann Webber ganz direkt: »Sagen Sie uns, Mr Webber, was ändert sich grundsätzlich am Ganzen, wenn Sie den Hut ein wenig dunkler machen?«

»Es könnte sein«, erwiderte Webber so leise, dass man ihn fast nicht verstand, »dass dann auch Mr Cooks Gesicht dunkler erschiene.«

»Der Farbton lässt sich gewiss etwas ins Gräuliche verschieben«, mischte Peckover sich ein. »In ein lichtes Grau, meine ich. Das käme möglicherweise der Ansicht von Sir Joseph entgegen und würde dem Effekt, den wir angestrebt haben, nicht schaden.«

Lord Sandwich hob fragend die Augenbrauen, eine etwas mehr als die andere. »Mr Webber?«

»Ich kann es versuchen«, sagte Webber. Ein Niesreiz begann ihn zu drangsalieren, und er unterdrückte ihn mit aller Kraft.

»Tun Sie das, Mr Webber«, sagte Lord Sandwich. »Es wird Ihnen bestimmt gelingen, auch Sir Joseph zufriedenzustellen. Wir brauchen, meine Herren, dieses Details wegen nicht eine weitere Sitzung anzuberaumen. Ich möchte Mr Webber das nötige Vertrauen entgegenbringen. Er wird, wie wir ihn kennen, seine künstlerischen Ansprüche perfekt mit den unsrigen verbinden. Dies gilt auch für die Bildtafel, die Mr Bartolozzi nun, unter Mr Webbers Aufsicht, stechen soll. Wir sind uns alle bewusst, dass gerade diese Tafel weiteste Verbreitung finden und das Bild des großen Entdeckers für alle Zukunft prägen wird.«

»So ist es, Sir«, beeilte Peckover sich zu versichern und entblößte in befriedigtem Lächeln seine Vorderzähne.

Nun nieste Webber doch und erstickte das explosive Geräusch mit dem Taschentuch, das er an Nase und Mund presste.

Lord Sandwich ließ abstimmen; sämtliche Anwesenden sprachen Webber das Vertrauen aus. Es war im Sitzungszimmer stickig geworden, man musste lüften, bevor das leichte Mittagsmahl – Roastbeef zwischen gerösteten Brotscheiben – aufgetragen wurde. Die Unterhaltung verzweigte sich vielstimmig, umging aber Webber, als stände er in einem Glaskasten. Er fröstelte. Draußen war schon wieder Herbst, die kahlen Äste schaukelten im Wind.

Für Webber war die Zeit weggelaufen wie Wasser zwischen den Fingern. Blatt um Blatt musste gestochen und gedruckt werden. Es war eine einzige Hetze und hörte nicht auf; so vieles gab es bei jedem Werkstattbesuch zu bemängeln.

Nächstes Jahr, exakt zum Geburtstag des Königs, sollte der Tafelband definitiv erscheinen. Lord Sandwich hatte Webber unter vier Augen eröffnet, er werde keine weiteren Verspätungen dulden, sonst gebe es Abstriche an Webbers Gehalt. Die Karten für die drei anderen Bände seien längst fertig, Webber solle sich ein Vorbild nehmen am tüchtigen James King, der für diesen Bereich die Verantwortung trug. Webber hätte Lord Sandwich entgegenhalten können, dass es weit schwieriger und zeitraubender sei, Figuren und Landschaften zu stechen als die bloßen Umrisse von Küsten und Inseln, schwieriger auch, das Papier für feinstrichige Darstellungen zu beschaffen, die dem Auge nicht nur Linien, sondern auch Schattierungen vorgaukeln sollten. Doch er wusste, dass solche Argumente niemanden mehr überzeugten. So hatte er, noch vor der Kommissionssitzung, erneut versprochen, sein Bestes zu tun. Ja, er würde sich beeilen, er würde Tag und Nacht nur noch eines kennen: seine Aufgabe zu erfüllen.

23

Neujahr *1779, an der Südostküste von Owhyhee.* Ein trübseligeres Neujahrsfest hat es in meinem Leben nicht gegeben. Seit fünf Wochen kreuzen wir vor den Inseln, die so viel Freude und Wohlleben versprechen, und Captain Cook weigert sich zu landen! Er gibt dem Wind die Schuld, der Brandung, der felsigen Küste. Aber das sind, so sehen es auch die Offiziere, Vorwände. Er *will* nicht landen. Warum nicht? Der Mann ist nicht zu ergründen und die Mannschaft nahe an einer Meuterei; ihr Groll vergiftet Tag und Nacht die Atmosphäre an Bord.

Was haben wir seit unserer Abreise von Unalaska nicht alles wieder durchgestanden! Ein heftiger Sturm – ich schweige von meinem Zustand – zerfetzte ein Toppsegel, zerriss Taue und beschädigte im Gesamten die Takelage so stark, dass die *Resolution* nicht mehr manövrierfähig war. Als das Toben endlich aufgehört hatte und man sich auf Deck wieder gefahrlos bewegen konnte, gab es viel zu tun; alle Hände wurden benötigt. Ich half mit, alte Segel zusammenzunähen und zerstach mir dabei die Finger. Beim Spleißen der abgenutzten und halbzerrissenen Taue trat ich bald in den Ausstand. Goulding hinderte mich daran, mir mit weiteren Ungeschicklichkeiten Schaden zuzufügen. Ein jeder diene der Sache, die er verstehe, raunte er mir zu, das lese man schon in der Schrift. Ich hielt mich daran und skizzierte, wie die Lagerräume ausgeräumt und gelüftet, Unrat ins Meer geworfen, die Beiboote geflickt wurden. Während es von Tag zu Tag wärmer wurde, wuchs unter den Männern im selben Maß die Vorfreude auf die Inseln. Was für ein Behagen, der Kälte endlich entronnen zu sein! Was für eine Freude, auf der Haut einen lauen Wind zu spüren! Die Winterkleider wanderten zurück in die Kleiderkammer; nun zeigten sich der Sonne wieder nackte Oberkörper, und es war zum Staunen, ja Erschrecken, wie viele Tataus da zu sehen waren, kleinere, wie Anderson es sich am Oberarm hatte machen lassen, aber auch solche, die den ganzen Rücken einnahmen und sich bis zu den Hinterbacken hinunterschlängelten.

Am Morgen des 25. November befanden wir uns auf 20 Grad 55 Minuten nördlicher Breite, und Cook errechnete, dass er 1 Grad weiter nördlich und 4 Längengrade weiter westlich auf Kauai treffen und in der Bucht von Waimea, die wir schon kannten, vor Anker gehen konnte. So hielten wir, voller Erwartung, nach Westen; da sichtete die Wache vorne am Bugspriet, gegen Abend des 26., Land am Horizont. Es musste eine der größeren Inseln sein, von denen uns die Eingeborenen berichtet hatten. Als der Tag anbrach, lag vor uns, in drei, vier Meilen Entfernung, eine hoch aufragende Küste in schönstem Grün, an deren Hängen Wolken hingen wie langgezogene Daunenballen. Je näher wir kamen, desto deutlicher sahen wir die Schluchten, welche sich in die Hänge einschnitten, und die Wasserfälle, die als silberne Bänder über das Grün hinunterstürzten. Es wurde auch klar, dass die mächtige Brandung hier, auf der Luvseite, eine Landung verunmöglichen würde, obwohl wir in einer Bucht ein Dorf mit allem Drum und Dran erkannten. Bald schon näherten sich uns Ausleger-Kanus; es war ein vertrauter Anblick. In einigen Booten befanden sich nicht nur Männer, die Schweine und Yamswurzeln eintauschen wollten, sondern auch Frauen, die uns unmissverständliche Zeichen machten.

Bevor Captain Cook Besucher an Bord duldete, ließ er die ganze Mannschaft antreten und erläuterte seine Befehle. Er sprach nicht übertrieben laut, aber mit scharfer Stimme, so dass ihn jedermann verstand, trotz des Tosens der Brandung im Hintergrund. Dreierlei ordnete er an: Privater Handel sei, da die Vorräte an Eisen und anderem zu Ende gingen, nicht mehr gestattet. Zweitens sei es keinem Mann, der an Land gehe, erlaubt, Feuerwaffen auf sich zu tragen, und ganz besonders müsse darauf geachtet werden, dass die Eingeborenen, was die Handhabung und das Laden von Gewehren betreffe, völlig unwissend blieben. Drittens – und dies wog am schwersten – sei es keiner Frau mehr erlaubt, ohne ausdrückliche Erlaubnis des Kapitäns an Bord zu kommen, denn es sei bitter notwendig, die Ausbreitung der Syphilis unter unschuldigen Menschen zu unterbinden. Jeder angesteckte Mann, der beim Verkehr mit einer Frau ertappt werde, müsse mit schwersten Strafen rechnen, und keiner, bei dem das Übel festgestellt worden sei, dürfe an Land, unter welchem Vorwand auch immer. Das waren Regeln von ungewöhnlicher Strenge; und obwohl Cook mit allen vorherigen Maßnahmen gescheitert war, schien es ihm dieses Mal ernst damit zu sein. Ich habe ihn nie zuvor so bleich und düster gesehen wie bei dieser Rede, welche bei der Mannschaft sichtlichen Unmut erzeugte. Dieser äußerte sich aber nur im Mienenspiel, in Blicken und Zeichen; später fielen wohl im Schlafquartier deutliche Worte. Trevenen meldete mir, der alte Watman versuche, die Scharfmacher – allen voran den Seilmacher Widdall – zu besänftigen; mit diesem sei ein anderer handgreiflich geworden. Man habe die Gegner kaum voneinander trennen können.

Am nächsten Tag nahm der Handel mit den Eingeborenen, der unsere schwindenden Vorräte auffrischen sollte, seinen Lauf. Die halbnackten Frauen jedoch, die ebenfalls das Fallreep hochklettern wollten, wurden harsch zurückgewiesen und mussten in den Kanus bleiben. Sie saßen dort in großem Zorn, sie schrien Wörter zu uns herauf, die wir nicht verstanden, da ihre Sprache von jener der südlicheren Inseln, wiewohl mit ihr verwandt, doch erheblich abweicht. Ihr Zorn machte sie nur umso schöner und begehrenswerter. Mit offenen Mündern und unverhohlener Gier starrten die Seeleute zu ihnen hinunter und wurden dann von den Offizieren dazu angetrieben, sich ihren Pflichten zu widmen. Nachmittags, als wir doch schon viel Zuckerrohr, Yams und zirka 20 Schweine bekommen hatten, erschien ein seltsamer kleiner Mann an Bord, von dem wir nicht wussten, was für einen Rang er einnahm. Er war ziemlich alt und kostbar gekleidet, er hatte, wohl von übermäßigem Kava-Genuss, ein faltiges und schorfiges Gesicht, dazu stark entzündete Augen, er war so schwach, dass er nur mit entschiedener Hilfe über die Reling gelangte, und doch musste die Ehrerbietung, mit der die Insulaner ihn behandelten, vermuten lassen, dass er ein großer Häuptling sei. Mit nacktem Oberkörper und dem hängenden Bauch hatte er wenig Häuptlingshaftes an sich; aber Captain Cook verhielt sich angemessen würdevoll ihm gegenüber und überreichte ihm den letzten seidenen Morgenmantel aus dem Kleidervorrat. Wir erfuhren, dass die Insel, der wir so nahe waren, Maui heiße. Die Begleiter des Häuptlings erklärten in Zeichensprache, es gebe an ihrem östlichen Ende eine geeignete Landestelle, und wollten uns dorthin lotsen. Das lehnte Captain Cook ab; windwärts hatte der Ausguck nämlich eine weitere und offenbar noch größere Insel entdeckt, und CC hielt es, auch der Strömung wegen, für günstiger, sie anzupeilen. Die Eingeborenen nannten sie Owhyhee; sie beschrieben mit Händen und rollenden Augen einen hohen Berg – so deuteten wir ihre Erklärungen –, den kein Mensch besteigen dürfe. Bevor die Besucher das Schiff verließen, führten sie uns an Deck einige Tänze vor und sangen dazu (ich dachte an die singenden Neuseeländer und wie es ihnen wohl gehe); doch unsere Matrosen hatten nur Augen für die zürnenden Schönheiten, die in die Kanus verbannt waren und nicht aufhörten, uns Zeichen zu machen, die in England als unzüchtig gegolten hätten.

Nach diesem Intermezzo begann die Leidenszeit, die sich nach dem Willen des Kapitäns leider auch im neuen Jahr fortsetzen soll. Wir gerieten in Gewitter mit nächtlichem Blitzen und Donnern, und beim Kreuzen gegen den Wind wurden wir von hohen Wellen hochgehoben und durchgeschüttelt. Aber Captain Cook hielt starrköpfig daran fest, der nordöstlichen Küste Owhyhees zu folgen und die ganze Insel zu umrunden. Unser Vorwärtskommen verlangsamte sich zum Schneckengang. Wenn wir uns der Küste näherten und die Wolken sich lichteten, sahen wir den geheimnisvollen hohen Berg und andere Gipfel, auf denen Schnee lag; dann entfernten wir uns wieder. Es ging gegen Weihnachten, die dritte, die wir fern der Heimat feierten. Nun hofften alle, die Landung stehe unmittelbar bevor, und sahen sich Tag um Tag getäuscht. Das Wetter war sprunghaft wie nie, geradezu närrisch.

»Warum tut er das?«, fragte ich Leutnant King in einem günstigen Moment. »Warum hält er uns hin?« Der Wind hatte sich für ein paar Stunden abgeschwächt. King stand an der Reling und suchte mit dem Fernglas die zerklüftete Küste ab, die schon beinahe wieder hinter dem Horizont versunken war. Er war allein; ich tat so, als wolle ich in seiner Nähe zeichnen. Er straffte sich, um mir entschiedener zu entgegnen.

»Er wird seine Gründe haben, wie immer«, sagte er, um eine Spur zu forsch; der Ton passte nicht zu seinem freundlichen Naturell.

»Meinen Sie wirklich?«, fragte ich.

King ließ das Fernglas sinken, blickte trotzdem weiter angestrengt zur Küste hin, deren Konturen im plötzlich überhellen Licht zitterten. »Er tut es gewiss nicht, um uns zu strafen.«

»Die Mannschaft murrt«, sagte ich und zog einen sinnlosen Strich quer übers Blatt.

King sprach in den Wind hinein und nicht zu mir; er fürchtete sich wohl vor versteckten Lauschern. »Gore und ich haben mehrmals mit ihm gesprochen. Er fordert Geduld von uns. Eine verfrühte Landung, sagt er, wäre äußerst gefährlich.«

»Suchen wir denn überhaupt nach geeigneten Landestellen?«, fragte ich und konnte den Vorwurf in meiner Stimme nicht unterdrücken.

Nun wandte King sich mir zu, aus seinem Gesicht las ich Unsicherheit. »Mr Webber«, sagte er mit erzwungener Schärfe und doch beinahe flüsternd. »Sie dürfen die Autorität des Kapitäns nicht in Zweifel ziehen, das wissen Sie doch. Schweigen Sie lieber, ich müsste sonst wegen Insubordination Meldung erstatten.«

»Verzeihen Sie, Sir«, sagte ich, zur Seite tretend, »es ist mir nicht erinnerlich, etwas Unstatthaftes geäußert zu haben.«

»Aber Sie haben es gedacht«, entgegnete er, und nun erhellte doch ein kleines Lächeln seine Miene, als habe sich der alte King zurückgemeldet. Es verriet allzu gut den Zwiespalt, in dem er sich selbst befand.

»Denken, Sir«, sagte ich, »ist doch wohl auch unter einem großen Mann wie Captain Cook erlaubt.«

Nun lachte er sogar, aber nur kurz und unglücklich, wie mir schien, und plötzlich wirkte er, wie andere Male auch, fast ein wenig kindlich. »Denken wird bei uns vorausgesetzt, Mr Webber. Ich rate Ihnen trotzdem zu Geduld. Es bleibt uns nichts anderes übrig.«

Er entfernte sich mit durchgestrecktem Rücken. Auf der Treppe zum Vorderdeck stolperte er und fing sich, knapp vor dem Sturz, wieder auf. Zwei, die am Fegen waren, taten so, als wäre er unsichtbar, nachher sah ich sie miteinander tuscheln. Nur Goulding scheint ganz auf Cooks Seite zu stehen. Man dürfe, sagte er mehrere Male in ängstlich-feierlichem Ton zu mir, keinesfalls landen, es drohe, vergangener und kommender Sünden wegen, ein großes Unglück. Als ich, halb lachend, fragte, woher er das zu wissen glaube, verschloss er sich und widmete sich schweigend seinen Obliegenheiten.

Am 23. Dezember verloren wir das Schwesterschiff, und seither haben wir es nicht wiedergesehen, obwohl Captain Cook die *Resolution* drei volle Tage in der Nähe der östlichen Landspitze Owhyhees hielt und auf die *Discovery* wartete. Nun nimmt er an, sie sei leewärts abgedriftet, und bei diesem Wellengang werde es schwierig sein, wieder zusammenzutreffen. Gore hat sogar verlauten lassen, wir dürften auch einen Schiffbruch nicht ausschließen, denn wir selbst wurden am 27. so nahe an die Küste getrieben, dass wir aufzulaufen drohten und ein Unglück nur in letzter Minute abwenden konnten. Ohnehin leckt die *Resolution* so stark, dass die Männer wiederum bis zur Erschöpfung an der Pumpe stehen. Täglich reißen nun Taue und splittern angefaulte Holzverkleidungen; in der Messe schimpft CC über die schlechte Qualität der Materialien, die ihm die Navy mitgegeben habe, und erwartet, dass ihm zugestimmt wird. Er schimpft über vieles, oder dann zieht er sich grollend, aber wortlos in seine Kajüte zurück, bleibt sogar den Mahlzeiten fern und überlässt das Kommando ganze Tage lang Gore. Was er in dieser Zeit treiben mag, ist Gegenstand vieler Spekulationen; er lässt in solchen Zeiten nicht einmal Collett, seinen persönlichen Steward, zu sich. Treven meint, der Kapitän arbeite an seinem Journal. Wenn dies so ist, vermute ich, dass er aus Andersons Berichten alle Stellen einfügt, die seinem Renommee nützen können. Ich war nahe daran, ihn zu fragen, ob er Andersons Anteil erwähnen werde, aber das hätte seinen Unwillen erregt, und daran merke ich, wie gereizt ich inzwischen selber bin.

King und ich weichen einander aus; dafür stecken er und Treven während der gemeinsamen Freiwache umso häufiger die Köpfe zusammen, und wenn ich in der Nähe bin, will Trevenen, dass ich mich zu ihnen geselle. Das tue ich nicht, obwohl ich mich danach sehne. Was genau ist es, das den unsichtbaren Keil zwischen uns getrieben hat? Gestern hörte ich Trevenen bei Mondschein auf der Flöte spielen. Er ist kein Virtuose, eher tastend, oft mit falschen Tönen findet er seine Melodien. Ich nahm an, dass King nahe bei ihm stand und sein dankbarster Zuhörer war. Danach glaubte ich sie miteinander halblaut reden zu hören, und ich fragte mich, was Trevenen mir von dem, was er King erzählt, verschweigt und aus welchen Gründen er King, der bei weitem kein Übermensch ist, so schwärmerisch verehrt. Und nicht zum ersten Mal ging mir durch den Kopf, ob es ein bloßer Zufall ist, dass die drei auf dem Schiff, die mich am meisten beschäftigen, denselben Vornamen haben: *James*.

Mit keinem unfertigen Bild mehr mache ich erkennbare Fortschritte. Vieles ist doch nur kunstloses Geschmier, ein Mischmasch beliebiger Farbeffekte. Um mich zu trösten, hebe ich Poetua für mich selbst weit über den Durchschnitt hinaus, nenne sie, halb ironisch, die Mona Lisa des Pazifiks und verurteile im gleichen Atemzug meine Prahlsucht.

Habe gestern, als die Dünung nachließ, versucht, dem rätselhaften farbigen Grau nahe zu kommen, in dem das Meer sich abends bei bedecktem Himmel zeigt, nein, mit dem es seine tieferen und dunkleren Schichten verschleiert. Ich habe gemischt und gemischt, und je länger ich aquarellierte, desto toter geriet mir die Farbe. Das Blatt habe ich zerknüllt, auseinandergefaltet und glattgestrichen, den weißen Knickspuren, die sich durch die nasse Farbe zogen, einen Sinn abzugewinnen versucht. Es gab keinen, so stampfte ich darauf herum. Und wie stets, wenn ich nicht mehr ein und aus weiß, dachte ich an William, der nun seine Ruhe hat. Manchmal zähle ich die Tage seit seinem Tod – 150 sind es nun – und frage mich, ob er mir wirklich so nahe stand; und manchmal fürchte ich mich vor weiteren Verlusten.

7. Januar 1779. Die *Discovery* ist, zur Freude und Überraschung aller, nach beinahe zwei Wochen wieder zu uns gestoßen, ganz in der Nähe des Südkaps von Owhyhee. Da sich das Wetter aufgeheitert hat, konnte Kapitän Clerke, bei nunmehr harmlosem Wellengang, zur *Resolution* hinübergerudert werden und dem Kommandanten Bericht erstatten. Man erschrickt bei Clerkes Anblick: Er magert zusehends ab, die Uniform schlottert um ihn herum, er geht gebeugt, mit kleinen Schritten wie ein alter Mann (und ist doch erst um die vierzig), er braucht Hilfe, um an Bord zu klettern. Brennend rot stechen seine Wangen von der kränklichen Gesichtsfarbe ab; matter geworden ist auch seine Freundlichkeit, zu der er sich allen gegenüber zwingt.

Captain Cook konnte Clerke keine Vorwürfe machen, es waren starke Strömungen, die uns auseinandergetrieben haben. Möge Gott ihm noch die Frist gewähren, das Heimatland wiederzusehen (doch ich zweifle daran).

Es sind uns wieder Einheimische in großen Segelkanus entgegengekommen. Cook ließ sie zum Handeln an Bord, sie brachten Schweine und Salz in großen Mengen, das der Koch verwendete, um einige Fleischvorräte zu pökeln. Das Quieken und Schreien der abgestochenen Tiere drang mir stundenlang in die Ohren und verfolgte mich noch im Schlaf.

Ich sah Morris, wie er, mit dem Schlachtermesser in der Hand, aus der dampferfüllten Kombüse trat. Seine nackten Schultern glänzten vor Schweiß, seine Schürze war blutig, hinter ihm flackerte der Schein des Herdfeuers. Ohnehin träume ich Nacht für Nacht von grausigen Szenen; am schlimmsten ist es, selbst gehetzt zu werden. Wer meine Verfolger sind, weiß ich nie. Ich darf nicht stolpern auf der Flucht, und das ist schwierig, denn die Wege, denen ich folge, sind voller Wurzeln und Steine. Ich renne in dichten Rauch hinein, sehe ein Feuer und ringe um Atem. Hinter dem Feuer wartet jemand auf mich, vielleicht ist es Henry, der mich retten könnte. Oder ist es umgekehrt? Habe ich den Auftrag, ihn wegzubringen aus Not und Gefahr? Und zittere ich deshalb am ganzen Leib?

Seit sechs Wochen haben wir nun diese vermaledeite Insel vor uns, und immer noch ist kein Landeplatz in Sicht, den CC als geeignet erachtet!

18. Januar 1779, Kealakekua-Bucht. Vorgestern endlich vor Anker gegangen! Gepriesen die Bucht, die sich für uns öffnete, gepriesen die lange Reihe der Kokospalmen, gepriesen all das Grün, das aus schwarzroter Erde sprießt! Wieder Land unter den Füßen nach so vielen Entbehrungen, man schwankt, man taumelt, der Körper kann und will es noch gar nicht verstehen. Wieder frisches Quellwasser: Was für eine Wohltat, was für ein Vergnügen, sich gründlich zu waschen!

Aber schon vor unserer Landung geschah Erstaunliches: Wir segelten während 10 Tagen an der steilen Westküste entlang, die unzugänglich, ja unbewohnt schien, und hatten die Hoffnung aufgegeben, hier jemals landen zu können. Jeder

Mann tat seine Pflicht, und doch konnte man glauben, auf einem Geisterschiff zu sein. Keiner sang und pfiff mehr, keiner mochte mehr scherzen. Doch dann begann die Küste abzuflachen, auch wenn sich hinter ihr immer wieder schroffe Klippen erhoben, offensichtlich aus löchrigem Vulkangestein, wie King bemerkte. Captain Cook schickte ihn mit zwei Booten voraus, um Landemöglichkeiten ausfindig zu machen. Nach einigen Stunden schon kehrte er zurück mit der Nachricht, eine gutgeschützte Bucht ein paar Meilen nordwärts eigne sich zum Ankern, die Brandung sei gering, die Einheimischen verhielten sich friedlich. Und auch wenn der Mittelteil durch eine Steilwand begrenzt werde, befände sich doch an beiden Enden eine flache Halbinsel mit vielen Häusern. So fuhren wir in die Bucht von Kealakekua hinein und trauten unseren Augen nicht ob des Gewimmels der Kanus, die beinahe die ganze Wasseroberfläche bedeckten. Es wurden immer noch mehr, Hunderte waren es, die uns umgaben, Hunderte mit jubelnden Männern und Frauen. Ein verwirrendes, betäubendes Spektakel, ein Wirbel an Farben und Düften, die zu uns hertrieben. Blumengirlanden an Frauenhälsen und über Brüsten liegend, die Ruderbewegungen nackter Oberarme, Schweißglanz auf brauner Haut, das Aufblitzen von Rot und Gelb der Federhelme, geblähte rote Segel im Sonnenlicht. Wir kamen, als wir die Kanus zählten, auf über 1000, große und kleine, solche mit Auslegern und solche mit Doppelrümpfen, und gewiss waren es gegen 10 000 Menschen, die in ihnen saßen und standen, ganz zu schweigen von den vielen, die zwischen ihnen schwammen. Es war eine riesige festliche Menge, wie wir sie noch nirgends gesehen hatten. Was sollte dieser Überschwang bedeuten?

Kaum hatten wir, eine Viertelmeile vom Ufer entfernt, die Anker in 13 Faden tiefem Wasser geworfen, waren wir eingekeilt. Von allen Seiten kletterten Insulaner an Bord. Die Unseren halfen erst nach, um Geschenke entgegenzunehmen, wehrten aber bald ab, denn es wurden zu viele. Schweine rannten über Deck, Kokosnüsse rollten herum. Auch unsere Männer gerieten außer sich, benahmen sich übermütig wie kleine Kinder. Offiziere, die für Ordnung sorgen wollten, zogen Frauen halbherzig von ihnen weg. Versteinert stand Captain Cook beim Steuerrad und ließ sich von Marinesoldaten beschützen, denn die Besucher, die ihn als unseren Befehlshaber erkannten, drängten zu ihm hin und wollten sich vor ihm niederwerfen. Zugleich nahmen sie an sich, was ihnen gefiel, und ließen es sich nur mit Mühe entwinden, wie wir es ja schon oft erlebt hatten. Dies nun weckte Cook auf, er befahl, über die Köpfe hinweg zu schießen, sogar ein Vierpfünder wurde abgefeuert. Doch das nützte wenig, man nahm es wohl als Freudensignal. Erst als ein paar prächtig gekleidete Anführer Befehle schrien, zogen sich viele zurück oder tauchten kopfüber ins Wasser. Drüben auf der *Discovery* wurde ebenfalls geschossen; dort hatten sich so viele an ihre Steuerbordseite gehängt, dass sie sich bedrohlich neigte und sich erst wieder aufrichtete, als Dutzende, die sich irgendwo festgehalten hatten, ins Wasser plumpsten wie reife Früchte. Wer von den Einheimischen noch bei uns war, lachte laut darüber, und erstaunlich war, dass Captain Cook plötzlich mitlachte. Wir kamen allmählich wieder zu Atem. Ein paar Frauen waren, wie sich später zeigte, im Tumult verschwunden, das heißt: von Seemännern durch die Luke bugsiert und versteckt worden, und als sie wieder zum

Vorschein kamen, fiel CC in sein altes Verhalten zurück: Er tat, als sehe er's nicht. Angesichts des allgemeinen Durcheinanders konnte er seine strikten Verhaltensregeln unmöglich durchsetzen. Ob diese vierte oder fünfte Niederlage gegenüber dem männlichen Trieb seinem Selbstbewusstsein förderlich war, wage ich zu bezweifeln.

Ein kleiner, dürrer Mann mit rotem Umhang, Koa genannt und offensichtlich ein hoher Priester, ließ nicht nach in seinem Bemühen, sich dem Kapitän zu nähern, und als dieser es ihm gestattete, vollführte er, assistiert von zwei Begleitern, eine komplizierte Zeremonie. Er ging mehrmals, Gebete murmelnd, um Cook herum, hüllte ihn, indem er sich auf die Zehenspitzen stellte, in einem roten Tuch ein, legte, immerzu betend, Kokosnüsse zu seinen Füßen nieder, Mangos, Süßkartoffeln, und Cook – man sah es ihm an – wusste nicht recht, in welcher Form er sich bedanken sollte. Nachdem Koa mit großem Ernst die Zeremonie zu Ende gebracht hatte, lud er den Kapitän ein, mit ihm an Land zu gehen. Er wies dabei nicht auf die Siedlung am Nordende der Bucht, sondern auf einen umzäunten Platz am südlichen Ende. Cook besprach sich mit King und Gore und willigte dann ins Ansinnen des Priesters ein. Die Jolle wurde zu Wasser gelassen, nebst King und Bligh war auch ich, samt meinem Arbeitszeug, mit von der Partie. Umschwärmt von Kanus, gelangten wir zu einem steinigen Landeplatz, wo weitere Priester auf uns warteten. Sie schwangen mit Haaren besetzte Stäbe, rezitierten Litaneien, die jeweils mit einem Ausruf (einer Anrufung?) – Lono oder Rono – endeten. Der Ober- oder Hohepriester, wie ich Koa nun nenne, nahm Captain Cook an der Hand und geleitete ihn feierlich zum

Kultplatz, der hier Heiau heißt, wie wir auf Kauai gelernt hatten, und weit mehr und größere Standbilder enthält als anderswo. Es gab einen altarähnlichen Aufbau aus Steinen und Ästen, eine Priesterhütte, eine von verhüllten Idolen flankierte rechteckige Vertiefung; an der Innenseite des Zauns hingen Schädel. Wir mussten uns, CC in der Mitte, vor dem Eingang der Hütte hinsetzen, wo schon ein Feuer brannte. Eine weitere endlose Zeremonie begann, bei der ein Schwein geopfert, ausgeweidet, abgesengt und gebraten wurde. Ich zeichnete und hatte das Gefühl, dies alles im Wesentlichen schon erlebt zu haben. Nur waren die Zeremonien hier noch rätselhafter; sie glichen einem verlangsamten Tanz von vielen, in dessen Mittelpunkt Captain Cook stand. Wofür hielt man ihn? Für einen Gott? Alles blieb unklar, auch als wir den Heiau verließen und, am Ufer entlang, zu einer wartenden Menge kamen, die sich inzwischen eingefunden hatte. Sie warf sich vor Cook nieder und erhob sich nicht wieder, bis wir vorbei waren. Nur den Ruf »Lono« hörten wir deutlich, er wurde in unserem Rücken immer lauter und beschwörender. Es war eine Stimmung großer Aufgewühltheit, die auch auf uns übergriff. Die Menge, die auf dem Weg zum Dorf noch größer wurde, verhielt sich jedoch diszipliniert und wurde von Priestern und weltlichen Anführern im Zaum gehalten. Was in CC selbst vorging, kann ich nur vermuten. Er ließ in einer Mischung aus Geduld und Schicksalsergebenheit die Huldigungen über sich ergehen. Muss aber ein Mensch, der auf solche Weise erhoben wird, nicht auch das Beste von sich denken? Oder fördert die Verehrung nur umso deutlicher zutage, wie groß, wie unüberbrückbar die Kluft ist zwischen eigenem Kleinmut und der Hochschätzung durch das Volk?

Uns wurde, auf unsere höflichen Fragen hin, noch am selben Tag ein ummauertes Feld neben dem Heiau zugewiesen, auf dem, in bröckliger Lavaerde, hauptsächlich Süßkartoffeln wachsen. Dort schlugen wir die Zelte auf und deponierten anderes, was an Land bequemer zu reparieren war. Die Priester belegten den Platz, indem sie ihn mehrmals umrundeten, mit einem Tapu, das hieß, dass wir dort von Insulanern nicht behelligt werden durften. Zudem ließ Captain Cook durch die Marinesoldaten eine ständige Wache aufstellen. Sie wäre nicht nötig, kein Insulaner wagt es, über die Grenzmauer zu klettern. Auf die Schiffe indes kommen Frauen ohne weiteres, und es ist wie die vorigen Male: Niemand schickt sie ernstlich weg. Auch sonst benehmen sich die Insulaner auf dem Wasser viel freimütiger und weniger zeremoniell als an Land; Land und Meer scheinen für sie zwei verschiedene Welten zu sein. Die Prostration wird an Bord nicht vollzogen, bloß in den Kanus ducken sie sich, sobald sie des Kapitäns ansichtig werden. Auf unserer Seite sind alle Krankheitsängste und Rücksichten vergessen. Samwell jedenfalls ist in seinem Element; er rühmt sich unverhohlen, die zwei hübschesten Mädchen der gesamten Auswahl zu Geliebten genommen zu haben. Man munkelt, sogar Cook sei schwach geworden; ich glaube es nicht und zeichne vor allem die Männer. Zu malen versucht habe ich das Laubwerk eines unbekannten Baums, die Blätter in morgendlichem Gegenlicht, leuchtend gelbgrün und durchscheinend, bekritzelt mit dem Geflecht der Blattrippen. Im Hintergrund, beinahe schwarz, vielfingrige Klippen.

27. Januar 1779. Wir werden mit Lebensmitteln überhäuft, ohne dafür zu bezahlen; täglich liegen Kokosnüsse und Früchte aller Art auf der Umfassungsmauer des Lagerplatzes, ebenso frischgeschlachtete Schweine und Hühner; und wann immer Captain Cook an Land geht, wird ihm gehuldigt wie am ersten Tag. Kein Gemeiner darf ihm näher kommen als zwei, drei Schritte, sonst greifen die Priester ein. Auch Clerke wird jeweils mit großer Achtung begrüßt. Bei ihm gibt es keine vollständige Prostration, doch die Grüßenden berühren mit der Stirn den Boden. Clerke, dem dies peinlich ist, heißt sie unwirsch aufzustehen, und sie gehorchen ihm unverzüglich, was wohl bedeutet, dass sie Captain Cook, vor dem sie ausgestreckt liegen bleiben, als weit höher stehend und verehrungswürdiger einstufen. King halten sie, wie es scheint, für Cooks Sohn; ich weiß nicht weshalb, denn die beiden gleichen einander überhaupt nicht. Aber die Verwechslung, derentwegen auch er bevorzugt behandelt wird, schmeichelt King sichtlich, und nur halbherzig weist er sie zurück. Goulding weigert sich erneut, mit an Land zu kommen. Er fürchtet sich wohl vor den fleischlichen Versuchungen; und die Demütigung von Tongatapu sitzt ihm noch in den Knochen. Man lässt ihn gewähren; es gibt für ihn an Bord immer genug zu tun.

Beim Essen – köstlicher Fisch! – fragten sich die Offiziere, wo denn die höchste weltliche Macht der Insel bleibe oder ob Koa beides in sich vereinige, weltliche und priesterliche Gewalt. Es entspann sich ein langer Disput darüber, wie dieses Volk, das im Überfluss zu leben scheint, regiert werde, ob gerecht oder parteiisch; offenes Elend sieht man nicht. Sie versuchten Häuptlinge der mittleren Stufe darüber zu befragen und fanden heraus, dass ihr höchster Herrscher, der König also, bald von einer Erkundungsfahrt (oder einem Kriegszug?) zurückkehren und Captain Cook seine Aufwartung machen werde. In der Tat sprachen die Priester am nächsten Tag einen Bann, eben das Tapu, über die ganze Bucht, so dass kein Kanu mehr hinausfahren durfte und die Eingeborenen in den Häusern blieben; auch die Fremden durften nicht mehr versorgt und verköstigt werden. Der Strand wirkte plötzlich wie ausgestorben, dafür der halb von Wolken verdeckte Mauna Loa, wie sie den höchsten Berg nennen, umso bedrohlicher.

Auch wir warteten im Schiff auf die Ankunft des Königs. Gegen Abend erschien eine lange Reihe der größten Doppelkanus, die wir bisher gesehen hatten, in der Bucht; drei von ihnen legten längs der *Resolution* an. Wie staunten wir, als der König, der nun unter großem Pomp an Bord stieg, derselbe Würdenträger war, den wir, zwei Monate ist's her, vor Maui kennengelernt hatten, ja, dieser verschmitzte Mann mit gefälteltem, von Trunksucht gezeichnetem Gesicht, dessen Namen, sofern wir richtig verstehen, Kaleiopuu lautet. Es war ein herzliches Wiedersehen; er stellte Captain Cook seine dicke Frau und zwei schöne Söhne vor, als wäre er ein guter Freund, und doch lag in seinem Verhalten eine unbestimmte Scheu, die ihm vielleicht der Hohepriester Koa eingeflößt hatte. Bald schon zog sich Kaleiopuu mit den Seinen zurück; in der großen Siedlung am Ende der Bucht stand eines seiner Häuser, dort wollte er schlafen.

Am nächsten Morgen kam er wieder und führte eine imposante Wasserprozession mit Langbooten an. Er stand am Bug des vordersten, umgeben von seinen Gefolgsleuten, und alle trugen Federmäntel und Federhelme von leuchtendem Zinnober und Gelb (dies sind die königlichen Farben). Singende Priester standen im zweiten Boot, zwischen ihnen Götterstatuen mit furchterregenden Grimassengesichtern und Haifischzähnen, die Augen aus Muscheln gefertigt, das dritte Boot war mit Geschenken gefüllt. Sie landeten bei den Zelten, Cook musste eiligst dorthin und wurde vom König kostbar eingekleidet, sechs Federmäntel wurden zu seinen Füßen niedergelegt, ein Fliegenwedel ihm in die Hand gedrückt. Im Gegenzug lud Cook den König zum Essen aufs Schiff ein.

Kaleiopuu nahm einige Äxte für sich und sein Gefolge entgegen, die der Schiffsschmied eigens für ihn geschmiedet hatte, und folgte uns willig. So saßen wir uns am Messetisch gegenüber. Wir versuchten zu erfahren, wofür sie ihre Götter verehren und wie sie sich die Erschaffung der Welt denken. Die Wörter indessen, die wir aus unserer geringen Kenntnis der Sprache Otaheites bezogen, reichten, da sie hier ohnehin anders klangen, nicht aus, uns über schwierigere Dinge zu unterhalten. King, wie schon Anderson, legt sich vieles zurecht und ordnet, was er errät, in einem Darstellungssystem, das uns logisch erscheinen mag, aber nur das Nicht-Wissen tarnt. Solche Einschränkungen, die am Anfang leicht wogen, machen mir nach so langer Zeit immer stärker zu schaffen. Zum Fremden werde ich mir selbst, wenn das Fremde ringsum sich nicht öffnet für mich und meine Versuche, es mir anzueignen, an ihm abgleiten wie an gehärtetem Lack. Aneignen können wir uns lediglich äußerliche Güter, die uns wertvoll sind. Gäbe es Gold hier, würden wir es nehmen. Ich schließe mich nicht aus; einen Federmantel samt Helm möchte ich mir gerne einhandeln. Weil er schön und kostbar ist? Weil er dem Besitzer Würde verleiht? Weil mit den Federn so viele Erinnerungen ins Bastgerippe eingewoben sind?

24

Owhyhee, Januar 1779

Zu viert, begleitet von drei ängstlichen Eingeborenen, beabsichtigten sie, den Mauna Loa zu besteigen, der sich schneebedeckt über die halbe Insel zog. King und Bligh waren dabei, dazu Korporal Ledyard von der *Discovery* und natürlich Webber. Cook hatte wie üblich die Männer ausgewählt, die ihm für die bevorstehenden Aufgaben am geeignetsten schienen. King und Bligh, das wusste man, konnten einander nicht ausstehen, aber sie waren hervorragende Kartographen, und sie würden alles daran setzen, Cooks Auftrag zu erfüllen. Das Verhältnis zwischen King und Webber hatte sich wieder entspannt; sie würden einander ertragen, ohne sich dafür anstrengen zu müssen. Ledyard, der den Ruf hatte, sich auch in schwierigstem Gelände zurechtzufinden, war mit keinem der anderen näher vertraut, er fügte sich willig in die Gruppe ein.

Fast immer hingen Wolken über dem Berg. Es konnte aber auch Rauch sein, wie King meinte. Gerade das war einer der Punkte, den sie abklären sollten: ob der Mauna Loa ein erloschener Vulkan oder ein aktiver sei. Drei Tage kämpften sie sich aufwärts, zuerst durch wegloses und beinahe undurchdringliches Dickicht, dann über Lavageröll, dessen Farbe von scheckigem Grauschwarz ins Grünliche und Rötliche spielte. Webber kam es manchmal vor, als gingen sie über den buckligen Rücken eines riesigen Schuppentiers, und beinahe fürchtete er sich davor, dass es sich unter seinen Füßen bewegen könnte. Wenn die Sonne hervorbrach, leuchtete das Gestein stellenweise auf wie zersplittertes Glas. Am ersten Abend schien es plötzlich, als ströme Glut über den Basalt des Gegenhangs, so stark war das Licht unter dem dunklen Gewölk.

Sie schliefen, mehr schlecht als recht, auf ausgebreiteten Decken und glaubten, nachts bisweilen ein fernes Grollen zu vernehmen, das auf eine baldige Eruption hindeuten mochte. Schon am zweiten Tag versuchten die einheimischen Begleiter, sie davon abzubringen, noch höher zu steigen. Bligh betrachtete ihre Warnungen als Kinderei. Auch die anderen taten zunächst so, als wären sie darüber erhaben. King sammelte hartblätterige Pflanzen, die immer spärlicher vorkamen, Webber zeichnete ein wenig. Die Landschaft war zur Steinwüste geworden, und die Küste lag schon bald im Dunst. Sie sahen ein, dass der Weg zum Gipfel viel weiter war, als sie gedacht hatten; seine Höhe errechnete King mit gegen 13 000 Fuß. Das war so hoch wie die Eisgipfel der Schweizer Alpen. Für die Kälte, die dort oben herrschen musste, waren sie nicht ausgerüstet. Sie hatten bloß Wasser und Essen für fünf Tage bei sich; zu pflücken oder zu jagen gab es im Geröll nichts. Der Wind war unberechenbar und lästig, er schien zeitweise von allen Seiten zu kommen, er zerrte an ihnen, blies ihnen ins Gesicht und brachte sie im nächsten Moment, durch einen Stoß von der Seite her, ins Taumeln.

An einer Stelle, wo aus vielen Ritzen und Schrunden

Rauch stieg, ließen die Eingeborenen, kräftige junge Männer, die Weißen im Stich; auch Blighs Drohungen konnten sie nicht zum Weitergehen bewegen. Es mochte sein, dass in ihren Augen eine Gottheit den Gipfel bewohnte und es ein Frevel war, sie zu stören. Jedenfalls nannten sie immer wieder einen Namen, Pele. Sie zeichneten mit Stöcken allerlei Zeichen in den Staub, die nicht zu deuten waren. King meinte, Pele sei eine Göttin, die sowohl Feuer speie als auch Lava in fruchtbare Erde verwandle, und die Eingeborenen würden nun ihre Rache fürchten. Er sei, auch aus Respekt vor solchem Glauben, dafür, den Aufstieg abzubrechen und umzukehren. Dem widersprach Bligh energisch. Nur die Angst vor dem Unbekannten lähme die Wilden, sagte er und setzte den Weg, zusammen mit Ledyard, fort. King und Webber folgten ihnen zögernd; sie hatten Durst und fragten sich, ob sie irgendwo ihre Wasserflaschen würden füllen können. Nach einer Weile vertrat sich Ledyard an einem steilen Hang den Fuß. Er hinkte stark und kam nur noch voran, indem man ihn von zwei Seiten stützte. So erwies es sich als unmöglich, noch höher zu steigen. Da sich nun auch das Wetter verschlechterte, waren alle – sogar Bligh – froh, zur Umkehr gezwungen zu sein.

Zwei Tage benötigten sie für den Abstieg. Sie gerieten in ein schlimmes Gewitter, bei dem Blitze in nächster Nähe einschlugen und der Donner an ihre Ohren krachte. Als es dunkel wurde, fanden sie, bei strömendem Regen, Zuflucht unter einem vorspringenden Felsen und verbrachten die Nacht im Sitzen. Nun konnten sie immerhin den Durst aus Löchern löschen, in denen sich das Regenwasser – zum Glück war es kein Schnee – gesammelt hatte. Sie befanden sich immer noch so hoch oben, dass es fast so kalt war wie im europäischen Winter. Webber, völlig durchnässt, saß dicht neben King; ihre gemeinsame Körperwärme linderte ein wenig das dauernde Frieren. Mehr als ein paar Minuten zu schlafen oder zu dösen war unter diesen Bedingungen gar nicht möglich. Zwischendurch standen sie immer wieder auf, stampften herum und schlugen die Arme um sich. Irgendwann – lange nach Mitternacht – riss die Wolkendecke auf, und in kürzester Zeit war der Nachthimmel blank gefegt. Er stand voller Sterne, die sich plötzlich, verglichen mit Webbers Erinnerung, vervielfacht zu haben schienen. Die Sterne durchwirkten den dunkelvioletten Grund mit unzähligen Lichtpunkten und bildeten an einigen Stellen ganze Haufen und Straßen, die stärker leuchteten als die eben aufgegangene Mondsichel. Schon die Vielzahl der Sterne ließ Webber staunen; noch außerordentlicher schien es ihm, dass ihre Menge auch gegen den Horizont hin nicht abnahm.

Es sei die klare Höhenluft, die diesen Anblick ermögliche, sagte King leise zu Webber. Weiter unten verschleiere sonst oft der Dunst die schwächer leuchtenden Himmelskörper. Ob er das Kreuz des Südens erkenne?

Webber verneinte, mit Sternbildern, sagte er, kenne er sich schlecht aus, sie würden ja ohnehin auf von Menschen geschaffenen, künstlichen Zusammenhängen beruhen.

»Ja«, sagte King, und aus seiner Stimme klang ein Lächeln. »Nach Zusammenhängen suchen wir dauernd. Wie wollen wir uns sonst orientieren? Wichtig ist doch wohl, dass wir nicht meinen, wir hätten das Ganze geschaffen.«

»Dann zeigen Sie mir das Kreuz des Südens«, antwortete Webber, seine Beschämung überspielend.

Geduldig führte King Webbers Blick zum verzweigten Sternbild des Centaurus und den vier hellen Sternen darunter, deren Achsen in der Tat als kleines Kreuz gedacht werden konnten. So hatte Webber nun angesichts der verwirrenden Zeichenvielfalt einen Halt gefunden und vergaß eine Weile, wie sehr er fror. Obwohl King ihm auch noch den Großen Hund, den Kleinen Löwen und die Leier zu zeigen versuchte, die hier besonders deutlich zu sehen seien, kehrte Webbers Blick immer wieder zum Kreuz des Südens zurück und ruhte sich bei ihm aus wie bei einem neuen Bekannten, dem man vertrauen darf. Vage erinnerte er sich daran, wie ihm der Meister Funk, am Anfang der Berner Zeit, in einer klaren Winternacht den Großen Bären und den Polarstern gezeigt hatte.

Er sei nicht besonders fromm, sagte King, aber schon sehr früh habe ihm geschienen, der Sternenhimmel gewähre den Durchblick in eine andere und höhere Welt; er habe sich vorgestellt, die Sterne seien winzige Löcher, die uns etwas vom großen himmlischen Leuchten offenbarten, das die Himmelsdecke verberge. Vielleicht sei diese kindliche Vorstellung der Grund gewesen, weshalb er nach ersten nautischen Erfahrungen in Oxford Astronomie zu studieren begonnen habe.

»Und weshalb sind Sie zur See zurückgekehrt?«, fragte Webber.

King veränderte seine Sitzhaltung, so dass nun sein Knie Webbers Oberschenkel berührte. »Die Theorie allein hat mich nicht befriedigt. Die Gestirne sollen mich leiten, ich mag sie nicht bloß katalogisieren. Nennen Sie es Abenteuerlust oder Selbstbewährungswillen.«

»Dann gefällt Ihnen dieses Leben.«

»Ihnen nicht?«

Webber schwieg. Es war ringsum so still, dass Blighs Atemzüge in ihrer nächsten Nähe überlaut wirkten, wie ein Sakrileg gegenüber dem lautlosen Atmen der Natur. Warum er plötzlich an Omai dachte, wusste er nicht, und warum er ihn sich gerade hier an seine Seite wünschte, war ihm ebenso unerklärlich.

»Wie es wohl Omai geht?«, fragte er im Flüsterton.

»Omai?« King sprach den Namen aus wie ein fremdes Wort. »Wie kommen Sie gerade auf ihn? Ich fürchte, er wird ein Entwurzelter bleiben.«

»Wir haben ihn verzogen«, sagte Webber, »entwurzelt und verzogen. Er wird nie so sein wie wir. Und er kann nicht mehr so sein, wie er gewesen ist.«

»Sie meinen, es sei ein Unrecht gewesen, ihn nach England zu bringen? Er wollte es selbst.«

»Aber er konnte nicht ermessen, was das für ihn bedeutet.«

»Und wir? Können wir ermessen, wohin unsere Fahrt geht und was dabei aus uns wird? Seine Landsleute übrigens benutzen Sternkarten, um von Insel zu Insel zu fahren, erinnern Sie sich?«

»Ja, diese Bastgeflechte mit ihren Knoten.«

»Dann teilen wir mit ihnen zumindest, dass auch wir uns am Sternenhimmel orientieren. Das ist etwas von dem, was den Menschen zum Menschen macht, oder nicht?«

Webber hörte daraus den winzigen Zweifel, ob Omai und sein Volk ganze Menschen im europäischen Sinn seien. Es erstaunte ihn, dass ausgerechnet King so dachte; aber er ging nicht darauf ein, sondern erzählte – eigentlich ohne jeden

Zusammenhang – von seinem Heimweh bei der Tante in Bern, vom Heimweh nach Vaters Atelier, nach den vertrauten Gerüchen und Stimmen. Dann aber kam er darauf, dass ja wohl auch Omai zeitweise krank vor Heimweh gewesen sei und dass man sich immer nach dem Vertrauten und Angestammten sehne. King stimmte ihm zu und schilderte seinerseits, wie er als zwölfjähriger Schiffsjunge bei der ersten Gelegenheit beinahe weggelaufen wäre und wie sehr er sich geschämt habe, dass sein hartes Kissen am Morgen jeweils nass vor Tränen gewesen sei.

Sie redeten weiter, leise und in zunehmender, beinahe bestürzender Offenheit; Webber sprach von Dingen, die er noch niemandem anvertraut hatte, auch nicht Trevenen. Es war, als habe die Sternennnacht bei beiden den Zugang zu tieferen Schichten freigelegt; es war schön und beängstigend, und es ließ beide die Kälte vergessen. Gegen Morgen schliefen sie, aneinander gelehnt, doch noch eine Weile; Bligh weckte sie, als es hell genug war, mit einem Zuruf auf.

Sie setzten den Abstieg fort, sehr langsam allerdings, da Ledyard nur unter größten Schmerzen gehen konnte. Webber merkte bald, dass es für King und ihn besser war, bewusst Abstand voneinander zu halten, und half dabei, Ledyard zu stützen. Weiter unten, dort, wo der Wald wieder anfing, warteten die Führer auf sie. Sie flochten eine Art Bahre für den Verletzten, damit sie ihn tragen konnten.

Am Nachmittag des fünften Tages waren sie zurück in der Bucht, rot eingefärbt von nassem Lavastaub und am Ende ihrer Kräfte. Cook hörte sich Kings Rapport missmutig an, fand aber keinen Grund, ihn zu tadeln. Webbers Ausbeute dieses Berggangs war dürftig: eine einzige und dazu stark verwischte Zeichnung hatte er mitgebracht. Er staunte selbst darüber, dass er nicht wieder erkrankte.

30. Januar 1779, Kealakekua-Bucht. Ich bin King nähergekommen; das hat Trevenen bemerkt, und nun ist er es, der mich schneidet. Seine Launenhaftigkeit bedrückt mich. Oder wird ihm wieder nachgestellt? Er glaubt, beobachtet zu haben, dass sich die Herrschenden hier Lustknaben halten und dies eine gängige Art des körperlichen Vergnügens sei. Das bringt ihn durcheinander, umso mehr, als einer ihn höflich gefragt habe, ob er ihm zu Willen sein möge (vielleicht in der Meinung, dass er ein Recht darauf habe, wenn die Unseren ihre Frauen beschlafen). Trevenen zieht die Männer aus allen Weltgegenden an; er bleibt der feinste der Fähnriche, nur sein Bartflaum wird allmählich stärker. Er solle sich ein Mädchen nehmen, habe ich ihm gesagt, und sich vorher vergewissern, dass es nicht angesteckt sei; seine Ann brauche später nichts davon zu erfahren. Ich selbst aber kann nicht vergessen, wie viele innere und äußere Verhängnisse sich an Liebesakte ketten, ich kann und will auch SIE nicht vergessen, die Eine, die mir ins Herz gedrungen ist, und so bin ich unfähig, mich der Leichtfertigkeit zu ergeben, mit der die meisten unserer Männer die fremden Frauen umarmen.

3. Februar 1779. Bald wieder unter Segeln! Es ist Zeit dafür, denn einiges hat sich ereignet, was die Stimmung zwischen uns und den Insulanern verschlechtert, wobei auch unter ihnen verschiedene Fraktionen ihren Einfluss ausüben und entweder dem König oder der Priesterschaft zuneigen, die sich aber nicht offen gegeneinander stellen. Wir brauchten dringend Feuerholz, vor allem für die Köche und Schmiede. Bäume zu fällen ist im steilen Gelände mühsam, umso mehr als es in der Nähe der Bucht kaum noch geeignete gibt und die Männer, die dafür benötigt worden wären, anderswo genug zu tun haben. So kam Captain Cook, beraten von Gore und Clerke, auf die Idee, den Hohepriester Koa anfragen zu lassen, ob wir den halbverfallenen Zaun, der den Heiau umgab, für unsere Zwecke benutzen dürften. Wir hatten mehrfach Einheimische gesehen, die Pfähle aus der Umzäunung brachen, ohne von den Priestern daran gehindert oder deswegen bestraft zu werden. Es sah aus, als würde die Entfernung des Zauns keine Gesetze oder heiligen Gebote verletzen. King, Cooks Sohn in den Augen der Insulaner, wurde zu Koa geschickt, um mit ihm zu verhandeln, und Koa sah offenbar keinen Grund, unser Anliegen zurückzuweisen. Er verlangte einen angemessenen Preis für den Zaun (ein paar Unzen Eisennägel, weiße Hemden usw.), der ihm überbracht wurde, und am nächsten Tag machte sich ein Dutzend unserer Männer daran, den mannshohen Zaun abzubrechen und das Holz auf dem Zeltgelände zu stapeln. Das ging eine Weile gut; dann aber boten einige Helfer aus den Dörfern den Unsrigen an, auch die geschnitzten Götterbilder auszugraben und zum Brennholz zu legen, gerade so, als hätten diese in ihren Augen keinen besonderen Wert mehr. Ohne lange zu überlegen und wohl auch in der Gewissheit, dem überlegenen Glauben anzugehören, griffen die Matrosen zu und zerstörten mit weithin schallenden Axtschlägen den heiligen Platz, was nun aber den heftigen Unwillen der Bewohner des nahegelegenen Dorfes Napoopoo hervorrief. Als

King davon erfuhr, war er im höchsten Grad beunruhigt und suchte, nachdem er seine Männer getadelt hatte, unverzüglich Koa auf, um sich bei ihm zu entschuldigen und das Ganze als Missverständnis darzustellen. Koa war milde gestimmt, obwohl jüngere Mitglieder der Priesterzunft ihre Empörung nur schlecht verbargen. Er verlangte lediglich die Rückgabe des von Tüchern verhüllten kleinen Standbilds, das in der Mitte der Götterreihe gestanden hatte. Diesem Begehren wurde stattgegeben, andere Standbilder gingen noch am selben Tag in Flammen auf, und es kann gut sein, dass der Anblick brennender Götter in den Dörfern weit mehr Unmut erregte, als wir zunächst wahrnahmen. Ich habe selbst zu dieser Zeit, umlagert von vielen Kindern, an Land gezeichnet, und zwar in Kaawaloa, dem Königssitz, wo mir zwei Frauen und ein Mann Modell standen.

Das Gerücht vom Frevel verbreitete sich rasch; der Rauch war von weitem zu sehen. Ich spürte eine wachsende Feindseligkeit mir gegenüber und zog es vor, aufs Schiff zurückzukehren. Etwas Zweites wühlte mich aber noch stärker auf: Am Nachmittag desselben Tages war William Watman, der alte Seemann, gestorben. Es war ihm in den letzten Wochen nicht gutgegangen, und nun hatte, laut Samwell, ein plötzlicher Schlagfluss seinem Leben ein Ende gesetzt. Warum musste auch Watman jetzt gehen? Er war mir lieb, wenngleich mir sein Hang zum Mystischen nicht behagte. Neben dem Sarg kniend, nahm ich Abschied von ihm und schaute noch einmal in sein Gesicht mit der ledrigen, von Warzen bedeckten Haut und den Faltenkränzen, die seine geschlossenen Augen umgaben. Es war eine große Ruhe um ihn, sie sorgte an diesem Abend auch auf dem Schiff für einen gedämpften Umgang. Koa ließ uns durch Boten ausrichten, der Tote dürfe im Heiau nach unserem Ritus begraben werden, und Cook ging darauf ein; wo denn sonst hätten wir einen Begräbnisplatz finden sollen? Gestern früh begaben wir uns an Land, der Sarg wurde ins Grab gesenkt, das schon ausgehoben war, wir nahmen, im Halbkreis stehend, unsere Hüte ab und beteten. Captain Cook – aschfahl schien er uns – las aus der Bibel und setzte zu einer Gedenkrede an, doch nach wenigen Worten brach ihm die Stimme. Man sah, dass ihm Watmans Tod besonders nahe ging, näher als der von Anderson. Er rang um Fassung und erlangte sie nicht wieder; so standen wir, die Trauernden, schweigend da. Auf die Ehrensalven verzichteten wir, um die Einheimischen nicht unnötig zu erschrecken.

Ein Dutzend Priester oder mehr hatte sich eingefunden, um unserem Ritus beizuwohnen. In größerer Distanz hatten sich andere Insulaner versammelt, von denen jedoch einige die Totenruhe nicht respektierten, sondern sich laut und aufgeregt miteinander unterhielten. Als wir das Grab zugeschüttet und ein Holzkreuz mit der Inschrift HIC JACET GULIELMUS WATMAN darauf gepflanzt hatten, begannen die Priester, dirigiert von Koa, ihrerseits mit einer Totenzeremonie. Sie legten ein geschlachtetes Schwein und Kokosnüsse vor dem Grab nieder, sie umkreisten es singend und rezitierend, und dies alles war so feierlich und gut gemeint, dass wohl keiner von uns die heidnische Art, den Toten zu betrauern, als Entweihung betrachtete. Nur Goulding äußerte später, mir gegenüber, seine Ablehnung aller unchristlichen Bräuche; er ist wohl doch der Frömmste an Bord (oder dazu geworden). Manchmal ist es mir zu viel, ihn Tag für Tag in meiner Nähe dulden zu müssen, seine periodische Griesgrämigkeit kann ansteckend wirken.

Heute nun, einen Tag nach dem Begräbnis, bekommen wir Meldungen, dass sich auf unserem Gelände neben dem Heiau die Diebstähle häufen und etliche Dorfbewohner sich durch freches Betragen bemerkbar machen. Ist es möglich, dass wir ihnen unsere Sterblichkeit vorgeführt und sie deswegen ihre Ehrfurcht vor uns verloren haben? CC reagiert auf die Diebstähle mit dem Grimm, den wir an ihm kennen, und doch glaube ich, dahinter eine neuartige Furcht zu spüren, die ihn veranlasst, keine Patrouillen mehr auszuschicken und zugleich alles, was uns gehört, in großer Eile zusammenpacken zu lassen. King, der sich am besten mit den Priestern verständigen kann, meint, eine mehrmonatige Zeit des Friedens, die jedes Jahr auf der Insel gefeiert werde, gehe zu Ende; auch Leute, die uns noch wohlgesinnt seien, wünschten nun, dass die Last, die mit unserer Anwesenheit verbunden sei, vom Volk genommen werde.

Eines ist klar: Watmans Tod – oder ist es etwas anderes? – hat CC aus dem Gleichgewicht gebracht, und dies nicht nur in bildlichem Sinn; ich habe ihn heute auf dem Achterdeck schwanken gesehen, dabei war die See spiegelglatt. An der gemeinsamen Tafel schweigt er, beinahe verstockt und in sich versunken, und zum Abendessen ist er gar nicht erschienen.

8. Februar 1779, auf offener See. Wir müssen zurück in die Kealakekua-Bucht, und das verspricht nichts Gutes. Am 4. liefen wir aus, mit einigen Passagieren an Bord (darunter wiederum Frauen!), die nach Maui wollten, und begleitet von einer ganzen Kanuflotte mit winkenden Insulanern. So schien doch alles ein gutes Ende zu nehmen, auch wenn es uns stutzig machte, dass die Hütten, in denen unsere Seilmacher gearbeitet hatten, gleich nach unserer Wegfahrt in Brand gesetzt wurden. Noch lange hing schwarzer Rauch über der Bucht und verhüllte sogar den Blick auf den langen Sattel des Mauna Loa. In Captain Cook schien etwas vom alten Entdeckergeist zurückgekehrt zu sein; er wollte, Richtung Nordwesten, die Reihe der fünf oder sechs Hauptinseln abfahren, die zur Sandwich-Gruppe gehören, und sie kartographieren. Die See war von Anfang an unruhig, der Wind böig, unsere Passagiere wurden seekrank, die Frauen klagten laut und wollten schon nach der ersten Nacht zurück an Land. King brachte sie in der Pinasse zur erstbesten Landestelle, fischte auf dem Rückweg aber ein paar Schiffbrüchige von einem gekenterten Kanu auf, die wir mit Tee und Wolldecken wärmten. Nun aber suchte uns ein richtiger Sturm heim, er heulte uns nachts um die Ohren wie schon lange keiner mehr, ein paar Rahen wurden losgerissen und auf die Planken geschmettert, wo die Wachen um ein Haar getroffen worden wären. Zweimal fuhr ein Knallen durchs Schiff, gefolgt von schrecklichem Ächzen, als ob die Masten gleich brechen würden. Wir befürchteten das Schlimmste. Als der Sturm abgeflaut und es hell genug war, zeigte sich, dass der Fockmast schief dastand, ausgerechnet der Fockmast, den die Zimmerleute im Nootka-Sund vor zehn Monaten ersetzt hatten. Die Mastbacken, aus getrocknetem Treibholz gefertigt, sind zersplittert, die Marsstenge angerissen; bei weiterem Druck kann der ganze Mast umkippen, und das heißt, dass man ihn baldmöglichst ausbauen und sorgsam flicken muss. Das lässt sich nur in einem geschützten Hafen tun, und keiner liegt näher als die Kealakekua-Bucht, die wir vor vier Tagen verlassen haben. So hat Cook sich entschieden, als Bittsteller an den Ort seines triumphalen Empfangs zurückzukehren. Zum Abendessen ist er wiederum nicht erschienen; er überlässt Gore, den die größere Verantwortung niederzudrücken scheint, die Alltagsgeschäfte. Cook führe Selbstgespräche in seiner Kabine, heißt es unter den Offizieren, und auch ich habe heute in der Great Cabin sein Murmeln gehört. Mit wem spricht er? Mit den Toten dieser Reise? Mit Frau und Kindern, von denen er nicht weiß, wie viele er am Leben antreffen wird? Oder rechtfertigt er sich vor den Herren der Admiralität? Nichts, so scheint mir, nichts – auch nicht die Unauffindbarkeit der Nordwestpassage – kränkt ihn tiefer als die Niederlage, die er in der Verbreitung der Syphilis sieht; nichts bedrückt ihn so sehr wie die Vergeblichkeit seines Kampfs gegen den Geschlechtstrieb der Mannschaft. Etwas anderes, das er kürzlich äußerte, klingt mir zudem in den Ohren nach. »Wir sind, meine Herren«, sagte er, mit der Gabel in einem Rest Sauerkraut stochernd, »Boten der Zivilisation, wir meinen, das Gute auf die Inseln zu bringen, Wissenschaft und Fortschritt, doch im selben Maß fährt das Schlechte mit uns, nicht nur die Krankheit, auch unser Drang, das Erforschte, tot oder lebendig, besitzen zu wollen.« Danach schwieg er bis zum Ende der Mahlzeit und ließ sich weder von Blighs Protest noch von Gores besänftigenden Ausführungen zu einer weiteren Wortmeldung bewegen. So wie er hat vor vielen Monaten Anderson argumentiert, und CC hat ihm damals widersprochen.

25

Kealakekua-Bucht, 15. Februar 1779. Welche Erschütterung! Was für ein Leid! Captain Cook ist tot! Die Wilden haben den Mann erschlagen, der uns sicher nach Hause bringen wollte, und nicht einmal seinen Leichnam geben sie her. Verflucht sei dieser Ort, dreifach verflucht! Was tun wir ohne ihn? Clerke ist nun Kommandant der Expedition. Aber können wir uns einem Kranken anvertrauen? Hat er die Kraft, unsere Feinde in die Schranken zu weisen?

Die Ereignisse haben sich derart überstürzt, dass ich nicht weiß, ob ich einen vernünftigen Bericht erstatten kann. Zudem war ich nicht dabei, als die Schreckenstat geschah, bei der im Übrigen, neben unserem Kapitän, auch vier andere Briten ihr Leben verloren.

Wir kamen am 11. nachmittags in die Bucht und ankerten an ihrem nördlichen Ende, in der Nähe von Kaawaloa, dem Königssitz. Aber während uns bei der ersten Ankunft 1000 Kanus begrüßt hatten, blieb die Bucht nun gespenstisch leer. Auch das Dorf wirkte ausgestorben, keine freudige Menge versammelte sich am Ufer, wie wir's erwartet hätten. Nur kleine Gruppen liefen auf und ab, mir schien sogar, dass sie Steine gegen die Schiffe warfen. Wir waren offensichtlich nicht willkommen, oder über der Bucht lag ein Tapu. Dessen ungeachtet begann die Mannschaft unverzüglich mit dem

Ausbau des beschädigten Mastes. Dann machte Koa, der in einem einzelnen Kanu, mit wenigen Begleitern, gekommen war, dem Kapitän seine Aufwartung. Die Geschenke, die er mitbrachte, waren schäbig im Vergleich zum ersten Empfang, er machte einen verschreckten Eindruck, sicherte Cook aber zu, dass unsere Handwerksleute auf dem gewohnten Platz neben dem Heiau ein Zelt mit großem Vordach aufstellen dürften.

Am nächsten Morgen wurde der Fockmast in Teilen an Land gebracht. Ich fuhr mit und traf am Ufer, unter den 50 Matrosen, die dort bereits beschäftigt waren, den Deutschen Zimmermann, der mir erzählte, ein hochgestellter Anführer habe gestern Clerke aufgesucht und mit ihm erbittert um den Preis eines Federmantels gefeilscht. Er wollte nicht Äxte dafür, sondern Messer mit Eisenklingen, neun habe er im Ganzen bekommen. Am Strand fanden sich nun doch, angelockt von der ganzen Betriebsamkeit und vom lauten Hämmern, einige Dutzend Einheimische ein, die uns ihre Hilfe anboten, aber dafür wesentlich mehr verlangten als zuvor. Einige benahmen sich auch sonst sehr dreist. Werkzeuge, die sie befingerten, mussten ihnen mit Gewalt weggenommen werden, sie lachten uns aus, und als Captain Cook zur Inspektion erschien, zeigten sie keineswegs mehr die Ehrfurcht, die sie ihm vorher erwiesen hatten, sie wichen bloß vor ihm zurück und verbeugten sich nicht einmal, was seinen Stolz gewiss mehr kränkte, als er zugeben mochte. Er befahl der Wache, die Musketen mit Kugeln zu laden, nicht mit Schrot wie bisher; das war ein deutliches Zeichen seines wachsenden Unmuts, vielleicht auch seiner beginnenden Furcht.

King meinte, der Respekt der Insulaner habe sich auch deswegen vermindert, weil wir die Beweise unserer Überlegenheit schuldig blieben; wirkliche Überlegenheit hätte nicht zugelassen, dass ein Sturm das Schiff beschädige. Daran mag etwas Wahres sein. Ich selber denke, dass das niedere Volk von den Höhergestellten der weltlichen Macht gegen uns und die Priesterschaft aufgehetzt wurde. Weil wir uns nun schwächer zeigten, waren wir ein Spielball im Machtkampf um die Herrschaft über die Insel geworden.

Ich zeichnete ein wenig, war aber zu aufgeregt, um den Stift präzise führen zu können, so legte ich Hand an beim Schleifen der neuen Mastlatten. Nachmittags hörten wir Rufe und Schreie von der *Discovery;* und später erfuhren wir, dass sie Besuch von handelswilligen Einheimischen bekommen habe, einer habe eine große Schmiedezange entwendet, er sei ertappt, sogleich, auf Clerkes Befehl, an die Wanten gebunden und mit vierzig Peitschenhieben bestraft worden. Cook billigte dies und war zu äußerster Härte bei jeglichem Übergriff entschlossen. Die Müdigkeit war dem unheilvollen Zorn gewichen, den wir auf Eimeo zu spüren bekommen hatten.

Ich konnte lange nicht einschlafen. Gegen Mitternacht klopfte Trevenen leise an meine Tür. In den letzten Tagen hatte er sich wieder zutraulicher gezeigt, und nun wollte er unbedingt mit mir sprechen. Das Ganglicht brannte noch, ich sah sein bleiches Gesicht, seine nackten Füße, und es widerstand mir, ihn zu mir hereinzulassen. So flüsterten wir eine Weile miteinander auf beiden Seiten der Schwelle. Er hatte geschwitzt und roch säuerlich.

»Es sind jetzt so viele gegen uns«, sagte er. »Merkst du das nicht?«

»Doch«, erwiderte ich. »Aber was kann ich dagegen tun?«

»Wenn sie uns angreifen, sind wir verloren.« Er sprach hastig, wie in einem Fieber, dabei schien er mit Gewalt ein Zähneklappern zu unterdrücken.

»Warum kommst du zu mir?«, flüsterte ich. »Glaubst du, ich mache mir nicht auch Sorgen? Wir müssen Cook vertrauen, etwas anderes bleibt uns nicht übrig.«

Trevenen drohte gegen mich zu fallen, sein Kinn lag einen Augenblick auf meiner Schulter, und ich richtete ihn mit Mühe auf, während er immer überstürzter sprach. »Du traust ihm noch? Er ist außer sich. Wenn er befiehlt, auf sie zu schießen, werden sie uns alle töten. Es sind zu viele.«

»Ich glaube nicht, dass es so weit kommt«, sagte ich ohne Überzeugung. »Wir sind schon in gefährlicheren Situationen gewesen.«

Trevenen hörte mir gar nicht zu. Seine Augen wirkten im Zwielicht so dunkel, als wäre er blind. »Ich will nicht sterben, ich bin doch noch jung. Geh du zu Cook, sprich mit ihm, meinetwegen zusammen mit King. Auf euch hört er.«

Ich hielt ihn mir mit einem Arm vom Leib. »Das ist Unsinn. Was soll ich ihm sagen?«

»Dass er vorsichtig sein muss, besonnen, verstehst du? Dass er jede Provokation vermeiden soll.«

»Das weiß er selbst, und das versuchen ihm bestimmt auch seine Offiziere begreiflich zu machen. Mich würde er in dieser Stimmung wegjagen wie einen zudringlichen Hund.«

Trevenen gab einen kindlich hohen Laut von sich. »King traut sich auch nicht. Wer denn sonst?«

»Geh jetzt«, sagte ich und schob ihn von mir weg. »Wir können nicht die halbe Nacht zusammenstehen.«

Unter meiner Hand spürte ich ihn erschauern. Er schlich sich weg wie ein Dieb, und ich schloss mit schlechtem Gewissen die Tür.

Fortsetzung der Reparaturarbeiten am nächsten Tag. Beim Süßwasserteich kam es zu einem Scharmützel zwischen den Unsrigen und rebellischem Inselvolk. Steine wurden geworfen, Schüsse abgegeben; doch kein Blut floss. Ein vernünftiger Anführer namens Palea stellte die Ordnung wieder her, aber die Spannung hatte sich weiter erhöht. Inzwischen – ich hörte später davon – war König Kaleiopuu, der Kavatrinker, bei Clerke erschienen und hatte ihn gebeten, die Insel so schnell wie möglich zu verlassen; die Götter wünschten dies, es walte kein guter Geist über unserem zweiten Besuch. Auch er wich also Captain Cook aus. Warum? Nachdem der König gegangen war, kam es zu einem neuerlichen Diebstahl. Wieder verschwand eine Zange, dazu ein Meißel. Der Dieb sprang über Bord. Man schoss hinter ihm her, ohne ihn zu treffen, man setzte ihm in einem Boot nach. Cook hatte auf der *Resolution* die Szene beobachtet. Er schrie – ich stand in der Nähe – King zu, dass sie sich an der Verfolgung beteiligen sollten, und rief einen Soldaten herbei. Zu dritt, alle drei bewaffnet, liefen sie dorthin, wo der Dieb, den ein Kanu aufgenommen hatte, gelandet war. Ich folgte ihnen, weil es sich gerade so ergab, zusammen mit Ledyard, ohne ausdrücklichen Auftrag. Der Strand war nun voll vom herbeigelaufenen Volk, das seinen Unmut über die Jagd nach dem Dieb laut äußerte. Steine warfen sie indessen keine; man zeigte Cook, dem doch noch ein wenig Respekt galt, sogar den Weg, den der flüchtige Dieb eingeschlagen habe.

Bis zum Einbruch der Nacht hetzten CC und King hinter ihm her, immer auf falscher Fährte. Irgendwann holten Ledyard und ich sie ein, und wir äußerten unsern Verdacht (oder vielmehr die Gewissheit), dass sie absichtlich in die Irre geführt worden seien. CC sagte kein Wort darauf, er machte kehrt, und hinter ihm her gingen wir im Eilschritt zum Strand zurück, wo die Menge sich verkleinert hatte, mir aber, beim Schein mehrerer Fackeln, immer noch groß und bedrohlich genug erschien. Ein Boot der *Discovery* lag da, mit ein paar Matrosen, die der Master Edgar kommandierte; bei ihnen stand Palea, der erboste oder zudringliche Landsleute beschwichtigte. Edgar erzählte gleich, Zange und Meißel, dazu ein Fassdeckel, den gar niemand vermisst habe, seien, auf Betreiben Paleas, schon zurückgebracht worden. So war also Captain Cooks ganze Anstrengung sinnlos gewesen, und er hatte sich mit dieser Verfolgungsjagd vollends der Lächerlichkeit preisgegeben. Edgar brachte uns übers dunkle Wasser zur *Resolution.* Im Licht des aufgehenden Monds verwandelte sich Cooks Kopf unter dem in die Stirn gezogenen Dreispitz zu einer zerfurchten Skulptur, in der sich gar nichts regte. Die Augen waren darin eingelassen wie schwarze Kieselsteine.

Im Morgengrauen dann, gegen sechs, allergrößte Aufregung, Rufe und Signale von der *Discovery.* Ich ging hastig an Deck. Wenig später erreichte uns Clerke in der Jolle. Er war außer sich, erklärte unter ständigem Husten, der Kutter, das solideste seiner Beiboote, sei nachts gestohlen worden, es sei an der Ankerboje vertäut gewesen, die Diebe hätten die Taue lautlos gekappt, die Wache habe nichts bemerkt. Captain Cook, umringt von seinen Offizieren, wollte ihm erst gar nicht glauben und ließ sich mehrfach wiederholen, der Kutter sei tatsächlich verschwunden. Wieder schien er erst zu versteinern, man musste glauben, er atme eine Weile gar nicht mehr. Dann presste er einen einzigen Satz aus sich heraus: »Jetzt ist es genug!«, und das sagte er in so rauhem und rabiatem Ton, dass es mir kalt über den Rücken lief. Er besprach sich, etwas abgesondert von den anderen, eine Weile mit Clerke, kurz darauf verkündete er seine Befehle: Die ganze Bucht werde abgesperrt, keinem Kanu mehr sei es gestattet, sie zu verlassen, auf Kanus, die trotzdem zu entweichen versuchten, werde mit Kanonen geschossen. Er selber, Cook, werde, begleitet von sämtlichen Marinesoldaten, an Land gehen, und den König zur Geisel nehmen; diese Zwangsmaßnahme habe sich ja schon einmal bewährt. Er werde Kaleiopuu so lange in Haft behalten, bis das gestohlene Boot samt den Dieben ausgeliefert worden sei. Das alles klang nach Krieg; aber nun war auch mir, ich gestehe es, danach zumute. Ein Boot zu stehlen war ein Verbrechen übelster Art; es beraubte die *Discovery* eines Mittels, das in Seenot unentbehrlich war. So begriffen wir alle – oder doch die allermeisten – Captain Cooks Empörung, auch wenn es einem Angst machen konnte, ihn in diesem Zustand zu sehen. Nur Gore verstieg sich zu einem Einwand. Es war das erste und einzige Mal, dass er sich vor Zeugen gegen den Kapitän stellte.

»Sir«, sagte er mit belegter Stimme. »Wir sollten vorsichtig sein. Die beabsichtigten Maßnahmen werden zu größtem Aufruhr führen.«

CC maß ihn mit Blicken kalter Wut; er war, wir fühlten es alle, am Rand eines Tobsuchtsanfalls. »Mr Gore, Sie haben sich, wie alle hier, meinen Befehlen zu fügen. Ist Ihnen das klar?«

Gore nickte errötend wie ein gemaßregeltes Kind. »Aye, aye, Sir.«

»Sie bleiben an Bord und überwachen das Ufer.« Cook wandte sich an die Mannschaft, und nun war es beinahe ein Bellen, das aus seinem Mund drang: »Ausführen!«

Clerke, der kein einziges Mal gelächelt hatte, übernahm es, die Blockade mit seinen Männern am nördlichen und südlichen Ende der Bucht zu sichern. Wenig später wurden die drei Beiboote der *Resolution,* mit Cook in der Pinasse, gewassert; sie hielten auf die steinige Landestelle bei Kaawaloa zu, wo sich schon wieder, trotz der frühen Stunde, viel Volk versammelt hatte. Ich blieb, von plötzlicher Verzagtheit erfasst, auf dem Schiff. Niemand wusste, ob die geplante Geiselnahme, wie jene auf Ulietea, glücken würde. Was von nun an geschah, läuft mir durcheinander. Gore, mit dem ich an der Reling stand, lieh mir zwei- oder dreimal sein Fernglas, und dann sah ich, indem ich mit zittrigen Fingern an der Feineinstellung drehte, verschwommene und ruckende Bilder, die ich kaum zu deuten vermochte.

Was geschah an Land? CC ging, nachdem die Pinasse halb ans Ufer gezogen war, mit Lt. Phillips und 9 Soldaten direkt ins Dorf, während die Barkasse unter Lt. Williamson und einigen Männern ihm vom Wasser aus, nur wenige Yards von den Lavafelsen entfernt, Feuerschutz geben sollte. Das dritte Boot der *Resolution,* in dem auch Trevenen saß, hatte den Auftrag, die Blockade weiter draußen im Meer zu vervollständigen. Cook habe nach dem König gefragt (so Phillips), seine Söhne hätten ihm den Weg gezeigt. Gähnend sei Kaleiopuu aus dem Haus getreten, vom gestohlenen Boot habe er offensichtlich nichts gewusst, und sei ohne weiteres Cooks Aufforderung gefolgt, ihn aufs Schiff zu begleiten. Die Söhne seien vorausgerannt und hätten sich schon in die Pinasse gesetzt. Auf halbem Weg jedoch seien dem König sein Weib und zwei Häuptlinge in den Weg getreten und hätten ihn gewarnt, Cook zu vertrauen; auf dem Schiff (das entnahm Phillips ihren Gebärden) werde er von uns getötet. Nun habe sich der König zu fürchten begonnen, habe sich erst gesetzt und sei dann nur noch zögernd weitergegangen. Seine Frau habe einen roten Teppich vor ihm ausgerollt und Cook bedeutet, den dürfe er nicht betreten, doch CC habe Kaleiopuu am Arm gepackt und über den Teppich gezerrt. Immer mehr Leute kamen währenddessen aus den Häusern (das sahen wir durchs Fernglas), sie schlossen Cook und die Soldaten immer dichter ein; den Stimmenlärm aus 150 Faden Entfernung hörten wir auch auf dem Schiff. Die Marinesoldaten hätten am Ufer und vor der Pinasse eine Reihe gebildet, der feindlichen Menge frontal gegenüber, in der viele mit Speeren, Steinen und fatalerweise den eingetauschten eisernen Dolchen bewaffnet gewesen seien. Cook habe zu Phillips gesagt, er gebe seinen Plan auf; um den König aufs Boot zu schaffen, müssten sie zu viele seiner Beschützer töten (war dies wieder der vernünftige Cook, während wir uns längst den kriegerischen wünschten?). Am südlichen Ende der Bucht hatte unterdessen ein Kanu zu flüchten versucht und war befehlsgemäß beschossen worden; ein Offizier, vermutlich Rickman, hatte – auch dies vernahmen wir erst später – einen wichtigen Häuptling getötet, und diese Nachricht verbreitete sich wie ein Lauffeuer am Ufer entlang und erreichte in kürzester Zeit die Zusammenrottung der Königstreuen (es waren Hunderte, ja Tausende). Dieser Tod ließ, so scheint mir hinterher, die Stimmung endgültig ins Kriegerische kippen; das Geschrei und Gekreisch, das über die See zu uns drang, war schrecklich. Cook habe versucht, zum Boot zu gelangen, er sei mit Dolch und Steinen bedroht worden (so Phillips), er habe (in Panik?) aus der doppelläufigen Flinte auf die Angreifer geschossen und einen getötet. Das brach wohl den Bann. Nun drangen sie zu Dutzenden auf die Unsrigen ein, auch Phillips habe geschossen, Cook den Soldaten zugeschrien, das Feuer zu eröffnen, zugleich hätten auch die Männer in den Booten blind in die Menge gefeuert. Phillips habe nachgeladen, seine Soldaten seien teils mit Steinen niedergeschlagen worden, teils verletzt ins Wasser hinausgewatet, einen habe er gerettet und ins Boot gezogen.

Wir auf der *Resolution* sahen den Tumult, hörten die Schüsse. Über dem Strand kräuselten sich weiße Rauchwolken. Gore riss mir das Glas aus den Händen. »Was haben Sie gesehen?«, fuhr er mich an. »Ich weiß es nicht, ich weiß es nicht«, antwortete ich, und zugleich hörte ich Bligh schreien, es werde gekämpft, man solle endlich schießen. »Dann treffen wir die Unseren!«, schrie Gore zurück, das Glas an den Augen. Darauf Bligh, stotternd und kaum noch der Sprache mächtig: »Über die Köpfe hinweg, ist Ihnen das nicht klar?« Schreie und Zurufe auch von der übrigen Mannschaft. Doch nun befahl Gore sie an die Geschütze und gab so dem Durcheinander eine klare Richtung, er ließ laden und die Vierpfünder gegen das Ufer und hoch in die Baumwipfel hinein feuern. Damit sollten die Angreifer erschreckt und vertrieben werden. Das gelang halbwegs, wie die Bewegung am

Ufer zu zeigen schien; Bligh jedenfalls, der nun das Fernglas an sich genommen hatte, gab Freudenlaute von sich, stampfte unsinnig herum. Plötzlich war Goulding ganz in unserer Nähe und schrie mit sich überschlagender Stimme: »Es ist noch nicht zu Ende! Wir müssen beten, beten!« Man brachte ihn schleunigst weg. Ich war halb betäubt vom Knallen, halb blind vom Pulverdampf, der übers Deck zog, und kaum noch zu einem Gedanken fähig, bis ich merkte, dass Bligh neben mir das Glas sinken ließ. »Es ist...«, setzte er an. »Ich glaube...« – »Nein«, sagte Gore, »nein«, und mich ergriff eine lähmende Angst, während sich ringsum eine Stille ausbreitete, die wohl eher in meinem Kopf war als außerhalb von ihm. Zwei Boote ruderten vom Ufer her auf uns zu. Ich wusste unerklärlicherweise gleich, dass Captain Cook in keinem von beiden saß.

Was war weiter an Land geschehen? Cook, immer aus Phillips' Sicht, habe versucht, seine Männer zu decken und noch das Boot von Williamson heranzuwinken. Von allen Seiten sei man auf den Kapitän eingedrungen und habe ihn mit einer Keule niedergeschlagen. Oder wurde er erstochen, wie ein anderer meint (mit einem bei uns eingetauschten Dolch)? Und hat er vorher noch in die Menge geschossen? Oder umgekehrt seine Leute vom Schießen abhalten wollen? Die Aussagen widersprechen sich. Phillips, um sein Leben kämpfend, habe Captain Cook plötzlich bäuchlings liegen sehen, halb im Wasser schon, man habe nichts für ihn tun können. Und Williamson? Statt in den Kampf einzugreifen, zog er sich, das bestätigen alle, mit der Barkasse zurück; er gehöre vors Kriegsgericht, sagt Treveen. Aber es wäre ohnehin zu spät gewesen: Tausende in blinder Wut gegen die

Unsrigen, was war da zu machen? Williamson, so verteidigt er sich selbst, habe das Leben seiner Männer (und sein eigenes, füge ich bei!) nicht nutzlos opfern wollen. Von unseren Kanonen gedeckt, kehrten die Boote zurück, ohne Captain Cook und ohne die vier Männer, die ebenfalls am Strand liegenblieben, ich nenne, ihnen zu Ehren, ihre Namen: James Thomas, Theophil Hinks, John Allen, Thomas Fatchett. John Jackson, der von Phillips gerettet wurde, hat ein Auge verloren; er wird daran nicht sterben.

Ja, unheimlich still war's auf dem Schiff, als die Überlebenden an Bord kletterten. Schlaff hing der Union Jack am Flaggenstock. Nur einen Satz sagte Leutnant Phillips mit gesenktem Kopf: »Wir konnten ihn nicht retten.« Ich sah Gore und King weinen und manchen anderen hartgesottenen Seemann auch, und nie war Bligh kleinlauter und niedergeschlagener als in diesem Moment.

Das Vorausgegangene zu schreiben, hat mich ein wenig beruhigt und meinen Hass auf die Wilden gemildert (dies im Gegensatz zu all denen, die nach Rache rufen). James Cook ist tot. Das ist die bittere Wahrheit, und daran lässt sich nichts mehr ändern. Wenn man seine letzten Lebensmonate betrachtet, so mag es scheinen, sein Schicksal sei auf diesen Punkt zugelaufen, und ein Stück weit habe er's sich selbst zuzuschreiben, kein besseres Ende gefunden zu haben. Hat er sogar den Tod gesucht? Hat er eingesehen, dass sein guter Wille, den neuentdeckten Völkern nicht zu schaden, von der Wirklichkeit widerlegt wurde? Das frage ich nicht laut; nicht einmal Trevenen würde mich verstehen. Mein Schmerz ist dennoch groß, nicht brennend und umfassend wie bei

Anderson, sondern unablässig bohrend, ich habe dieses Mal nicht einen Freund, wir haben einen Vater verloren, dessen Fähigkeiten wir bewunderten, dessen Strenge wir fürchteten und auf dessen Güte wir hofften.

Es ist mitten in der Nacht, ich bin an Deck gegangen, wie friedlich scheint nun unter dem bestirnten Himmel alles zu sein, tiefschwarz und in leichter Bewegung das Wasser. Auf den Hügeln hinter der Bucht brennen Feuer, man hört bruchstückhaft Gesänge und Getrommel. Wo mag Captain Cook jetzt sein, sein Körper und seine Seele?

King, den die Schlaflosigkeit ebenso wie mich umtrieb, trat zu mir und legte seinen Arm halb um mich, es war eine tröstende Gebärde, die mir wiederum das Wasser in die Augen trieb.

»Und jetzt?«, fragte ich.

Er gab eine Weile keine Antwort. Die Wellen schlugen mit vertrautem Gluckern an den Schiffsrumpf, dann sagte er: »Jetzt ist Clerke unser Kapitän, Gore ersetzt ihn auf der *Discovery*.«

»Clerke ist krank«, erwiderte ich. »Ihm bleibt nicht viel Zeit.«

»Wie viel auch immer, er muss die nächsten Entscheidungen treffen.«

»Wenn auch Clerke stirbt«, sagte ich, »werden Sie auf der *Discovery* als Kapitän nachrücken. Und Gore übernimmt das Gesamtkommando. Das ist die übliche Rangfolge, oder nicht?«

»Ja.« King zögerte und trat einen halben Schritt zur Seite. »Und ich muss Ihnen ehrlich sagen: Ich fürchte mich davor. Bin ich nicht viel zu jung für diese Verantwortung?«

Sein Geständnis erschreckte und rührte mich. »Sie haben ein Vorbild, als dessen Sohn Sie gelten. Gutwillige Söhne schlagen den Vätern nach.«

Kings Stimme drohte von einem neuerlichen Schluchzen erstickt zu werden. »Seine Fußstapfen sind zu groß für mich. An Mut fehlt es mir nicht, aber an Kenntnissen und Erfahrung.« Er streckte die Hand aus, nicht wie ein Freund, eher wie einer, der gerettet werden wollte; ich ergriff sie kurz und ließ sie wieder los.

Wir alle brauchen Trost in unserem Kummer. Aber darunter lodert der Zorn. Sogar Trevenen verflucht zwischen den Tränen, denen er freien Lauf lässt, die unseligen Mörder. Die Angst indessen kriecht nachts aus allen Ritzen hervor, und auch das Kreuz des Südens, das unveränderbar am Himmel steht, vermag sie nicht zu lindern.

Von Goulding heißt es, er phantasiere im Fieber; er sehe sein und unser Ende nahen. Ein Prophet ist er hoffentlich nicht. Unter Samwells Obhut und der Wirkung von Laudanum wird er sich beruhigen.

18. Februar 1779. Die Mannschaft wollte Rache, sie hat sie bekommen. Die Feder stockt mir, wenn ich mir vor Augen halte, was wir getan haben, und doch liegt es in der Logik der Dinge, dass es geschehen ist.

Clerke wollte vorerst nicht, dass die Mordtat gesühnt werde. Er zeigte sich schwach in diesem Punkt, aber überraschend stark darin, seine Meinung durchzusetzen. Gore – ausgerechnet er, der Ernste und Redliche! – schlug vor, die Dörfer mit unseren Kanonen zu beschießen und mindestens eines ganz zu vernichten. Clerke lehnte dies und auch andere

Racheaktionen ab, denn gegen die erdrückende Übermacht der Wilden, so führte er aus, müssten wir letztlich unterliegen, selbst wenn wir die Hälfte von ihnen töteten. Stattdessen befahl er am nächsten Morgen, den Fockmast aufs Schiff zu bringen, und sandte dafür 90 Mann in sämtlichen Booten aus. Es kam zu Scharmützeln am Rand des Lagerplatzes, ein paar Angreifer warfen Steine auf die Unsrigen, zogen sich aber, als geschossen wurde, schleunigst zurück; sie hatten inzwischen begriffen, was die Feuerwaffen bewirken konnten. Gegen 20 von ihnen waren (so Phillips) am Vortag getötet worden, darunter drei oder vier Noble. Man hatte sie im Übrigen, genau gleich wie unsere Toten, unverzüglich weggeschleppt.

Als der Mast glücklich an Bord war, schickte Clerke den nunmehr ersten Leutnant King in starker Begleitung zum Königssitz; er sollte, in seiner Rolle als untröstlicher Sohn, über die Herausgabe von Cooks Leichnam verhandeln und die Waffen nur in Notwehr gebrauchen. Es war Clerkes dringendes Anliegen, dem verstorbenen Kommandanten ein würdiges und christliches Begräbnis auszurichten. Mit großer Sorge sahen wir vom Schiff aus zu, wie die Boote, die weiße Friedensfahnen gehisst hatten, von den Insulanern empfangen wurden. Durchs Fernglas war nicht auszumachen, ob verhandelt oder gestritten wurde, Schüsse fielen keine. Nach einiger Zeit ließ King, der die Inselsprache ja halbwegs verstand, durch einen Boten in der Jolle ausrichten, er werde mit Absicht hingehalten; ob er schießen solle? Doch dies untersagte Clerke; unverrichteter Dinge kehrte King zurück und erzählte zudem, die Wilden würden offenbar daran glauben, dass Captain Cook schon bald von den Toten auferstehe (aber vielleicht meinten sie etwas ganz anderes).

Einen ähnlichen Versuch, des großen Kapitäns sterbliche Überreste von den Mördern zu fordern, machten wir am 16., und dieses Mal saß ich in einem der Boote und sah deutlich, wie Eingeborene mit vorgehängten Masken Kleidungsstücke unseres Kapitäns schwenkten und mit ihnen einen grotesken Tanz aufführten, den sogleich zu bestrafen auch ich geneigt gewesen wäre. Doch wiederum war uns ein gewaltsames Eingreifen untersagt, und auch der Oberpriester Koa, der zwischen den Parteien zu vermitteln versuchte, konnte nichts erwirken. Einer, der uns im Kanu nachsetzte, erzürnte uns besonders. Er trug offensichtlich Cooks Hut, um uns zu verspotten. Diese lästerliche Travestie brachte endlich auch Clerke dazu, unsere Macht zu demonstrieren. Die beiden Schiffe fuhren näher ans Ufer heran und schossen mit ihren Geschützen etliche Häuser in Brand, worauf die Einwohner massenweise flohen und sich in den Hügelwäldern versteckten. Ob wir hier schon Menschen verletzten, weiß ich nicht. Als es dunkel wurde, hielten die Brände noch immer an, man sah hier und dort die Flammen lodern. Auf dem Achterdeck standen auch mehrere Inselmädchen, die wieder zu uns herangeschwommen waren. Sie lobten uns für die Brandstiftung, denn wir hatten, wie sie uns klarmachten, auch Häuser der Noblen getroffen, von denen sie sich in ihrem Stand unterdrückt und versklavt fühlten.

Am 17. wollten wir, unter Gores Kommando, beim Quellteich, der sich in der Nähe des kleineren Dorfs südlich des Kultplatzes befand, die leeren Wasserfässer auffüllen. Ich war erneut dabei, innerlich aufgebracht von Anfang an. Die Dorfbewohner hatten sich hinter Felsen oder in ihren Häusern verschanzt, sie schrien laut, bewarfen uns mit Steinen und schleuderten ihre Speere auf uns. So hielten sie uns davon ab, zum Teich zu gelangen. Weil wir aber dringend Trinkwasser brauchten, gab Gore den Befehl, es uns mit Gewalt zu holen. Zu allem entschlossen, führte er uns ins Dorf hinein. Wir waren gegen 30 Mann. Der Zorn auf die Wilden schmiedete uns zusammen. Wir stampften voran und ermunterten uns gegenseitig mit forschen Zurufen. Ja, auch ich war wütend und wurde noch wütender von Sekunde zu Sekunde, es war eine glühende und zugleich starre Wut, ein Wutklotz, der bei jedem Schritt zu bersten drohte. Wir kamen zu den ersten Häusern, ich sah durcheinanderwimmelnde, fliehende, schreiende Schattenwesen. Die Erinnerung will verschwimmen, und doch gibt sie gestochen scharfe Bilder frei. Jemand – so muss es gewesen sein – drückte mir eine Muskete in die Hand. Ich wusste nicht genau, wie man sie handhabt, sie war so schwer, dass sie mir beinahe aus den Händen fiel, und trotzdem schoss ich damit und merkte, dass für mich nachgeladen wurde. Noch jetzt schmerzt meine Schulter vom Rückstoß. Wir schossen auf alles, was sich bewegte, mit Schrot und mit Kugeln, wir trampelten in Häuser hinein, in denen sich Frauen und Kinder versteckten, und schlugen blindlings auf sie ein, wir zündeten alles an, was brennen konnte, wir fluchten und trieben einander atemlos weiter. Was war es, das uns überkam? Es war ein Vernichtungsrausch, wie ich ihn schon auf Eimeo flüchtig empfunden hatte; jetzt griff er ganz auf mich über. Die Wut verflüssigte sich gleichsam, schoss heiß in die Glieder, in ihr verbrannten alle Regungen des Mitleids. Wie bestürzend ist es nun, hinschreiben zu müssen, dass Wehklagen und Hilfegeschrei uns nur noch mehr anstachelten! Wir schossen in die Köpfe von Verletzten, trieben Männer zusammen, die sich kaum noch wehrten, töteten sie mit Kolbenschlägen, erstachen sie mit dem Bajonett. Die dumpfen Schläge, das Wimmern, der Blutgeruch. Sterbende und Tote überall, auf den Wegen, vor brennenden Hütten, unter Bäumen, Frauen, halb über ihren Kindern liegend, Blutpfützen. Das schlimmste Bild: Ein Säugling, hoch in die Luft geworfen, im Fallen von einem Bajonett aufgespießt, die Schreie der Mutter (noch jetzt hallen sie in mir nach). Wie viele haben wir umgebracht? 200, 300, schätze ich, einige der Oberen gehörten dazu, es war genug für unseren Rachedurst. Den leiblichen stillten wir hernach am Teich, wo wir uns auch wuschen; dem verwüsteten Dorf kehrten wir den Rücken zu. Wir seien angegriffen worden, sagte Gore mit einer Stimme, die schartig und heiser klang, es habe keine andere Möglichkeit gegeben, als uns mit allen Mitteln zu verteidigen. Es war beinahe still am Teich, vom Dorf her hörten wir das Prasseln der Flammen, Schmerzenslaute, die allmählich erstarben, sonst nichts. In mir war eine so tiefe Erschöpfung, dass ich auf der Stelle hätte einschlafen können.

Goulding, nach seinem Fieberschub halbwegs wieder auf den Beinen, nahm mir die befleckten Kleider ab. »Sir?«, sagte er, nahe am Krächzen. »Man muss sie mit Gallseife behandeln.«
»Tun Sie es«, sagte ich.
Meine Gefasstheit war bloß gespielt; dahinter lauerten die Bilder eines Alptraums, der aber, wie ich weiß, verstörende Wirklichkeit war. Unsere Schreckenstat hat uns vom Gefühl erlöst, gegenüber den Wilden zur Ohnmacht verdammt zu sein, aber die Reue wird noch kommen, und die Scham ist

schon da. Ich selbst habe das Recht verwirkt, andern nutzlose Grausamkeit vorzuwerfen. Für kurze Zeit wollte ich bloß noch eines: aufgehen in diesem blutrünstigen mächtigen Wir. Wie soll mich das nicht verstören? Das Dunkle im Menschen, das Abgründige, das man so gerne von sich weist, ist auch in mir. Lange kam es mir nicht mehr in den Sinn zu beten. Jetzt, wo ich beten möchte, kann ich es nicht.

Webber merkte es bald: Zwischen den Männern, die an der Strafaktion beteiligt waren, gab es ein stillschweigendes Einverständnis; man ließ, andern gegenüber, das Ausmaß der Grausamkeiten und die Zahl der Opfer im Vagen. Auch Gore drückte sich im Rapport, den er Clerke erstattete, verharmlosend aus; es war die Rede von etlichen Toten auf der Seite der Wilden, die sie aber durch ihr aggressives Verhalten selbst verschuldet hätten. Clerke fragte nicht genauer nach. Durchs Fernglas war tags darauf zu erkennen, dass von überall her Insulaner ins zerstörte Dorf strömten, um die Toten zu bestatten. Während ihre Klagegesänge ertönten, wurde auf der *Resolution,* unter lauten Anfeuerungsrufen der Matrosen, der geflickte Fockmast eingesetzt und aufgerichtet. Der Wache auf beiden Schiffen hatten die Offiziere eingeschärft, jede Annäherung von Einheimischen zu verhindern. Doch am späten Nachmittag tauchte eines der königlichen Kanus auf. Die Insassen schwenkten Pisangblätter zum Zeichen des Friedens. Clerke gestattete einem Boten, an Bord zu kommen. Der Mann verdeutlichte mit Worten und Gebärden, dass der König Frieden wünsche. Frieden sei möglich, antwortete Clerke, aber erst, wenn ihnen Cooks Leichnam übergeben worden sei. Die Entschlossenheit, die aus Clerkes Worten klang, war neu für die Offiziere; Cooks Rolle zu übernehmen, schien ihn verwandelt zu haben. Der Bote nahm die Forderung demütig entgegen und verabschiedete sich mit vielen Verbeugungen. Endlich hätten die Wilden verstanden, sagte Gore danach, ihr Stolz sei gebrochen. Bligh fügte hinzu, verstanden hätten sie die Sprache der Kanonen und Musketen, dies sei der Lauf der Welt, ob man nun eine Kriegsgurgel sei oder nicht.

Am nächsten Morgen kam eine von Priestern angeführte Prozession den Hügel herunter. Vierzig oder mehr weißgekleidete Männer mochten es sein. Sie hatten Geschenke bei sich, sie sangen laut und dringlich, jemand schlug die Trommel. Ein junger Priester brachte ein von einer Decke aus schwarzen und weißen Federn umhülltes Bündel aufs Schiff. Darin befänden sich die Überreste Cooks, gab er zu verstehen. Sie seien Eigentum des Königs gewesen, er überlasse sie den Engländern als Zeichen seines guten Willens. Wo die vier getöteten Soldaten geblieben seien, wollte Clerke in scharfem Ton wissen. Sie seien, so übersetzte King, unter verschiedenen Häuptlingen der Insel verteilt worden; es wäre aussichtslos, sie einsammeln zu wollen. Das sorgte für wachsende Erregung unter den Zuhörern. Man hatte schon vorher an Kannibalismus gedacht; was der Priester langfädig erklärte, schien den Verdacht zu belegen.

In der Great Cabin wurde das Bündel aufgeschnürt. Nun war auch Webber dabei, den King aus seiner Kabine geholt hatte, damit er als weiterer Zeuge diene. Zum Entsetzen der Anwesenden lagen auf dem auseinandergefalteten Tuch sauber geschabte Knochen. Es waren Arme und

Beine ohne Füße, dazu der Schädel, dem der Kiefer fehlte. Nur an den beiden Händen hing noch das Fleisch. Es war, zur Konservierung, aufgeschlitzt und mit Salz behandelt worden. An der rechten Hand, zwischen Daumen und Zeigefinger, war eine Narbe sichtbar, und das bewies, dass es sich tatsächlich um Teile des Körpers von Cook handelte; die Explosion eines Pulverhorns hatte ihm seinerzeit vor Neufundland eine schwere Verletzung zugefügt, derentwegen er die Hand beinahe verloren hätte.

»Er ist es«, murmelte Clerke. Die Männer senkten die Köpfe, Webber schaute zur Seite. Er kämpfte gegen seine Übelkeit. Zugleich glomm in ihm, wie eine Erinnerung an den Vernichtungsrausch, der Zorn wieder auf, und er spürte, dass es in diesem Augenblick nur wenig gebraucht hätte, um ihn und die anderen dazu hinzureißen, den Priester, der ja vielleicht gar nicht schuldig war, auf der Stelle zu erschlagen.

Clerke, der die Gefahr erkannte, entschärfte die Situation, indem er dem Priester auf nüchterne Weise Fragen stellte; es war ihm anzumerken, dass ihm dies nicht leichtfiel. Cooks Rückgrat und die Rippen seien verbrannt worden, wie es sich gehöre, sagte der Priester. Ein berühmter Krieger habe den Schädel bekommen, Kamehameha, der künftige König, das Haar, Kaleiopuu, der amtierende König, Hüfte und Beine. Man habe vom Fleisch nur einen Bissen gekostet; durch die ausgeführten Rituale gehe Mana, die Kraft des großen Toten, in die Lebenden über. Die Empörung der Offiziere, die sich immer wieder in Ausrufen und angefangenen Sätzen Luft machte, begriff der Priester nicht; und nur Clerkes korrektes Betragen nahm ihm die Angst, die von seiner Miene abzulesen war. Er versprach, entgegen allen Inselbräuchen noch so viele fehlende Teile wie möglich herbeizuschaffen, vorausgesetzt, der König und der Oberpriester würden es erlauben. Clerke machte ihm klar, dass ein solches Entgegenkommen erwartet werde, ansonsten sehe man keinen Grund mehr, den Frieden aufrecht zu halten.

Kaum war der Priester von Bord gegangen, behauptete Bligh, es wäre klüger gewesen, ihn als Geisel festzuhalten; Williamson, der sich erstmals seit seinem unrühmlichen Rückzug wieder zu äußern wagte, stimmte ihm zu. Gore, der allmählich wieder zu seiner Vernunft fand, widersprach und wurde von King vehement unterstützt. Der Kapitän verbat sich einen Streit unter den Offizieren; er wischte auch weitere Bemerkungen, die mögliche kannibalische Verbrechen in Erwägung zogen, zur Seite und befahl, das Tuch samt den Knochen in den Sarg zu legen, den der Zimmermann aus dem Laderaum geholt hatte. Der Sarg wurde mit der britischen Flagge bedeckt und beim Glockengalgen aufgestellt, wo die Seeleute, jeder auf seine Weise, Abschied nehmen konnten. Selbst hartgesottene Kirchenhasser knieten sich an diesem Nachmittag einen Augenblick hin und beteten halblaut; Webber gehörte nicht zu ihnen.

Am Morgen des 21. Februar wurde durch Boten des Königs überbracht, was noch aufzufinden gewesen war: Cooks Kiefer- und Fußknochen, seine Schuhe und der verbogene Lauf seiner Muskete. Man legte es zum Übrigen in den Sarg, danach fand die Begräbniszeremonie statt. Clerke hielt die Abdankung mit brüchiger Stimme, so dass ihn die Trauernden, die in den hinteren Reihen standen, kaum verstanden; die Besserung seines Gesundheitszustandes, die alle erstaunt hatte, war offenbar nicht von Dauer. Die Kanonen schossen ihren Salut, und die ganze Bucht widerhallte von den Detonationen. Dann wurde der Sarg im Meer versenkt. Clerke hätte eine Erdbestattung vorgezogen, aber Cook in den Heiau zu bringen war undenkbar geworden.

Nachdem die Wellen über dem Sarg zusammengeschlagen waren, schien auf der *Resolution* für Minuten eine große Leere zu herrschen. Alle Männer verstummten; sogar die dauernden Geräusche des Rumpfs und der Takelage waren leiser geworden. Es war ein freundlicher, beinahe windstiller Tag mit Wolken von strahlendem Weiß; Webber hätte sich keinen größeren Kontrast zur Niedergeschlagenheit der Mannschaft vorstellen können. King hatte ihn gebeten, die Bestattung zu zeichnen. Doch Webber konnte es nicht.

26

London, Oktober 1783

Ach, die Kupferstecher! Diese saumseligen Pedanten, diese ewigen Nörgler und Besserwisser! Und der schlimmste von allen – Webber hatte es von Anfang an geahnt – war Bartolozzi, der zerknitterte Florentiner, der mit seinen zwei Gesellen in der Werkstatt hockte wie der Fuchs im Bau. Schon wieder hatte Webber den halben Nachmittag bei ihm verbringen müssen, denn jedes Problemchen, das Bartolozzi umständlich erläuterte, gebar sogleich ein nächstes und übernächstes. Häufig war ihm mit Vernunft überhaupt nicht beizukommen. Nein, auf englisches Papier durften seine Stiche nicht gedruckt werden, niemals! Nur auf das allerbeste und saugfähigste, nämlich auf jenes von Monsieur Prudhomme aus Paris! Das sei schwer zu beschaffen? Bitte sehr, dann solle sich doch Mr Webber selbst auf den Weg machen und eine genügende Menge persönlich einkaufen. Vielleicht gelinge es ihm ja, den Preis noch ein wenig herunterzuhandeln.

Nach Paris zu reisen war natürlich nicht in Frage gekommen. Aber immerhin hatte Webber Sir Joseph und dem Verleger Nicol die Erlaubnis abgerungen, das Pariser Papier trotz des exorbitanten Preises zu bestellen. Sie fürchteten alle, dass sonst Bartolozzi die Auftraggeber beschuldigt hätte, ihres

Geizes wegen einer lausigen Qualität Vorschub zu leisten. Und was er alles an Webbers Arbeiten bekrittelte! Hier nähmen die Füße einer Figur – winzig waren sie! – eine unnatürliche Haltung ein; dort seien an einer Hand – noch winziger war sie! – die einzelnen Finger gar nicht zu erkennen. Und Captain Cook – selbst wenn sein Gesicht nur erbsengroß sei – müsse doch überall erkennbar bleiben! Es könne doch nicht sein, dass er dauernd das Gesicht wechsle! Webber hatte sich die größte Mühe gegeben, aufgrund seiner Porträtstudien die größtmögliche Ähnlichkeit zu erreichen. Aber Bartolozzi war erbarmungslos; mit dem Maßstab und seinem Quadratnetz auf Pauspapier wies er Webber nach, dass am einen Ort Cooks Nase länger war als am andern oder dass man nichts von seinen Ohren sah, obwohl sie sichtbar sein müssten. Einige Male schon hatte Webber die Stimme erhoben, und dann waren sie, belauscht von den Gesellen, in einen hässlichen Streit geraten – nicht viel anders als neapolitanische Maurer, hatte später der ältere Geselle, ebenfalls ein Italiener, zu Webber bemerkt. Zum Glück hatten sie sich jeweils wieder versöhnt; und dann hatte Bartolozzi, der leicht zu rühren war, sogar nasse Augen bekommen.

Nun also *The Death of Captain Cook*. Bartolozzi stand am Fenster und hielt das Blatt an den Rändern so nahe vor seine Augen, dass Webber Bedenken hatte, bei Bartolozzis erstem hervorgespuckten Wort werde ein Sprühregen von Speichel darauftreffen. Cooks Hut war auftragsgemäß dunkler geworden, genauer: beinahe schwarz. Webber hatte, Feder und Pinsel führend, nicht aufhören können, diesen Hut immer deutlicher von der übrigen Erscheinung Cooks abzuheben. Ja, dieser dunkle Fleck gehörte zu ihm; niemand konnte Webber daran hindern, eine kleine persönliche Interpretation des heldenhaften Manns ins Bild zu schmuggeln. Was hieß denn schon »Lichtgrau«? Es gab keine Definition von Helligkeitswerten. Webbers »Lichtgrau« wich nun eben vom Weiß, das Banks verworfen hatte, stärker ab, als er wohl gemeint hatte. Wer durfte dies dem Maler verargen?

Aber Bartolozzi kaprizierte sich genau auf diese Einzelheit. »Hässlich, sehr hässlich!«, murmelte er, auf Cooks Hut tippend, und schüttelte dazu abschätzig seinen übergroßen Kahlkopf. Lauter fuhr er fort: »Das können wir nicht so lassen. Der dunkle Hut zerstört die Wirkung der Figur.« Er schielte maliziös zu Webber hinüber. »Ist Ihnen da ein Versehen unterlaufen, Signor Webber?«

Webber zuckte die Achseln, als ob ihn die Angelegenheit nicht kümmere. »Nein, ich habe bloß den Auftrag der Kommission erfüllt. Meine eigene Meinung zählt da nicht.«

»So, so.« Bartolozzi lachte ein wenig in sich hinein, wie er es immer tat, wenn er eine Behauptung bezweifelte; es war eine Art Meckern, das Webber jedes Mal von neuem abstieß. »Was hat also den Vorrang, Signor Webber, die Kunst oder die Politik? Selbstverständlich die Politik.« Er deutete eine Verbeugung an, die ihn beinahe aus dem Gleichgewicht brachte; das Blatt in seinen Händen zitterte heftig. »Wir leben in einer Monarchie und haben uns der Politik zu fügen, gewiss. Wo sie Schwarz will, ist Schwarz. Wo sie Weiß will, ist Weiß. Selbst wenn es, vom künstlerischen Standpunkt aus, umgekehrt richtig wäre, nicht wahr?«

»Sie werden«, sagte Webber, »Licht und Schatten, Weiß und Schwarz genau so verteilen, wie es vorgesehen ist.«

Bartolozzi nickte mit gespielter Beflissenheit. »Sehr wohl, Signor Webber. Schwarzer Hut, sehr wohl. Schwarzes Gesicht? Doch eher nein, nehme ich an. Wir möchten den überaus beliebten Captain Cook nicht etwa in einen Mohren verwandeln, wie? Was aber«, er wies auf die helle Rauchwolke, die aus Phillips' Muskete kam, »machen wir mit diesem heruntergerutschten Heiligenschein? Er ist jetzt unter Cooks ausgestrecktem Arm. Soll ich ihn nicht besser über dem Hut placieren, als deutlichen Kontrast zum Schwarz sozusagen?«

Der italienische Geselle in ihrer Nähe schlug die Hand vor den Mund, um nicht laut herauszulachen. Webber hingegen beschloss, auf Bartolozzis Sticheleien nicht mehr weiter einzugehen. »Sie wissen genau, was Sie zu tun haben. Wie lange brauchen Sie, um das Blatt zu stechen?«

Bartolozzi spitzte die Lippen, als wolle er pfeifen; er wartete übermäßig lange, wohl um Webber auf die Folter zu spannen, und sagte dann: »Vier Monate. Es ist das schwierigste Blatt überhaupt. Fünfzig, sechzig Figuren, ein wahrer Figurenknäuel, das ist Ihnen doch klar!«

Was für ein abgefeimter Schlaumeier! Wieder versuchte Bartolozzi, den Zeitplan zu boykottieren, um zwischendurch lukrativere Aufträge zu erledigen. Das Befehlen lag Webber nicht, aber Bartolozzi gegenüber blieb ihm nichts anderes übrig, als ihn, mit der Stimme eines Offiziers auf dem Achterdeck, zur Räson zu bringen: »Ich gebe Ihnen zwei Monate, keinen Tag länger.«

Bartolozzi fuhr auf wie ein zurechtgewiesener Köter. »Unmöglich! Was stellen Sie sich vor? Dass wir die Nächte durcharbeiten? Die Hand braucht manchmal Ruhe, sonst beginnt sie zu zittern.«

»Die Kommission will den Tafelband Ihrer Majestät im Juni vorlegen. Das ist ein zwingender Entscheid.«

Bartolozzi verbeugte sich wieder. »Ihrer Majestät! Das erklärt alles. Dann halbieren wir die Anzahl Striche, und alles wird gut.«

»Nichts werden Sie halbieren!« Aufgebracht nahm Webber das Blatt wieder an sich und legte es in die Mappe zurück. »Ich schicke Ihnen jemanden für den Hintergrund. Er ist spezialisiert auf Landschaften. Ihre Gesellen sind zu langsam.«

Bartolozzi griff sich theatralisch ans Herz. »Zehn Wochen, Signor Webber, kein Tag weniger.«

»Allerhöchstens neun«, erwiderte Webber.

Bartolozzis ans Höhnische grenzender Unernst war seiner üblichen Verdrießlichkeit gewichen. »Sie sollten bedenken, verehrter Mr Webber, dass auch Kupferstecher nicht zaubern können.«

Es war ein Satz, den Webber, auf sich bezogen, mehrfach selbst gesagt hatte; er konnte ihm nichts entgegenhalten. Vom großen Tisch her, an dem die zwei anderen Gesellen arbeiteten, hörte er das Kratzen des Stichels und das Geräusch, das entsteht, wenn die Kupferplatte auf dem Lederkissen gedreht wird; es war wohl ein Unrecht, die Gesellen als halbe Tagediebe hinzustellen.

Webber verließ die Werkstatt mit schlechten Gefühlen und wusste doch nicht, was er anders hätte machen sollen. Dies war nun eine Folge der Reise, die inzwischen als die bedeutendste galt, die je unternommen worden war. Er hatte ihr seine Augen und seine Kunst geliehen, sie hatte während vier Jahren sein Leben bestimmt und seine Kräfte verschlissen, sie würde sein Leben auch künftig bestimmen, bis ans Ende seiner Tage. Nie war ihm dies so klargeworden wie nach diesem abermaligen Streit mit Bartolozzi. Nun würde er sich wieder vor dem Einschlafen fürchten, vor den wiederkehrenden Träumen, in denen er, auf der Suche nach seinem kleinen Bruder oder einem jungen Hund, durch einen Wald irrte. Armdicke Äste griffen nach ihm. Er versank in faulem Laub. Aus Baumstrünken schlug Feuer. Man schoss auf ihn, aber eigentlich war er es, der an Vernichtung dachte. Nicht nur der Bruder, auch andere riefen um Hilfe. Er überhörte sie. Das alles wollte er gar nicht. Er wollte es nie mehr.

27

Unterwegs, Februar 1779 bis September 1780

Es dauerte nach Cooks Tod fast zwei Monate, bis Webber wieder zu zeichnen begann, und noch länger, bis er zu seiner früheren Fertigkeit zurückgefunden hatte. Die Schiffe ließen am 22. Februar 1779 Owhyhee (Hawaii) hinter sich. Sie liefen, wie Cook es vorgesehen hatte, nacheinander Kauai und Nihau an, wo sie vor allem Frischwasser aufnahmen, aber auch mit den Eingeborenen Handel trieben, als hätte sich die Tragödie auf Hawaii gar nicht ereignet. Auf Kauai erwarb Webber, gegen drei mittelmäßige Zeichnungen, einen gelbroten Federmantel, den er sorgsam verpackte und in seiner Seekiste zuunterst verstaute. Den Mantel in seinem Besitz zu wissen, befriedigte ihn auf rätselhafte Weise.

Clerke hielt daran fest, sich nochmals nordwärts zu wenden und, auf der Suche nach der Nordwestpassage, die Möglichkeiten des kurzen arktischen Sommers zu nutzen. Ausgangsbasis sollte das befestigte Petropawlowsk auf der sibirischen Halbinsel Kamtschatka sein. Die Fahrt bis dorthin erwies sich als mühselig und zeitraubend. Erneut machte die Kälte den Männern zu schaffen. Viele hatten zuvor einen Teil ihrer Kleider gegen die Liebesdienste von Frauen eingetauscht; nun froren sie und waren froh, dass sie die im Laderaum gestapelten Winterjacken ausgehändigt bekamen. Nach einem Eisregen sah die *Resolution* aus wie das Werk eines Zuckerbäckers: Alles war von Eis überzogen; an den Wanten und Stagen hingen fingerlange Eiszapfen, in denen sich, als die Sonne durchbrach, tausendfältig das Licht fing. Die dünne Eisschicht auf den Segeln sprang beim ersten Windstoß und verwandelte sich, während Eisplättchen aufs Deck rieselten, in ein Netz blauer Linien, das der Karte eines unbekannten Landes glich. Webber war gebannt von diesem Anblick. Er vergaß, dass ihm selbst vor Kälte die Glieder zitterten, er vergaß die Fühllosigkeit seiner Hände und Füße. Doch als er daran dachte, die märchenhafte Szenerie zu zeichnen, hatte er weder die innere noch äußere Kraft, es zu tun. Nachts redete er manchmal mit Anderson, und regelmäßig träumte er von Cook. In diesen Träumen war der Captain fast immer ein Bewohner des Nootka-Sunds, er trug eine Vogelmaske, unter der man ihn dennoch erkannte. Webber begriff im Traum, dass Cook mit dem Jäger, den er gezeichnet hatte, identisch war. Er folgte ihm in den Wald und sah zu, wie der Jäger mit seinem Bogen Pfeile hoch hinauf zu den Tannenwipfeln schoss. Die Pfeile flogen noch weiter, sie bekamen Flügel, sie glänzten im Licht und verschwanden im Himmelsblau, so wie fliegende Fische ins Wasser tauchen. Webber wunderte sich im Traum darüber und war zugleich traurig, dass es hier kein Schiff gab, auf das ihn der Jäger mitnahm.

Ende April erreichte die *Resolution* die zugefrorene Awatscha-Bucht. Clerke war nicht mehr imstande, seine Kabine zu verlassen; doch er schickte King und Webber mit dem Empfehlungsbrief, den der Pelzhändler Ismailow geschrieben hatte, zu Fuß übers Eis zur Militärgarnison von Petropawlowsk. Der Gouverneur Behm war von deutscher Abstammung; Webber, der Deutsch verstand, sollte als Dolmetscher fungieren. Er fügte sich klaglos Clerkes Befehl; eine Aufgabe zu haben, erlöste ihn aus der Lethargie, die halb von der Kälte, halb von der Unfähigkeit herrührte, seine Arbeit fortzusetzen. Mit King ging er eine Meile weit übers Eis, auf dem eine Schicht frischgefallener Schnee lag. Er hörte es unter den Füßen knistern und glaubte einige Male einzubrechen. Von den wenigen Russen in der Garnison wurden die Besucher misstrauisch empfangen; sie betrachteten die Geschütze der *Resolution,* die auf die Garnison gerichtet waren, als Bedrohung. Zudem litten sie an Skorbut, und eine Pockenepidemie hatte vor kurzem die Mannschaft dezimiert. Ismailows Empfehlungsbrief aus Unalaska verbesserte die Stimmung beträchtlich. Der Gouverneur war aber nicht da, er residierte in einer Siedlung am Westufer der Halbinsel. Als Clerke dies vernahm, entschloss er sich, ihn durch eine Delegation, die quer über die Halbinsel reisen sollte, zu sich aufs Schiff einzuladen. Wieder waren King und Webber dabei. Gore, der Kapitän der *Discovery,* stieß zu ihnen, um dem Gouverneur, der als machtbewusst galt, genügend Ehre zu erweisen. Die Garnison stellte ihnen Schlitten und Hunde zur Verfügung, dazu zwei einheimische Führer. Fünf Tage waren sie unterwegs, glitten wie in einem langen Traum über den Schnee, der das sanfthügelige Gelände bedeckte. Zeitweise wussten sie nicht mehr, wo sie waren. Wenn weit herabhängende Weidenzweige über Webbers Gesicht strichen, dachte er, es könnten geheime Liebkosungen sein, die Poetua schickte. Eine bleiche Sonne stand tagsüber am Himmel;

nachts, unter den Sternen, wickelten sie sich in Pelze ein. Webber suchte vergeblich nach dem Kreuz des Südens; dafür war der Große Bär wiederaufgetaucht, und King, der neben ihm lag, lehrte ihn, den Stier und die Zwillinge zu erkennen.

Der Gouverneur war dick und laut. Er sprach deutsch mit starkem Akzent und redete endlos über Politik. Das brachte Webber, der für King und Gore übersetzte, in Bedrängnis; von Politik verstand er wenig. Es herrsche Unruhe in der Welt, sagte der Gouverneur. Die amerikanischen Kolonien hätten sich endgültig von England losgesagt und einen eigenen Staat ausgerufen. Deswegen sei ein Krieg ausgebrochen, in den sich Frankreich, auf der Seite der aufständischen Amerikaner, eingemischt habe; und der Zar – so weit sei er, Behm, durch Briefe unterrichtet – neige ebenfalls dazu, sich gegen England zu stellen. Auf Gores besorgte Fragen entgegnete er, dass Forschungsschiffe, sofern sie sich friedlich verhielten, nichts zu befürchten hätten. Dann lachte er ungestüm und erhob das Wodkaglas zum Prosit. Die Einladung Gores, ein paar Tage auf dem Schiff zu verbringen, nahm er ohne Umstände an. Über Cooks vorherige Reisen wusste er Bescheid und bedauerte, dass der große Entdecker nicht mehr am Leben war.

Auf dem Rückweg kündigte sich mit plötzlich hereinbrechendem Tauwetter der Frühling an. Ein warmer und stürmischer Wind blies ihnen entgegen; über den Himmel flogen Wolkenfetzen wie flatternde Wäschestücke. In kürzester Zeit schmolz der Schnee; stellenweise kam die Erde zum Vorschein, auf der sich, zwischen abgestorbenem Gras, sogleich Anemonen und gelber Krokus zeigten. Immer wieder blieben die Schlitten in aufgeweichtem Gelände stecken, und die Hunde mussten mit Peitschenschlägen angetrieben werden. Ihr Jaulen zerstörte die Stille; Webber presste seine Pelzkappe tief über die Ohren, um es zu dämpfen. Sie brauchten sieben Tage, bis sie, verdreckt und übermüdet, die Awatscha-Bucht wieder erreichten. Im Eis waren Fahrtrinnen entstanden, so konnte die Jolle sie am Ufer abholen.

Behm verstand sich glänzend mit den Offizieren, seine wissenschaftliche Neugier war ebenso groß wie die politische. Mit Clerke allerdings unterhielt er sich nur kurz; den Schwerkranken zu sehen, bereitete ihm sichtliches Unbehagen. Sonst aber verwunderte er sich über den guten Gesundheitszustand der Mannschaft, der in krassem Gegensatz zum Zustand der Schiffe stand. Er konnte es kaum glauben, dass bisher niemandem Zähne ausgefallen waren, und er blieb skeptisch, als Samwell ihm erklärte, dass dies mit der Ernährung zusammenhänge, wie Cook unwiderlegbar bewiesen habe. Behm ließ sich Sammelstücke von den polynesischen Inseln zeigen, er inspizierte die Karten der nördlichen Hemisphäre, er hielt kleine Vorträge über die Kunst des Kartographierens, denen Bligh mit erzwungenem Lächeln folgte, und beteuerte ein ums andere Mal, dass Engländer und Russen einander in diesen Gewässern bei gegenseitigem guten Willen nicht ins Gehege zu kommen bräuchten. Sein Nachfolger im Gouverneursamt werde nächstens eintreffen, dann werde er, Behm, an den Zarenhof zurückkehren und sich dafür einsetzen, dass zwischen England und Russland der Friede gewahrt bleibe. Webber war bei allen Gesprächen als Übersetzer dabei; manchmal schien ihm, auch er erwache, wie die Natur ringsum, aus einer langen Erstarrung.

Bevor Behm nach drei Tagen wieder von Bord ging, versprach er, auf der langen Reise durch Sibirien, die ihm bevorstand, Post mitzunehmen; vor allem die Nachricht vom Tod Cooks sollte London so bald wie möglich – das heißt, wenn alles gutging, in etwa sieben oder acht Monaten – erreichen. Clerke, der mit seinem baldigen Tod rechnete, vertraute Behm zudem ein gutverpacktes Paket an, das Cooks Journal, Kartenmaterial und ausführliche Berichte zuhanden der Admiralität enthielt, dies für den Fall, dass die Schiffe ihren Heimathafen nicht erreichen würden. Auch einige private Briefe lagen dabei; Clerke hatte es den Offizieren nicht verwehren können, sich an ihre Familienangehörigen zu wenden. Die einfachen Seeleute jedoch, die zum größten Teil ohnehin nicht schreiben konnten, mussten sich damit begnügen, dass Clerke versprach, die Admiralität werde allen Angehörigen mitteilen, dass ihre Ehemänner, Väter und Söhne bis zu diesem Zeitpunkt überlebt hatten.

Kamtschatka, im Juni 1779
Liebster Henry!
Ich habe die berechtigte Hoffnung, dass dieser Brief dich auf dem Landweg erreicht und früher bei dir ist als ich, dein Bruder, der dich schon jetzt umarmen möchte, aber noch ein Jahr oder länger darauf warten muss. Ein russischer Beamter, an dessen Zuverlässigkeit ich nur wenig zweifle, wird unsere Post Tausende von Meilen weit durch Sibirien tragen.

Wann schrieb ich dir zum letzten Mal? Es ist eine Ewigkeit her, und es ist in dieser Zeit so viel geschehen, dass ich dir unmöglich alles erzählen kann; es fällt mir auch schwer, die

Dinge, die mir auf der Zunge liegen, in eine ordentliche Reihenfolge zu bringen. Das Allertraurigste voraus (es wird sich wie ein Lauffeuer verbreiten): Unser Kapitän, James Cook, ist nicht mehr unter uns; über die Umstände seiner Ermordung durch aufgehetzte Eingeborene wird man noch lange rätseln, denn auch wir, die wir nahe dabei waren, sind uns nicht einig darüber, wie die Ereignisse sich genau verketteten und ob sie vermeidbar gewesen wären oder nicht. Einig sind wir uns indessen in der Abscheu über die sinnlose Tat, die uns den bewunderten und geliebten Mann entriss. Er hinterlässt eine Lücke, die niemand ausfüllen kann, auch nicht Mr Clerke, der vormalige Kapitän der Discovery *und jetzige Kommandant, der im Übrigen todkrank ist. Captain Cook vertrat an uns allen die Vaterstelle; er war gütig und streng zugleich. Dass er nicht mehr auf dem Achterdeck steht oder in der Messe das Glas erhebt, schneidet mir in diesen Tagen manchmal wie ein Messer ins Herz; der Schmerz sagt mir, wie sehr er mir fehlt. Das gilt auch für den Schiffsarzt, William Anderson, der mir brüderlich nahestand. Er ist schon Monate vorher, in meiner Gegenwart, gestorben; ich bete zu Gott, dass mir der leibliche Bruder erhalten bleibt und du wohlauf und bei Kräften bist. Auf Brüderlichkeit, lieber Henry, sind wir doch alle angewiesen; noch bis zu meiner Heimkehr werde ich darunter leiden, dass auf einem Schiff wie diesem recht oft der rohe und ungezügelte Umgang vor brüderlicher Rücksichtnahme steht.*

Erinnerst du dich an Omai, den Mann von den Gesellschaftsinseln, den wir in seine Heimat zurückgebracht haben? Wie merkwürdig, dass ich in letzter Zeit so häufig an ihn denke! Auf ihn übertrugen sich leider eher die schlechten

Seiten unserer Sitten; je länger die Fahrt dauerte, desto dünkelhafter und aufbrausender wurde er. Es ist schon lange her, seit wir ihn zurückließen. Den Seinen, die ihn nicht gerade überschwenglich empfingen, mag er so fremd vorgekommen sein wie uns, die wir glaubten, ihn auf unseren Stand emporheben zu können. Wir werden ihn gewiss nie mehr sehen; dennoch möchte ich wissen, was für ein Mensch er inzwischen geworden ist.

Ein weiterer Abstecher in die Arktis steht uns noch bevor; dann soll es rasch heimwärts gehen. Der Passatwind aus Nordost mag unsere Segel kräftig blähen und Neptun uns vor zerstörerischen Stürmen verschonen! Die fremdesten Gegenden, mein lieber Bruder, habe ich nun kennengelernt und sorgsam gezeichnet, die fremdesten Menschen abgebildet, damit wir belegen können, wie vielgestaltig die Welt ist und welch große Aufgabe unserer Zivilisation zukommt. Trotz mancher Rückschläge ist es unsere vornehmste Pflicht, das Licht der Vernunft überall dort anzuzünden, wo finsterer Aberglaube und Rechtlosigkeit herrschen; dies zu tun entspricht dem Geiste Cooks.

Wie geht es unserem armen alten Vater? Ihr schaut doch gut nach ihm und lasst es ihm an nichts mangeln? Fehlt es an Geld? Dann nimm, lieber Bruder, einen Kredit auf; ich werde ihn aus meinem Guthaben zurückzahlen, sobald ich in London bin. Oder versuche doch, bei der Admiralität, unter Vorlage des Wechsels, den ich beilege, eine Vorauszahlung meines Zeichnerlohns in der Höhe von 50 Pfund Sterling zu erwirken. Dieser Betrag, so scheint mir, sollte für einige Monate reichen; du und Sarah mögt davon einen eigenen Anteil für eure Aufwendungen abzweigen.

Du wirst es vielleicht merkwürdig finden, aber ich denke auch wieder oft an Dorothy. Ich habe sie lange genug aus meinen Gedanken verbannt, nun aber, da wir uns Meile um Meile der Heimat nähern, steht ihr Bild in alter Frische vor mir. So, wie ich mich verändert und hoffentlich zum Guten entwickelt habe, wird auch sie sich verändert haben. Ich bitte dich, ausfindig zu machen, ob sie sich, nach dem Willen ihres tyrannischen Vaters, verlobt oder gar verheiratet hat. Sollte dies – was ich mir wünsche – nicht der Fall sein, dann kannst du ihr zu verstehen geben, dass ich nun, auch in den Augen ihres Vaters, durchaus als gute Partie zu betrachten sei. Mein Vermögen wird sich nach meiner Rückkehr auf mehrere hundert Pfund belaufen; ich werde es zudem durch eigene Auswertung des zeichnerischen Ertrags dieser Expedition vermehren können. Einige meiner Südseegemälde, in denen ich meine ganze Kunst hineingelegt habe, werden ihren Platz in den Sammlungen bedeutender Mäzene, vielleicht gar des Königs finden. Es ist keineswegs Überheblichkeit, die mich zu solchen Erwartungen verleitet; es ist das schmeichelhafte Lob der Kunstkenner unter den Offizieren, das mir die Sicherheit gibt, in meinem Metier Gutes geleistet zu haben, so wie auch du dich – davon bin ich überzeugt – in der Bildhauerei erheblich verbessert haben wirst.

Ich grüße dich aus weiter Ferne, lieber Bruder, und bin dir in diesen Momenten näher, als du dir vorstellen kannst.

Bis bald!
John

P. S. Teile doch bitte Tante Rosina mit, dass ihr Neffe die vielen Fährnisse der Cook'schen Reise bis zum heutigen Tag überstanden und überlebt hat. Sie hat sich immer Sorgen um mich gemacht; sie verdient es, von dir unterrichtet zu werden.

Sechs Wochen blieben sie auf Kamtschatka. Sie aßen wilde Zwiebeln und grünes Kraut und brachten die kranken Soldaten in der Militärgarnison dazu, es auch zu tun. Erneut – zum wievielten Mal? – wurden die Schiffe gründlich überholt. Goulding bürstete und wusch Webbers Kleider und die der Offiziere; er schien besessen davon zu sein, die kleinsten Unsauberkeiten aus den Fasern zu entfernen; er walkte sie durch, er klopfte sie, er wrang sie aus, als wären Hemden und Socken seine persönlichen Feinde. Dazu murmelte er unablässig vor sich hin, und man sagte, er werde immer wunderlicher. Die Haut seiner Hände war bläulich und aufgeweicht; es brauchte wenig, dass sie aus Rissen und kleinen Wunden bluteten. Wer ihn aufforderte, sich zu schonen, bekam eine brummige und unverständliche Antwort. So ließ man ihm seinen Willen.

Webber fing zögernd wieder mit Zeichnen an. Er begann mit der Landschaft rund um Petropawlowsk und kam sich zeitweise wie ein Anfänger vor. Wenn er darüber nachdachte, schien es ihm, der Tod Cooks habe ihn auch in seiner künstlerischen Fertigkeit gleichsam verwaisen lassen, und zwinge ihn dazu, sich wie ein verlassenes Kind in neues Gelände vorzutasten.

Mitte Juni ging die Reise weiter, nun wieder nordwärts, in zunehmende Kälte. Sie gelangten, wie schon im Jahr zuvor, bis zum siebzigsten Breitengrad; dann hielt – man hatte es erwarten konnten – das Packeis sie auf. Die Nordwestpassage blieb ein Traum; nach wochenlanger strapaziöser Suche kehrten sie um. Der einzige bemerkenswerte Unterschied zum ersten gescheiterten Versuch war, dass sie dieses Mal einen Eisbären erlegten. Das tote Tier diente Webber als Modell; er zeichnete den mächtigen Körper auf einer Scholle, mit halb geöffnetem Maul.

Am 22. August, nicht weit von Kamtschatka, das er wieder anlaufen wollte, starb Kapitän Clerke, nachdem er tagelang ohne Bewusstsein gewesen war. Die Besatzung trauerte das zweite Mal um ihren Kommandanten. Gore, sein Nachfolger, beschloss, mit der Bestattung zu warten und den Leichnam nach Möglichkeit an Land zu begraben. Eine Woche später waren sie wieder in der Awatscha-Bucht, die nun, mitten im Sommer, völlig verwandelt aussah: grün, vor Leben vibrierend. Für Clerke wurde ein Grab bei der Dorfkirche von Paratunka, nahe bei Petropawlowsk, ausgehoben; und nach der Beerdigung setzten einige Männer, darunter King, der nun Kapitän der *Discovery* geworden war, junge Weiden rund ums Grab. In der Kirche wurde ein Schild aufgehängt, das Webber mit Clerkes Namenszug und seinen Lebensdaten versehen hatte.

Danach kehrte, wie zum Trotz, die Lebensfreude zurück. Mit Einheimischen wurden Feste gefeiert und, beim Klang einer Fiedel, ganze Nächte durchgetanzt. Von überall strömten die Leute herbei, auf Ochsenkarren, zu Pferd; gemeinsam betrank man sich. In Zelten kopulierten die Seemänner mit den Schönen aus den Dörfern. Sie bezahlten mit Rubeln, die sie von Händlern für ihre Pelze aus Alaska erhalten hatten. Als es anfangs Oktober keinen Grog mehr gab, stachen die

Schiffe in See, um endlich heimzukehren. Gore hatte sich für die westliche Route entschieden; auf der östlichen, ums Kap Hoorn herum, waren um diese Jahreszeit die Windverhältnisse weit ungünstiger.

Sie segelten an Japan vorbei; sie durchquerten den Bashi-Kanal zwischen Taiwan und den Philippinen und landeten, um alle Vorräte zu erneuern, am 4. Dezember im portugiesischen Macao. Von englischen Händlern vernahm Gore, dass zwischen England auf der einen und Frankreich und Amerika auf der andern Seite tatsächlich Krieg ausgebrochen sei. Aber Cooks Schiffe würden von potentiellen Feinden als neutral betrachtet, auf sie würde weder geschossen, noch würden sie gekapert. Diesen Antrag habe Benjamin Franklin im amerikanischen Kongress durchgebracht; und der Wortlaut der Erklärung sei an alle Kriegsschiffe geschickt worden. Wer konnte aber wissen, ob beutegierige Kapitäne die Anweisung beachten würden? Ganz beruhigt war Gore nicht; zudem ärgerte er sich über die Desertion zweier Matrosen, die offenbar am Pelzhandel Gefallen gefunden hatten und sich so gut versteckten, dass kein Suchtrupp sie aufspürte.

Webber zeichnete Hafenszenen, Dschunken, Chinesen, bizarr geformte Bäume. Auch als die Schiffe auf einer Insel vor Vietnam und auf Krakatau haltmachten, zeichnete er, was ihm vor Augen kam. Nachdem er lange gehemmt, ja gelähmt gewesen war, schien es nun, als lebe er bloß noch in seiner Arbeit. Zugleich realisierte er, dass sein Strich lockerer wurde und dass er mit den Mitteln, die ihm zur Verfügung standen, freier umging, bis hin zu einem Grad an Virtuosität, den er sich vorher nicht zugetraut hätte. Wichtiger als das Licht, um dessen Wiedergabe er so lange gerungen hatte, war ihm nun die flüchtige und zugleich präzise Kontur. Laubwerk, Wellengekräusel, Wolkensilhouetten lösten sich auf in Bleistiftornamenten, in Punkten, Kreisen, Häkchen, und diese fügten sich zu einem neuen Ganzen zusammen, das unverkennbar seine Handschrift trug. Die gewohnte Art der streng realistischen Abbildung stand ihm nach wie vor zur Verfügung; er wandte sie an, wenn er annahm, dass ein bestimmtes Sujet Vorlage für einen späteren Kupferstich werden könnte.

In Kapstadt, wo die Schiffe zum zweiten Mal ankerten, setzte er seine Arbeit fort. Die Umrisse einer Hottentottin, die ihm mit ihrem Kind Modell stand, warf er so rasch aufs Papier, dass er selber staunte. Was er sah, war eine Komposition, in der dunkle und helle Flächen ein selbstverständliches Gleichgewicht ergaben, erst auf den zweiten Blick entdeckte man die Figur, die aus Pinsel- und Bleistiftstrichen entstand. Trevenen hielt dieses Blatt für ein kleines Meisterwerk. Webber widersprach ihm nicht; was aber sein Meisterwerk war, glaubte er besser zu wissen als alle Bewunderer.

Seit King auf der *Discovery* war, hatte sich das Verhältnis zwischen Webber und Trevenen wieder intensiviert. Sie führten abends, wenn Trevenen Freiwache hatte, lange Gespräche. Die Männerliebe blendeten sie dabei aus; alles, was sie betraf, blieb seit den Vorfällen mit Morris und Widdall in der Schwebe. Ihre Themen schwankten zwischen Häuslichkeit und Krieg. Dauernd versuchte Trevenen, sich und Webber zu beweisen, dass in vier Jahren seine Liebe zu Ann noch gewachsen war; es ginge aber nicht anders, als dass er sie gleich wieder verlassen würde, um für England zu kämpfen.

Jetzt allerdings, in Kapstadt, wo die beiden Schiffsbesatzungen sich an Land täglich vermischten, war auch Kapitän King öfter in ihrer Nähe, und es wurde schwieriger für Webber, sich Trevenen unbelastet zuzuwenden. Die Beziehung zwischen den dreien hielt sich in einem labilen Gleichgewicht. In jedem von ihnen konnte plötzlich die Eifersucht aufflackern; ein Lachen, ein geflüstertes Wort, ein verständnisinniger Blick zu viel mochten genügen. Zwar hielten sie sich unter Kontrolle, aber um sie herum schien die Luft manchmal vor Spannung zu vibrieren. Webber schämte sich solcher Eifersuchtsstiche. Warum konnten sie nicht einfach auf simple Weise ihre Freundschaft leben? Aber es ging nicht; was in der Tiefe lag, drang immer wieder an die Oberfläche.

Offene Feindschaft hingegen herrschte, seit den Ereignissen in der Kealakekua-Bucht, zwischen Williamson und Phillips. Der Marinekorporal, der knapp mit dem Leben davongekommen war, hörte nicht auf, dem Leutnant feiges Verhalten vorzuwerfen; dieser verteidigte sich harsch, indem er Phillips als leichtsinnigen Möchtegernhelden hinstellte, der wohl, wäre es nach ihm gegangen, den ganzen Trupp an Land geopfert hätte. Wann immer sie einander, außerhalb der Dienstzeiten, über den Weg liefen, tauschten sie böse Blicke und Worte aus, es kam zu Rangeleien, die von besonnenen Leuten geschlichtet werden mussten. Einmal lief das Gerücht durchs Schiff, Williamson und Phillips hätten sich an Land, irgendwo im Versteckten, duelliert, ohne sichtbare Folgen indessen; ob es tatsächlich so gewesen war, erfuhr Webber nie. Immerhin hörten die Gehässigkeiten auf, wohl deshalb, weil Gore angedroht hatte, die Streithähne in Ketten legen zu lassen, wenn sie sich nicht endlich zusammennähmen.

Nach einmonatigem Aufenthalt setzten die Schiffe, ohne jeden Begleitschutz, die Heimreise fort. Man konnte bloß hoffen, dass die *Resolution,* deren Rumpf trotz zahlloser Reparaturen stark beschädigt war, die Fahrt über den Atlantik ohne Zwischenfälle überstehen würde. Zum Glück zeigte sich das Wetter von der freundlichen Seite. Wieder – ein letztes Mal vielleicht – die Weite des Ozeans. Wasser, so weit das Auge reichte, freundlich gewellt, alle Farben des Meers ineinanderspielend. Ein schimmerndes Graugrün dominierte; es war in Webbers Augen die Farbe von Salbei. Doch strichweise mischte sich Türkis hinein, verdunkelte sich in der Dämmerung zu Indigoblau. Unter der Oberfläche, die undurchsichtig blieb, ahnte man die Tiefe, die Schwärze des Meeresgrunds. Webber wusste, dass er das Uferlose, das ihm einst unheimlich gewesen war, vermissen würde. Er ließ die Meerfarbe, die er zusammengemischt hatte, aufs feuchte Papier tropfen, schaute zu, wie der blaugraugrüne Fleck sich ausbreitete, an den Rändern ausfranste und verblasste. Doch nur das Meer zu malen ging nicht, es brauchte eine Begrenzung, eine Küstenlinie. Der Horizont allein erzeugte auf dem Blatt ein Gefühl von Verschwommenheit und Schwindel, zu verwechselbar wurden Meer und Himmel. So gab er den Plan, nur dies darzustellen, wieder auf; ein anderer nach ihm würde es vielleicht versuchen und die malerischen Probleme meistern, die ihm unlösbar schienen.

Anfang August war man in die Nähe der englischen Südküste gelangt; ein steifer Ostwind hinderte die Schiffe daran, in den Ärmelkanal einzufahren. Zum Unwillen der Mannschaft musste Gore den langen Umweg an Irland vorbei und um Schottland herum in Kauf nehmen. Erst ganz im Norden, auf der größten der Orkney-Inseln, im Hafen von Stromness, warfen sie Anker. Es war nun schon August. Tag für Tag, einen vollen Monat lang, wartete Gore auf günstigen Wind. Er plante, sich nach Süden zu wenden, sobald die Möglichkeit dazu bestand, und die Themse-Mündung anzusteuern. Durch sein Zaudern machte er sich verhasst. Ähnlich wie beim wochenlangen Kreuzen vor den Sandwich-Inseln verbreitete sich unter den Männern der Geist der Rebellion. Einige hitzige Fähnriche bestürmten Gore, trotz des Gegenwinds loszufahren; sie wollten ihre Familien besuchen und dann, wie Trevenen, möglichst rasch auf einem Kriegsschiff anheuern und, zum Leutnant befördert, ihren Anteil an feindlichen Prisen einheimsen; man wusste ja, dass der Seekrieg Offizieren die beste Gelegenheit bot, in kürzester Zeit wohlhabend zu werden. Doch Gore ließ sich nicht umstimmen; den Vorschlag der Fähnriche, mit Mietpferden nach London zu reiten, lehnte er ab. Lediglich King erhielt den Auftrag, auf dem Landweg vorauszureisen und die Admiralität auf die Ankunft der Schiffe vorzubereiten. So nahm die Mannschaft Abschied vom freundlichen King, der auf Hawaii als Cooks Sohn gegolten hatte. Auch Webber wusste nicht, ob er ihn jemals wiedersehen würde. Danach versuchte Gore, die Mannschaft mit allerlei Belustigungen von ihrem Heimkehrdrang abzulenken. Er duldete, was ja nichts Neues war, Prostituierte an Bord; für einen der älteren Matrosen, der eine willige Frau gefunden hatte, wurde sogar ein Hochzeitsfest organisiert, das mit einem allgemeinen Besäufnis endete. Die Hafenkneipen lieferten den Schnaps, der auf dem Schiff während Wochen rationiert gewesen war. Zum ersten Mal betrank sich auch Webber und vergaß die Wehmut, die seit Kings Abschied in ihm brannte. Stumpfsinnig sank er danach aufs Bett. Unter Anführung von Morris, dem Koch, wollte man auch Goulding, der zu seiner alten Beflissenheit zurückgefunden hatte, zwangsweise verheiraten; er sträubte sich mit aller Kraft dagegen und bat Webber unter Tränen, die Mannschaft an ihrem Vorhaben zu hindern. Webber informierte Gore, der rechtzeitig eingriff. Die zweite Heirat wurde, zu Gouldings Erleichterung, abgesagt.

28

London, Oktober 1780

Am 4. Oktober 1780, nach einer Reise von fast eineinhalbtausend Tagen und Nächten, erreichten die Schiffe die Themse und legten, während ihnen die Nachricht von der bevorstehenden Ankunft vorauslief, die letzte Strecke nach London flussaufwärts in weiteren drei Tagen zurück. Die *Discovery* ankerte in Woolwich, die *Resolution* in Deptford, auf halbem Weg zwischen Greenwich und dem Tower. Der Empfang war weniger festlich, als die Rückkehrer erhofft hatten. Zwar kam Lord Sandwich, begleitet von engsten Mitarbeitern, persönlich an den Pier, um Gore zu begrüßen, und es strömte viel Volk zusammen, das beim Ausschiffen dabei sein wollte. Einige Angehörige hatten sich bereits eingefunden, und die Wiedersehensszenen rührten auch die Zuschauer zu Tränen. Aber die allgemeine Freude war gedämpft. Seit Monaten – seit der Post aus Kamtschatka – wusste man in London, dass Cook tot war; längst hatten die Zeitungen Nachrufe und Preisgedichte abgedruckt. Das überschattete alles Übrige. Die Nation hatte einen Helden verloren, und obwohl die Schuld nach allgemeiner Übereinkunft bei den Wilden lag, wurde den Männern, die er befehligt hatte, in verschwiegener Weise ein Teil davon zugeschoben. Aber natürlich interessierte sich die Öffentlichkeit von Anfang an für alles, was mit der Forschungsreise zusammenhing, am meisten – und am gierigsten – für die freizügige Lebensweise in der pazifischen Inselwelt. Schon auf dem Pier wurden die verblüfften Matrosen von Journalisten inquisitorisch ausgefragt oder darum gebeten, ihre Souvenirs vorzuzeigen und allenfalls zu einem guten Preis zu verkaufen. Vor ihrer Entlassung jedoch mussten die Männer Kleider und Ausrüstungsstücke, die der Navy gehörten, penibel reinigen, sie mussten unterschreiben oder mit Kreuzen bezeugen, dass mit der Soldauszahlung alle Ansprüche, die aus der nunmehr abgeschlossenen Reise erwachsen konnten, abgegolten seien; sie mussten zum dritten oder vierten Mal geloben, unterwegs keinerlei heimliche Aufzeichnungen gemacht zu haben, und es gab keine andere Wahl, als sich vom Quartiermeister und seinem Gehilfen ein weiteres Mal gründlich durchsuchen zu lassen. Webber, der seinen Schreibkalender auf dem bloßen Leib trug, lenkte die Aufmerksamkeit auf seine zwei Kisten mit Zeichnungen und Leinwänden. Wie hätte er, angesichts einer solchen Fülle an Werken, noch ein Journal führen können? So entging er der Leibesvisitation. Mit Peckover, dem krummen Admiralitätssekretär, der Webber noch an Bord aufsuchte, einigte er sich darüber, dass seine Bilder zwar Eigentum der Admiralität seien, es ihm aber erlaubt sei, sie bei sich zu behalten, um Kopien anzufertigen und sie als Vorlage für Kupferstiche zu nutzen.

Am schwersten fiel es Webber, sich von Trevenen zu trennen; kannte er ihn nicht inzwischen besser als den eigenen Bruder? Sie standen, ihr Gepäck neben sich, auf dem Pier, ringsum Stimmengewirr, ein Laufen und Drängen von vielen, das Rasseln des Krans. Was zuvor nie möglich gewesen war, geschah nun ganz von selbst: Sie umarmten sich lange. Trevenens frischrasierte Wange, an die Webber seine presste, war nass und zugleich kindlich zart.

»Wir sehen uns wieder«, sagte Webber.

Trevenen nickte, und nun spürte Webber doch die Reibung von Bartstoppeln auf seiner Haut. »Ja. Wir sind Freunde auf Lebenszeit, John. Aber unsere Wege trennen sich jetzt.«

Sie lösten sich halb voneinander, Webber schob Trevenen eine Armlänge von sich weg und hielt ihn zugleich an den Oberarmen fest. »Wie jung du immer noch aussiehst!«, sagte er in komischer Entrüstung.

»Und doch bin ich vier Jahre älter geworden«, antwortete Trevenen.

»Wie kann ich herausfinden, wo du dich aufhältst?«

Trevenen trat einen Schritt zurück. »Die Admiralität führt Listen über den Einsatz der Offiziere. Erkundige dich dort.«

»Pass auf dich auf«, sagte Webber.

»Du auch.«

Mehr hatten sie einander nicht mehr zu sagen. Webber begleitete Trevenen, dem die frischgebürstete Uniform vortrefflich stand, zu einer der Kutschen, die, mitten im Gedränge, am Kai warteten. Er half dem Träger, das Gepäck zu verstauen, und winkte zum Abschied. Das Letzte, was er von Trevenen sah, war ein verschwommenes Gesichtsoval hinter einer beschlagenen Scheibe.

Kurz darauf trat auch Goulding abschiedsbereit vor Webber hin. Er war auf dieser Reise unübersehbar gealtert, er ging gebeugter und steifer als vor vier Jahren; seine Schläfenhaare waren schlohweiß geworden.

»Sir?«, sagte er unter starkem Zwinkern. »Sie waren so gütig zu mir.«

»Wohin gehen Sie jetzt?«, fragte Webber.

»Ach, das ist unwichtig, auf mich wartet niemand, ich werde schon etwas finden.«

»Ich wünsche Ihnen alles Gute.«

Webber streckte Goulding die Hand hin. Zu seiner Überraschung ergriff er sie und führte sie an seine Lippen. Der Handkuss war so ungewöhnlich, dass Webber errötete und ein paar Umstehende in Gelächter ausbrachen. Doch Goulding ließ sich nicht beirren.

»Ich segne Sie, Sir«, sagte er. »Ich segne Sie. Wir sind alle Sünder vor dem Herrn.«

Es war keine Floskel; Webber wusste es. Er zog seine Hand zurück, sie schauten einander stumm an. Dann schulterte Goulding mühsam seinen Seesack und tauchte, weit vorgebeugt, in der Menge unter.

Eine halbe Stunde später ließ Webber sich zur Adresse des Vaters kutschieren. London war schmutziger und lärmiger, als er es in Erinnerung hatte, der Himmel, den zahllose Dächer und Kamine beschnitten, von unbestimmtem bleichen Grau. Die Kutsche rumpelte durch immer engere Straßen. Vor Schenken lungerten heruntergekommene Gestalten herum; der Unrat, der überall lag, nahm Webber den Atem. Bisweilen sagte er sich, dass nicht der Boden schwanke, sondern nur die Kutsche, in der er saß. Das Haus, in dem er den Vater und die Schwester zurückgelassen hatte, stand unverändert da. Immer noch hing ein Fensterladen schief in den Angeln. Über dem Eingang war der Verputz abgebröckelt und auch in vier Jahren nicht ausgebessert worden. Die kränkliche Linde im Vorgarten hatte einen Teil der Blätter bereits abgeworfen.

Webber hieß den Kutscher warten, auch wenn es lange daure. Die Tür stand halb offen; er trat ein, ohne anzuklopfen, und rief laut den Namen der Schwester. Vom überdachten Hinterhof, den der Vater als Atelier genutzt hatte, hörte er Geräusche. Dann bewegte sich ein kleiner Junge zögernd auf ihn zu, ihm folgte Sarah, die einen Säugling auf dem Arm trug und vom Licht, das durch die offene Tür kam, modelliert wurde wie auf einem Genrebild. Sie erkannte den Bruder nicht sogleich. Als er sie erneut ansprach, lösten auf ihrem Gesicht, in dem die Falten sich vertieft hatten, Erstaunen und Schrecken einander ab.

»Du?«, brachte sie hervor, während der Junge zu ihr zurückflüchtete und sich an sie drängte. »Du bist zurück?«

»Ja«, sagte er.

Sie lachte ein wenig und schüttelte den Kopf. Ihr Haar, das fiel ihm nun auf, war verfilzt und viel zu lang; über ihre Wange zog sich ein schuppiger Ausschlag. »Du! Nach so langer Zeit! Wie mager du bist!«

Sie umarmten sich, wobei er dem Säugling auszuweichen versuchte. Es lag keine Herzlichkeit in dieser Berührung. Die Schwester roch nach ungewaschenen Kleidern und saurer Milch. Diesen Geruch hatte es auf dem Schiff nicht gegeben, er gehörte zur Welt der Mütter.

»Will«, sagte sie zum Jungen, »das ist dein Onkel John. Ich habe dir viel von ihm erzählt. Sei freundlich zu ihm.«

Der Junge schwieg; seine Nase war von Rotz verklebt.

»Wo ist Vater?«, fragte Webber.

Sarah schaute ihn vorwurfsvoll an, ihre Augen füllten sich mit Tränen, und noch bevor sie geantwortet hatte, wusste er, was sie sagen würde. »Unter dem Boden. Vor einem Jahr ist er gestorben.«

Webber senkte den Blick und schaute auf den Scheitel seines Neffen. »Hat er lange leiden müssen?«

»Am Schluss nicht mehr. Da hat er nur noch vor sich hin gedämmert. Es war, als ob eine Kerze herunterbrennt. Henry hat einen schönen Grabstein für ihn gemacht.«

»Henry«, sagte Webber leise, wie zu sich selbst.

»Der ist umgezogen«, sagte Sarah und wiegte den Säugling, der zu wimmern begonnen hatte, in ihrem Arm. »An die Oxford Street 312.« Sie sprach die Adresse mit übertrieben korrekter Betonung aus.

»Dann geht es ihm jedenfalls nicht schlecht. Die Miete dort wird kostspielig sein.«

»Er verkauft jetzt viel von seinen Sachen. Und uns gibt er ab und zu auch etwas, nicht wahr, Will?« Sie zog den Jungen noch näher zu sich heran, und zu dritt bildeten sie ein vielgliedriges Familienwesen.

»Du hast also kürzlich nochmals geboren«, sagte Webber und deutete auf den Säugling.

»Sie heißt Miriam.« Sarah stieß ein paar begütigende Laute aus und steckte der Kleinen einen Finger in den Mund.

Er zwang sich zu einem Lächeln. »Ein schöner Name. Hast du geheiratet?«

Ihr Gesicht verhärtete sich. »Nein. Die Herren Väter verflüchtigen sich, sobald sie Verantwortung tragen müssten, nicht wahr, Will?«

Es war der zweite Erzeuger, der sie im Stich gelassen

hatte; weder den einen noch den andern hatte Webber gekannt. Sie lud ihn zu einem dünnen Tee ein, sie saßen am Küchentisch, und Webber wischte immer wieder die Ameisen weg, die das Tischbein hoch zu einem Marmeladenrest krabbelten. Eine Zeitlang hatte sie mit einem Kürschnergesellen zusammengelebt. Die alte Geschichte: Er habe getrunken und sie verprügelt. Einmal habe er in einem Wutanfall den Statuen im Hinterhof den Kopf abgeschlagen; die Nachbarn hätten eingreifen müssen. Sie sei froh gewesen, als er eines Nachts nicht mehr auftauchte und von da an verschwunden blieb. Während sie erzählte, fragte er sich, wovon sie lebe; es konnte ja nicht sein, dass sie ganz von Henry abhing. Aber nichts in der verkommenen Wohnung deutete auf eine Verdienstmöglichkeit hin.

Als die Kleine schrie, stillte Sarah sie vor seinen Augen. Er hörte das gierige Saugen und Schmatzen, er sah Sarahs weiche Brust, die im schwindenden Tageslicht bläulich wirkte, und obwohl sie ganz anders waren, dachte er einen Augenblick lang mit schamvoller Intensität an Poetuas Brüste. Von ihm, von seiner Reise wollte Sarah beinahe nichts wissen. Ob er wirklich unter Menschenfressern gewesen sei, fragte sie mit rauhem Lachen, und ob die Indianerinnen ihm gefallen hätten. Er antwortete einsilbig, versprach, ihr und dem Jungen später ein paar Bilder zu zeigen. Bevor er ging, warf er einen Blick ins Atelier. Es sah aus, als habe es jemand mutwillig zerstört: Der Boden war von größeren und kleineren Fragmenten übersät, in den Staub, der auf den wenigen Möbeln lag, waren mit dem Finger plumpe Ornamente gezeichnet. Das konnte nicht nur Sarahs Liebhaber gewesen sein; vielleicht hatten es Kinder gemacht. Man müsste hier einmal gründlich putzen, sagte er zu Sarah, die ihm gefolgt war, und sehnte sich plötzlich nach der strengen Ordnung auf dem Schiff. Sarah nickte; der Junge an ihrer Seite hatte noch kein Wort gesagt, und Webber fragte sich, was ihn wohl zum Reden bringen könnte. Er werde das Grab des Vaters aufsuchen, sagte er unter der Tür; Sarah nickte wieder, zerstreut diesmal, und hielt ihm die Kleine, deren Mund verschmiert war, zum Kuss hin.

Das Wiedersehen mit Henry verlief ganz anders. Er war nicht zu Hause, als Webber die Kutsche am späten Nachmittag – es dunkelte schon – halten ließ. So wartete er eine Stunde vor der grünlackierten Haustür, während ihn das dauernde Räderrollen und Hufgetrappel, die vielen schrillen Stimmen bedrängten. Er überlegte, wo er die Nacht und überhaupt die ersten Tage verbringen würde, wenn der Bruder ihn nicht aufnähme. Gasthäuser gab es genug in den besseren Vierteln; aber vielleicht würde ja auch die Admiralität für eine geeignete Unterkunft sorgen. Als Henry endlich kam, brannten schon die Straßenlaternen. Es hatte zu nieseln begonnen, auf den feuchten Pflastersteinen spiegelte sich das Licht. Henry verfinsterte die Lichterkette mit seinem Schatten. Er war zu Fuß unterwegs, mit leicht unsicheren Schritten, und klimperte von weitem mit seinem Schlüsselbund. Er stutzte, als er die wartende Kutsche vor dem Haus sah. John ging ihm entgegen und rief seinen Namen; er breitete die Arme aus und wunderte sich selbst über die Rührung, die ihm beinahe die Stimme verschlug. Henry reagierte, nach wenigen Sekunden der Besinnung, mit Freudengeschrei. Er stürzte auf den Bruder zu, zog ihn an sich, ließ ihn wieder los, er schlug ihm auf die Schultern und beteuerte, wie überrascht er sei, wie überwältigt, wie außer sich vor Freude. Er hatte getrunken, das trieb seine Äußerungen ins Grelle und Theatralische. John hingegen versteifte sich. Während Henry übersprudelnd auf ihn einredete, war er ihm plötzlich so fremd wie vorher die Schwester, und er fragte sich, ob seine Reise um die Welt zwischen ihnen nun eine Entfernung geschaffen habe, die sich nicht mehr überbrücken ließ.

Henry redete weiter, enthusiastisch und unbeirrbar: Es komme nicht in Frage, dass John anderswo logiere. Er habe genug Platz für beide, sie könnten sich auch das Atelier teilen. Daran habe er nämlich schon gedacht, als ihm die Haushälfte vor einem halben Jahr von einem vermögenden Gönner zur Miete angeboten worden sei. Sie weckten den Kutscher, dann schafften sie das Gepäck zu dritt ins Haus hinein. Die große und die kleine Kiste, die vielen Säcke, das zusammengeschnürte Malzeug, die Papierrollen und Leinwände: all dies stapelte sich im geräumigen Flur. Beim ganzen Hin und Her hatte Henry immer wieder den Drang, den Bruder zu berühren. Er hielt ihn rasch am Handgelenk fest, er legte ihm den Arm um die Schultern, strich ihm flüchtig über den Nacken. Es war John nicht unangenehm, und doch schien ihm, Henry überspringe die Schritte, die zur alten Vertrautheit führen sollten. Zwischendurch stieg eine heftige Sehnsucht in ihm auf, die Trevenen galt, dem Freund auf dem Schiff, den er nun verloren hatte. Trevenen hatte Henry vielleicht ersetzt; doch Henry würde Trevenens Stelle nie einnehmen können. Zwischen ihnen war mehr gewesen als brüderliches Einverständnis, ihre Freundschaft hatte Todesangst und Entbehrungen eingeschlossen.

Henry zündete überall Kerzen an; er rief aus dem Nebenhaus den Lohndiener herbei, der gelegentlich für ihn kochte, und gab ein kräftiges Irish Stew in Auftrag. Die Brüder trugen gemeinsam die Sachen, die John am dringendsten brauchte, in den oberen Stock, wo das Schlafzimmer lag. Dann schafften sie die Malutensilien ins Atelier, das gegen den Hinterhof ging. In regellosem Durcheinander, das gar kein ordentliches Gespräch zuließ, erkundigte sich Henry nach Johns Erfahrungen. Er drang darauf, gleich jetzt – ja, jetzt! – ein paar von Johns Reisebildern anzuschauen, noch bevor der Bruder seine Reisekleidung abgelegt und sich gewaschen habe; sein künstlerisches Werk müsse ihm doch am meisten gelten. John sträubte sich erst, entrollte dann doch, während immer stärker werdender Kohlgeruch durchs Haus zog, auf einem der Tische ein paar großformatige Landschaftszeichnungen, deren Details im schlechten Licht verschwammen. Henry beugte sich darüber, nickte und lobte, aber nicht lange, denn schon fiel ihm wieder ein, was er selbst dem Bruder unbedingt an Geglücktem zeigen wollte, darunter auch kleinere Arbeiten, sogar Medaillons. Dass er sich vor Aufträgen kaum retten könne, flocht er in jedem zweiten Satz ein; dass die Akademie ihm eine Silbermedaille zugesprochen habe, kam als Refrain dazu. Von einer Begegnung mit dem berühmten Kunsttöpfer und Manufakturbesitzer Josiah Wedgwood schwatzte er, der ihn unbedingt als Entwerfer gewinnen wolle, was seinem Leben, würde er zusagen, wohl eine ganz andere Richtung gäbe. John merkte, dass ihm nichts anderes übrigblieb, als den Bruder zu rühmen und ihn zu seinen Erfolgen zu beglückwünschen. Ab und zu, vor allem, als sie beim Essen saßen, versuchte er, Worte für das zu finden, was hinter ihm lag, für die Farben der Südsee, des Eises, für das bestürzend Fremde. Ob Henry ihm wirklich zuhörte, fand er nicht heraus, denn stets lag dem Bruder wieder eine Bemerkung auf der Zunge, die mit seinem Londoner Leben zu tun hatte. Einige Male kam es John vor, Henry ziehe einen Bannkreis rund um sich, damit ihn die Welten, aus denen der Bruder kam, nicht zu sehr verstörten. Von den Briefen, die er ihm geschickt hatte, war, wie sich herausstellte (oder wie Henry behauptete), keiner angekommen. Über Cooks Ende wusste allerdings auch Henry Bescheid. Das beschäftige ganz London, er wolle unbedingt Näheres darüber wissen, sagte er und lenkte dann doch davon ab.

Erst gegen Mitternacht, als die Müdigkeit überhandnahm, kamen sie auf Sarahs traurige Lage und den Tod des Vaters zu sprechen. Sie saßen, zu Portwein und Stilton, in alten Ledersesseln, in der Nähe des Kaminfeuers, dessen Flackern Henrys innere Unruhe aufzunehmen schien.

»Es war Zeit für ihn zu gehen«, sagte Henry, nun plötzlich sehr ernst, ja bedrückt, und fügte hinzu: »Noch ganz zuletzt hat er deinen Namen genannt.«

»Warum denn?«, fragte John.

»Ich weiß es nicht. Es ist seltsam, immer, wenn du weg warst, dachte er mehr an dich als an uns andere.«

»Nun sind wir eben vaterlos.« Hatte John diesen Satz nicht schon einmal gesagt? Einen Augenblick lang machte die vage Erinnerung ihn ratlos; dann wurde sie deutlicher, und die Trauer, die er bei Cooks Tod gespürt hatte, galt jetzt auch, in merkwürdig abgeschwächter Form, dem eigenen Vater.

»Erst wenn man keinen Vater mehr hat«, sagte Henry, »ist man wirklich auf sich allein gestellt.« Er war in eine grüblerische Laune hineingeraten, die John wiedererkannte; ja, in dieser von Halbtrunkenheit verursachten Stimmung hatte er vor der Abreise manchen Abend mit dem Bruder in der Schenke verbracht.

»Jeder Verlust macht einen einsamer«, sagte John.

»Das ist eine Platitude«, erwiderte Henry mit einem kurzen Lachen. »Sie hat aber den Vorteil, dass sie stimmt.«

Wo, dachte John, kann man einsamer sein als in einer engen Koje, auf hoher See? Es drängte ihn, von Anderson zu erzählen, von Cook und von Clerke, die alle gestorben waren. Doch er schwieg und hörte lieber wieder Henry zu, der nun ausführlich den Grabstein beschrieb, den er gemeißelt hatte. Plötzlich und ohne Zusammenhang fragte er, warum Henry nicht die Schwester und ihre zwei Kinder bei sich aufnehme; sie könnte ihm doch den Haushalt führen. Henry wich erst aus und gestand dann – dem Stadium der Volltrunkenheit nahe –, dass er's nicht ertrage, wie unordentlich und unsauber Sarah sei; außerdem wolle er sich nicht durch nächtliches Kindergeschrei den Schlaf rauben lassen. Er werde aber – dazu richtete er sich feierlich auf – die Schwester weiterhin unterstützen, sogar dann, wenn ein neuer Galan bei ihr Einzug halte, und er rechne fest damit, dass John dies auch tue. Ja, sagte John, ja; auch er war nun so benommen, dass er in alle Forderungen des Bruders eingewilligt hätte.

Sie besuchten den Friedhof, die Bunhill Fields, am nächsten Tag. Es hatte geregnet, das Laub auf den Wegen war nass und glitschig, von den Weiden tropfte das Wasser. Henry, nun wieder nüchtern und viel zurückhaltender als am Vorabend, führte den Bruder durch die Gräberreihen zum Platz, wo der Vater lag. Die Mutter war anderswo begraben; doch Henry hatte auf den Grabstein beide Namen eingemeißelt: ABRAHAM & MARY WÄBER, nur dies, die Jahreszahlen fehlten. Über die untere Hälfte des Steins zog sich das Halbrelief eines jugendlichen Engels im Profil; die Spitze des weit geschwungenen Flügels berührte den Buchstaben W.

Die Brüder zogen ihre Hüte und legten die blauen Astern, die sie an einem Marktstand gekauft hatten, aufs unbepflanzte Grab. Der leichte Regen rann übers John Stirn, netzte die Augenbrauen und lief aus den Augenwinkeln, als wären es Tränen. Ihm war aber nicht ums Weinen zumute; nur schuldig fühlte er sich auf unbestimmte Weise, und zugleich sagte er sich, dass man einem Vater, der den Sohn weggab, doch nichts geschuldet habe.

»Kamen viele zur Beerdigung?«, fragte er.

»Wer hätte schon kommen wollen?«, fragte Henry, beinahe aggressiv, zurück. »Man konnte sie an einer Hand abzählen. Er hat ja niemanden mehr gekannt.«

»Deine Freunde, dachte ich, deine Gönner. Er war doch dein Vater.«

»Sie wussten gar nichts von ihm. Und es war mir offen gestanden recht. Seine schäbige Existenz war am Schluss nur noch eine Belastung für uns. Er hat sich einfach fallenlassen. Und Sarah hat ihm den Hintern gewischt. Dafür habe ich sie bezahlt.«

»Das darfst du nicht sagen, er war bloß ein unglücklicher Mensch.«

Henry wischte mit dem Ärmel über die Stirn und schüttelte sich wie ein nasser Hund. »Mein lieber Bruder, ich sage, was ich will. Wenn einer schweigen sollte, dann du. Du warst auf der andern Seite der Weltkugel, als er starb.«

»Ich streite mich nicht mit dir an seinem Grab«, sagte John und unterdrückte eine gehässigere Antwort. »Du hast ja nicht unrecht. Behalten wir ihn in guter Erinnerung. Ohne seinen Einfluss wären wir nicht Künstler geworden.«

Henry schwieg, und John sog durch die Nase die feuchte Luft ein, die nach modrigem Laub und Schafdung roch. Eine Weile standen sie mit gesenkten Köpfen da; in der Nähe verfolgten sich ein paar Sperlinge mit schrillem Gezwitscher von Grab zu Grab.

»Ich vermisse das Meer«, sagte John plötzlich, gleichsam ins Leere hinein; von dem Satz, den er gar nicht vorausgedacht hatte, war er selber überrascht.

»Das Meer?«, fragte Henry verständnislos. »Und gerade hier?«

»Es ist die Weite, der Blick ins Offene, die dauernde Bewegung im scheinbaren Stillstand. Verstehst du?«

»Du warst doch furchtbar seekrank, hast du erzählt.«

»Das ging vorbei. Man muss das Meer zum Gefährten machen, zur Geliebten, deren Launen man schätzen lernt. Man muss sich tragen lassen vom Meer und zugleich wissen, dass es bodenlos ist, unergründlich.«

Verblüfft sah Henry ihn an. »Mein Gott, du wirst noch zum Poeten. Und ich habe gemeint, du gäbest dich mit der Malerei zufrieden.«

»Ja, die ist eigentlich schon schwer genug«, sagte John und versuchte mit einer kleinen Grimasse, seine Worte, die ihm nun selbst verstiegen erschienen, zu relativieren. Nein, der Bruder, der Stadtmensch, die Landratte, konnte ihn nicht verstehen. Und war es wirklich das Meer, das ihm fehlte? Oder war es das Schiff als Lebenszentrum, das den offenen Raum, der einen umgab, erst erträglich machte? War es die Gewissheit, nichts anderes vor sich zu haben als die Reise, das Unterwegssein? War es die Erleichterung, einfach mitzufahren und nicht dauernd wählen zu müssen wie jetzt?

Henry klapperte zum Schein einen Moment lang mit den Zähnen. »Ich glaube, an deiner Stelle würde ich eher die Wärme der Südsee vermissen. Und natürlich das Lächeln der schönen Prinzessin.«

Er hatte Henry – es war unvermeidlich gewesen – am zweiten Tag Poetua gezeigt, ohne Worte erst, dann doch mit langfädigen Erklärungen, deren scheinbare Nüchternheit der Bruder rasch durchschaute. Hätte er doch das Bild in einem Schrankwinkel versteckt! Nun hatte Henry einen Anlass, schlüpfrige Andeutungen zu machen, dem Bruder eine Liebschaft unterzuschieben, die nicht möglich gewesen war; und preiszugeben, dass er sie mit allen Fasern gewollt hätte und in Gedanken immer noch wollte, brachte er nicht über sich.

»Gehen wir«, sagte er, sich zu Gelassenheit zwingend. »Es gehört sich nicht, hier über Prinzessinnen zu scherzen.«

Henry stieß einen undeutbaren Laut aus, etwas zwischen Lachen und Winseln. »Ich scherze nicht. Man muss dem Tod das Leben gegenüberstellen. Ist das nicht das größte Thema in der Kunst?«

»Vielleicht.« John ging ein paar Schritte vom Grab des Vaters weg; die Reihe der Gräber, ein unregelmäßiges Spalier von Statuen und Steinen, wollte gar nicht enden. Er fühlte sich schwach, seine Knie drohten nachzugeben. Nun war es doch, trotz der Steinplatten, die den Weg sicherten, ein wenig wie auf dem Meer.

»Wie gefällt dir eigentlich der Grabstein?«, fragte Henry in seinem Rücken.

»Ich danke dir für deine Mühe«, sagte John, ohne sich umzudrehen. Seine Schultern waren durchnässt, er spürte die Nässe auf der Haut. Aber der Salzgeschmack auf den Lippen war schon lange verflogen. Und gerade jetzt hätte er viel dafür gegeben, ihn wieder zu kosten.

29

London, Juni 1784

Mehr als drei Jahre waren seit seinem ersten Besuch bei ihr vergangen. Konnte das sein? Die Zeit war verflogen, manchmal in erschreckendem Einerlei; nein, anders: Es schien ihm, er sei wie auf einem sibirischen Schlitten die schräge, schon zum Ende weisende Zeitachse hinuntergeglitten, und täglich neu habe er versucht, der Reise, die zum Zentrum seiner Existenz geworden war, alles Darstellenswerte abzugewinnen. In den letzten hektischen Monaten vor der Publikation des Tafelbands hatte er sein Privatleben verkümmern lassen, und es war ihm gerade recht gewesen, dass sich, unter diesem Druck, die Heiratsfrage gar nicht mehr stellte. Dorothy hatte er noch zweimal zufällig gesehen: einmal zusammen mit dem Kindermädchen und ihren Kindern, das zweite Mal in einer Taverne, wo sie, zu seiner Bestürzung, angesäuselt unter Männern saß und ihm, als sie ihn erkannte, kokett zutrank. Dass sie unglücklich war, hatte er geahnt; als er die Striemen auf ihrer Wange und ihr blutunterlaufenes Auge sah, wusste er, dass ihr Mann sie schlug. Aber sein Mitleid verleitete ihn nicht dazu, mit ihr anzubändeln, es wäre eine aussichtslose Affäre gewesen. Die drei Poetua-Bilder hatte er verkauft. Eines Tages – es war noch nicht so lange her – hatte er entschieden, sich von ihr zu trennen und einem weiteren unmöglichen Verhältnis, einem eingebildeten und herbeiphantasierten, nicht weiter nachzutrauern. Tagsüber beschäftigte er sich kaum noch mit ihr; in seinen Träumen jedoch tauchte sie immer wieder auf, in verwandelter Gestalt meist, auch als Tier, als Antilope, als Eisvogel. Erst lange hinterher, wenn das Bild ihn nicht losließ, wurde ihm klar, wen es eigentlich meinte. Er wusste, dass der Schnitt, den er versucht hatte, keine Heilung brachte. Die Krankheit, an der er untergründig weiterhin litt, war seine unstillbare Sehnsucht.

Diese Reise, immer wieder die Reise. Von Trevenen hatte er zwei nichtssagende Briefe bekommen. Es schien ihm gutzugehen; er hatte geheiratet, war aber, nun als Leutnant, meist auf See, und weil zwischen England und Frankreich gegenwärtig Frieden herrschte, dachte er daran, sich um das Kommando einer friedlichen Mission zu bewerben, darum nämlich, den Brotfruchtbaum von Tahiti nach Südamerika zu bringen, wobei, so hatte er geschrieben, sein größter Konkurrent ausgerechnet William Bligh sei. Es war Webber klargeworden, dass er Trevenen nicht wiedersehen würde. Auch Freundschaften mündeten in den Fluss der Zeit und verschwanden darin. Und im Rückblick erwiesen sie sich als Rinnsale und nicht als anschwellende Bäche, wie man gerne geglaubt hätte.

Die Reise war aber nicht bloß zum Zentrum geworden, um das herum er sein Leben organisierte, sie war, so sagte er sich manchmal zwischen Verachtung und Resignation, sein einziges Kapital, und er würde es bis zum letzten Rest ausbeuten müssen. Dazu gehörte, dass er sich nun schon einige

Male mit Philippe Jacques de Loutherbourg getroffen hatte, einem Feuerkopf und Alleskönner, den er aus seiner Pariser Zeit kannte. Loutherbourg, Theatermacher, Maler, Dichter, war fasziniert von den szenischen Möglichkeiten, die Webbers Schilderungen boten; und er war besessen von der Idee, in London ein Theaterspektakel mit Musik zu inszenieren, das in üppig ausgestatteten Bildern der Reiseroute und den Reiseabenteuern folgen würde. In den Mittelpunkt wollte er dabei Omai stellen, Omai als Verkörperung des edlen Wilden, dem die noch edleren Briten, gegen alle Widerstände der Spanier und Franzosen, zu einer triumphalen Heimkehr auf seine Insel verhelfen. Enthusiastisch hatte Loutherbourg auf Webber eingeschwatzt und um seine Mithilfe geworben. Als Kostümberater und Bühnenbildner wollte er ihn beiziehen und so dem Publikum höchstmögliche Authentizität garantieren. Dass Webber dabei natürlich Konzessionen eingehen müsse, sei ihm gewiss von vornherein klar; den Publikumsgeschmack, der Vertrautes am liebsten mit Fremdem vermische, werde man auf keinen Fall verfehlen dürfen. Loutherbourg hatte schon einen günstigen Vertrag mit dem Covent Garden Theatre in der Tasche, was bedeutete, dass er ein anständiges Honorar zahlen konnte. Webber zögerte noch mit seiner Zusage, er hatte sich darauf hinausgeredet, dass er zuerst die Arbeit am Tafelband abschließen wolle. Aber was war Unrechtes daran, das Londoner Publikum zu unterhalten? Es kam, wie bei den Kupferstichen, bloß darauf an, welche oder wie viel Wahrheit es ertrug (oder die Zensoren der Admiralität gestatten würden). Wobei das Wort »Wahrheit« in diesem Fall ja nichts anderes war als ein Schwamm, der alles aufsog, was für wahr gehalten wurde.

Nun stand er wieder hier, vor dem niedrigen Haus der Mrs Cook, oben auf der kleinen Freitreppe, im Begriff zu klopfen, und bei sich trug er den Folioband mit den einundsechzig Tafeln, der nun, zum Glück, rechtzeitig erschienen und dem König bereits übergeben worden war. Aus Gründen, die er selbst nicht klar durchschaute, hatte Webber sich ausbedungen, den Band, so wie damals das Porträt, der Witwe persönlich zu überreichen, ja, er hatte beim grämlichen Peckover geradezu darum gekämpft, dass ihm die Admiralität erlaubte, noch einmal zur Mile End Road zu fahren. Es war wohl so, dass er den unbestimmten Wunsch hatte, etwas Versäumtes nachzuholen oder etwas gutzumachen, und dringlicher noch war die Hoffnung, Mrs Cook von seiner Redlichkeit überzeugen zu können. Da war ja auch der Junge, Hugh, der dem Besucher das Modell der *Endeavour* hatte zeigen wollen. Er besonders, stellte Webber sich vor, würde sich über die Illustrationen freuen; zu jeder ließ sich eine hübsche Geschichte erzählen.

Webber schaute sich um. Bei seinem ersten Besuch war Winter gewesen; die Grautöne, vermischt mit Grün und Umbrabraun, hatten überwogen. Jetzt aber war Juni. Rhododendron und Clematis blühten verschwenderisch, violette Blütenblätter bedeckten den Boden, grüne Birnchen hingen bereits am vollblättrigen Spalier, das dem oberen Rand der Fenster folgte. Die Kletterrose neben dem Eingang war voller gelber Knospen, von denen die ersten gerade aufbrachen. Irgendwo nisteten Vögel, Blaumeisen vielleicht, sie zwitscherten so laut, dass es beinahe in den Ohren weh tat.

Eine Weile schon hatte er dagestanden und das Anklopfen vergessen. Da wurde die Tür von innen unsanft geöffnet;

das Mädchen in der weißen Schürze, an das er sich erinnerte, sprach ihn an: »Wieso klopfen Sie nicht? Wollen Sie hier anwachsen?«

»Verzeihung«, sagte Webber. »Ich war ... ich war in Gedanken.« Er schaute sie an. »Sie heißen doch Nancy, wie?«

Sie lachte hell auf, aber immer noch mit einem Rest an Befremden. »Und Sie sind der Künstler? Die haben den Kopf oft in den Wolken, so hört man. Ich habe Sie von drinnen gesehen und mir gedacht, es sei das Beste, Sie aus Ihrer Erstarrung zu erlösen.«

Webber lächelte; er trug den sorgsam in Papier gehüllten Folioband auf beiden Armen, als wäre er ein Kind. Das war er ja in gewisser Weise auch, sagte er sich.

Nancy bezog das Lächeln auf sich und erwiderte es mit einem Augenaufschlag. »Kommen Sie herein. Mrs Cook erwartet Sie.«

Er folgte ihr, wie damals, durch den Flur zum Salon und nahm auf demselben Sessel Platz, dem äußersten in der Dreiergruppe. Der lange Tisch war immer noch bedeckt mit Folianten und Karten, sogar das Bild, das er damals gebracht hatte, stand, umgedreht, an der rechten Wand, unter dem Seestück. Er erkannte es sogleich am leicht geschweiften Rahmen. Während er wartete, hatte er plötzlich das beängstigende Gefühl, die Zeit habe einen Sprung rückwärts gemacht oder er sei in einer Zeitschlaufe an einen Ort gelangt, von dem aus er alles, was er hinter sich gebracht hatte, wieder von vorne durchlaufen müsse. Nicht einmal das Buchpaket auf seinen Knien konnte dieses Gefühl widerlegen. Eine Panik überfiel ihn; sie schnürte ihm den Atem ab und wollte ihn dazu zwingen, blindlings wegzulaufen, auf die Straße hinaus. Aber noch bevor Mrs Cook eintrat, hatte er den Anfall überwunden.

Auch sie hatte sich, auf den ersten Blick, nicht verändert. Sie trug ihre gekrauste schwarze Haube, die sie in eine würdige Distanz rückte und ihr gleichzeitig, zusammen mit dem schlichten bodenlangen Rock, das irritierend Alterslose gab, das, je nach Beleuchtung, ihren Ausdruck zwischen allen Lebensaltern schwanken ließ. Vielleicht war es ja so, dass nicht Webber, der Besucher, wie eine Spielfigur auf ein früheres Zeitfeld zurückversetzt worden war, sondern dass für Mrs Cook, nach dem Tod ihres Mannes, die Zeit gar keine Rolle mehr spielte.

Webber legte das Paket zur Seite und stand auf, um ihr, mit dem Gefühl, eine Echsenhaut zu berühren, flüchtig die Hand zu küssen. Er merkte, dass sie sich verkrampfte und ein wenig zurückwich; die Begrüßung kam ihr offenbar zu nahe.

»Sie geben uns also erneut die Ehre, Mr Webber«, sagte sie. »Setzen Sie sich doch.« Ihre Stimme war brüchig, und dies versuchte sie mit übertriebener Betonung zu tarnen. »Sie kommen, wie mir mitgeteilt wurde, auch das zweite Mal aus besonderem Anlass.«

Webber nickte und suchte nach einem Anfang für eine angemessene Dedikation. Doch Mrs Cook kam ihm zuvor. »Der Tee wird gleich da sein«, sagte sie und klatschte mehrmals in die Hände. Webber beteuerte, er könne auf Tee verzichten; sie bestand darauf, dass er serviert werde. Sie saßen einander schräg gegenüber. Weil die Sonne um diese Jahreszeit höher stand, war es im Salon weniger hell als im Winter, und das ergab einen bedrückenden Kontrast zum Frühsommer draußen.

»Dieses Buch hier«, sagte er und beugte sich zum Paket hinunter, um es auszuwickeln, »dieser stattliche Band enthält manches von dem, was Ihr verblichener Gatte entdeckt und gesehen hat.«

Ihr Ausdruck verfinsterte sich. »Ich bin gespannt, was Ihre Kunst vermag. Die beiden Textbände, den Reisebericht, den Mr King zu Ende schrieb, habe ich bereits studiert und einiges darin gefunden, was mir bisher vorenthalten wurde.«

»Sofern Ihr kleiner Sohn in der Nähe ist«, sagte Webber und hob den ledergebundenen Band auf die Knie, »würde es ihn gewiss freuen, mit uns zusammen die Bilder zu betrachten. Meinen Sie nicht auch?«

»Ich kann ihn rufen, wenn Sie es wünschen«, sagte sie und klatschte wieder in die Hände; dem fügte sie ein hohes, beinahe schneidendes »Hugh!« an, das sie gleich, in stärkerer Dehnung, wiederholte: »Huuugh!«

Zuerst kam Nancy mit dem Teetablett. Sie stellte es auf dem Tischchen mit den geschweiften Beinen ab, und während sie geschickt mit Geschirr und Zuckerzange hantierte, erschien auch der Junge im Salon. Webber erschrak auf beinahe frohe Weise, denn im Gegensatz zu seiner Umgebung war Hugh der lebendige Beweis dafür, dass die Zeit weiterlief und niemand sie aufhalten konnte. Er war zwei Köpfe größer als Webber ihn in Erinnerung hatte, ein neunjähriger schlaksiger Junge, der das Rundliche des Kleinkinds hinter sich gelassen hatte. Er trug auffällig helle Kleider, weiße Strümpfe und einen bläulichen Rock, der seine kränkliche Gesichtsfarbe hervorhob. Die Blicke, mit denen er Webber musterte, waren bohrend; er trat vor den Besucher hin und reichte ihm, mit einer angedeuteten Verbeugung, die Hand.

»Du weißt doch, wer ich bin?«, sagte Webber beiläufig und beinahe scherzhaft, um dem dunklen Ernst in Hughs Augen zu entgehen.

Der Junge nickte. »Sie waren schon einmal da. Es ist lange her.«

»Der Herr will uns das Bilderbuch zur letzten Reise deines Vaters zeigen«, sagte Mrs Cook.

»Dein Vater«, sagte Webber, »ist nun wohl der berühmteste Mann in ganz England.«

Hugh verzog keine Miene. »Zuerst kommt der König«, antwortete er, »und erst nach ihm alle anderen.«

»Da hast du recht.« Webber tippte auf den Ledereinband. »Wollen wir uns nebeneinandersetzen?«

»Drüben haben wir das bessere Licht«, sagte Mrs Cook.

Sie ließen den Tee, der aus den Tassen dampfte, stehen und begaben sich gemeinsam zum langen, an die Querwand gerückten Tisch, auf den das Licht seitlich von der Fensterfront fiel.

Der Tisch war ein Fremdkörper in diesem Salon, und dennoch gehörte er, allein durch seine dauerhafte Präsenz, hierher. Gerade auf ihm hatte sich, bei näherem Hinsehen, mehr verändert, als Webber beim ersten flüchtigen Blick gemeint hatte. Die Bücher waren nun alle zugeklappt und in kleinen Stapeln geordnet, die Karten zusammengefaltet, über allem lag Staub, und die offene Tintenflasche neben dem Federkasten ließ vermuten, dass ihr Inhalt längst eingetrocknet war. Nancy schaffte drei Stühle aus einem anderen Zimmer herbei. Sie setzten sich zu dritt nebeneinander, Webber in die Mitte. Dann schlug er feierlich den Band auf, für den Mrs Cook auf dem Tisch durch Verschieben der Stapel genügend Platz geschaffen hatte.

Die Reise begann mit dem Blick auf die bewaldete Bucht von Kerguelens Insel und setzte sich fort mit den kraushaarigen Wilden aus Van Diemens Land; sie führte von Neuseeland nach den Freundschaftsinseln, wo es hauptsächlich Kampf- und Tanzszenen zu sehen gab. Webber konnte stolz sein auf die Qualität, den Detailreichtum der Stiche. Und doch war es seltsam unwirklich, sie vor Mrs Cook und ihrem Sohn aufzublättern. Wohl steuerte Webber zu jedem Blatt ein paar treffende Erläuterungen bei; wohl schilderte er anschaulich Stürme und Entbehrungen, und nie vergaß er, auf die unverzichtbare Rolle des Kapitäns, ob er auf dem Bild war oder nicht, hinzuweisen. Aber was ihn so lange bis in seine Träume hinein beschäftigt hatte, blieb an diesem Tisch leblos, eingeschränkt auf schwarzweiße Flächen, auf Schraffuren und die unzähligen Stichelspuren, über deren Verlauf und Form er mit den Kupferstechern gestritten hatte. So fern ihm auf diese Weise die Reise rückte, so unwirklich kam es ihm vor, dass die Frau an seiner Seite von Cook berührt und umarmt worden war und dass er mit ihr den Sohn gezeugt hatte, dessen Ellbogen nun seinen Unterarm berührte.

Mrs Cook sagte kaum etwas, schien sogar frühzeitig zu ermüden, denn schon nach den ersten Bildern stützte sie den Kopf auf und verdunkelte mit ihrem Schatten die Doppelseiten, die Webber aufschlug, so dass er den Band ein wenig von ihr wegschob. Nur wenn er zu Darstellungen kam, von denen, ihrer Meinung nach, ein empfindliches Kind verschont werden sollte, bat sie Webber darum, rasch weiterzublättern. Das geschah überall dort, wo Frauenbrüste zu erkennen waren, aber auch beim Menschenopfer auf Otaheite, wo der Tote, an eine Stange geschnürt, auf dem Boden lag. Hugh protestierte nicht gegen die mütterliche Zensur, er verriet bei keinem Bild sein Erstaunen oder seine Furcht, stellte aber bisweilen Fragen, die seine Frühreife verrieten. Aus was für Materialien die Lendentücher auf Lifuka gemacht seien, wollte er wissen, ob die Begräbniszeremonien auf den Inseln *würdig* seien, und zwischendurch fragte er sogar, wie viele Seemeilen zwischen Tonga und Otaheite lägen, und ob es für seinen Vater schwierig gewesen sei, mit dem Chronometer die Position zu bestimmen. Webber zeigte sich erstaunt über Hughs Wissen.

»Mein Schwager, der über seemännische Kenntnisse verfügt, unterrichtet ihn seit längerem«, sagte Mrs Cook. »Und ich trage als Mutter dazu bei, was sich gehört.«

»Ich lerne Griechisch und Latein«, sagte Hugh und blickte auf die Bildtafel, die eben an der Reihe war: das Innere einer Kultstätte mit Standbildern von Göttern und einer Art Altar.

»Hier opfern sie ihren Götzen, nicht wahr?«, sagte er mit der Betonung eines Erwachsenen.

»Ja«, sagte Webber. »Sie schlachten Schweine und bringen den Göttern Kokosnüsse dar, um sie günstig zu stimmen.«

Hugh schüttelte den Kopf, nicht heftig, aber von sich durchaus überzeugt. »Das ist nicht gut, Sir.«

»Ich sage nicht, dass ich dies billige«, entgegnete Webber.

»Man muss sie zum Christentum bekehren«, sagte Hugh. »Dann wird es ihnen bessergehen, und sie brauchen den Fisch nicht roh zu essen.«

»Sie essen ihn nicht roh«, sagte Webber. »Sie räuchern ihn oder sie braten ihn über der Glut.«

»Mein Onkel Isaac hat aber gesagt, dass sie ihn roh essen.«

»Ich war dort«, sagte Webber. »Ich habe es selbst gesehen.«

Hugh ging nicht darauf ein und schneuzte sich wie zum Protest.

»Er will Pfarrer werden«, sagte Mrs Cook mit unüberhörbarem Stolz. »Dann werde ich wenigstens einen meiner Söhne ab und zu sehen. James ist ja auf hoher See. Und Nathaniel ... ach ja, er wurde mir genommen.« Sie griff, an Webber vorbei, nach Hughs Hand und drückte sie.

»Ein früher Entscheid«, sagte Webber.

Sie zog die Hand zurück. »Im Pfarrhaus, Mr Webber, stirbt man weniger oft als in einem Orkan. Oder man überlebt länger als unter Wilden. Sehen Sie das nicht auch so?«

Webber schwieg und blätterte weiter, zu den Indianern des Nootka-Sunds mit ihren bemalten Gesichtern, den Ohr- und Nasenringen. Sie schienen den Jungen, der sich so überlegen gab, nun doch ein wenig zu erschrecken. Webber sah von der Seite, dass er sich auf die Lippen biss und auf der Sitzfläche, auf deren Kante er gesessen hatte, eine Handbreite zurückrutschte. Der Anblick der Kajaks und Walrosse lockte ihn wieder in größere Nähe, und als dann der Eisbär auftauchte, entfuhr ihm sogar ein Laut der Bewunderung.

Irgendwann hatte Nancy die Tassen, in denen der Tee erkaltet war, auf den Tisch gestellt. Webber trank geistesabwesend davon und blätterte in gleichmäßigem Rhythmus weiter.

»Erlauben Sie bitte«, sagte Mrs Cook beinahe schnippisch und mit kaum verhohlener Verärgerung. »Wir waren doch nun zum zweiten Mal auf Owhyhee, wo mein armer Mann ums Leben kam. Und nun sind wir schon wieder in der Arktis. War nicht vorgesehen, das Ende meines Manns auf einer Bildtafel zu würdigen?«

Webber senkte den Kopf; er hatte die Frage erwartet. »Es ist das letzte Bild, Madam, das allerletzte. Sie müssen sich noch ein wenig gedulden.«

»Dann stimmt die Reihenfolge aber nicht«, mischte Hugh sich ein. »Sie müssen doch alles der Reihe nach zeigen. Sonst wird man verwirrt. Nach dem Tod meines Vaters dauerte die Reise noch über ein Jahr, oder nicht?«

»Ja, aber der Tod deines Vaters ist so bedeutsam, dass er das ganze Werk abschließen muss.« Und mit Nachdruck fügte er hinzu: »Das wollte auch der König so.«

Damit gab sich der Junge zufrieden; seine Anspannung hatte sich aber spürbar verstärkt.

Webber merkte, dass nun beide, Mrs Cook und ihr Sohn, bloß auf dieses letzte Bild warteten und die Ansichten von Kamtschatka, Macao und Vietnam – sie waren mit gleicher Sorgfalt gezeichnet und gestochen wie alles Übrige – kaum noch beachteten. Er fragte sich, ob er einige Tafeln überspringen solle, tat es dann aber doch nicht. Endlich kam der Moment, da er das vorletzte Blatt – Papier in bester Pariser Qualität! – mit unmerklich zitternden Fingern wendete, es auf die linke Seite legte und glattstrich. Vor ihnen lag, perfekt gedruckt, die figurenreiche Darstellung von Cooks Tod; und wie es sein sollte, zog ER, weißgekleidet, mit schwarzem Hut, alle Blicke auf sich. Keine humanere Geste konnte man sich wünschen als dieses Zum-Frieden-Mahnen, das die abwehrend ausgestreckte Hand und das gesenkte Gewehr ausdrückten; keine schlimmere Missetat war denkbar als die, den großen Mann meuchlerisch von hinten niederzustechen. Bartolozzi hatte, unter beinahe erpresserischem Druck, sein Bestes gegeben; und wie um Webbers Idee noch weiterzutreiben, hatte er Cooks Haar, unter dem dunkelgrauen Hut, ebenfalls geschwärzt, so dass nun, wenn man die Augen zusammenkniff, beides zu einem schwarzen Fleck zusammenfloss, der die Wirkung der überhellen Kleidung zunichte machte.

Mutter und Sohn schauten auf die Tafel und schwiegen lange. Der Atem des Jungen beschleunigte sich; Mrs Cook hingegen schien gar nicht mehr zu atmen.

»So soll es also gewesen sein«, sagte sie, nachdem Webber mehrfach geschluckt hatte.

Er nickte und wählte seine Worte mit Bedacht. »Nach allgemeiner Übereinkunft, ja.«

»Wie er dasteht«, sagte sie, um eine Spur schroffer. »Wie für einen Ball gekleidet, dazu mit schwarzem Hut. Das ist doch völlig unnatürlich.«

»Es gibt, Madam, Erfordernisse der Komposition, die der Künstler nicht einfach ignorieren darf.«

Sie drehte sich auf dem Stuhl ruckartig zu Webber um, so dass ihr Rock heftig raschelte. »Man hat Ihnen befohlen, ihn so zu zeigen, ja?«

»Er wurde von verschiedenen Seiten in dieser Haltung beschrieben, Madam.«

»Sie waren also nicht dabei?«

»Ich war dabei, wenn auch nicht am Ufer, sondern auf dem Schiff, von wo aus wir mit größtem Schrecken durchs Fernglas beobachteten, was geschah.«

Hugh hatte sich schon vorher zu äußern versucht; nun brach es anschuldigend aus ihm hervor: »Papa kämpft ja gar nicht!«

»Das wäre wohl nicht christlich«, sagte Mrs Cook mit

scharfer Ironie. »Geh jetzt hinaus, Hugh, ich muss mit dem Herrn Dinge besprechen, die nicht für deine Ohren bestimmt sind.«

»Nein!« Empört, den Tränen nahe sprang der Junge auf die Füße. »Ich bleibe hier! Ich will hören, was er dir sagt! Ich bin sein Sohn!«

»Daran zweifelt niemand. Aber du bist noch lange nicht erwachsen.« Es gelang Mrs Cook nicht, den tröstenden Unterton beizubehalten; schon riss ihr Zorn, dessen Gründe Webber nur halb durchschaute, sie wieder mit. »Jetzt geh in dein Zimmer und lerne deine Vokabeln, verstanden!«

»Nein!« Er hatte sich, schräg hinter Webber, mit geballten Fäusten vor der Mutter aufgepflanzt. »Warum wollen Sie nicht zeigen, dass Papa gegen die Heiden gekämpft hat?«

»Du solltest deiner Mutter gehorchen«, sagte Webber. »Denk daran, was für einen Beruf du ergreifen willst. Da ist es wichtig, Frieden zu stiften und Frieden zu wahren, genauso wie dein Vater.«

Hugh schaute nicht ihn an, sondern die Mutter; ihre Blicke schienen sich ineinanderzubrennen. »Für eine gerechte Sache darf auch ein guter Christ kämpfen.«

Waren jetzt nicht die Züge in seinem Gesicht deutlicher geworden, die an seinen Vater erinnerten? Hatte nicht gerade seine Halsstarrigkeit etwas von Cook?

Unvermittelt erhob sich die Mutter, packte den Sohn am Arm und zog ihn mit sich zur Tür. Die ersten paar Schritte wehrte er sich nicht, zu sehr hatte ihn ihre Schnelligkeit verblüfft. Doch dann versuchte er sich ihr zu entwinden, er zappelte, stemmte sich gegen sie: »Lass mich los, lass mich los!«, während sie fauchte: »Du machst jetzt, was ich dir sage!« Es wurde ein Handgemenge daraus, das Webber als machtloser Zuschauer verfolgte. Schließlich hatte sie Hugh – sie war doch die Stärkere – zur offenen Tür bugsiert; dort nahm ihn Nancy mit hartem Griff in Empfang und redete tadelnd auf ihn ein. Damit brachte sie ihn zu heftigem Weinen, das aber, als sich beide entfernten, rasch verklang.

Außer Atem kehrte Mrs Cook zum Tisch zurück; der Zorn hatte ihr Gesicht gerötet, und das machte sie schöner und jünger. Sie setzte sich nicht wieder, ordnete, indem sie vor Webber stehen blieb, ihre Kleidung und band eine Schleife fest, die sich gelockert hatte.

»Zum Glück ist nichts zerrissen«, sagte sie, immer noch außer Atem. »Der Junge tobt manchmal wie ein Berserker.«

Webber hatte sich nicht von der Stelle gerührt, er wusste nicht, was er tun oder sagen sollte.

Mrs Cook – sie stand im Gegenlicht – wies auf das Blatt, das sich ein wenig gewellt hatte, so dass die helle Gischtspur des Meers dem Betrachter entgegenzukommen schien. »Was war vorher? Was war nachher? Das will ich genau wissen, Mr Webber, nicht bloß in beschönigter Form. Die Wilden haben die Leiche meines Mannes zerstückelt, das hat Mr King zugeben müssen. Können Sie ermessen, was das für mich bedeutet?« Ihre Augen standen plötzlich voller Tränen. »Haben sie ihn aufgegessen? Ist das die Wahrheit?« Sie trat so dicht an ihn heran, dass er ihren Schweiß roch, den das Parfüm nicht mehr zu überlagern vermochte. »Ist das die Wahrheit, die man verschweigen will?«

Webber hob die Hand zu einer abwehrenden Gebärde. »Nein, Madam, nein! Wir haben ihn ordentlich bestattet, er hat ein Seegrab bekommen, wie es sich gehört.«

»Aber warum haben die Wilden ihn angegriffen? Hat er gewütet aus irgendeinem Grund? Hat er den Angriff provoziert?«

Webber bemühte sich, nicht ins Stottern zu geraten. »Er war erschöpft zu diesem Zeitpunkt, Madam. Wer wäre das an seiner Stelle nicht gewesen? Er versuchte, die Zucht unter der Mannschaft aufrechtzuerhalten, und zugleich kämpfte er gegen die fortwährenden Diebereien der Wilden.«

Mrs Cook hatte gar nicht richtig zugehört. Sie war ans Fenster getreten und sagte von dort aus, den Rücken Webber zugekehrt: »Wissen Sie, mein Mann konnte sehr aufbrausend sein.« Sie lachte kurz, es war wie ein Affront. »Ich dachte immer, dies werde ihm eines Tages zum Verhängnis.«

Webber überlegte, was er noch sagen, was er geradebiegen, was er verschweigen wollte, doch die Gedanken verwirrten sich in einem Knäuel ungenauer Erinnerungen.

Sie kam wieder zu ihm; dieses Hin und Her war gar nicht mehr zu ertragen, und dieses Mal berührte sie sogar flüchtig seine Schulter. »Sagen Sie mir: Hat er sich ...«, es kostete sie doch Überwindung, den Satz zu beenden, »hat er sich mit einem dieser braunen Weiber eingelassen? Das wissen Sie ganz genau, oder nicht? Da waren Sie nicht bloß mit dem Fernglas dabei!«

Webbers Nein war heraus, bevor er es abgewogen hatte, es kam zu voreilig, das spürte er sofort. Er fügte, seine Verlegenheit überwindend, hinzu: »Nichts lag ihm ferner, Madam. Sein größter Kampf war es doch, die Besatzung davon abzuhalten, das Übel ...«, er stockte, »die Krankheit, die leider dem Genuss beiwohnen kann, weiterzuverbreiten.«

Sie legte die Hand mit gespreizten Fingern auf ihre Brust

und verneigte sich leicht. »Wohlgesetzte Worte, Mr Webber, diskrete Worte. Wollen Sie ihn schützen? Ihn oder mich? Er war ein Mann wie andere Männer, Mr Webber. Er hat mich bei jedem Urlaub geschwängert und ist dann wieder gegangen.« Die roten Flecken auf ihren Wangen hatten sich vertieft. Aus ihren nächsten Sätzen wurde ein zorniges Crescendo. »Sie lassen es zu, dass ich mich in einem Netz von Lügen und Halbwahrheiten verfange. Sie und nicht nur Sie! Mein Leben lang kann ich mich nicht mehr daraus befreien!« Die Arme in die Seite gestemmt, stellte sie sich in Positur, als spiele sie eine Diva, und nun überwog höhnische Verbitterung den Zorn: »Ich, die Witwe eines großen Mannes! Ach, wie gnädig war doch das Schicksal, mir dieses Glück zuteil werden zu lassen!«

Webber fühlte sich von ihr bespuckt. Er hatte den starken Drang, zwischen ihr und sich Distanz zu schaffen, konnte aber, auf dem Stuhl sitzend und zu ihr hingedreht, nicht zurückweichen.

»Ich bitte Sie, Madam...«, hielt er ihr entgegen und wusste nicht mehr weiter. Es beschämte ihn tief, dass er für Mrs Cook nun zur Verschwörung all jener gehörte, die sie, was ihren Mann betraf, mit allen Mitteln zu betrügen versuchten. Hatte sie nicht recht damit? Es war ihr anzusehen, dass sie mit sich selbst kämpfte; ihre enggeschnürte Brust hob und senkte sich in raschem Rhythmus.

Was sollte er hier noch? Webber zwang sich zum Aufstehen, fast wollten ihm die Glieder nicht gehorchen. »Es ist wohl besser...«, sagte er zögernd, mit der Absicht zu gehen, bevor alles noch schlimmer wurde, und machte einen Schritt von ihr weg und in den Raum hinein.

Sie war am Tisch, bevor er sich versah, und schob den Stuhl, auf dem er gesessen hatte, so energisch zur Seite, dass er umfiel. »Man kann mich kaufen, Mr Webber. Das geschieht aus Not, ich brauche Geld. Wer auch nicht!« Sie verlor erneut die Beherrschung und schrie: »Aber man soll nicht meinen, ich sei blind und dumm!« Es war so laut und durchdringend, dass man es im ganzen Haus hören musste. Webber ahnte, was sie tun wollte, und konnte sie nicht daran hindern. Mit wenigen Rucken riss sie die Seite, auf der Cook starb, aus dem Buch heraus. Das Reißen des Papiers schien Webber noch lauter als ihre Stimme.

»Tun Sie das nicht, Madam«, sagte Webber viel zu spät.

»Mit einem nutzlosen Geschenk tue ich, was ich will!« Sie wandte sich ihm zu und zerriss das Blatt vor seinen Augen in Streifen und Schnipsel, die sie, langsam um ihn herumgehend, aufs Parkett streute. Es war wie ein Tanz, der um ihn eine Art Bannkreis schuf. Er schloss die Augen. Der Boden wankte und wogte unter seinen Füßen; es war ein anderer Sturm als auf dem Schiff, aber nicht weniger furchterregend. Mit Mühe hielt er sich aufrecht. Was hätte er darum gegeben, jetzt allein zu sein, sich hinzulegen, von harmlosen Dingen zu träumen, vielleicht auch davon, diese Reise gar nie gemacht zu haben.

»Mam«, hörte er den Jungen, Hugh, von weitem sagen; so war er also zurückgekommen und redete wieder wie ein Kleinkind, mit hoher flehender Stimme. »Mam!« Er hörte ein Schluchzen, Schritte, Rascheln, das Knarren einer Tür. Als er die Augen öffnete, war sie weg, nur ihren Geruch hatte er noch in der Nase, und am Boden lagen die Papierfetzen, einige hell wie Sonnenflecken, andere, mit bedruckten Stellen, grau und unansehnlich. Gerade auf dem Schnipsel vor seinem rechten Schuh glaubte er, wie zum Hohn, Cooks schwarzen Hut zu erkennen, und schob ihn von sich weg. Was konnte er tun? Ihm war übel wie bei beginnender Seekrankheit. Er rückte den Folioband, dessen Ecke über die Tischkante herausragte, wieder gerade hin, er glättete den Seitenrest, dessen gezackter Rand fingerbreit auftragte; dann schloss er sorgsam und beinahe schamhaft das Buch, auf dem in goldenen Lettern der Titel eingeprägt war: *A Voyage to the Pacific Ocean Undertaken by the Command of Her Majesty.* Er murmelte die Wörter vor sich. War er wirklich dort gewesen?

Er bückte sich, um die Schnipsel aufzusammeln, doch plötzlich stand Nancy vor ihm und sagte: »Lassen Sie mich das tun, Sir.«

Er nickte, dankte, er schaute ihr zu, wie sie im Kauern die Papierstücke mit dem Handbesen auf die Kehrichtschaufel schob. Die Linie ihres Rückens verlief in einer anziehenden Krümmung, und das Blau ihres Rocks unter der Schürze glich dem Himmelblau auf den Bildern italienischer Maler. Eigentlich war sie ganz hübsch, aber er, John Webber, war nun schon alt und schwach, er hatte es ohnehin nie richtig verstanden, mit einem Mädchen anzubändeln.

»Mrs Cook ist manchmal sehr unglücklich«, sagte Nancy, zu ihm aufblickend. »Sie weint jeden Tag in ihrem Zimmer, und ich muss ihr immer einen vollen Krug Johanniskrauttee bringen. Der soll die Traurigkeit vertreiben.«

Nun war die Sonne so weit gesunken, dass die ersten Strahlen durch die Fenster drangen und das Parkett honigfarben aufleuchten ließen. Es war wie ein weiteres Echo auf seinen ersten Besuch.

»Das Buch lasse ich da«, sagte Webber.

Sie richtete sich auf und lächelte ihn an; in der Kehrichtschaufel, die sie hochgehoben hatte, lag ein Häufchen Papier. »Vielleicht erlaubt Mrs Cook, es mir anzuschauen.«

»Es ist nicht mehr vollständig«, sagte Webber.

»Aber die Bilder sind sicher recht hübsch.« Sie kippte den Inhalt der Schaufel in den Papierkorb unter dem Tisch, dann begleitete sie Webber zur Tür.

Er trat hinaus ins starke Nachmittagslicht. Es roch nach Rosen, obwohl noch kaum eine blühte. So viele Bienen summten herum, dass er das Gefühl hatte, ihnen ausweichen zu müssen. Wenigstens von Hugh hätte er sich verabschieden wollen, aber es war nicht möglich gewesen. Ging er nicht plötzlich auf Eis? Die paar Yards zur wartenden Kutsche schienen glatt, dann wieder voller Hindernisse zu sein. Vor langer Zeit war er in der Arktis gewesen, er hatte gefroren und über das Licht gestaunt. Wolken und Meer, danach sehnte er sich jetzt. Eine einzige wogende Weite ohne Grellheiten, und doch enthielt sie, schaute man genauer hin, alle Farben des Spektrums in ständig wechselnder Trübung und Entschleierung. Auch Rot war dabei, ein starkes Karminrot. Er stieg ein. Die Kutsche fuhr, er stand nicht mehr auf Deck. Er, John Webber, hatte seine Pflicht getan, er hatte sein Bestes gegeben. Niemand hatte das Recht, von ihm noch mehr zu fordern.

30

Epilog

Ein Brief von Monsieur Philippe Jacques de Loutherbourg, Maler und Bühnenbildner, an Monsieur Daniel Funk, Uhrmacher in Bern, Cousin des verstorbenen John Webber, geschrieben am 17. Juni 1793

Sehr geehrter Herr,

Sie bitten mich, Ihnen die näheren Umstände zu schildern, in denen Ihr Cousin, John Webber, Mitglied der Royal Academy, seine letzten Jahre in London verbrachte, und auch nicht zu verschweigen, was zu seinem allzu frühen Tod führte. Nach einigem Zögern habe ich mich entschlossen, Ihrer Bitte nachzukommen, muss Ihnen allerdings gleich zu Anfang gestehen, dass ich nicht – oder nicht mehr – der intime Freund des Verstorbenen war, für den Sie mich offensichtlich halten. Wir haben wohl eine Zeitlang eng zusammengearbeitet, uns dann aber nach einigen Unstimmigkeiten, auf die ich noch zu sprechen kommen werde, aus den Augen verloren. Mr Webber hatte seit seiner Rückkehr von der dritten Cook'schen Reise immer ein wenig gekränkelt, und seine Gesichtsfarbe hatte nie mehr ganz gesund gewirkt. Das ging indessen fast allen so, welche wie er die jahrelangen

Entbehrungen einer Weltumsegelung auf sich genommen hatten. Die Nachricht von seinem Tod im Alter von zweiundvierzig Jahren traf mich deshalb völlig überraschend; ich erfuhr sie aber früh genug, um an der Gedenkfeier, zu der sein Bruder Henry eingeladen hatte, teilnehmen zu können. Sehr viele Trauergäste hatten sich nicht versammelt. Es war um Mr Webber, nach den Jahren seines größten Ruhms, doch erheblich stiller geworden. Allerdings hatten sich zu seiner Ehrung einige Mitglieder der beiden Akademien eingefunden, mit Verspätung traf sogar Sir Joseph Banks in der Bartholomäus-Kirche ein und schob, nach allen Seiten nickend, seinen schweren Leib ganz nach vorne in die erste Reihe, wo er sich ächzend setzte. Auch zwei Seeleute waren dabei, die mit dem Verstorbenen auf der legendären *Resolution* unterwegs gewesen waren, der Zimmermann Cleveley, von dem es heißt, er habe selber einige – gar nicht so ungeschickte – Zeichnungen von der Reise angefertigt, und ein Matrose mit einer schwarzen Augenbinde. Alt und verrunzelt sah er aus, man musste ihn am Arm führen; aber man hatte, ihn betrachtend, das feierliche Gefühl, einem Zeugen und Überlebenden weltbewegender Ereignisse zu begegnen. Den größten – und wohl ehrlichsten – Schmerz aller Anwesenden drückte der Junge, Thomas Wyatt, aus, den Mr Webber bei sich als Gehilfen aufgenommen hatte. Er stammt, wie ich mir sagen ließ, aus ärmlichsten Verhältnissen; er wirkt ein wenig zurückgeblieben, was wohl mit einer schiefgewachsenen Schulter zu tun hat, erweist sich aber, sobald man mit ihm spricht, als höchst aufgeweckter Bursche. Er saß neben Mrs Davis, der behäbigen Haushälterin des Verstorbenen, und er drückte beim gemeinsamen Gesang sein Gesicht an deren Schulter, um das Schluchzen, das aus ihm drang, zu ersticken. Ich wechselte nachher ein paar Worte mit ihm. Nie sei jemand so gut zu ihm gewesen wie Mr Webber, beteuerte er auf rührendste Weise. Sein Dienstherr habe ihm Lesen und Schreiben beigebracht und auch die Anfangsgründe des Zeichnens. Er könne sich nicht vorstellen, ohne die Güte des Verstorbenen, der wie ein Vater für ihn gewesen sei, weiterzuleben. Wie es nun mit ihm weitergehen solle, wisse er nicht. Während er mit erstickter Stimme sprach, schaute er zu Boden; unablässig tropften Tränen aus seinen Augen und fleckten die Marmorfliesen. Ich versprach, für ihn nach einer neuen Stelle Ausschau zu halten.

Aber zurück zum Verstorbenen. Sein Stern in der Londoner Kunstwelt strahlte am hellsten unmittelbar nach der Publikation des Reiseberichts, zu dem er – zusammen mit den hervorragendsten Kupferstechern – die Bildtafeln beigesteuert hatte. Die Auflage war in wenigen Tagen ausverkauft; der Tafelband wurde überall herumgezeigt und versetzte ganz London in ein wahres Südsee-Fieber, denn es waren vor allem die Landschafts- und Menschendarstellungen von den Freundschafts- und Gesellschaftsinseln, welche das größte Aufsehen erregten. So kam ich auf den Gedanken, das Bedürfnis des Publikums, die Abenteuer dieser Reise nachzuempfinden, mit einer großen Pantomime fürs Theater zu befriedigen. Zur Hauptfigur des Spektakels wählte ich Omai, den Südseeprinzen, dessen Schicksal ich symbolisch mit jenem Britanniens verknüpfte. Ich hatte als Bühnenbildner bei Garrick schon etliche Neuerungen erfunden, wie wehende Nebel und Wasserfälle aus Seidenbahnen, dazu Mond- und Sonnenaufgänge, Brände und Schiffsuntergänge bei heftigstem Sturm; und nun schien es mir, dass sich mit einem solchen Stoff, der die unterschiedlichsten Völker umfasste, meine szenische Phantasie zu weiteren bedeutsamen Leistungen aufschwingen könnte. Mr John O'Keeffe, Dichter und Librettist des Covent Garden Theatre, sowie Mr William Shield, renommierter Komponist, ließen sich für meine Idee begeistern. In kürzester Zeit hatten wir ein Stück skizziert, das alle Ingredienzien eines künftigen Großerfolgs in sich vereinigte: Liebe, Exotik und, nicht zu vergessen, Patriotismus. Dazu aber sollte das Publikum durch die authentische Darstellung der Lebensweise in der Südsee auf unterhaltsame Weise verblüfft und gebildet werden. Wer eignete sich besser als John Webber dafür, diese Absicht zu verwirklichen? Ohne ihn, den Maler und Zeichner der Cook'schen Reise, würden wir nicht auskommen; wir mussten ihn als Vierten im Bunde gewinnen.

Ich war in der glücklichen Lage, Mr Webber von meiner Pariser Zeit her zu kennen. Wir hatten uns mehrere Male bei Wille, seinem Lehrer, getroffen, der, wie ich, ein Faible für die Pleinairmalerei hatte. Wir zogen damals, mit Staffelei und Malkasten, gemeinsam vor die Stadt hinaus, und entwarfen rustikale Szenen und Flusslandschaften, die wir später im Atelier ausführten. Bei diesen Begegnungen hatte ich Webber als eher stillen, aber aufmerksamen und redlichen Kollegen kennengelernt. Da ich ihn also kannte und schätzte, sah ich kein Hindernis, ihn, den nunmehr Berühmten, aufzusuchen und ihm unser Projekt zu unterbreiten.

Er empfing mich freundlich, wenn auch zurückhaltend; die leichte Melancholie, die sich bei ihm schon in jüngeren Jahren gezeigt hatte, prägte nun unübersehbar seine Züge.

Ich stellte ihm die Handlung unserer musikalischen Pantomime vor: Omai, begleitet von Harlekin, werde am Schluss, dank der Hilfe Englands und gegen alle Intrigen Spaniens, zum König von Tahiti (oder Otaheite) gekrönt; vorher aber müsse er eine Menge Gefahren überstehen und seinen skrupellosen Nebenbuhler, den Spanier Don Struttolando, ausstechen, um die Hand Londinas, der schönen Tochter Britannias, endgültig zu erringen. Die Schauplätze seien zum Beispiel ein Begräbnisplatz auf Otaheite, aber auch die Halbinsel von Kamtschatka und zuletzt die Bucht von Matavai, wo eine Prozession aller Völker stattfinden solle, die Captain Cook entdeckt habe. Gerade dafür, unterstrich ich, seien Webbers Kunst und Wissen unverzichtbar; er werde uns zeigen, in welcher Form und aus welchen Materialien Kanus, Hütten, Kleider auf die Bühne zu kommen hätten.

Er habe Omai recht gut gekannt, sagte Webber. Omai sei allerdings kein Prinz gewesen, und König sei er auch nicht geworden.

Davon, erwiderte ich, sollten wir uns nicht beeinflussen lassen. Omai sei ein klingender Name, den in den gebildeten Ständen jedermann kenne, das müssten wir zugunsten einer befriedigenden Handlung und eines glücklichen Schlusses ausnützen. Das Publikum wünsche sich, den Helden erhoben zu sehen. Und was die Wirkung betreffe, fuhr ich fort, komme es nicht auf die Handlung an sich an, sondern auf die äußeren Effekte, und für die werde er, falls er mein Angebot annehme, mitverantwortlich sein.

Webber zögerte lange, es brauchte bei dreien Malen meine ganze Überredungskunst, ihn für uns zu gewinnen. Ich nahm sogar Shield mit, damit er Webber ein paar Verse vorsang und ihm schilderte, wie er in der Orchesterbegleitung die polynesische Nasenflöte und große Trommeln einsetzen wolle und wie er überhaupt danach strebe, populären Shantys ganz neue Rhythmen zu unterlegen. Ich glaube, es war dann doch die mehrmalige Erhöhung des Honorars, die Webber dazu brachte, in unsern Handel einzuschlagen. Für seine Beratung – so nannten wir es – bekam er hundertdreißig Pfund. Er hatte Geld nötig; sein Vertrag mit der Admiralität war abgelaufen, und es hieß, er unterstütze seine in Armut lebende Schwester samt ihren Kindern. Sein Bruder Henry war damals schon aus dem gemeinsamen Atelier ausgezogen und befand sich zu dieser Zeit, im Auftrag von Josiah Wedgwood, zusammen mit dessen halbwüchsigem Sohn auf der Grand Tour in Italien. Vielleicht gab es ja noch andere Pflichten, die Webber zu erfüllen hatte. Er blieb, wie Sie wissen, bis zuletzt unverheiratet; ob er nicht doch in die eine oder andere möglicherweise folgenreiche Liebschaft verwickelt war, entzieht sich meiner Kenntnis. Sein Testament – ich komme noch darauf – lässt manche Fragen offen.

Aber Mr Webber gehörte jetzt zu unserer Truppe und wurde allseits hoch geschätzt. Mit größtem Eifer machte er sich daran, Kulissen, Requisiten und Kostüme zu entwerfen, die den Skizzen, welche er nach der Natur gefertigt hatte, möglichst nahekamen. Um die Handlung, die wir immer noch ausschweifender gestalteten, kümmerte er sich in den ersten Probewochen kaum; aber er legte Wert darauf, möglichst authentische Materialien zu verwenden, zum Beispiel Bast und Federn. Um Federhelme und -umhänge herzustellen, ließen wir sogar Unmengen von Hühnerfedern rot färben und auf Leinen nähen. Das verteuerte die Produktion, aber wir fügten uns Webbers Wünschen, weil wir ihn nicht verlieren wollten und weil sich sein Name – ich verschweige es nicht – auf dem Programmzettel gut machte. Als die Premiere näher kam, kritisierte er doch hin und wieder einzelne Handlungselemente, gerade jene am meisten, die uns am vergnüglichsten schienen. So hielt er es zum Beispiel für Humbug, Omai den Harlekin aus der Commedia dell'Arte zur Seite zu stellen; und es fiel ihm äußerst schwer zu akzeptieren, dass einige Figuren reale Namen trugen wie Otu, Mahine, Purea, die wir dem Reisebericht entnommen hatten, während Don Struttolando, der spanische Bösewicht, pure Erfindung war. Auf Webbers Betreiben hin – und um ihm wenigstens in einem Punkt recht zu geben – fügten wir eine Szene ein, in der ein Matrose sich ein Mädchen für einen Nagel kauft, und dies zu eindeutigem Zweck. Aber da unser Publikum einen Engländer in dieser betrüblichen Rolle nicht goutiert hätte, machten wir einen Spanier daraus, was Webber nur halbwegs zufriedenstellte, denn der überbordende Verkehr mit den Insulanerinnen, so hielt er uns vor, sei eines der schwierigsten Probleme gewesen, mit denen sich Captain Cook habe herumschlagen müssen; die Folgen für die gesamte Bevölkerung der pazifischen Inseln seien, was die Verbreitung einer bestimmten Krankheit betreffe, desaströs. Das mag sein und sollte die hohe Politik in der Tat beschäftigen. Doch will dies ein gutgestimmtes Publikum wissen? Nein, es will verblüfft und belehrt werden, ohne mit schlechtem Gewissen nach Hause gehen zu müssen.

Webber wurde unseren Argumenten gegenüber immer störrischer. Er zeichnete zwar, was er zeichnen musste, verkroch sich aber in ein dumpfes Schweigen, das uns alle, sogar die Schauspieler, zunehmend bedrückte. Zum offenen Streit kam es wegen des Schlusses. Wir wollten dabei Captain Cook, getragen von Britannia und Fama, der Göttin des ruhmvollen Gerüchts, zum Olymp aufsteigen lassen und benutzten als Vorlage für die überlebensgroße Kulissenmalerei selbstverständlich Webbers Skizzen, schon nur um eine physiognomische Ähnlichkeit mit dem großen Toten zu erreichen. Einem zum Helden aufgestiegenen Entdecker war eine solche von bengalischem Feuer beleuchtete Apotheose gewiss angemessen. Sie sollte die Zuschauer rühren und in ihren patriotischen Gefühlen bestätigen. Was kann es Schöneres geben, als sich einig zu wissen in der Verehrung eines Großen, der aus unserer Mitte hervorgegangen ist? Doch Webber war strikte dagegen, und nun redete er mehr, als uns zuträglich war. Einen Menschen solle man nicht zum Gott erheben, tadelte er uns Tag für Tag in ermüdender Wiederholung. Captain Cook derart zu verherrlichen sei Ausdruck unserer Blindheit gegenüber der *conditio humana,* die Gutes und Böses gleichermaßen mit einschließe. Deutlicher wurde Webber nicht; doch wir hatten, da er sich in diesem Punkt ungemein ereiferte, den Eindruck, seiner Erregung lägen bisher verschwiegene Reiseerlebnisse zugrunde.

Dies alles sei doch nur ein Spiel, versuchte ich, ihn zu beruhigen. Er solle das Theater nicht mit der Wirklichkeit verwechseln, das eine spiegle sich bloß im andern. Die Zuschauer seien klug genug, den eigenen Boden wieder unter den Füßen zu erkennen, wenn sie das Theater verlassen hätten.

Weshalb wir denn, fragte er zurück, so viel dafür täten, die Wirklichkeit halbwegs, aber nur halbwegs – und dies mit seiner Hilfe! – ins Spiel einzuschleusen.

Gerade dies, entgegnete ich, sei das Wesen des Spiels: dass es Bekanntes mit Neuem, Vorgefundenes mit Erfundenem verschmelze.

Geduckt und böse stand Webber vor mir, mitten in den Kulissen. »Wenn du jetzt auch noch von einer höheren Wahrheit sprichst«, stieß er hervor, »laufe ich auf der Stelle davon.«

Dieser Satz hat sich mir eingeprägt. Ich frage mich noch heute, was Webber damit genau meinte. Es gelang mir nicht, ihn mit meinen Argumenten zu überzeugen. Er wollte mir sogar die Erlaubnis entziehen, für die Apotheose Vorlagen aus seiner Hand zu benutzen. Das brachte mich am meisten gegen ihn auf, denn es verstieß klar gegen unseren Vertrag, und ich drohte ihm für den Fall, dass er seine Pflichten nicht erfülle, mit juristischen Schritten. Er warf – so wütend hatte ich noch nie gesehen – eine halbfertige Kulisse um und verschwand aus meinem Blickfeld. Inzwischen war das halbe Bühnenpersonal zusammengelaufen, es hatte uns erschrocken zugehört, man bedauerte allgemein Mr Webbers unverständliche Empfindlichkeit.

Erst am nächsten Tag zeigte er sich wieder, er war niedergeschlagen, durchfroren von der Dezemberkälte und wortkarg wie zuvor; fortan malte er an der Kulisse für die Apotheose, einer Art mächtigem Wandschirm, halbherzig und ohne innere Überzeugung mit. Ich versuchte mehrmals, mich mit ihm zu versöhnen. Er wies mir die kalte Schulter und kam nur zur Premiere, weil ich ihn beinahe auf den Knien darum bat. Ich hielt es für das Beste, ihn an meiner Seite im ersten Rang zu placieren, obwohl es mir offen gestanden lieber gewesen wäre, auf diesem Platz eine elegante Dame zu wissen. Die Pantomime *Omai or a Trip Round the World* wurde, man weiß es, zum größten Triumph meiner Laufbahn. Vom ersten Takt an, den die Musiker spielten, vom ersten Wort an, das Omai sprach, vom ersten exotischen Kostüm an, das ins Licht geriet, ging das Publikum frenetisch mit. Es lachte, stampfte, klatschte, schrie, weinte, wie ich es noch nie erlebt hatte und wohl nie wieder erleben werde. Jeder unserer speziellen Effekte – das wogende Schiff im Sturm, Kanonenschüsse, der Heißluftballon, in dem Don Struttolando die schöne Londina verfolgte, die farbenprächtige Prozession von Insulanern und Indianern – wurde mit ungeheurem Jubel begrüßt. Webber war wohl der Einzige im Zuschauerraum, der sich unberührt gab. Bisweilen schaute ich ihn von der Seite an; mir schien, er murmle abschätzige Bemerkungen vor sich hin, was mich, angesichts der überwältigenden Zustimmung, nicht sonderlich ärgerte. Doch plötzlich – mitten im zweiten Akt – hörte ich ihn laut sagen: »Es ist falsch, es ist alles falsch!« Ringsum drehte man sich nach ihm um. Er stand auf, und ich fürchtete schon, er werde, obwohl es seinem Naturell überhaupt nicht entsprach, zu einer Brandrede ansetzen; er schlängelte sich jedoch an den Sitzenden vorbei und ging zum Ausgang. So verließ er das Theater vor dem Schluss, so sah er nicht, wie Cook begeistert gefeiert wurde, und so versäumte er den tosenden, minutenlang anhaltenden Applaus, der einem Stück galt, zu dem er unstreitig beigetragen hatte, denn in begeisterten Rezensionen wurde darauf hingewiesen, dass Mr Webber sozusagen der Sachwalter des historischen Hintergrunds gewesen sei. Wir zählten die Vorhänge nicht, die uns galten, benommen nahmen wir die Gratulationen einiger Lords und anderer hochgestellter Persönlichkeiten entgegen. Dass Webber sich fortgeschlichen hatte, schmerzte mich hinterher stärker, als ich gedacht hatte, ich empfand es als ungerechte Desavouierung, ja als Freundschaftsverrat, und so wird es Sie kaum verwundern, dass wir uns danach, wie ich anfangs schrieb, aus den Augen verloren.

Wir spielten die Pantomime insgesamt achtundfünfzigmal vor ausverkauftem Haus. Sechsmal war der König mit seinen Töchtern zugegen. Sir Josuah Reynolds, der bedeutendste Maler Englands, hatte sich für die Dauer der Aufführungen eine Loge reserviert, Sir Joseph Banks schrieb mir einen rühmenden Brief. Was wollte ich mehr?

Von ferne verfolgte ich die weitere Laufbahn Ihres Cousins. Er veröffentlichte auf eigene Rechnung sechzehn »Ansichten aus der Südsee«, die seinen Tagesruhm mehrten, aber auch deswegen Verwunderung erregten, weil auf ihnen Captain Cook, als eigentliche Hauptfigur der Expedition, gänzlich fehlte. Davon habe er viel verkauft, hörte man, wie auch Gemälde mit ähnlichen Motiven, wobei unter ihnen das Porträt einer Südseeschönen besonders aufgefallen sei. Im Sommer reiste er einige Male zum Lake District im Norden, um sich, wie es hieß, in der Landschaftsmalerei zu vervollkommnen. Diese Zeugnisse seines späteren Schaffens fanden allerdings nur noch spärliche Resonanz; man wollte von ihm Exotisches sehen. Im Jahre 1787 – das erfuhr ich von seinem Bruder anlässlich der Trauerfeier – unternahm Ihr Cousin eine letzte große Reise aufs europäische Festland, die ihn nach Paris, nach Italien und später nach Bern führte, was Ihnen nicht unbekannt sein dürfte. Seine Tante, die ihn großgezogen hatte, und sein Lehrer Aberli waren kurz vorher gestorben; auch andere Bekannte fand er nicht mehr vor. Wahrscheinlich verhandelte Webber zu diesem Zeitpunkt über die Schenkung seiner Ethnographica an die Bürgerschaft von Bern; das wissen Sie besser als ich. Er kehrte müde, ja ausgelaugt nach London zurück. Seine Haushälterin, Mrs Davis, die ich ausgefragt habe, beschreibt ihn als überaus zuvorkommend, aber von schwachem Antrieb. Er sei damals schon mehrmals nachts aufgestanden, um seine Blase, die seit der Cook'schen Reise angeschlagen war, zu entleeren, und von da an hätten ihn immer stärkere Schmerzen gequält. Ein Brief habe ihn zudem ins Bild gesetzt über das Hinscheiden seines ehemals besten Gefährten auf dem Schiff, eines James Treveven, der, als beschäftigungsloser Kapitän der Navy, in Petersburg einen Pelzhandel habe aufziehen wollen. Dieser Todesfall habe ihn sehr betrübt. Dennoch habe er ständig weitergearbeitet, oft sechs, sieben Stunden ohne Unterbrechung in einem schlechtgeheizten Atelier. Ein vermögender Nachbar und Sammler, Mr Baker, habe ihn betreut; er sei wohl zu Mr Webbers vertrautestem Freund geworden. Ohne ihn, so drückt sich die Haushälterin aus, wäre er vereinsamt, denn sein Bruder Henry, der diese Rolle hätte übernehmen können, war nun ein vielbeschäftigter Mann, der für Wedgwood die Portland-Vase nachbildete und, im Auftrag der erstarkenden Abolitionisten, ein Medaillon gegen die Sklaverei schuf. Es zeigt einen knienden Schwarzen in Ketten mit der Aufschrift: »Bin ich nicht ein Mensch und Bruder?« Mrs Davis berichtet, bei einem der seltenen Besuche Henrys hätten die Brüder sich über Nutzen und Schaden der Sklaverei gestritten. Henry habe Mr Webber lautstark vorgeworfen, auf der Cook'schen Reise seine Augen vor dem Unrecht der

Sklaverei verschlossen zu haben; damit mag er die Sklavenmärkte von Kapstadt und Batavia gemeint haben, und in der Tat erinnere ich mich nicht, dass Webber, der so vieles darstellte, dies mit seinem Stift dokumentiert hätte. Danach habe sie, Mrs Davis, Henry nicht wiedergesehen. Auch zwischen den Brüdern war es also zum Zerwürfnis gekommen. Seine Schwester Sarah habe er hin und wieder besucht, sie aber nicht bei sich empfangen wollen.

Die größte Freude für Ihren Cousin war es gewiss, dass er, aufgrund eines Prüfstücks, das eine ovale Ansicht von Tahiti zeigte, als Mitglied der Königlichen Akademie aufgenommen wurde. Ich erinnere mich, dies vor zwei Jahren gelesen zu haben. Seine Niereninsuffizienz fesselte ihn zunehmend ans Haus, der Mal- und Hausgehilfe Thomas Wyatt habe ihm jeden Wunsch von den Augen abgelesen. Doch Mr Webber sei schon im März immer schwächer geworden, geschrumpft und gelb im Gesicht. Arzneien hätten ihm nur noch wenig Linderung verschafft, das Gift, das seine Nieren nicht mehr hätten ausschwemmen können, habe ihn letztlich ums Leben gebracht.

John Webber starb am Morgen des 29. April friedlich, ohne sich noch weiter gegen sein Schicksal aufzubäumen. Zugegen waren Mr Baker, Mrs Davis, der Hausgehilfe Wyatt und ein Arzt aus der Nachbarschaft. Henry, durch Boten benachrichtigt, sei erst nach Eintritt der Totenstarre eingetroffen. Er habe dann gleich alles in seine Hand nehmen wollen, was Mrs Davis beträchtlich verärgerte.

Im Testament wird der Bruder nicht namentlich berücksichtigt; Mr Webber verteilte sein Vermögen unter Personen, denen er seine Dankbarkeit zeigen wollte. So erhielt auch die

Haushälterin fünfzig Pfund, je hundert Pfund gehen an Mr Baker und an die Zunft der Kaufleute in Bern, die ihn während seiner Lehrzeit unterstützte. Überschwenglich soll die Freude des Jungen gewesen sei, als ihm mitgeteilt wurde, er werde mit zwanzig Pfund beschenkt, es war wohl mehr Geld, als er in seinem ganzen bisherigen Leben gesehen hatte. Henry Webber fällt, zum Verdruss von Mrs Davis, als direktem Erben alles zu, was im Testament nicht einzeln aufgeführt wird, und so versucht er nun, aus dem Nachlass des Verstorbenen einen möglichst hohen Gewinn für sich selbst herauszuschlagen. Es heißt, vieles davon werde nächstens bei Christie's in der Pall Mall versteigert. Ich schließe nicht aus, bei der Auktion selbst dabei zu sein, vor allem aus sentimentalen Gründen.

Sie wollten, Monsieur, wissen, ob Sie, als Verwandter, ebenfalls mit einem Legat bedacht worden seien. Leider nicht, muss ich Ihnen gestehen; Mrs Davis hat alle Namen, die Mr Webber erwähnte, unfehlbar im Kopf, denn sie war bei der Verlesung des Testaments dabei, und Ihr Name gehörte nicht dazu, ebenso wenig wie meiner (was ich allerdings zuletzt erwartet hätte). Ich schicke Ihnen aber mit diesem Brief einen abgegriffenen und stockfleckigen Schreibkalender des Verstorbenen, der zu seinem Besitz gehörte und für den jetzt niemand eine Verwendung hat. Er ist vollgekritzelt in winziger und unleserlicher Schrift, und wenn man doch hier und dort ein einzelnes Wort entziffern kann, handelt es sich offensichtlich um ein deutsches. Deutsch indessen versteht von seinen Erben keiner (und ich selbst bin über die Anfangsgründe nie hinausgekommen). Henry Webber hat mich ausdrücklich ermächtigt, Ihnen dieses merkwürdige Dokument zu überlassen, in der – von mir geteilten – Hoffnung, dass Sie damit vielleicht etwas anfangen können.

Behalten wir John Webber in ehrendem Andenken!

Mit vorzüglichster Ehrerbietung,
Ihr Philippe Jacques de Loutherbourg

ICELAND
BRITISH ISLES
EUROPE
ASIA
Arctic Circle
Azores
Madeira
Tropic of Cancer
AFRICA
ATLANTIC OCEAN
Macao
Ascension
St. Helena
Batavia
INDIAN OCEAN
Mauritius
Tropic of Capricorn
Table Bay
Cape of Good Hope
Pr. Edward Is.
Crozet Is.
Marion I.
Kerguelen I.
Bouvet I.
Sandwich (Group) Is.
Enderby Land
K. Wilhelm Land
THE

AGES
1771
1775
1780
Bering Strait
ALASKA
Aleutian Is.
Unalaska
etropavlovsk
Nootka Sound
NORTH
AMERICA
Hawaii
(Sandwich Is.)
Marshall Is.
PACIFIC
OCEAN
Christmas Is.
Equator
omon Is.
Ellice Is.
Marquesas Is.
Fiji Is.
Friendly Is.
Society Is.
Tahiti
Hervey (Cook) Is.
Tuamotu Is.
SOUTH
AMERICA
ATLANTIC
OCEAN
Juan
Fernandez
Chatham Is.
NEW
EALAND
Strait of Magellan
Strait of Le Maire
Cape Horn
South
Georgia
Graham Land
c Circle
180
150
120
90
60
30
0

Nachbemerkung

Über John Webber ist, außer seinem Werk, verhältnismäßig wenig bekannt; über James Cook hingegen wurden, auch wenn sein Charakter rätselhaft bleibt, ganze Bibliotheken geschrieben. Cooks Tod auf Hawaii und die Gründe dafür sind auch heute noch ein umstrittenes Thema der Forschung. Was die Mannschaft der *Resolution* und der *Discovery* betrifft, so brachten es einzelne Mitglieder – Vancouver, Ledyard, Bligh – später zu eigener Berühmtheit; von vielen sind aber nur Name und Funktion auf der Musterrolle überliefert. Das ergibt den unterschiedlich ausgeleuchteten Hintergrund zu meinem Roman. Er geht mit den Figuren so frei um, wie es die teils lückenhaften, teils widersprüchlichen Quellen erlauben. Die Reiseroute hingegen, die sich aus den Logbüchern rekonstruieren lässt, ist präzise wiedergegeben. Die Ereignisse schildere ich aus der von mir imaginierten Perspektive John Webbers. Sein Konflikt mit der Admiralität ist nur in brieflichen Andeutungen dokumentiert, er lässt sich aber aus Webbers Bildern – und aus dem, was er weggelassen hat – glaubwürdig ableiten.

Eine erste Grundlage für meine Recherchen war der offizielle, 1784 erschienene Reisebericht von James Cook und James King samt dem Folioband mit den Illustrationen nach Webbers Originalen. Ich danke der Stadt- und Universitätsbibliothek Bern, die mir diese Rarität auslieh. Unentbehrlich waren mir bei meinen Recherchen die von J. C. Beaglehole herausgegebenen Logbücher Cooks ebenso wie seine umfangreiche Biographie des Entdeckers, die auch heute noch als Standardwerk gilt. Immer wieder konsultiert habe ich Heinrich Zimmermanns Reisebeschreibung, die in wesentlichen Passagen von der offiziellen Darstellung abweicht und mir Anlass gab, das Massaker, das ich beschreibe, für wahrscheinlich zu halten. Viele andere Publikationen gaben mir ebenfalls wichtige Anregungen. Ein ausführliches Quellenverzeichnis ist auf meiner Homepage, www.lukashartmann.ch, zu finden.

Besonders danken möchte ich Harald Wäber, dem Direktor der Burgerbibliothek Bern. Seit langem sammelt er alles, was mit seinem Vorfahren John Webber zusammenhängt. Er stellte mir in großzügiger Weise diese Dokumente zur Verfügung und zeigte mir auch das kleine Porträt von Rosina Webber, John Webbers Tante, das mit größter Wahrscheinlichkeit von dessen Hand stammt. Dank schulde ich den Mitarbeitern des National Maritime Museum in London, die geduldig meine Fragen beantworteten, und allen Segelkundigen unter Freunden und Bekannten, die mir die Technik des Segelns näherbrachten. Auch andere Museen halfen mir weiter, das Maritime Museum in Falmouth, Cornwall, das Museum für Völkerkunde in Dahlem, Berlin, das Historische Museum Bern, wo Thomas Psota, Leiter der Abteilung Ethnologie, die Sammlung John Webbers vorzüglich betreut. Valentin Herzog, Historiker, Germanist und selber ein passionierter Segler, hat zudem mein Manuskript durchgesehen und es genauestens auf historische Irrtümer abgeklopft. Meine Frau, Simonetta Sommaruga, war mir jederzeit eine interessierte und kritische Gesprächspartnerin; zusammen waren wir auf einem Dreimaster in der Nordsee und haben die Hände an Tauen aufgescheuert. Auch ihr – und ihr ganz besonders – danke ich von Herzen.

Lukas Hartmann

Personenverzeichnis

Johann Ludwig Aberli (1723–1788), Schweizer Maler, der mit seinen Landschaftsansichten und kolorierten Umrissradierungen berühmt wurde; Webbers Lehrer.

John Allen, Marinesoldat; er starb am 14. Februar 1779 in der Kealakekua-Bucht auf Hawaii.

William Anderson (1750–1778); er war auf beiden Fahrten der *Resolution* dabei, zunächst als Arztgehilfe, den Vater und Sohn Forster überaus schätzten, dann als verantwortlicher Arzt, von Cook zusätzlich mit der Aufgabe des Naturwissenschafters betraut. Er studierte die Sprache der Pazifikbewohner, starb an Tuberkulose im Beringmeer.

Joseph Banks (1744–1820), englischer Naturforscher, vor allem Botaniker, der Cook auf seiner ersten Weltumseglung begleitete; später Direktor der Königlichen Gärten in Kew und Präsident der Royal Society.

Francesco Bartolozzi (1728–1813), italienischer Kupferstecher und Zeichner, der lange in London lebte.

Magnus von Behm (1727–1802), deutschstämmiger Gouverneur von Kamtschatka (Sibirien), von Webber 1779 porträtiert.

Vitus Bering (1681–1741), dänischer Marineoffizier und Entdecker im Dienst des russischen Zaren; er bewies, dass Alaska und Sibirien nicht zusammenhängen.

William Bligh (1754–1817), britischer Seeoffizier, Master (Navigator) der *Resolution* auf Cooks dritter Südseereise; 1787 erhielt er das Kommando über die *Bounty*, die, im Auftrag von Joseph Banks, den Brotfruchtbaum in die Karibik bringen sollte, um dort die Sklaven besser zu ernähren. Die meuternde Besatzung, die in Tahiti bleiben wollte, setzte ihn mit achtzehn Getreuen in einer Barkasse aus; nach sechs Wochen und beinahe 6000 Kilometern erreichte das Boot die indonesische Insel Timor. Bligh wurde später Gouverneur von New South Wales in Australien.

Louis Antoine de Bougainville (1729–1811), französischer Offizier, Seefahrer und Schriftsteller; umsegelte als erster Franzose die Welt, landete 1768 in Tahiti und nannte es in seinem Reisebericht das Paradies auf Erden.

James Burney (1750–1821), unter Clerke erster Leutnant auf der *Discovery*. Später Kapitän einer Flotte der East India Company. Er liebte die Künste und war befreundet mit Samuel Johnson.

Charles Clerke (1741–1779), britischer Seefahrer, war auf allen drei großen Reisen Cooks dabei, als Midshipman, Leutnant und auf der letzten als Kapitän der *Discovery*. Nach dem Tod Cooks wurde er Expeditionskommandant; er starb vor der Küste Kamtschatkas an Tuberkulose.

John Cleveley, gest. 1821, Schiffszimmermann auf der *Resolution*; einige seiner Zeichnungen arbeitete später sein Bruder John, ein Maler, zu Gemälden aus, darunter eine Darstellung vom Tod Cooks, die erheblich von jener Webbers abweicht.

Elizabeth Cook (1742–1835), geb. Batts, heiratete James Cook 1762 und überlebte ihn um 56 Jahre. Das Paar hatte sechs Kinder, die alle vor ihrer Mutter starben, einige sehr früh, zwei auf hoher See.

Hugh Cook (1776–1793), jüngstes Kind der Cooks, studierte Theologie im Christ's College, Cambridge und starb an heftigem Fieber.

James Cook (1728–1779), Sohn eines Tagelöhners in Yorkshire, mit siebzehn Gehilfe eines Gemischtwarenhändlers in Whitby an der Nordseeküste. Seine seemännische Laufbahn begann er auf einem Kohlefrachter. 1755 Eintritt in die Royal Navy, schon zwei Jahre später Beförderung zum Master. Bald zeigte sich seine Begabung fürs Kartographieren. Vermessungsarbeiten in Neufundland, auf dem St. Lorenzstrom. Fortgesetzte mathematische und astronomische Studien. Dank seiner genauen Karten errangen die britischen Truppen 1759 bei Québec einen entscheidenden Sieg über die Franzosen. Mit 34 heiratete Cook Elizabeth Batts, die ihm, meist in seiner Abwesenheit, sechs Kinder gebar. Drei große Entdeckungs- und Vermessungsreisen, mit deren Kommando ihn die Admiralität betraute, machten Cook berühmt. Dreimal (1768–71, 1772–75, 1776–79) umsegelte er die Welt. Er beobachtete auf Tahiti den Durchgang der Venus vor der Sonne, um die Entfernung zwischen Erde und Sonne genauer bestimmen zu können, er wies nach, dass der große eisfreie Südkontinent, die Terra Australis, nicht existierte, er vermaß Neuseeland, er drang so weit nach Süden und nach Norden vor wie noch kein Mensch vor ihm, er entdeckte zahlreiche Inseln, zuletzt die Sandwich-Inseln, das heutige Hawaii. Dort fand er unter unglücklichen und nie ganz geklärten Umständen am 14. Februar 1779 den Tod.

Nathaniel Cook (1764–1780), fuhr wie der Vater zur See, diente als Fähnrich auf der *Thunderer* und ertrank bei einem Hurrikan vor Jamaica, bei dem dreizehn Schiffe der Royal Navy untergingen.

Mrs Davis, Haushälterin bei Webber in seinen letzten Lebensjahren.

Dorothy (verh. Byrne), Tochter eines Schlachtermeisters; John Webbers Beinahe-Verlobte.

Thomas Fatchett, Marinesoldat, er starb am 14. Februar 1779 in der Kealakekua-Bucht auf Hawaii.

Finau, hochrangiger Chief auf den Freundschaftsinseln (Tonga-Archipel).

Johann Reinhold Forster (1729–1798) und *Georg Forster* (1754–1794), Vater und Sohn, die Cook auf seiner zweiten Südseereise (1772–75) begleiteten. Der Vater, renommierter Naturforscher, nahm den Sohn als Assistenten mit; Georg verwertete ihre gemeinsamen Aufzeichnungen zu einem Reisebericht, der durch seine unvoreingenommenen ethnologischen Beobachtungen noch heute von großem Wert ist.

Tobias Furneaux (1735–1781), englischer Navigator und Kapitän, kommandierte auf Cooks zweiter Südseereise dessen Schwesterschiff, die *Adventure,* und war der erste Mensch, der den Globus in beiden Richtungen umsegelte.

Matthäus Funk (1697–1783), Ebenist (Kunsttischler) und Vergolder in Bern; gilt heute als einer der wichtigsten Ebenisten seiner Zeit; Onkel von John Webber.

Daniel Funk, Sohn von Matthäus, Uhrmacher, Cousin von John Webber.

Johann Heinrich Füssli (1741–1825), schweizerisch-englischer Maler, der als einer der Ersten alptraumhafte Szenen und traumartige Visionen darstellte.

George III. (1738–1820), war von 1760 bis zu seinem Tod, als dritter britischer Monarch aus dem Hause Hannover, König des Vereinigten Königreichs von Großbritannien und Irland. Unter seiner Herrschaft gingen die Kolonien in Amerika verloren, die sich zu den USA zusammenschlossen.

John Gore (1729–1790), britisch-amerikanischer Seefahrer, der Cook auf der ersten Reise als zweiter Leutnant und auf der dritten als erster Leutnant begleitete. Nach dem Tod Cooks und Clerkes rückte er als Kommandant nach.

William Goulding (1733–1799), Steward auf der *Resolution*.

John Harrison (1693–1776), englischer Tischler und autodidaktischer Uhrmacher. Er entwickelte in vier Modellen, die von Mal zu Mal kleiner wurden, einen stoßfesten Chronometer, mit dessen Hilfe der Längengrad bestimmt werden konnte.

William Hodges (1744–1797), englischer Maler auf Cooks zweiter Südseereise. 24 große Ölbilder gingen in den Besitz der Admiralität über. Er reiste später nach Indien und veröffentlichte darüber ein Tafelwerk.

Kaleiopuu, Herrscher über Hawaii; Cooks Versuch, ihn als Geisel festzunehmen, führte zum Aufstand seiner Getreuen und zu Cooks Tod.

James King (1750–1784), studierte in Oxford Naturwissenschaften, diente als zweiter Leutnant auf der *Resolution*, wurde nach dem Tod Clerkes Kapitän der *Discovery*. Er ergänzte Cooks Journal und war der Herausgeber des offiziellen Reiseberichts.

John O'Keefe (1747–1833), irischer Stückeschreiber, verfasste den Text zu *Omai or a Trip Round the World*.

Koa, Hohepriester auf Hawaii.

John Ledyard (1751–1788), Marinekorporal auf der *Resolution,* versuchte später Sibirien zu Fuß zu durchqueren, starb auf einer Forschungsreise durchs nördliche Afrika.

Loa, Maori-Junge, der von Omai als Diener in Neuseeland angeworben wurde.

Philippe Jacques de Loutherbourg (1740–1812), englisch-französischer Maler und Radierer; ab 1771 erlangte er als Bühnenmaler in London einen hervorragenden Ruf.

Mahine, Chief von Eimeo (Moorea), auf dessen Insel Cook, als Strafe für den Diebstahl einer Ziege, Hütten und Kanus zerstören ließ.

Alexandre Mouat (1761–1793), Sohn eines Kapitäns der Royal Navy, Fähnrich auf der *Resolution,* desertierte, zusammen mit Thomas Shaw, auf Raiatea; er wurde eingefangen und degradiert, brachte es später zum Commander.

Robert Morris, Koch auf der *Resolution.*

Omai, ein junger Mann aus Huahine (Tahiti-Gruppe), der 1774 von Cooks Stellvertreter auf der zweiten Südseereise, Tobias Furneaux, nach London gebracht wurde und dort als Verkörperung des »edlen Wilden« galt. Mit Cook fuhr er zwei Jahre später auf der *Resolution* in seine Heimat zurück, war aber unfähig, sich wieder im alten Leben zurechtzufinden. Vermutlich starb er ein Jahr nach seiner Rückkehr.

Orio, Chief oder König von Ulietea (Raiatea).

Samuel Parkinson (1745–1771), schottischer Maler, wurde von Joseph Banks für Cooks erste Reise angeheuert. Er steckte sich in Batavia mit der Ruhr an und starb im Januar 1771 auf der Überfahrt nach Kapstadt. Er hinterließ 270 botanische Aquarelle und über 900 Skizzen und Gemälde.

Samuel Peckover, Sekretär des Ersten Lords der Admiralität.

Molesworth Phillips (1755–1832), Marineleutnant auf der *Resolution,* Augenzeuge und beteiligt am Tumult rund um Cooks Tod; er wurde dabei verwundet und rettete einem Marinesoldaten, John Jackson, das Leben.

Poetua, Tochter Orios, von Cook, zusammen mit ihrem Mann, in Geiselhaft genommen, von Webber porträtiert.

John Rickman (1755–1818), zweiter Leutnant auf der *Discovery,* dann auf der *Resolution*; er publizierte 1781, ohne Erlaubnis und anonym, ein Logbuch der Reise. Wurde später Kommandant des 100-Kanonen-Kriegsschiffs HMS *Victory*, auf dem Nelson bei Trafalgar sein Leben verlor.

Lord Sandwich oder *John Montagu*, Fourth Earl of Sandwich (1718–1792), britischer Diplomat und Staatsmann; zweimal amtierte er als Erster Lord der Admiralität (Marineminister). Er wurde 1782 wegen Korruption und Unfähigkeit entlassen. Das belegte Brot, das wir heute Sandwich nennen, ist nach ihm benannt.

David Samwell (1751–1794) war Arztgehilfe auf der *Resolution*, später Arzt auf der *Discovery*. Er führte ein Tagebuch, veröffentlichte einen ausführlichen Bericht über die Umstände beim Tod Cooks; außerdem schrieb er Gedichte in Englisch und Walisisch.

Thomas Shaw, geb. 1758, Vollmatrose auf Cooks zweiter und dritter Reise; Deserteur.

William Shield (1748–1829), englischer Geiger und Komponist, er komponierte eine Vielzahl von Opern (eine über Robin Hood) und schrieb die Musik zur Pantomime *Omai or a Trip Round the World*.

Daniel Solander (1733–1782), schwedischer Botaniker; er begleitete Cook, zusammen mit Joseph Banks, auf seiner ersten Weltreise. Er beschrieb und katalogisierte Hunderte von neuen Pflanzen- und Tierarten.

Tiarua, Maori-Junge, der mit Omai, als dessen zweiter Diener, nach Tahiti reiste.

James Trevenen (1759–1790), Offizier der Royal Navy und der Russischen Marine. Diente als Fähnrich auf der *Resolution*, segelte als Leutnant unter James King, versuchte sich im Pelzhandel, plante später, im Auftrag der Zarin Katharina, einen Seeweg zwischen Kamtschatka und Japan zu finden, wurde aber, als Kapitän, im Krieg gegen Schweden eingesetzt und in der Schlacht von Viborg tödlich verwundet.

Samuel Wallis (1728–1795), britischer Seefahrer und Entdecker, Weltumsegler; er gilt als Entdecker Tahitis (1767) und anderer Südseeinseln.

William Watman (1732–1779), Vollmatrose auf Cooks zweiter und dritter Reise; er wurde auf Hawaii begraben.

Abraham und *Mary Wäber*, die Eltern von John Webber; Abraham, Bildhauer, in Bern geboren, wanderte um 1740 nach London aus, wo er die Engländerin Mary Quandt heiratete, mit der er acht Kinder hatte. Die Familie lebte in großer Armut. Eines der Kinder, Johann oder John, schickte er nach Bern zu seiner Schwester Rosina.

Rosina Wäber, Abrahams Schwester, die in Bern den Haushalt des Ebenisten Matthäus Funk führte und ihren Neffen John Webber aufzog.

Henry Webber (1754–1826), Bruder von John, Bildhauer und Designer in der Manufaktur von Wedgwood; er schuf das Modell der Portlandvase, die Wedgwood berühmt machte, er entwarf das Medaillon für die Abolitionisten, die Gegner der Sklaverei, das einen Schwarzen in Ketten zeigte und in ganz Europa verbreitet wurde.

John Webber (1751–1793), in London geboren, wurde als Sechsjähriger nach Bern, zu seiner Tante Rosina Wäber, geschickt, begann 1767 eine dreijährige Lehre bei Johann Ludwig Aberli als Maler und Radierer, ging danach mit einem Stipendium der ›Burgerlichen Gesellschaft zu Kaufleuten‹ nach Paris an die Académie Royale, wo er bei Johann Georg Wille weiterlernte. 1775 kehrte Webber nach London zurück, wurde Dekorationsmaler und zugleich Student an der Royal Academy. 1776 engagierte ihn Daniel Carl Solander als Expeditionsmaler für Cooks dritte Südseereise, die ihn erst im Oktober 1780 nach London zurückbrachte. Im Juni 1784 erschien nach einigen Aufschüben der große Reisebericht mit dem Folioband, der die Kupferstiche enthielt, zu denen Webber die Vorlagen geliefert hatte. Im Dezember 1785 war er Kostümentwerfer und Bühnenbildner für die im Covent Garden aufgeführte Pantomime *Omai or a Trip Round the World*. Die Royal Academy nahm ihn als korrespondierendes Mitglied auf. 1787 veröffentlichte er seine ersten *Views in the South Seas*, die bis 1792 sechzehn Tafeln umfassten. In diesem Zeitraum unternahm er ausgedehnte Studienreisen durchs nördliche England; einmal noch besuchte er das europäische Festland und machte auch halt in Bern. Der Stadt seiner Kindheit schenkte er seine über 100 ethnographischen Objekte, die er auf der Reise mit Cook gesammelt hatte. Am 29. April 1793 starb John Webber an Nierenversagen; zwei Monate später wurde der größte Teil seines Nachlasses bei Christie's versteigert.

Josiah Wedgwood (1730–1795), englischer Unternehmer, der das Töpferhandwerk industrialisierte und eine erfolgreiche Porzellanmanufaktur gründete. Er unterstützte die Gegner der Sklaverei und war der Großvater von Charles Darwin.

William Widdall, geb. 1748, Segelmacher der *Resolution*.

Jean-Georges Wille (1715–1808), aus Deutschland stammender Maler und Kupferstecher, der hauptsächlich in Paris wirkte; Lehrer von John Webber.

John Williamson, gest. 1798, dritter, dann zweiter Leutnant auf der *Resolution,* geriet ins Zwielicht wegen seiner Untätigkeit bei Cooks Tod. Später dennoch Kapitän der HMS *Agincourt*, wurde dann aber im Krieg gegen Holland wegen Feigheit vor dem Feind in den Ruhestand versetzt.

Thomas Wyatt, Hausbursche bei John Webber.

Heinrich Zimmermann (1741–1805), gelernter Sattler aus der Kurpfalz; er war Matrose auf der *Discovery*, Cooks zweitem Schiff auf der dritten Weltreise. Trotz des Publikationsverbots der englischen Admiralität veröffentlichte er 1781 einen Reisebericht, der größtes Aufsehen erregte und von Georg Forster ausführlich rezensiert wurde. Danach wurde er Kurfürstlicher Leibschiffmeister.

Ortsverzeichnis

Awatscha-Bucht (engl. Avacha Bay), große Bucht im Südosten Kamtschatkas, im Winter zugefroren.

Beringstraße, ca. 85 km breite Meerenge zwischen der östlichsten Stelle Asiens (Russlands) und der westlichsten Amerikas (Alaskas). Der dänische Entdecker Vitus Bering durchfuhr sie erstmals 1728. Südlich davon liegt das *Beringmeer*.

Bola Bola, heute Bora Bora, 32 km², Insel im gleichnamigen Atoll, das zu den Gesellschaftsinseln in Französisch-Polynesien (Südpazifik) gehört, liegt ca. 260 km nordwestlich von Tahiti.

Eimeo, 133 km², heute Moorea: Nachbarinsel von Tahiti.

Eua, 81 km², gehört zu der Inselgruppe von Tongatapu im Königreich Tonga (Südpazifik); höchste Erhebung: Te'emoa (312 m ü. M.).

Freundschaftsinseln (Friendly Islands), Archipel von 169 Inseln im Südpazifik, heute Königreich Tonga.

Gesellschaftsinseln (Society Islands), die wichtigste der fünf Inselgruppen von Französisch-Polynesien, unterteilt in *Iles du vent* und *Iles sous le vent;* die Hauptinsel ist Tahiti.

Huahine, 74 km², gehört zu den Gesellschaftsinseln (Französisch-Polynesien); innerhalb des Saumriffs besteht das Atoll aus zwei Vulkaninseln.

Kamtschatka ist mit 370 000 km² die größte Halbinsel Ostasiens und erstreckt sich von Sibirien bis zu den Kurilen in der Nähe Japans.

Kapstadt (Cape Town), Südafrika, 1652 an der *Tafelbucht* und in der Nähe des *Kaps der Guten Hoffnung* von der Niederländischen Ostindien-Kompanie gegründet, lange der wichtigste Umschlagplatz und Hafen im Ost-West-Handel.

Kauai, 1433 km², die älteste Insel des Archipels von Hawaii, von den fünf Hauptinseln liegt sie am weitesten nördlich.

Kealakekua-Bucht, an der Westküste Hawaiis (Big Island) gelegen; hier wurde Captain Cook am 14. Februar 1779 erschlagen.

Kerguelen (Island of Desolation), subantarktische Inselgruppe im Indischen Ozean, Gesamtfläche ca. 7200 km², 1772 vom französischen Seefahrer Yves Joseph de Kerguelen de Trémarec entdeckt, Teil des französischen Antarktisterritoriums.

König-George-Sund, später umbenannt in *Nootka-Sund*.

Königin-Charlotte-Sund, fjordartiger Meeresarm im Norden der Südinsel Neuseelands.

Krakatau, Vulkaninsel zwischen Java und Sumatra, berühmt geworden durch den gewaltigen Ausbruch von 1883.

Lifuka gehört innerhalb der Freundschaftsinseln (Tonga) zur Ha'apai-Gruppe, 200 km südlich der Hauptinsel Tongatapu.

Macao, in der Nähe von Hongkong gelegene ehemalige portugiesische Kolonie, heute Sonderverwaltungszone der Volksrepublik China.

Matavai-Bucht, im Norden Tahitis; Landeplatz für Cook auf seinen drei großen Reisen. Hier beobachteten Banks und Solander 1769 den Durchgang der Venus vor der Sonne.

Maui, 1883 km², zweitgrößte Insel des Archipels von Hawaii.

Mauna Loa, 4170 m ü. M., immer noch tätiger Vulkan auf Hawaii (Big Island), erstbestiegen 1794, letzter großer Ausbruch 1984.

Neuholland, seit 1644 Bezeichnung für Australien durch den Entdecker Abel Tasman, von den Briten 1824 durch den heutigen Namen ersetzt.

Nihau, 178 km², kleinste Insel der Hawaii-Gruppe, westlich von Kauai.

Nomuka (Rotterdam), 7 km², kleinste Insel der Ha'apai-Gruppe (Tonga).

Nootka-Sund, Meerenge an der Westküste von Vancouver-Island (Britisch-Kolumbien, Kanada), zur Zeit Cooks Stammesgebiet der Nuu-chah-nulth.

Orkney-Inseln (Orkney Islands), zu Schottland gehörender Archipel, der aus rund 100 kleineren Inseln und der Hauptinsel Mainland *(Pomona)* mit dem Hafen von *Stromness* besteht.

Otaheite, 1032 km², älterer Name für Tahiti (Hauptinsel von Französisch-Polynesien).

Owhyhee, älterer Name für Hawaii, meint heute als Oberbegriff die Inselkette im Pazifik (von Cook nach Lord Sandwich benannt) wie auch die Hauptinsel (Big Island), die mit 10 500 km² die größte von 137 Inseln ist (die andern großen Inseln sind, von Süden nach Nordwesten: Maui, Oahu mit Honolulu, Kauai, Nihau).

Petropawlowsk, Hafenstadt im subarktischen Kamtschatka (Sibirien).

Prinz-William-Sund, Meeresstraße an der Südküste Alaskas; der größte Hafen ist heute Valdez, zur Zeit Cooks Stammesgebiet der Chugach.

Sandwich-Inseln, Cooks Bezeichnung (zu Ehren von Lord Sandwich) für die von ihm entdeckte Inselgruppe von Hawaii.

Santa Cruz de Tenerife, eine der beiden Hauptstädte der Kanarischen Inseln, im 18. Jahrhundert wichtiger Hafen für den Handel mit Amerika und Asien.

Tafelberg, das Wahrzeichen von Kapstadt, ein 1000 m hohes Felsplateau auf der Kap-Halbinsel in Südafrika.

Teneriffa, 2034 km², die größte der Kanarischen Inseln mit dem höchsten Berg Spaniens, dem Pico del Teide (3718 m).

Tongatapu, 260 km², Hauptinsel des Königreichs Tonga im Südpazifik.

Tschuktschen-Halbinsel, im äußersten Nordosten von Russland, grenzt im Norden ans Nordpolarmeer, im Osten an die Beringstraße, besiedelt durch das Volk der Tschuktschen.

Ulietea, 194 km², älterer Name für Raiatea, einer der Gesellschaftsinseln, etwa 220 km nordwestlich von Tahiti gelegen.

Unalaska, 2721 km², Insel in der Mitte der Aleuten, die zu Alaska gehören und sich westwärts durch das Beringmeer ziehen; Hafen von Samgunuda, heute English Bay, Stammesgebiet der Qawalangin.

Van-Diemens-Land, älterer Name für Tasmanien (nach Abel Tasman, dem Entdecker), 68 000 km², dem Süden Australiens vorgelagerte große Insel; wurde ab 1803 Kolonie für britische Sträflinge, bis 1830 völlige Vernichtung der Urbevölkerung.

Waimea-Bucht an der Südwestküste von Kauai; hier betrat Cook im Januar 1778 erstmals hawaiianischen Boden.

Wharehunga-Bucht auf der Arapawa-Insel, 75 km², sie liegt vor der nordöstlichen Spitze der Südinsel Neuseelands.

Lukas Hartmann
im Diogenes Verlag

Pestalozzis Berg
Roman

Das Porträt einer faszinierenden Persönlichkeit: 1798 baut Johann Heinrich Pestalozzi in Stans im Schweizer Kanton Nidwalden, das von der französischen Revolutionsarmee verwüstet worden ist, eine Anstalt für Kriegswaisen auf. In einem baufälligen Flügel des Kapuzinerinnen-Klosters hat er zeitweise bis zu achtzig Kinder zu versorgen: ein nicht enden wollender Kampf gegen Kälte, Hunger und Verwahrlosung.

Da muss er das Kloster räumen: Es wird in ein Militärlazarett umgewandelt, Pestalozzi wird Unfähigkeit als Erzieher vorgeworfen. Er bricht zusammen.

Lukas Hartmann schildert den großen Erzieher als leidenschaftlichen, widersprüchlichen Menschen: seine Überzeugung, dass Bildung das Volk aus sozialem Elend befreien wird, seinen aufopfernden Einsatz für Arme und Schwache; aber auch sein heftiges Gemüt, seine Nöte, seine Schwächen.

»Gerade in der Darstellung der Ambivalenz von Pestalozzis Persönlichkeit liegt die Qualität dieses vorzüglichen Romans.« *Stuttgarter Zeitung*

Die Seuche
Roman

Ein Dorf im 14. Jahrhundert. Seit Wochen kursieren Gerüchte über eine schreckliche Krankheit. Dann erreicht sie das Dorf. Mit Glauben, Aberglauben und Magie versuchen die hilflosen Menschen dem Sterben Einhalt zu gebieten. Niemand weiß, warum so viele sterben und einige wenige überleben. Die junge Hanna und ihr Bruder Mathis begraben ihre Großmutter und fliehen verbotenerweise in den Wald. Unterwegs treffen sie einen ›Geißlerzug‹, Mathis schließt sich den religiösen Fanatikern an, Hanna flieht weiter. Sie kommt bei einem alten stummen Fischer unter, für den sie Fische auf dem Markt verkauft. Dort sieht sie immer wieder ein Kind, das ihr zulächelt. Schon bald hat sie das Gefühl, diesem geheimnisvollen Kind folgen zu müssen...

»Die Pest im 14. Jahrhundert. Eine scheinbar entlegene Zeit gerät ›zum fernen Spiegel‹: Ein großes, ein hinreißendes Buch ist anzuzeigen.«
Charles Linsmayer / Der Bund, Bern

Finsteres Glück
Roman

11. August 1999, totale Sonnenfinsternis. Eine fünfköpfige Familie fährt wie Tausende andere ins Elsass, wo das Naturschauspiel besonders gut zu sehen ist. Doch nur Yves, der jüngste Sohn, kehrt lebend von diesem Ausflug zurück.
In der Nacht wird Eliane Hess, Psychologin und alleinerziehende Mutter, ins Krankenhaus gerufen: Der achtjährige Yves, wie durch ein Wunder unverletzt, steht unter Schock. In nervöser Hast erzählt er und erzählt – nur vom Wesentlichen nicht. Was hat er vom Unfall mitbekommen? Ist sein Vater mit Absicht in die Tunnelwand gerast? Stück für Stück setzt sich für Eliane das Bild einer Familie zusammen, die mit offenen Augen auf die Katastrophe zusteuerte. Als zwischen den Verwandten des Jungen ein Tauziehen um Yves' Zukunft beginnt, trifft Eliane eine unorthodoxe Entscheidung, die ihr eigenes Leben und das ihrer beiden Töchter aus der Bahn wirft.

Friedrich Dürrenmatt
Werkausgabe im Diogenes Verlag

Werkausgabe in 37 Bänden mit einem Registerband

Jeder Band enthält einen Nachweis zur Publikations- und gegebenenfalls Aufführungsgeschichte sowie zur Textgrundlage

● **Das dramatische Werk**

*Es steht geschrieben/
Der Blinde*
Frühe Stücke

Romulus der Große
Eine ungeschichtliche historische Komödie in vier Akten. Neufassung 1980

*Die Ehe des
Herrn Mississippi*
Eine Komödie in zwei Teilen (Neufassung 1980) und ein Drehbuch

*Ein Engel kommt
nach Babylon*
Eine fragmentarische Komödie in drei Akten. Neufassung 1980

Der Besuch der alten Dame
Eine tragische Komödie. Neufassung 1980

Frank der Fünfte
Komödie einer Privatbank. Neufassung 1980

Die Physiker
Eine Komödie in zwei Akten. Neufassung 1980

*Herkules und der Stall
des Augias / Der Prozeß um
des Esels Schatten*
Griechische Stücke. Neufassung 1980

*Der Meteor / Dichter-
dämmerung*
Zwei Nobelpreisträgerstücke. Neufassungen 1978 und 1980

Die Wiedertäufer
Eine Komödie in zwei Teilen. Urfassung

*König Johann /
Titus Andronicus*
Shakespeare-Umarbeitungen

*Play Strindberg/
Porträt eines Planeten*
Übungsstücke für Schauspieler

Urfaust / Woyzeck
Zwei Bearbeitungen

Der Mitmacher
Ein Komplex. Text der Komödie (Neufassung 1980), Dramaturgie, Erfahrungen, Berichte, Erzählungen. Mit Personen- und Werkregister

Die Frist
Eine Komödie. Neufassung 1980

Die Panne
Ein Hörspiel und eine Komödie

*Nächtliches Gespräch mit
einem verachteten
Menschen / Stranitzky und
der Nationalheld / Das
Unternehmen der Wega*
Hörspiele und Kabarett

Achterloo
Achterloo I/Rollenspiele (Charlotte Kerr: ›Protokoll einer fiktiven Inszenierung‹; Friedrich Dürrenmatt: ›Achterloo III‹) / Achterloo IV / Abschied vom Theater
Mit Personen- und Werkregister

● **Das Prosawerk**

*Aus den Papieren
eines Wärters*
Frühe Prosa

*Der Richter und sein
Henker / Der Verdacht*
Die zwei Kriminalromane um Kommissär Bärlach

*Der Hund / Der Tunnel /
Die Panne*
Erzählungen

*Grieche sucht Griechin /
Mister X macht Ferien /
Nachrichten über den
Stand des Zeitungswesens
in der Steinzeit*
Grotesken

Das Versprechen
Requiem auf den Kriminalroman /
*Aufenthalt in einer
kleinen Stadt*
Fragment
›Das Versprechen‹ auch als Diogenes
Hörbuch erschienen, gelesen von Hans
Korte

*Der Sturz / Abu Chanifa
und Anan ben David /
Smithy / Das Sterben
der Pythia*
Erzählungen

Justiz
Roman

*Minotaurus / Der Auftrag
oder Vom Beobachten
des Beobachter der
Beobachter / Midas oder
Die schwarze Leinwand*
Prosa

Durcheinandertal
Roman

Labyrinth
Stoffe I–III: ›Der Winterkrieg in Tibet‹ /
›Mondfinsternis‹ / ›Der Rebell‹. Vom
Autor revidierte Neuausgabe. Mit Personen- und Werkregister
Auch als Diogenes Hörbuch erschienen, gelesen von Wolfgang Reichmann

Turmbau
Stoffe IV–IX: ›Begegnungen‹ / ›Querfahrt‹ / ›Die Brücke‹ / ›Das Haus‹ / ›Vinter‹ / ›Das Hirn‹. Mit Personen- und
Werkregister

Theater
Essays, Gedichte und Reden. Mit Personen- und Werkregister

Kritik
Kritiken und Zeichnungen. Mit Personen- und Werkregister

Literatur und Kunst
Essays, Gedichte und Reden. Mit Personen- und Werkregister

*Philosophie und
Naturwissenschaft*
Essays, Gedichte und Reden. Mit Personen- und Werkregister

Politik
Essays, Gedichte und Reden. Mit Personen- und Werkregister

Zusammenhänge
Essay über Israel. Eine Konzeption /
Nachgedanken
unter anderem über Freiheit, Gleichheit und Brüderlichkeit in Judentum,
Christentum, Islam und Marxismus
und über zwei alte Mythen. 1980
Mit Personen- und Werkregister

*Versuche /
Kants Hoffnung*
Essays und Reden. Mit Personen- und
Werkregister

Gedankenfuge
Essays. Mit Personen- und Werkregister /
Der Pensionierte
Fragment eines Kriminalromans (Text
der Fassung letzter Hand)

*Registerband
zur Werkausgabe*
Chronik zu Leben und Werk. Bibliographie der Primärliteratur. Gesamtinhaltsverzeichnis. Alphabetisches
Gesamtwerkregister. Personen- und
Werkregister aller 37 Bände